AF147945

Jörg Bogumil · Lars Holtkamp

Kommunalpolitik und Kommunalverwaltung

Grundwissen Politik
Band 42

Begründet von Ulrich von Alemann

Herausgegeben von

Arthur Benz
Susanne Lütz
Georg Simonis

Jörg Bogumil · Lars Holtkamp

Kommunalpolitik und Kommunal-verwaltung

Eine policyorientierte Einführung

VS VERLAG FÜR SOZIALWISSENSCHAFTEN

Bibliografische Information Der Deutschen Nationalbibliothek
Die Deutsche Nationalbibliothek verzeichnet diese Publikation in der
Deutschen Nationalbibliografie; detaillierte bibliografische Daten sind im Internet über
<http://dnb.d-nb.de> abrufbar.

1. Auflage September 2006

Alle Rechte vorbehalten
© VS Verlag für Sozialwissenschaften | GWV Fachverlage GmbH, Wiesbaden 2006

Lektorat: Frank Schindler

Der VS Verlag für Sozialwissenschaften ist ein Unternehmen von Springer Science+Business Media.
www.vs-verlag.de

Das Werk einschließlich aller seiner Teile ist urheberrechtlich geschützt. Jede Verwertung außerhalb der engen Grenzen des Urheberrechtsgesetzes ist ohne Zustimmung des Verlags unzulässig und strafbar. Das gilt insbesondere für Vervielfältigungen, Übersetzungen, Mikroverfilmungen und die Einspeicherung und Verarbeitung in elektronischen Systemen.

Die Wiedergabe von Gebrauchsnamen, Handelsnamen, Warenbezeichnungen usw. in diesem Werk berechtigt auch ohne besondere Kennzeichnung nicht zu der Annahme, dass solche Namen im Sinne der Warenzeichen- und Markenschutz-Gesetzgebung als frei zu betrachten wären und daher von jedermann benutzt werden dürften.

Umschlaggestaltung: KünkelLopka Medienentwicklung, Heidelberg
Satz: Anne Ch. Hook, Mainz
Druck und buchbinderische Verarbeitung: Krips b.v., Meppel
Gedruckt auf säurefreiem und chlorfrei gebleichtem Papier
Printed in the Netherlands

ISBN-10 3-531-15199-1
ISBN-13 978-3-531-3-531-15199-1

Vorwort der Herausgeber

Die Kommunen erfüllen im föderalen System der Bundesrepublik Deutschland eine Doppelfunktion. Einerseits haben sie den Vollzug zentralstaatlicher Entscheidungen zu gewährleisten und unterliegen als staatsrechtlicher Teil der Bundesländer ihrem Aufsichts- und Weisungsrecht. Aus dieser Perspektive interessiert vor allem die Effektivität und Effizienz kommunaler Leistungen. Gerade unter Juristen dominierte diese Perspektive lange Zeit und führte dazu, dass Kommunalpolitik weitgehend als unpolitische Selbstverwaltung eingeordnet wurde. Die seit Ende der 1960er Jahre zunehmenden ökologischen und sozialen Konflikte in den Großstädten rückten aber stärker die zweite Funktion der Kommunen in den Mittelpunkt insbesondere politikwissenschaftlicher Analysen. Die Kommunen verfügen danach zur Verwirklichung des grundgesetzlich garantierten Selbstverwaltungsrechtes im Rahmen der Gesetze von Bund und Land über die Organisations-, Personal-, Finanz-, Planungs- und Satzungshoheit. In den Kommunen werden damit in vielen Politikfeldern wesentliche politische Entscheidungen getroffen und die räumliche Nähe zwischen Bürgern und kommunalen Entscheidungsträgern forcierte normative Vorstellungen, nach denen gerade auf kommunaler Ebene die Bürger stark an politischen Entscheidungsprozessen partizipieren können, wie es auch in dem Postulat von der Kommune als „Schule der Demokratie" zum Ausdruck kommt.

In dieser Doppelfunktion der Kommunen ist ein Spannungsverhältnis zwischen demokratischer Legitimation und Effizienz angelegt, das durch neuere Entwicklungen in der Kommunalpolitik wieder vermehrt an Aktualität gewinnt. Einerseits sind seit den 1990er Jahren mit der tiefgreifenden kommunalen Haushaltskrise, der Einführung des Neuen Steuerungsmodells und der zunehmenden Privatisierung Trends zu verzeichnen, die eine effizientere Produktion kommunaler Leistungen forcieren (wollen). Andererseits wurden durch die Reform der Kommunalverfassungen mit der Direktwahl der Bürgermeister und Bürgerbegehren bzw. Bürgerentscheiden die Partizipationsmöglichkeiten der Bürger maßgeblich erweitert.

Der vorliegende Band beschreibt aufbauend auf einer historischen Analyse der kommunalen Selbstverwaltung und einer Skizze der wesentlichen institutionellen Rahmenbedingungen die seit den 1990er Jahren einsetzenden Ökonomisierungs- und Partizipationstrends und verdeutlicht deren Ursachen und Auswirkungen an ausgewählten Politikfeldern. Der Band orientiert sich im Wesentlichen an der Methodik der Politikfeldanalyse und bietet eine problemorientierte Einführung in die institutionellen Rahmenbedingungen, die Akteurs- und Machtkonstellationen und die Politikinhalte der Kommunalpolitik. Die Herausgeber der Reihe „Grundwissen Politik" wünschen eine anregende und erkenntnisfördernde Lektüre.

Hagen, im Mai 2006
Arthur Benz   Susanne Lütz   Georg Simonis

Vorwort der Autoren

Die vorliegende Einführung in die Kommunalpolitik und Kommunalverwaltung beruht zum Teil auf Einführungsvorlesungen und Seminaren, die beide Autoren seit einigen Jahren in Berlin, Konstanz, Bochum und Hagen durchgeführt haben. Sie ist das Ergebnis einer langjährigen Beschäftigung mit lokaler Politik. Viele Manuskripte haben wir bereits gemeinsam an der Fernuniversität Hagen erstellt und ständig mit neuem empirischen Material aus diversen kommunalen Forschungsprojekten ergänzt. Speziell für dieses Lehrbuch wurde zudem die Analyse der Politikfelder im fünften Kapitel erstellt.

Kommunalpolitik war schon immer unser „Steckenpferd", theoretisch und praktisch. Seit dem Studium haben wir uns mit der lokalen Politikforschung eingehend befasst und konnten selbst Erfahrungen in Kommunalparlamenten sammeln. Wir hoffen, dass dies geholfen hat, eine praxisnahe politikwissenschaftliche Einführung zu entwerfen, die auch einen Blick „hinter die Kulissen" der Kommunalpolitik wirft. Weder juristische Fachbücher noch die offiziellen Verlautbarungen der Akteure lassen annähernd erkennen, welche Interessen- und Einflussmuster tatsächlich die Betriebsweise der Kommunalpolitik prägen. Nur sorgfältige empirische Analysen – häufig im Verbund mit kommunalen Erfahrungen und Spezialkenntnissen – ermöglichen eine realitätstüchtige politikwissenschaftliche Bestandsaufnahme der Kommunalpolitik. Angesichts der Begrenztheit vorliegender aktueller Studien und der eigenen kommunalpolitischen Erfahrungen muss man dabei allerdings häufig regionale Schwerpunkte setzen. Aufgrund unser Vorarbeiten und praktischen Erfahrungen liegt der Fokus bei der Analyse der Akteurskonstellationen und Politikinhalte in nordrhein-westfälischen und baden-württembergischen Kommunen, wobei wir uns bemüht haben, durch eigene bundesweite Befragungen das Bild abzurunden. Zumindest aber die historische Entwicklung der kommunalen Selbstverwaltung und die institutionellen Rahmenbedingungen konnten einer bundesweiten Analyse unterzogen werden.

Bei den Arbeiten zu diesem Buch haben uns Thomas Eimer und David H. Gehne tatkräftig unterstützt, wofür Ihnen herzlich gedankt werden soll.

Gerade angesichts der stark variierenden rechtlichen Rahmenbedingungen und Akteurskonstellationen in den unterschiedlichen Bundesländern sind uns die bestehenden Lücken im Buch wohl bewusst. Wir hoffen daher auf viele kritische und konstruktive Kommentare, um die vorliegende Einführung in die Kommunalpolitik und Kommunalverwaltung möglichst schnell verbessern und ergänzen zu können.

Hagen und Bochum, im Mai 2006
Jörg Bogumil und Lars Holtkamp

Inhaltsverzeichnis

1 Einleitung

1.1 Die Bedeutung lokaler Demokratie

Der Begriff „Kommune" heißt wörtlich aus dem Lateinischen übersetzt Gemeinde, allerdings werden mit diesem Begriff sowohl die Gemeinden, die kreisfreien Städte, die kreisangehörigen Städte als auch die Landkreise bezeichnet. Juristisch sind die Kommunen Körperschaften des öffentlichen Rechtes. Im Rahmen der föderalstaatlichen Ordnung der Bundesrepublik sind sie als Träger der grundgesetzlich garantierten kommunalen Selbstverwaltung (Art. 28, Abs. 2 GG) eine eigene Ebene im Verwaltungsaufbau. In ihrem Gebiet sind sie grundsätzlich die Träger der gesamten örtlichen öffentlichen Verwaltung und gehören neben dem Bund und den Ländern zu den öffentlichen Gebietskörperschaften. Neben ihnen gibt es auf der lokalen Ebene nur noch untere Behörden des Bundes und des Landes als Sonderbehörden (z.B. Zoll, Polizei, Finanz- oder Arbeitsamt).

Kommunen sind eigenständige Gebietskörperschaften

Kommunen sind aber nicht nur eine eigene Ebene im Verwaltungsaufbau, sondern sie gelten als die „Schule der Demokratie". Hier können demokratische Verhaltensweisen und politische Fähigkeiten ausgebildet werden, nämlich das Erlernen von Zusammenarbeit, die Mitwirkung an Entscheidungsprozessen, die Austragung von Meinungsverschiedenheiten, die Suche nach Kompromissen und die Ausübung von Einfluss. Örtliche Lösungen bieten strukturell aufgrund ihrer geringen Distanz bessere Eingriffs- und Mitwirkungsmöglichkeiten für die Bürger. Vor Ort sind vielfache Kontaktflächen zum Bürger gegeben, die Kontaktformen vielgestaltig, die Beeinflussungschancen intensiv und die Beziehungsqualität gestaltbar. Deshalb besteht hier, wo die Auswirkungen von Politik, Wirtschaft- und Gesellschaftssystem besonders anschaulich und erfahrbar sind, die Chance, Politik in größerem Umfange mitzugestalten und die Bürger in das politisch-administrative System zu integrieren. Die lokale Ebene ist also die Ebene flächendeckender Mitwirkungsmöglichkeiten.

Kommunen sind die Schule der Demokratie

Auch mit Blick auf die Aufgabenerfüllung und die Bedeutung für die Lebensverhältnisse der Bürger kommt den Kommunen eine wichtige Funktion zu. Durch die Übernahme von Versorgungs-, Leistungs-, Fürsorge-, Vollzugs- und Planungsfunktionen sind sie auch in Zeiten eines europäischen Mehrebenensystems unverzichtbar. Es ist daran zu erinnern, dass immer noch ca. 2/3 der staatlichen Investitionen von den Kommunen vorgenommen und 75-90% der ausführungsbedürftigen Bundesgesetze hier implementiert werden. Die kommunale Ebene nimmt also auch staatliche Aufgaben wahr, entweder als Auftragsangelegenheiten oder im Wege der sog. Organleihe (kommunale Behörden agieren zugleich als staatliche Behörden) vor allem auf der Kreisstufe. Allerdings sind die Kommunen gemessen an ihrer Finanzautonomie und hinsichtlich der administrativen und politischen Kompetenz die am schlechtesten ausgestattete Politikebene, denn *staatsrechtlich* sind sie Teil der Länder und unterliegen damit ihrem Aufsichts- und Weisungsrecht.

Kommunen übernehmen viele staatliche Aufgaben

Trotz dieser wichtigen Funktionen – als eigenständiger Verwaltungsebene, als Schule der Demokratie und als wichtige staatliche Ausführungsinstanz – waren politische und wissenschaftliche Diskussionen über den Zustand der lokalen Ebene seit Ende der 1980er Jahre angesichts der Problemstellungen der deutschen Vereinigung und des Zusammenwachsens in der Europäischen Union für eine Zeit eher „out". Seit einigen Jahren gerät die lokale Ebene aber wieder stärker ins politische und wissenschaftliche Blickfeld. Hier bündeln sich verschiedene aktuelle Reformanstrengungen, denkt man an die Bedeutung der Kommunen als Promotoren der Verwaltungsmodernisierung, an die Konzepte der Bürgergesellschaft oder die Einführung direktdemokratischer Elemente. Zugleich steht die kommunale Ebene aber auch wegen ihrer dramatischen Haushaltslage und zunehmender Privatisierungsbestrebungen im Fokus des Interesses. Diese massiven Veränderungen auf der lokalen Ebene in den letzten 10 Jahren sind für uns der entscheidende Grund für ein neues Lehrbuch zur Kommunalpolitik und Kommunalverwaltung.

1.2 Aufbau und Zielsetzung des Buches

Die Besonderheit dieses Lehrbuches zur Kommunalpolitik liegt zum einen in der empirischen Analyse *neuer Modernisierungstendenzen* und zum anderen in dem theoretischen Zugang, der am ehesten als *policyanalytischer* interpretiert werden kann.

Policyanalyse oder Politikfeldanalyse ist heute eine von Skepsis bestimmte politische Steuerungswissenschaft. Sie untersucht das Tun und Lassen von Regierungen und anderen Institutionen, die an der Politikentwicklung beteiligt sind, in diesem Fall die Akteure und Institutionen auf der lokalen Ebene. Ihre zentrale Fragestellung ist, wie gesellschaftliche Probleme *durch* Politik und Verwaltung bearbeitet, bewältigt und oft genug auch mit verursacht werden (vgl. ausführlicher Czada 1998). Unserem Ansatz liegt dabei ein Verständnis von Politikentwicklung zugrunde, das durch folgende vier Punkt geprägt ist (vgl. Bogumil 2001: 25):

- Die Rationalität politischer Akteure ist begrenzt. Das Steuerungswissen von Akteuren reicht in den seltensten Fällen aus, Problemursachen zweifelsfrei festzustellen und auf der Grundlage vollständiger Informationen einen gewünschten Zustand herbeizuführen. Selbst wenn, was nicht unbedingt die Regel ist (satisficing!), sachlich beste Lösungen angestrebt werden, verhindert unzureichendes Wissen die Formulierung zielgenauer Programme (vgl. Benz 1998a, Braun 1998, Bogumil/Schmid 2001: 35ff.).
- Akteurshandeln ist von der Orientierung an Eigeninteressen, strategischer Interaktion und von mikropolitischen Konstellationen geprägt (vgl. Ort-

mann et al. 1990). Politische Akteure orientieren sich nicht nur an entschei-
dungsrationalen Motiven, sondern auch an ihren Handlungsrationalitäten.[1]

- Akteursstrategien und -entscheidungen werden durch institutionelle Restriktionen und soziale Normen beeinflusst. Institutionen sind unabhängige und
  abhängige Variablen zugleich. Im Gegensatz zur traditionellen Betonung
  des polity Aspektes werden nicht nur die handlungsbeschränkenden, sondern auch die handlungsermöglichenden Aspekte von Institutionen betont.
  Der institutionelle Rahmen konstituiert Akteure und Akteurskonstellationen, strukturiert ihre Verfügung über Handlungsressourcen, beeinflusst ihre
  Handlungsorientierung und prägt wichtige Aspekte der Handlungssituation
  (Czada 1998: 51).[2] Aber er bestimmt Handlungen nicht vollständig. Man
  kann Normen verletzen, Macht illegitim anwenden und auch die Verfügung
  über Ressourcen lässt sich nur begrenzt institutionell regeln (vgl.
  Mayntz/Scharpf 1995a: 49). So zeigen vor allem die häufig auftretenden
  Vollzugs- und Durchsetzungsprobleme, dass eine Rationalisierung von Politik nicht nur durch institutionelle Veränderung erreichbar ist, sondern dass
  es eine eigene Prozessrationalität gibt, dass also die Interaktions- und Ko-
  operationsbeziehungen der Akteure in die Analyse miteinbezogen werden
  müssen.

- Es ist von einer historischen Pfadabhängigkeit von policies auszugehen.
  Policies lassen sich in der Regel nicht beliebig situativen Bedingungen an-
  passen, sondern nur schrittweise, inkrementalistisch und in langen Zeiträu-
  men. Individuen und politische Kollektive orientieren ihr Handeln bei starker Veränderung der äußeren Rahmenbedingungen an früheren Erfahrungen
  und strategischen Repertoires, die sich in der Vergangenheit bewährt haben
  (Lehmbruch 1998: 12; Czada 1998)

Damit sind einige Theorieelemente benannt, die im Folgenden auf die lokale
Ebene angewendet werden. Auf einer allgemeinen Ebene lässt sich die hier verfolgte Sichtweise dem Ansatz des *akteurbezogenen Institutionalismus* zuordnen[3]

---

[1] Die Unterscheidung zwischen Handlungs- und Entscheidungsrationalität geht auf Brunsson zurück
(vgl. Brunssons 1989). Die Akteure orientieren sich bei der Umsetzung von Modernisierungsmaß
nahmen nicht so sehr an der Durchsetzung der offiziellen Ziele (Entscheidungsrationalität), zumal
diese durchaus widersprüchlich sein können, sondern eher an dem Erhalt und Gewinn von Legitimation, also an der Verwirklichung der eigenen Handlungsziele (Handlungsrationalität), die häufig in
der Stabilisierung unveränderter Verhaltensweisen liegen (vgl. hierzu auch Bogumil/Schmid 2001).

[2] Die handlungsprägenden Eigenschaften von Institutionen entfalten sich jedoch nicht auf direktem
Weg, sondern sind vielfach vermittelt (vgl. Czada 1998: 51f.). Institutionen beeinflussen Eigenschaf-
ten von Entscheidungsprozessen (z.B. ob repräsentative oder direktdemokratische Verfahren ange-
wandt werden), also vor allem Verfahrensabläufe und Entscheidungsregeln formeller und informeller
Art. Die spezifischen Eigenschaften von Entscheidungsprozessen erweitern oder begrenzen die
Verfügbarkeit politischer Problemlösungen. Innerhalb dieses spezifischen Angebots politischer
Problemlösungen gibt es dann die Wahl zwischen Entscheidungsalternativen, die bestimmte Politikergebnisse hervorbringen.

[3] Der akteurbezogene Institutionalismus erklärt das politische Geschehen aus institutionellen Regeln
und Akteurshandeln. Mit dem Zugriff auf Akteure und Institutionen sollen beiden Perspektiven
integriert werden. Er kann als ein Ansatz, eine Forschungsheuristik, zur Untersuchung der Problematik von Steuerung und Selbstorganisation auf der Ebene ganzer gesellschaftlicher Teilbereiche angesehen werden (vgl. Mayntz/Scharpf 1995a; Czada 1998).

(vgl. Mayntz/Scharpf 1995), allerdings unter Einbeziehung historischer Pfadabhängigkeiten. Gegenstand der Analyse sind die historische Entwicklung, die institutionelle Einbindung, die Akteure, deren Handlungsorientierungen, die Handlungssituation und die Eigenschaften von Akteurskonstellationen.

Der spezifische Gegenstandsbezug erfolgt aus der Sicht *lokaler Politikforschung.* Lokale Politik ist ein Feld, auf dem sich viele Fachwissenschaften tummeln. Grob lassen sich sieben verschiedene sozialwissenschaftliche Zugangsweisen zur Analyse lokaler Politik ausmachen (vgl. Blanke/Benzler 1991: 11; Kleinfeld 1996: 38ff.):

- die staatsrechtliche und demokratietheoretische („Kommunalpolitik", z.B. Naßmacher/Naßmacher 1999; Wehling 1986; 1989; 1994),
- die institutionspolitisch-verwaltungswissenschaftliche („Stadtpolitik", z.B. Hesse 1986),
- die policy-analytische („Lokale Politik", z.B. Blanke/Evers/Wollmann 1986; Wollmann 1991, Schneider 1997a),
- die finanzwissenschaftliche („Kommunalfinanzen", z.B. Mäding 1991, 1996; Junkernheinrich 2001),
- die sozialökonomische und -ökologische („Regionalökonomie, Stadtentwicklungspolitik"),
- die soziologisch-zivilisationstheoretische („Stadtsoziologie", z.B. Zoll 1972; Korte 1986) sowie
- die betriebswirtschaftliche Zugangsweise (Neues Steuerungsmodell, z.B. Reichard 1987; 1994; KGSt 1993a).

Wir greifen auf die ersten drei Theoriestränge zurück, da die politikwissenschaftliche Untersuchung des kommunalen Entscheidungssystems am sinnvollsten durch eine Kombination steuerungs-, demokratie- und institutionstheoretischer Sichtweisen möglich wird. Ergänzend werden jedoch auch verwaltungswissenschaftliche und organisationstheoretische Erklärungsversuche zur Analyse des Handelns in öffentlichen Verwaltungen miteinbezogen. Daran orientiert möchten wir in dem Buch grob in drei Schritten argumentieren.

- Ausgehend von einer *historischen Analyse der kommunalen Selbstverwaltung* in Deutschland (Kapitel 2) werden zunächst die veränderten *institutionellen Rahmenbedingungen kommunalen Handelns* (Kapitel 3) in den Blick genommen.
- Im zweiten Teil des Buches werden seit den 1990er Jahren einsetzende *Modernisierungstrends* (Verwaltungsmodernisierung, Privatisierungs- und Liberalisierungsbemühungen, Einführung direktdemokratischer Elemente, zunehmende Nutzung kooperativer Demokratieformen), die sich einerseits als Ökonomisierungs- und andererseits als Partizipationstendenzen beschreiben lassen, und ihre *Auswirkungen auf das kommunale Entscheidungssystem* analysiert (Kapitel 4).
- Im dritten Teil des Buches werden mit der kommunalen Haushaltspolitik, der kommunalen Abfallpolitik und der kommunalen Jugendhilfepolitik *wichtige kommunale Politikfelder* vorgestellt, an denen die Auswirkungen

einiger der im zweiten Teil beschriebenen Trends beispielhaft verdeutlicht werden (Kapitel 5).

2 Historische Entwicklung kommunaler Selbstverwaltung in Deutschland

Im Folgenden soll die historische Entwicklung kommunaler Selbstverwaltung in fünf Phasen dargestellt werden, in die Zeit bis zum Ende des Ersten Weltkrieges, die Zeit der Weimarer Republik und die Zeit der nationalsozialistischen Herrschaft, die Phase bis 1989 und schließlich die Zeit nach der Wiedervereinigung. Dabei wird sowohl auf die ideengeschichtlichen Debatten als auch auf die tatsächliche Kommunalpolitik eingegangen. Ziel ist es deutlich zu machen, dass die deutsche Selbstverwaltungstradition schon seit dem Vormärz auf zwei unterschiedlichen Grundpositionen beruht, die bis in die heutige Zeit ein Spannungsverhältnis konstituieren (Wollmann 1998a; Bogumil 2001)[4]:

Selbstregierung und Selbstverwaltung

Auf der einen Seite verbanden Frühliberale mit ihren Ideen von kommunaler Autonomie vor allem demokratisch-parlamentarische Vorstellungen und meinten damit eher Selbstregierung als Selbstverwaltung. Auf der anderen Seite betonten Reformer vor allem die starke staatliche Einbindung der Kommunen und die Inpflichtnahme der Bürger seitens des Staates und präferierten damit eher eine unpolitische Selbstverwaltungskonzeption. Letztere Richtung ist zumindest in der deutschen antipluralistischen Staatsrechtslehre lange Zeit der dominante Diskussionsstrang gewesen. Danach ist die Gesellschaft – und damit auch die kommunale Selbstverwaltung, die dieser Sphäre zugerechnet wurde – dem Staat untergeordnet und der Staat kann die Gesellschaft im Rahmen einer hierarchischen Beziehung problemlos steuern (Benz 2001: 215). Dem Staat kommt dabei in der Tradition von Hegel die Aufgabe zu, die individuellen Interessen und die des Gemeinwohls zu integrieren und sich gegenüber den partikularen Interessen der Gesellschaft – und damit auch der Kommunen – durchzusetzen (49). Der Bürger wird nicht als autonomer Akteur betrachtet, sondern muss sich durch seine ehrenamtliche Pflichtenerfüllung in den Staat einfügen (147).

Etwas allgemeiner kann man die Diskurse wie folgt zuordnen: Im Selbstregierungskonzept[5] geht es stärker um die Partizipation[5] der Bürger und intermediärer Organisationen an der Kommunalpolitik und eine stärkere kommunale Autonomie, im unpolitischen Selbstverwaltungskonzept hingegen geht es stärker um effiziente bzw. effektive[6] Aufgabenerledigung und die weitgehende Integration der kommunalen Selbstverwaltung in den Staat. Diese beiden Pole, Partizipation einerseits und Effizienz andererseits, sind dazu geeignet die kommunalen Re-

---

[4] Eine ähnliche Unterscheidung der Diskurse zwischen Selbstregierung und Selbstverwaltung findet sich bereits bei Schmidt-Eichstaedt (1975: 357).
[5] Partizipation bezeichnet die Teilhabe der Bevölkerung an der politischen Willensbildung z.B. durch Wahlen, Volksentscheide oder Bürgerversammlungen und -foren.
[6] Allgemein versteht man unter Effizienz die mengenmäßige Beziehung zwischen Produktionsergebnis und dem zu dessen Erzielung erforderlichen Aufwand. Unter Effektivität versteht man demgegenüber das Verhältnis zwischen öffentlichen Zielen und realisierter gesellschaftlicher Wirkung staatlichen Handelns.

formen und Reformvorstellungen bis heute zuzuordnen (Knemeyer 2000; Gabriel 1999: 166).

Im Folgenden soll gezeigt werden, dass die Doppelfunktion der Kommunen, nämlich einerseits einen staatsfreien Selbstverwaltungsbereich zu schaffen und zu verteidigen, andererseits aber den Vollzug zentralstaatlicher Entscheidungen zu gewährleisten, bereits vor über 100 Jahren ebenso heftig umstritten war, wie sie es heute noch ist. Doppelfunktion
der Kommunen

2.1 Kommunale Selbstverwaltung bis zum Ende des Ersten Weltkriegs

Gemeinden haben besonders in Deutschland eine lange Tradition. Sie haben sich seit dem Mittelalter als genossenschaftlich geprägte Gebietskörperschaften etabliert, die öffentlich-rechtliche Aufgaben wahrnehmen (vgl. hierzu und im Folgenden Andersen 1998a, Ellwein 1997; Reulecke 1989; 1996; von Saldern 1998; Zielinski 1997: 33ff.). Die mittelalterliche Blütezeit der Städte reicht bis zur Mitte des 17. Jahrhunderts, woraufhin eine Phase relativen Stillstands städtischer Entwicklung eintritt. Erst im 19. Jahrhundert erlangen die Städte ihre frühere gesamtgesellschaftliche Bedeutung wieder, wobei ein entscheidender Unterschied zum Mittelalter in der Existenz einer übergeordneten Zentralgewalt liegt. Die Stadt wird nun zum Ausgangspunkt tiefgreifender Veränderungen in Staat und Gesellschaft, sie wird Trägerin der Liberalisierung und Demokratisierung und entwickelt sich zu einem Experimentierfeld für das ökonomische, soziale und kulturelle bürgerliche Engagement. Insbesondere in der zweiten Hälfte des 19. Jahrhunderts werden viele Einzelelemente des späteren Sozialstaates im kommunalen Raum erprobt.

Die spezifische Form der Herausbildung kommunaler Selbstverwaltung im Staat ist im 19. Jahrhundert eng mit dem sozialstrukturellen Wandel in der Gesellschaft (Industrialisierung, Urbanisierung[7]) und den gesellschaftlichen Auseinandersetzungen um politische Macht und damit mit der Entstehung und Binnendifferenzierung deutscher Bürgerlichkeit verknüpft. Prägt das *Bildungsbürgertum* nach den Weichenstellungen des Freiherr vom Stein in Form von Staatsrechtlern, Juristen und Nationalökonomen die ideengeschichtliche Ausformulierung des preußisch-deutschen Selbstverwaltungskonzeptes nahezu allein, so dringen bildungsbürgerliche Kreise ab Mitte des 19. Jahrhunderts auch verstärkt praktisch in die Kommunalpolitik ein: zum einen durch größere Präsenz in den Stadtverordnetenversammlungen und zum anderen in Form der akademisch ausgebildeten hauptamtlichen Kommunalbürokratie. Insbesondere letztere ist weitgehend bemüht, eine überparteiliche, auf sozialen Ausgleich bedachte Selbstverwaltung zu verwirklichen, und fühlt sich dabei vielfach zur Wahrneh-

---

[7] Zwischen 1855 und 1910 blieb die Zahl der landwirtschaftlichen Bevölkerung im Deutschen Reich nahezu konstant (18 Mio.), während die Zahl der nicht-landwirtschaftlichen Bevölkerung von 18 Mio. auf 47 Mio. anstieg (Zielinski 1997: 62).

mung der Interessen von unterprivilegierten Schichten gegen die *besitzbürgerlichen* Interessen berufen.

Preußische Städteordnung

Zentraler Ausgangspunkt der Diskussion um die moderne kommunale Selbstverwaltung ist die Preußische Städteordnung[8] von 1808, ein Teil der Stein-Hardenbergschen Reformen[9] im preußischen Staat. Nach der Niederlage Preußens gegen Napoleon und dem Frieden von Tilsit (1807) ist Preußen hoch verschuldet und die Wirtschaft von der Kontinentalsperre getroffen. Als Vorbedingung für den Wiederaufstieg und die Befreiung des Landes von Fremdherrschaft sind die Zeiten für eine Erneuerung des Staates daher besonders günstig. Der kommunalen Verfassungsreform kommt dabei die Aufgabe zu, das bürgerschaftliche Engagement für die öffentlichen Angelegenheiten zu wecken und damit auch die wirtschaftliche Situation zu verbessern. Stein/Hardenberg gingen davon aus, dass neue Handlungsspielräume bei den Bürgern ökonomische Energien freisetzen würden und dass die Gewährung von Selbstverwaltungskompetenz die Einwohner der Städte dazu führe, sich für die gemeinnützigen Zwecke des Staates einzusetzen, sich mit diesem zu identifizieren und auch Opfer dafür zu erbringen. Die freie Gemeinde sollte den Bürger aktivieren, für die städtischen Belange auch die nötigen Finanzmittel selbst aufzubringen. De facto bedeutete die Steinsche Städteordnung die Abwälzung schwerer finanzieller Lasten von der durch den Krieg finanziell geschwächten preußischen Staatsbürokratie auf das sich in den Städten herausbildende Bürgertum (Grauhan 1972: 146).

Allerdings finden sich in der Präambel der Städteordnung auch Formulierungen, die auf eine Demokratisierung hindeuten:

> „Der besonders in neueren Zeiten sichtbar gewordene Mangel an angemessenen Bestimmungen in Absicht des städtischen Gemeinwesens und der Vertretung der Stadtgemeinde, das jetzt nach Klassen und Zünften sich teilende Interesse der Bürger und das dringend sich äußernde Bedürfnis einer wirksameren Teilhabe der Bürgerschaft an der Verwaltung des Gemeinwesens überzeugen uns von der Notwendigkeit, den Städten eine selbständige und bessere Verfassung zu geben, in der Bürgergemeinde einen festen Vereinigungspunkt gesetzlich zu bilden, ihnen eine tätige Einwirkung auf die Verwaltung des Gemeinwesen beizulegen und durch diese Teilnahme Gemeinsinn zu erregen und zu erhalten" (zitiert nach Krebsbach 1957).

Durch die Steinsche Städteordnung wird die Autonomie der Stadtgemeinden, die Beschränkung des Staatseinflusses, der Grundsatz der Bürgergemeinde und die Trennung von beschließenden und ausführenden Organen in Gemeinden institutionalisiert. Die Städteordnung sieht eine gewählte Stadtverordnetenversammlung vor und einen Magistrat als Leitungsgremium der Verwaltung, besetzt von ehrenamtlichen Stadtverordneten und fachlich vorgebildeten Verwaltungsleuten. Der Stadtverordnetenversammlung kommen weitreichende Kompetenzen zu:

---

[8] Eine Landgemeindeordnung wurde in Preußen erst 1891 durchgesetzt.

[9] Zu den Reformen gehören neben der Steinschen Städteordnung die Bauernbefreiung (1807 eingeleitet, 1850 vollendet), die Abschaffung der Zunftverfassung durch die Gewerbefreiheit (1811) sowie die Schaffung der fünf klassischen Ministerien (1810). Hand in Hand mit diesen Reformen ging die Erneuerung des Heereswesen durch Abschaffung des Adelsprivilegs für Offizierslaufbahnen und die Einführung der allgemeinen Wehrpflicht (1813).

„Die Stadtverordneten erhalten durch ihre Wahl die unbeschränkte Vollmacht, in allen Angelegenheiten des Gemeinwesens der Stadt die Bürgergemeinde zu vertreten, sämtliche Gemeindeangelegenheiten für sie zu besorgen und in betreff des gemeinschaftlichen Vermögens, der Rechte und Verbindlichkeiten der Stadt und der Bürgerschaft namens derselben verbindende Erklärungen abzugeben" (§108 der preußischen Städteordnung von 1808).

Die Magistraturen werden nun nicht mehr vom Staat eingesetzt, sondern von der Gemeindevertretung gewählt. Sie müssen allerdings vom Staat bestätigt werden. Der Staatseinfluss wird darüber hinaus durch die Abschaffung der Polizeiverordnungen und die Verringerung der Aufsicht über die Städte reduziert. Das Wahlrecht für die Stadtverordenetenversammlung besitzen Männer, die Vollbürger sind, d.h. selbstständige Besitzbürger. 2/3 der Stadtverordneten müssen Hausbesitzer sein. Der Bürgerstatus war also noch recht eingeschränkt.[10] In der Annahme, dass dadurch die Repräsentativorgane gegen die Veränderlichkeit der menschlichen Ansichten und Meinungen abgesichert werden, wird den Besitzern von Eigentum ein deutliches Übergewicht gegenüber Nichtbesitzenden eingeräumt (Reulecke 1989: 123).

Diese Grundprinzipien der Steinschen Städteordnung prägen die Entwicklung der kommunalen Selbstverwaltung in Deutschland trotz aller Unterschiede[11] zwischen den Staaten und Provinzen nachhaltig. Unterschiede bestehen vor allem

Variierende rechtliche Rahmenbedingungen

- im Verhältnis von Städten und Landgemeinden, indem man den unterschiedlichen Interessen (Besitzbürgertum, Gewerbetreibende in den Städten, Rittergutsbesitzer, Grundbesitzer in den Landgemeinden) Rechnung trägt,
- bezüglich des aktiven und passiven Wahlrechts, welches generell mit einer starken Privilegierung der Besitzenden und der Steuerzahler verbunden ist und eine „Herrschaft der Wohlhabenden" verankert,
- bezüglich des Verhältnisses zwischen ehrenamtlichen und hauptamtlichen Elementen der Selbstverwaltung, welches in der Intention von vom Stein eher ehrenamtlich organisiert werden soll, aber durch die Aufgabenexplosion im Gefolge der industriellen Revolution immer stärker hauptamtliche Elemente beinhaltet,
- bezüglich des kommunalen Verfassungstyps (z.B. Bürgermeisterverfassung versus Magistratsverfassung) sowie

---

[10] Erst durch die preußische Städteordnung von 1853 (im Rheinland 1845) erhalten auch Nichtbesitzer im Zuge des Dreiklassenwahlrechts ein Wahlrecht, sofern sie einen gewissen Steuersatz entrichten. Das Dreiklassenwahlrecht teilt die Steuerzahler nach Steueraufkommen in drei Klassen und führt zu einem gewichteten Stimmrecht. Eine Folge davon sind nach der Reichsgründung 1871 krass unterschiedliche parteipolitische Mehrheiten zwischen Kommunal- und Reichstagswahlen, da für letztere das allgemeine und gleiche Wahlrecht der Männer gilt.

[11] So führt z.B. die territoriale Neuordnung in Deutschland nach dem Sieg über Napoleon (Wiener Kongreß 1815) zwar zu einer Eingliederung des Rheinlandes und Westfalens in den preußischen Staat, aber auf eine einheitliche Kommunalverfassung wird verzichtet, um die unterschiedlichen Traditionen und Interessen der Provinzen zu berücksichtigen (Andersen 1998a: 11f.).

- bezüglich des Ausmaßes an staatlicher Kontrolle (z.B. Einsetzung der Bürgermeister versus Bestätigung der von der Stadtverordnetenversammlung gewählten Kandidaten).

In den meisten preußischen Provinzen führt das mit einem niedrigen Zensus eingeführte Wahlrecht aller grundbesitzenden Bürger zunächst häufig zu einem Übergewicht kleinbürgerlicher Kreise (Handwerker, Krämer, Wirte). Erst in der revidierten Städteordnung von 1831[12] wird diese Entwicklung durch eine Zensuserhöhung korrigiert, so dass in den 1850er und 1860er Jahren das besitzbürgerliche Honoratiorenparlament, getragen von den traditionellen Eliten und der neuen Industriebourgeoisie, die Stadtvertretungen dominiert. Diese Blütezeit der Kaufleute, Fabrikanten und Bankiers geht dann ab den 1870er Jahren langsam, ab 1890 rapide zu Ende. Dagegen steigt die Zahl der freiberuflichen Stadtverordneten, der Beamten und der Partei- und Gewerkschaftsfunktionäre an. Gründe für diese Veränderungen liegen vor allem in der zunehmenden Professionalisierung der Kommunalpolitik im Zuge der Expansion der Aufgaben, in der einsetzenden Parteipolitik und im stärkeren Aufkommen liberal-demokratischer Ideen.

Ursprünge der kommunalen Leistungsverwaltung

Die *konkrete Kommunalpolitik* ist seit Mitte des 19. Jahrhunderts infolge von Industrialisierung und Verstädterung mit einem breiten Spektrum von Herausforderungen konfrontiert. Hier liegen die Ursprünge für die moderne kommunale Leistungsverwaltung. Man rechnet mit Wachstum und glaubt an den Fortschritt. Dies erfordert Planung, die Ausweitung der Stadtgrenzen und den Ausbau der Infrastruktur (Ver- und Entsorgung, Verkehr, Schulen, Sportanlagen, Krankenhäuser, Friedhöfe, Markthallen, Schlachthöfe und kulturelle Einrichtungen). Gleichzeitig müssen die sozialen Folgen der Industrialisierungsprozesse aufgefangen werden. Die Formen individueller Für- und Vorsorge lösen sich zunehmend auf und werden zu öffentlichen Angelegenheiten. Die Kommunen müssen die katastrophalen sozialen Verhältnisse auf dezentraler Ebene durch Infrastrukturmaßnahmen, durch kommunale Gesundheits- und Wohnungspolitik sowie durch die Armenfürsorge abmildern.

Entprivatisierungsprozesse

Seit 1840 entwickelt sich der Aufbau der „Städtetechnik", seit den 1850er Jahren die Modernisierung der traditionellen Armenpflege. Seit 1860 kommt es zur Entstehung und Ausdifferenzierung des kommunalen Berufsbeamtentums und im letzten Drittel des Jahrhunderts zu einer ständigen Ausdehnung kommunaler öffentlicher Dienste. Vor allem in der Zeit der Hochindustrialisierung im letzten Drittel des 19. Jahrhunderts finden umfassende Entprivatisierungsprozesse im Bereich der Ver- und Entsorgung statt. Insbesondere die immer stärker werdende Kommunalbürokratie geht von einer Unvereinbarkeit bestimmter Formen der Leistungsverwaltung (insbesondere derer mit Monopolcharakter) mit erwerbswirtschaftlichen Zwecken aus, so dass Konfrontationen mit der Privatwirtschaft vorprogrammiert sind. Hier streiten nun kommunales Bürgertum gegen Großindustrie, Finanzkapital und die Verfechter eines klassischen Wirt-

---

[12] In der revidierten Städteordnung von 1831 wird auch der Magistrat gestärkt und mit einem faktischen Vetorecht gegen Beschlüsse der Stadtverordnetenversammlung ausgestattet (echte Magistratsverfassung).

schaftsliberalismus über die Fragen der öffentlichen Gemeindewirtschaft. Das kommunale Bürgertum setzt sich durch. Anfang des 20. Jahrhunderts sind in den 85 Städten des Deutschen Reichs mit über 50.000 Einwohnern Wasser-, Gas-, Elektrizitätswerke, Straßenbahn und Schlachthof weitgehend kommunalisiert (Zielinski 1997: 57). Begünstigt wird die Kommunalisierung dadurch, dass sich einige private Versorgungsbetriebe in ausländischer Hand befinden, was dem aufkommenden Nationalismus widerspricht. Zudem ist die Einnahmefunktion aus den Versorgungsbetrieben nicht zu unterschätzen. Mit den Gewinnen aus diesen Betrieben werden zu nicht unerheblichen Teilen zuschussbedürftige Aufgaben finanziert (Armenkasse, Krankenhaus, Polizei, Straßenbahn). 1907 machen sie ein Viertel der Gesamteinnahmen aller deutschen Gemeinden aus.

Insgesamt vollzieht sich damit im 19. Jahrhundert eine Verlagerung der Selbstverwaltungsinhalte von der traditionellen „Polizey" (Armenpflege, öffentliche Ordnung, Steuer- und Grundbesitzverwaltung) zur sozialen Daseinsvorsorge und Infrastrukturpolitik im weitesten Sinne für die vielfältig differenzierte Einwohnergemeinde. Die Gesamtausgaben in den Kommunen steigen zwischen 1865 und 1908 z.T. um das Hundertfache an. Werden z.B. in Aachen im Jahr 1865 0,22 Millionen Mark ausgegeben, sind es 1908 bereits 23,11 Millionen Mark. Die Kommunalbürokratie wächst deutlich an, die kommunalen Personal- und Sachausgaben steigen zwischen 1870 und 1913 um das Elffache (Reulecke 1989: 138).

Trotz des enormen Ausgabenbedarfes kann der kommunalpolitische Handlungsspielraum aber erhalten werden, denn durch das anhaltende Wachstum von Industrie, Handel und Dienstleistung ist es möglich, die Steuereinnahmen (Grund- und Gewerbesteuer, Zuschläge auf die Einkommenssteuer) und Gebühren zu erhöhen und eine extensive Schuldenpolitik zu betreiben. Allerdings variiert das Gemeindesteueraufkommen zwischen den einzelnen Kommunen erheblich. 1911 kommt in Herne auf einen Einwohner ein Gemeindesteueraufkommen von 27 Mark, in Frankfurt a.M. sind es dagegen 62 Mark (Zielinski 1997: 119). Dennoch kommt den Gemeinden bis zum Ende des Ersten Weltkrieges eine relativ hohe finanzielle Selbstständigkeit zu, auch wenn der Schuldenstand der Kommunen 1914 mit 7,5 Mrd. Mark über dem des Reiches mit 5 Mrd. Mark liegt.

Handlungsspielraum trotz enormen Ausgabenwachstums

Das ehrenamtliche Engagement der Bürger geht in dieser Zeit zunächst nicht zurück, denn viele Angehörige der bildungsbürgerlichen Mittelschicht und auch einzelne Vertreter der Arbeiterklasse nutzen ihre Einflussmöglichkeiten im Bereich der Kommunalpolitik. 1908 stehen in den 110 preußischen Städten ca. 45.000 Kommunalbeamten ca. 37.000 Ehrenbeamte zur Seite. Insofern ist Ellwein durchaus zuzustimmen, wenn er davon spricht, dass gegen Ende des 19. Jahrhunderts die kommunale Selbstverwaltung blüht, viele Bürger an der Selbstverwaltung beteiligt und in Entscheidungsprozesse eingebunden sind (Ellwein 1997). Diese befinden sich allerdings nicht mehr so sehr in den Lenkungsfunktionen, sondern vor allem in Hilfsfunktionen mit klar abgesteckten Aufgaben.

Das bekannteste Beispiel für diese Hilfsfunktionen ist das sog. Elberfelder Modell der Armenpflege, das insbesondere durch seine Effizienzorientierung viele Nachahmer fand. Die Stadt Elberfeld war eines der typischen Industriedörfer, die in der Nähe des Ruhrgebiets entstanden sind. Sie gehörte zu den am ra-

Elberfelder Modell

schesten emporwachsenden Fabrikstädten Deutschlands. Im Jahre 1800 zählte die Stadt gerade mal 12.000 Einwohner, die sich bis zum Jahre 1852 auf 50.346 Einwohner vervielfachten (Saßche / Tennstedt 1998). Der ständig neue Zuzug von Armen und Unterstützungsdürftigen führt zur finanziellen Überforderung. Als Reaktion auf diese Überforderung beschloss die Stadt eine ehrenamtliche Armenverwaltung einzuführen bzw. auszubauen – das sog. Elberfelder System.

Die Stadt wurde in 10 Bezirke und 50 Quartiere eingeteilt, die an ehrenamtliche Armenpfleger vergeben wurden, die die Hilfebedürftigkeit der Armen zu beurteilen und die Arbeitsfähigen zur Arbeit zu zwingen hatten. Die Instruktionen an die Armenpfleger lesen sich fast wie eine etwas ältere Fassung des im Leitbild des aktivierenden Staates geprägten Slogans des Förderns und Forderns, allerdings auf einem deutlich niedrigeren Wohlfahrtsniveau.

> „Berufen, für das Wohl der ihnen anvertrauten Armen zum Besten der Gemeinde zu sorgen, bedürfen sie vor allem zu einer würdigen Führung ihres Amtes der Liebe und des Ernstes – der Liebe, um mit wohlwollendem Herzen in Freundlichkeit zu pflegen, und des Ernstes, um mit Festigkeit zu verhindern, daß die Gaben nicht zur Trägheit und zum Müßiggang führen, oder gar im Dienste des Lasters vergeudet werden" (zitiert nach Berger 1979: 52).

Charakteristisch für das Verhältnis der Armenpfleger zur Kommune war insbesondere der § 5 der Elberfelder Armenordnung, in dem geregelt war, dass jeder stimmfähige Bürger *verpflichtet* war, die Wahl zu einem unbesoldeten Amt in der städtischen Armenpflege anzunehmen. Folge des Elberfelder Modells war, dass der städtische Haushalt nachhaltig entlastet, viele Arme in den Arbeitsprozess integriert und Formen des Straßenbettelns weitgehend eingedämmt wurden. Die Rechtsstellung und die Freiheitsrechte der Armen wurden im Elberfelder System aber stark eingeschränkt. Insgesamt konnte sich das Elberfelder System nicht dauerhaft durchsetzen, auch weil eine ehrenamtliche Verwaltung die stetig wachsenden Aufgaben nicht zuverlässig erfüllen konnte.

Frühliberalismus Betrachtet man nun die *ideengeschichtliche Debatte*, so ist diese davon geprägt, dass seit den 1830er Jahren, mit Beginn frühliberaler Bewegungen, auch bildungsbürgerliche Kreise zunehmendes Interesse an der Kommunalpolitik gewinnen (Reulecke 1996: 27). Kommunale Selbstverwaltung verbindet sich im frühliberalen Diskussionsansatz mit der Politisierung des Bürgertums, nachdem es zu Jahrhundertbeginn vor allem um eine Stabilisierung des preußischen Staates und die Einbindung der besitzbürgerlichen und gewerbetreibenden Kreise ging. Insbesondere von Rotteck vertrat die liberale Position, dass eine relativ starke Autonomie der Gemeinden gut mit demokratischen Prinzipien verbunden werden könne. Er sah in der Gemeinde nichts anderes als einen Staat im Kleinen. Allerdings betont er zwei gravierende Unterschiede der Gemeinden im Vergleich zur staatlichen Verfassung. Eine demokratische Verfassung sei in den Gemeinden deutlich unproblematischer als im Staate selbst. Der Staat habe keine höhere Autorität über sich, so dass jeder Fehler in der Verfassung zu Anarchie und Bürgerkrieg führen könne. Dieses Problem sei in den Gemeinden nicht gegeben, weil der Staat überall eingreifen kann, wo „immer die Inhaber der Gemeindegewalt die ihnen anvertraute Macht missbrauchen" (Rotteck 1843: 429). Insofern könne die Demokratie in den Gemeinden relativ unproblematisch eingeführt werden, die zwar die beste Verfassung in der Theorie, aber in der Praxis aufgrund der Schlechtigkeit der Menschen auch die gefährlichste sei.

Als zweites könnten die Bürger in der Gemeinde stärker an den politischen Entscheidungsprozessen beteiligt werden, oder präziser, in direktdemokratischen Strukturen mitentscheiden.

> „In der Gemeinde dagegen kann die Ur- und allgemeine Bürgerversammlung ohne bedeutende Schwierigkeiten jedes Mal statt finden, wo es Noth thut oder räthlich scheint, den Ausdruck des wahren Gesamtwillens unmittelbar an seiner Quelle einzuholen, um dergestalt entweder zu bestätigen oder zu sanktionieren, was die eingesetzten Autoritäten verordnen" (430).

Von dieser Möglichkeit soll nach von Rotteck in den Gemeinden vor allem bei „Gegenständen von besonderer Wichtigkeit" (434) Gebrauch gemacht werden. Allerdings stellt er klar, dass nur in kleinen Gemeinden ausschließlich diese Bürgerversammlungen die Regierung kontrollieren können. In größeren Gemeinden seien dazu zusätzlich gewählte Bürgerausschüsse nötig. Auf Parteien geht von Rotteck dabei jedoch nicht ein.

Die Gegenposition vertrat Rudolf von Gneist. Das englische Selfgovernment ist von Gneists Vorbild für seine unpolitische Selbstverwaltungskonzeption. Dort werde insbesondere durch das aristokratisch-ehrenamtliche Friedensrichtertum das Berufsbeamtentum zwar nicht ersetzt, aber durch ehrenamtliche Helfer aus den dafür vorgesehenen Klassen und Ständen ergänzt. Damit könne ein Gegengewicht gegen parteiliche Einflüsse auf lokaler Ebene und gegen bürokratische Detailintervention geschaffen werden:

Rudolf von Gneist

> „Im Unterschied zum besoldeten Amt, welches stets einer parteimässigen Vergabung (patronage) anheimfällt, lässt sich das Ehrenamt weder in der Ernennung, noch in der Ausübung, noch in der Entlassung parteimässig behandeln. In Concurrenz und Verbindung mit dem Berufsbeamtenthum erhält es die Selbständigkeit und Ehrenhaftigkeit des besoldeten Beamten, gibt dem letzteren seinen Halt gegen die Herabsetzung zum blossen Parteipräfectenthum und gibt zugleich den selbstverwalteten Klassen in practischer Übung das Bewusstsein der Staatspflichten und das Rechtsbewusstsein wieder" (Gneist 1879: 287).

Das Selbstverwaltungskonzept von Gneists richtet sich damit einerseits explizit gegen eine Parteipolitisierung und Parlamentarisierung. Parlamentarismus auf kommunaler Ebene würde von Gneist zufolge dazu führen, dass die Bürger nur noch von ihrem Wahlrecht Gebrauch machen, aber nicht mehr ihren Pflichten nachkommen würden. Die Stadtregierungen verkämen so zum „Tummelplatz für Club- und Fraktionstreiben, ein Feld zur Entwicklung der Beredsamkeit kleiner Dorf- und Stadtdemagogen" (Gneist zitiert nach Schöber 1991: 148). Andererseits will er die Bürger durch die Ausübung ehrenamtlicher Pflichten an den Staat heranführen und die besitzenden Klassen, die über erheblichen Einfluss verfügen, zum Dienst am Gemeinwesen verpflichten. Die Einsetzung dieser Ehrenbeamten soll durch staatliche Ernennung und nicht durch Wahl erfolgen (Hendler 1984: 59). Dementsprechend billigt er den Kommunen bestenfalls im Bereich der wirtschaftlichen Selbstverwaltung eine größere Autonomie zu; ansonsten begreift er sie ausschließlich als unterste Stufe der dritten Gewalt (Ott 1994: 53).

Insgesamt lässt sich resümieren, dass von Gneist die Beteiligung der Bürger vor allem aus staatsstabilisierenden Gründen präferiert. Durch diese Beteiligung an der kommunalen Selbstverwaltung sollen die aus seiner Sicht zerrissenen und egoistischen gesellschaftlichen Kräfte in die staatliche Ordnung integriert werden und gleichzeitig der Einfluss der gesellschaftlichen Interessen auf den Staat reduziert werden. Diese Beteiligung ist nicht als Partizipation – also als Beteiligung an der demokratischen Willensbildung zu verstehen, sondern als unentgeltlicher Hilfsdienst und als Erfüllung von Pflichten gegenüber dem Staat, so wie es am Beispiel des Elberfelder Modells skizziert wurde. Insgesamt prägte von Gneist mit seiner Auffassung von Selbstverwaltung die Diskussion in der zweiten Hälfte des 19. Jahrhunderts maßgebend, auch wenn sich die gesellschaftliche und politische Realität freilich ganz anders entwickelte. Ähnlich wie schon sehr früh in England zeigte sich, dass eine mangelhaft koordinierte Laienverwaltung nicht die Probleme der zunehmenden Pauperisierung und Urbanisierung in den Griff bekommen konnte, und es etablierte sich somit zusehends eine professionelle, ausdifferenzierte Kommunalverwaltung in den größeren Städten.

Hugo Preuß   Die Position einer autonomen politischen Gemeinde wird in der Zeit der Reaktion von Otto von Gierke, Staatsrechtslehrer in Berlin und Theoretiker des Genossenschaftswesens, und später gegen Ende des Jahrhunderts vor allem von seinem Schüler Hugo Preuß weitergeführt. Dieser, ebenfalls Staatsrechtslehrer und für kurze Zeit Reichsinnenminister (1919), gilt als einer der wesentlichen Träger der im demokratischen Sinn verjüngten Selbstverwaltungsidee. Aus der Geschichte des Genossenschaftsrechtes wird die Unabhängigkeit und Eigenverantwortlichkeit der kommunalen Selbstverwaltung gegenüber dem Staat abgeleitet. Statt eines Monopols staatlicher Herrschaft wird von einer Wesensgleichheit von Staat und Gemeinde ausgegangen, so dass auch die parlamentarisch-demokratischen Formen der Selbstverwaltung auf beiden Ebenen gelten.

Seit der Jahrhundertwende erhält Hugo Preuß Unterstützung durch den Nationalökonom Hugo Lindemann, der das kommunalpolitische Engagement der deutschen Sozialdemokraten wesentlich mitbestimmt. Beide stellen insbesondere das Dreiklassenwahlrecht infrage und fordern eigene Hoheitsrechte der Gemeinden.

> „Die Bürgerschaft einer modernen Großstadt lässt sich nicht mehr in Aktivbürger und Schutzverwandte unterscheiden. Bei der Verdichtung großstädtischer Lebensweise können Besitzende und Besitzlose, Arbeitgeber und Arbeiter ihre kommunalen Interessen nicht gegen und nicht ohne einander verfolgen. Jeder Versuch, die eine oder die andere dieser sozialen Gruppen auszuschalten oder zur Einflußlosigkeit herabzudrücken, stärkt, wenn er glückt, nicht die Macht des Siegers, sondern die der antiurbanen Mächte und des von ihnen beeinflussten Polizeistaates; er schwächt nicht sowohl den Besiegten, als das gemeinsame Prinzip urbaner Organisation. Denn das gemeinsame Lebensprinzip dieser modernen sozialen Klassen ist dieselbe wirtschaftliche Evolution, derselbe Urbanisierungsprozess, dem es zu danken ist, dass die großstädtische Selbstverwaltung längst nicht mehr ein freies Geschenk des allmächtigen Staates ist, das er geben und nehmen kann, sondern eine immanente Notwendigkeit" (Preuß 1906: 375f.).

Diese Position, die die Gemeinden letztlich zu einem dritten gleichberechtigten Grundfaktor der politischen Ordnung neben Staat und Ländern machen will, kann sich allerdings in der Praxis des wilhelminischen Reiches überhaupt nicht und auch in der Weimarer Republik nur zum Teil (Abschaffung des Dreiklassenwahlrechtes, formale Sicherung der kommunalen Selbstverwaltung) durchsetzen. Hier scheitert der vom Rat der Volksbeauftragten 1918 mit der Ausarbeitung der Reichsverfassung beauftragte damalige Staatssekretär des Inneren Hugo Preuß ebenso wie mit dem Versuch einer Gebietsreform der Länder.

2.2 Kommunale Selbstverwaltung in der Weimarer Republik

In der Weimarer Republik treffen die fortschreitende Ausweitung kommunaler Leistungen und die chronische Finanznot der Kommunen infolge von Weltkrieg, Inflation und Weltwirtschaftskrise aufeinander. Verfassungsrechtlich bringt die Weimarer Republik

- formal eine Garantie der kommunalen Selbstverwaltung (Art. 127 Weimarer Reichsverfassung[13]), wenn auch nur „innerhalb der Schranken des Gesetzes", d.h. ohne eigene materielle Hoheitsrechte,
- das allgemeine und gleiche Verhältniswahlrecht (Art. 17 Weimarer Reichsverfassung),
- aber keine einheitliche Kommunalverfassung, denn die rechtliche Stellung der Gemeindevertretungen und ihrer Verwaltungsorgane belässt die Reichsverfassung weiterhin in Länderhoheit (vgl. hierzu und im Folgenden Andersen 1998a; Wirsching 1996; Herzfeld 1957; Hofmann 1974; Reulecke 1985).

So lebt die historisch bedingte regionale und provinziale Vielfalt im deutschen Gemeindeverfassungsrecht fort. In den östlichen Provinzen Preußens und Teilen von Westfalen gilt die Magistratsverfassung weiter, in den westlichen Provinzen Preußens die rheinische Bürgermeisterverfassung als Einkammersystem, und in Süddeutschland die Süddeutsche Ratsverfassung mit direkt gewähltem Bürgermeister. Hinzu kommen zahlreiche Mischformen. Versuche der Herstellung einer einheitlichen Städteordnung für Preußen scheitern ebenso wie Bemühungen des Deutschen Städtetages um eine Reichsstädteordnung.

Die Demokratisierung des kommunalen Wahlrechts wird als einschneidende Reform in der kommunalen Selbstverwaltung angesehen. Konservative Kreise verbinden mit ihr das Ende der eigentlichen Selbstverwaltung, da die mit dem allgemeinen und gleichen Verhältniswahlrecht verbundene Parteienherrschaft dem städtischen Allgemeinwohl entgegenlaufen werde. So bewirkt die Demokratisierung eine deutlich andere Zusammensetzung von Gemeindevertretungen,

Dominanz der SPD im Rat

---

[13] Aber auch in der Weimarer Reichsverfassung wird das kommunale Selbstverwaltungsrecht als aus dem Staat ausgegrenztes grundrechtähnliches gesellschaftliches Recht angesehen, die Vorstellung eines Dualismus zwischen Staat und Gemeinde besteht fort.

und vor allem die SPD wird in vielen Städten stärkste Rathauspartei. In der kommunalen Praxis dominieren dennoch weiterhin eher Konsens und Kompromiss. Die neue Zusammensetzung der Vertretungskörperschaften wirkt sich kaum auf das hauptamtliche Personal der Kommunalverwaltung aus. Auch bringen die z.T. notwendig gewordenen demokratischen Neulegitimierungen in den kleinen und mittelgroßen Städten nur selten politische Wechsel hervor und nur in neun der 24 Großstädte über 200.000 Einwohner kommt es zu einem Wechsel im Oberbürgermeisteramt.

Wenige sozialdemokratische Oberbürgermeister Oberbürgermeister entstammen in der Regel dem Bildungsbürgertum, sind juristisch gebildet, haben Verwaltungserfahrung und gute Kontakte zu den Unternehmen – alles keine typischen Eigenschaften von Sozialdemokraten in dieser Zeit (vgl. Hofmann 1974: 284f.). Beobachtbar ist in der großstädtischen Szenerie eher ein relativ breiter Konsens unter den Parteien der Weimarer Koalition (SPD, DDP, Zentrum) z.T. einschließlich der DVP. Erst gegen Ende der 20er Jahre verstärken sich Parteikämpfe in den Gemeindevertretungen. Insgesamt entwickelt sich aber in den Städten eine bemerkenswerte Stabilität und Integrationskraft auf kommunaler Ebene, ganz im Gegensatz zur Reichsebene (vgl. Wirsching 1996: 45). Viele Oberbürgermeister in den Großstädten sind mehrere Amtsperioden hintereinander tätig, der bekannteste, Konrad Adenauer in Köln, zwischen 1917 und 1933.

Der lediglich formale Charakter kommunaler Selbstverwaltung zeigt sich am deutlichsten an der Erzbergerschen Reichsfinanzreform Ende 1919. Unter dem Druck der drohenden Reparationslasten begründet diese die Steuerhoheit des Reiches, entzieht den Gemeinden ihr Zuschlagsrecht zur Einkommenssteuer und ersetzt es durch ein komplexes System des Finanzausgleiches zwischen Reich, Ländern und Gemeinden. Das Zuschlagsrecht zur Einkommenssteuer hatte den Kommunen zuvor einen beträchtlichen finanziellen Handlungsspielraum eröffnet, vor 1914 wurden damit in der Regel mindestens ein Drittel der Einnahmen erzielt. Da dieser Zuschlag in der kommunalen Praxis jedoch sehr unterschiedlich gehandhabt wird, beträchtlich variiert und zu ungleichmäßigen sozioökonomischen Auswirkungen führt,[14] gibt es einige sachliche Gründe, die die Reichsfinanzreform erleichtern. Faktisch führt sie jedoch dazu, dass die Gemeinden vom teilautonomen Steuersouverän zum Zuschussempfänger werden. Ihr Zuweisungsanteil ist Ergebnis von Verhandlungen, bei denen ihnen nach Reich und Ländern erst die dritte Priorität zukommt. Der Anteil der Gemeinden an der Einkommenssteuer sinkt damit ständig ab, von 56% im Rechnungsjahr 1913/1914 auf 28% im Jahr 1932/1933 (vgl. Abbildung 1).

---

[14] So stehen sich junge Industriestädte mit relativ einkommensschwacher Bevölkerung und hohen Infrastrukturausgaben und „Rentnerstädte" mit geringem Investitionsbedarf gegenüber (Wirsching 1996: 46).

Abbildung 1:   Anteil der Gemeinden an der Einkommenssteuer

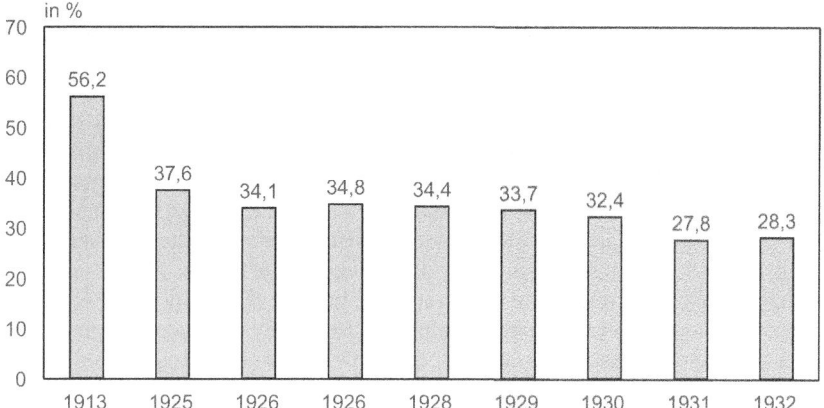

Daten aus: Statistisches Jahrbuch für das Deutsche Reich, Wirsching 1996: 47

Die Reichsfinanzreform trifft die Kommunen umso härter, als sie aufgrund der Haushaltsprobleme
bis Mitte der 1920er sozialen Folgen von Weltkrieg, Lebensmittelknappheit und Inflation zwischen 1919 und 1923 vor allem mit städtischer Sozialfürsorge beschäftigt sind. Mehr als 30% der Bevölkerung in den Großstädten leben 1923 von öffentlicher Unterstützung. Verschärfend kommt hinzu, dass kommunale Sozialpolitik immer mehr von der Reichssozialgesetzgebung betroffen und abhängig wird. Die Kommunen werden in außerordentlichem Maße in die staatliche Auftragsverwaltung eingebunden. Wird die Neuordnung der Kriegsopferfürsorge noch voll vom Reich finanziert, aber von den Gemeinden implementiert, müssen die Gemeinden bei den Gesetzen der Sozialrentnerfürsorge (1921) und der Kleinrentnerfürsorge (1923) neben der Ausführung teils minutiöser Einzelbestimmungen auch ein Fünftel der Kosten übernehmen. Auch die Umsetzung der durch Reichsverordnungen geregelten Arbeitslosenfürsorge, vor allem die Bedürftigkeitsprüfungen, bleibt den Gemeinden überlassen. Insofern lässt es sich kaum vermeiden, dass in dieser Zeit eine Vielzahl kommunaler Sozial- und Kultureinrichtungen wie Krankenhäuser, Bibliotheken, Kinderheime, Kindergärten und sogar Verkehrsbetriebe geschlossen werden.

Nach der Währungsstabilisierung knüpfen die Gemeinden wieder an den Ausbau kommunaler Leistungsverwaltung an. Neben der Gesundheitsvorsorge- und Wohnungsbaupolitik ist in den Großstädten vor allem der Ausbau der erwerbswirtschaftlichen Aktivitäten städtischer Gesellschaften zu nennen. Die Kommunalwirtschaft expandiert Mitte der zwanziger Jahre und zieht damit erhebliche Kritik aus Kreisen der Privatindustrie und ihr nahestehender Parteien (DVP; DNVP) auf sich. Als weiteres Anzeichen für eine großstädtische Expansionspolitik werden kommunale Gebietsreformen bzw. Zwangseingemeindungen in Thüringen und Preußen (Berlin, Rheinprovinz) angesehen. Und auch die Finanzierung dieser Aktivitäten, die in erheblichem Maße über Kreditaufnahmen erfolgt, wird vom Reichsfinanzministerium kritisiert. Damit geraten die Gemeinden gegen Ende der 20er Jahre unter einen „Mehrfrontendruck" (Herzfeld 1957: 20).

Schwere
Haushaltskrise
ab 1929
Mit dem Einbruch der Weltwirtschaftskrise und dem Zusammenbruch der Arbeitslosenversicherung werden die kommunalen Finanzen vollständig ruiniert. Die Gemeinden sind anteilig an den Kosten der Erwerbslosenhilfe beteiligt und müssen die Kosten für den Personenkreis, der aus der Arbeitslosenversicherung und Erwerbslosenhilfe herausfällt, vollständig übernehmen (sogenannte Wohlfahrtserwerbslose). Beide Gruppen wachsen zwischen 1930 und 1932 dramatisch an. Der Anteil der Wohlfahrtserwerbslosen an den gemeldeten Arbeitslosen steigt von 17,4% im Dezember 1930 auf 36,5% im Dezember 1932 (Wirsching 1996: 59). Insgesamt müssen die Gemeinden damit einen Großteil der aus der Arbeitslosigkeit hervorgehenden Finanzlasten übernehmen, was sie z.T. in die Zahlungsunfähigkeit treibt. Allein in Preußen gibt es in 600 Gemeinden Anfang 1933 „Anordnungen der Zwangsverwaltung" durch die Landesregierungen und die Einsetzung von Staatskommissaren, da die Gemeinden die Reichs- und Länderanteile der Steuern für Fürsorgemaßnahmen verwenden.

Kommunale Selbstverwaltung wird in der Endphase der Weimarer Republik nicht als autonomes staatliches Subsystem betrachtet, sondern als pluralistischer Teilbereich der Gesellschaft, den es zu disziplinieren gilt. In der von der Reichsregierung unter Brüning erlassenen Notverordnung vom 24.8.1931 werden die Landesregierungen ermächtigt, abweichend vom Landesrecht Maßnahmen im Verordnungswege zu erlassen, die zum Ausgleich der Haushalte von Ländern und Kommunen erforderlich sind. In der Notverordnung vom 6.10.1931 wird die Aufnahme kommunaler Kredite unter Genehmigungsvorbehalt der Landesregierungen gestellt und die Landesregierungen werden ermächtigt vorzuschreiben, in welcher Weise Gemeindepersonal und sonstige Ausgaben zu kürzen sind. Aufgrund der mangelnden staatsrechtlichen Absicherung der Gemeinden ist die Indienstnahme der kommunalen Selbstverwaltung als reine staatliche Auftragsverwaltung nicht zu verhindern. Insgesamt engt die Reichsgesetzgebung während der gesamten Zeit der Weimarer Republik die kommunale Finanzautonomie zunehmend ein. Diese zentralistische Tendenz der Weimarer Republik, die Aushöhlung kommunaler Selbstverwaltung durch Reichs- und Ländergesetze, vor allem aber die Maßnahmen der Notverordnung, bereiten den Weg für die völlige Liquidierung der kommunalen Selbstverwaltung im Dritten Reich.

„Die Krise der
Selbstverwaltung"
Gegen Ende der Weimarer Republik dominiert ideengeschichtlich die gneistsche Selbstverwaltungskonzeption. Konservative Staatsrechtslehrer wie Ernst Forsthoff und Arnold Köttgen prägten das Bild der Krise der kommunalen Selbstverwaltung, bei der die Selbstverwaltung in ein Spannungsverhältnis zur pluralistisch-parteienstaatlichen Demokratie geraten sei. Köttgen vertrat die These, dass die zum Parteienstaat mutierte Demokratie im Gegensatz zu jeder Selbstverwaltung stehe. Ernst Forsthoff hat bis in die bundesrepublikanische Gegenwart die These aufrechterhalten, dass Demokratie und kommunale Selbstverwaltung unverwechselbar geschieden seien, und die starke staatliche Integration der Gemeinden betont. Die Gemeinden waren für ihn wie jede andere Anstalt oder Stiftung des öffentlichen Rechts vorrangig ein Instrument zur Erledigung staatlicher Aufgaben (Hendler 1984: 274). Aus der parteipolitischen Durchdringung der Gemeinden wurde von diesen Autoren die Gefahr abgeleitet,

dass sie sich zu einem „pluralistischen Sprengkörper im Gefüge des Staates entwickeln" (Köttgen 1968: 17) würden bzw. eine pluralistische Zersetzung der Staatshoheit mit der Folge einer Herauslösung der Gemeinden aus dem Staat zu befürchten sei. Darüber hinaus würde die Politisierung zu einer Anspruchsinflation und einem ungehemmten Ausgabenwachstum führen (Petzina 1996: 238). Der Zielkonflikt zwischen Effizienz bzw. effektiver Staatsverwaltung und Demokratisierung wurde gemäß dieser Interpretation einseitig zu Ungunsten der Effizienz aufgelöst und habe zur Krise der Selbstverwaltung geführt. Insgesamt zeigt die empirisch-historische Analyse aber, dass die „Krise der Selbstverwaltung" weniger deren eigenes Problem als das ihrer Theorie und Theoretiker gewesen ist (Rebentisch 1981: 99). Die Haushaltskrise der Gemeinden wurde damals, wie bereits skizziert, vor allem exogen (und nicht endogen durch Parteienwettbewerb) durch die rapide steigende Arbeitslosigkeit induziert.

2.3 Kommunale Selbstverwaltung im Nationalsozialismus

1933 befindet sich die kommunale Selbstverwaltung in einer schweren Finanzkrise. Ursachen sind die Einschränkung kommunaler Autonomie auf der Einnahmeseite durch die Erzbergerschen Reformen sowie die Aufbürdung zahlreicher Aufgaben, insbesondere im Gefolge der Massenerwerbslosigkeit, auf der Ausgabenseite. Zu der Finanzkrise tritt eine Legitimationskrise, der oben angedeutete „Mehrfrontendruck". Dieser entsteht durch Beamte der Reichs- und Länderregierungen, die der kommunalen Selbstverwaltung eher ablehnend gegenüberstehen, durch Wirtschaftsvertreter, denen die Ausdehnung der Kommunen im Bereich Kommunalwirtschaft ein Dorn im Auge ist (Staatssozialismus), durch Verfassungstheoretiker wie Ernst Forsthoff und Carl Schmitt, die die Einführung demokratischer Parteipolitik seit 1918 als dem städtischen Gemeinwohl entgegengesetzt wirkend betrachten und durch Bürgermeister, die ebenfalls über das Eindringen der Parteipolitik verärgert sind. Dies ist der Hintergrund vor der nationalsozialistischen Machtübernahme (vgl. hierzu und im Folgenden vor allem Noakes 1996).

Die NSDAP hatte vor 1933 die Einführung des Führerprinzips in die kommunale Selbstverwaltung versprochen und verstand darunter die Stärkung des Bürgermeisters. Nach der Machtübernahme geht es ihr vor allem darum, die Machtpositionen innerhalb der Gemeinden und kommunalen Spitzenverbände zu übernehmen. Hierzu werden durch eine Kombination von Terror und Einschüchterung Bürgermeister und Gemeinderäte zum Rücktritt gezwungen oder suspendiert. Möglich ist letzteres auf der Grundlage der preußischen Verordnung „Zur Behebung von Missständen in der gemeindlichen Verwaltung" vom 22.3.1933 und aufgrund der Bestimmungen des „Berufsbeamtentumsgesetz" vom 7.4.1933, welche es ermöglichen, Beamte aus politischen, „rassischen" oder administrativen Gründen zu entlassen oder in den Ruhestand zu versetzen. Die Funktionen des kommissarischen Oberbürgermeisters werden von den Ortsgruppen- oder Kreisleitern der NSDAP übernommen. Die kommunalen Spitzenverbände werden im Mai 1933 im Deutschen Gemeindetag zusammengefasst und gleichgeschaltet.

Terror in den Kommunen

Die neue Stellung der kommunalen Selbstverwaltung wird endgültig durch die Deutsche Gemeindeordnung vom 30.1.1935 geregelt. Damit wird zum ersten Mal eine einheitliche Rechtsordnung für alle deutschen Gemeinden erlassen, die die unterschiedlichen Kommunalverfassungstraditionen beseitigt und auch eine einheitliche Regelung für Stadt und Land schafft. Wesentliche Inhalte sind zum einen die Ausweitung der Macht der Bürgermeister. In den Ausführungsbestimmungen zu §32 DGO wird dargelegt: „Der Bürgermeister ist der Führer der Gemeinde". Der Einfluss der NSDAP wird durch die Schaffung eines Parteibeauftragten, der an der Berufung der Bürgermeister, der Gemeinderäte und der Verabschiedung der Hauptsatzung beteiligt ist, gesichert. Dieser ernennt im Einvernehmen mit dem Bürgermeister die Gemeinderäte,[15] die keine Entscheidungsbefugnisse mehr haben, sondern lediglich den Bürgermeister beraten und bei seinen Maßnahmen für Verständnis in der Bevölkerung sorgen sollen (§48 DGO). Der Parteibeauftragte reicht zudem zur Bestimmung des Bürgermeisters und der Beigeordneten einen Dreiervorschlag bei den Aufsichtsbehörden (bzw. bei den Städten über 100.000 Einwohner beim Reichsminister des Inneren) ein, welche die Bürgermeister mit einer Amtszeit von 12 Jahren bestellen.

Mit dieser Gemeindeordnung werden nicht nur die Möglichkeiten der Volkswahl von Gemeinderäten und Bürgermeistern abgeschafft, sondern die Gemeinden vollständig zu Durchführungsorganen des nationalsozialistischen Staates degradiert. In §106 DGO heißt es:

> „Der Staat beaufsichtigt die Gemeinde, um sicherzustellen, daß sie im Einklang mit den Gesetzen und den Zielen der Staatsführung verwaltet wird."

Aus der früheren Aufsichtsfunktion wird die Führungs- oder Lenkungsfunktion des Staates. Die kommunale Praxis wird vor allem durch die Kriegsvorbereitungen wie z.B. die Vorbereitung von Hilfskrankenhäusern oder Aufgaben des Luftschutzes geprägt. Finanziell profitieren die Kommunen vom Wirtschaftsaufschwung und dem Rückgang der Arbeitslosigkeit. Auch werden ihnen 1936 durch die Realsteuerreform die Grund-, Gewerbe- und Bürgersteuer allein übertragen, die in der Folge zur bedeutendsten Einnahmenquelle der Gemeinden avancieren. Mit dieser Stärkung kommunaler Finanzausstattung geht jedoch gleichzeitig eine Verstärkung der Kontrollfunktion einher. So müssen alle Kreditaufnahmen und die Veräußerung von Gemeindevermögen, wie etwa Grundstückverkäufe, von der Staatsaufsicht gebilligt werden. Das Reichsinnenministerium gibt zudem einheitliche Richtlinien für die kommunale Finanzpolitik heraus und die Gemeinden müssen ab 1936 Rücklagen bilden. Ab dieser Zeit werden die Gemeinden auch finanziell verstärkt in die Kosten für die Rüstungsausgaben eingespannt, indem man ihnen neue Aufgaben wie die Lehrerbesoldung und den Landstraßenbau aufbürdet und den kommunalen Finanzausgleich neu regelt.

Daneben bedient sich die örtliche Parteiorganisation der NSDAP regelmäßig kommunaler Dienstleistungen durch die Bereitstellung von Grundstücken für

---

[15] In der kommunalen Praxis werden die Bürgermeister aber nicht immer vom Parteibeauftragen eingebunden. Die Parteibeauftragten nehmen zunehmend die dominierende Stellung in der Kommune ein.

SA-Lager und HJ-Heime, durch die kostenlose Versorgung mit Strom und Kohle sowie durch die Bereitstellung von Personal für Parteizwecke. Mit Ausbruch des Krieges werden die Gemeinden zu einem hohen Kriegsbeitrag verpflichtet und sind mit der Sicherung der Lebensnotwendigkeiten beschäftigt. Dabei sind sie im Gegensatz zum Ersten Weltkrieg, als sie noch über eine weitgehende Autonomie verfügten, nunmehr den Weisungen der Zentralbehörden, dem Einfluss zahlreicher Sonderbehörden und vor allem den Befehlen der lokalen Parteiführer unterworfen. Nachdem die Gauleiter im September 1939 zu Reichsverteidigungskommissaren ernannt werden, wird die Position der Partei zuungunsten der Gemeindeverwaltung noch weiter gestärkt und allerletzte Reste autonomen kommunalen Handelns beseitigt. Insgesamt hat die kommunale Selbstverwaltung im Dritten Reich aber schon längst vorher aufgehört zu existieren.

Die Gleichschaltung der Kommunen wurde ideologisch durch die „Krisentheoretiker" der Weimarer Republik vorbereitet. Gleich im Jahre 1933 veröffentlichte Ernst Forsthoff eine politisch-programmatische Schrift unter dem bezeichnenden Titel „Der totale Staat", in der er die Ziele für die nationalsozialistische „Revolution" darlegt. In dieser stark antisemitischen[16] Schrift stellt er fest, dass die Weimarer Republik daran gescheitert sei, dass es keine Staatsordnung, sondern nur Anarchie gegeben habe. Mit deutlichen Anklängen an das Staatsverständnis von Hegel und Rudolf von Gneist stellt er fest, dass der Gesellschaft jede Ausrichtung fehle und die gesellschaftlichen Mächte sich der Politik bemächtigten. Der Staat ist aus seiner Sicht zugrunde gegangen, „weil er zum Raub des gesellschaftlichen Pluralismus wurde" (Forsthoff 1933: 28), während es eigentlich die Aufgabe des Staates gewesen wäre die Partikularinteressen zu unterdrücken. Hierzu sei es auch deshalb gekommen, weil der liberale Rechtsstaat mit seiner Normierung ein „Apparaturstaat" (13) ohne Gehalt sei. Dem setzt Forsthoff das Ideal des totalen Staates entgegen, der nach dem Führerprinzip zu organisieren sei und in dem die Gemeinden und Verbände dem Staat strikt untergeordnet werden müssten.

Ernst Forsthoff als Nationalsozialist

2.4 Kommunale Selbstverwaltung zwischen 1945 und 1989

Nach dem Zweiten Weltkrieg war Deutschland geprägt von Zerstörung und Flüchtlingselend. In der Anfangsphase war es vor allem Aufgabe der Kommunen, notdürftig Wohnraum zu schaffen und die Eingliederung der Flüchtlingsmassen zu gewährleisten (Engeli 1981). Nach Errichtung des Besatzungsregimes

---

[16] Ernst Forsthoff sieht im Judentum den Feind des deutschen Volkes und macht in Anlehnung an Carl Schmitts Terminologie hier die „neue total verbindliche Freund-Feind-Bestimmung des politischen Staates" (Storost 1979: 71) aus: „Erst wenn der Jude jeden Versuch einer Beteiligung an dem geistigen und politischen Dasein des deutschen Volkes aufgeben und sich ganz auf sein Judentum zurückziehen würde (wobei die Frage ist, ob er das wirklich in Zukunft will und vermag), erst dann würde der Jude zum bloßen Artfremden werden und aufhören, der Feind zu sein" (Forsthoff 1933: 38). Die Formulierung in der Klammer macht bereits deutlich, dass Forsthoff es für unwahrscheinlich hielt, dass „der Jude" zum „bloßen Artfremden aufsteigen" könne.

beauftragten die Besatzungsmächte die Kommunen unter ihrer Oberaufsicht mit wichtigen Verwaltungsaufgaben. Um einen schnellen Wiederaufbau und eine reibungslos funktionierende deutsche Verwaltung gewährleisten zu können, wechselten die westlichen Alliierten lediglich die Verwaltungsspitzen aus und beließen ansonsten viele belastete Kommunalbeamte in ihrer Stellung.

Blütezeit der kommunalen Selbstverwaltung

Auch bei der Demokratisierung des politischen Lebens räumten die Alliierten den Kommunen eine Schlüsselstellung ein, wobei die Funktionstüchtigkeit der Verwaltung in der Besatzungspolitik vor Ort häufig Vorrang hatte. Grundsätzlich waren sich alle Siegermächte schon im Potsdamer Abkommen über die Dezentralisierung der politischen Strukturen einig gewesen. Ein demokratisches System auf kommunaler Ebene sollte einen Beitrag zur „Umerziehung" der Bevölkerung leisten. So wurden bereits 1946 die ersten Kommunalwahlen durchgeführt, und es entstanden in den westlichen Teilen des besiegten Deutschlands demokratische kommunale Strukturen. Diese Phase zwischen Kriegsende und der ersten Bundestagswahl wurde angesichts der Wiederaufbauleistungen hinterher zu Recht als Blütezeit der kommunalen Selbstverwaltung eingeordnet (Gabriel 1999: 160). Im Grundgesetz wurde den Gemeinden schließlich ein etwas eigenständigerer Status zugewiesen als noch in der Weimarer Verfassung, indem ihnen ein begrenzter eigener Wirkungskreis zugestanden wurde (von Unruh 1989). Gleichzeitig waren und sind die Gemeinden aber weiterhin Teil der unmittelbaren Landesverwaltung (Thieme 1981).

Kommunal-verfassungen

In vielen Bundesländern wurden die Bestimmungen der Gemeindeordnungen aus der Weimarer Republik in wesentlichen Teilen durch die Alliierten und hinterher durch den Landesgesetzgeber übernommen (Engeli 1981: 121; Grunow/Pamme 2000: 49). Lediglich in Nordrhein-Westfalen und Niedersachsen wurde mit der Norddeutschen Ratsverfassung ein ganz neues Kommunalverfassungssystem eingeführt und auch später durch den Landesgesetzgeber beibehalten. Die britische Besatzungsmacht hatte in diesen Bundesländern Elemente der eigenen britischen Kommunalverfassung durchgesetzt (Andersen 1998: 48; Rudzio 1967). In dieser so titulierten „Norddeutschen Ratsverfassung" ist der Gemeinderat das Hauptorgan der Gemeindeorganisation. Der Bürgermeister wird vom Rat gewählt und soll als Ratsvorsitzender weitestgehend nur repräsentative Funktionen erfüllen. Der Stadtdirektor, der ebenfalls vom Rat gewählt wird, fungiert als Verwaltungsspitze. Damit bilden der Stadtdirektor und der ehrenamtliche Bürgermeister gemeinsam die sog. Doppelspitze.

In groben Zügen lassen sich die anderen drei Kommunalverfassungssysteme folgendermaßen skizzieren: Bei der Magistratsverfassung wählt die Stadtverordnetenversammlung mit dem Magistrat ein kollektives Organ, in dem der Bürgermeister lediglich einfaches Mitglied ist. Die Magistratsverfassung galt in Hessen und in den größeren Städten Schleswig-Holsteins. Die Süddeutsche Ratsverfassung in Baden-Württemberg und Bayern zeichnet sich durch die Direktwahl des hauptamtlichen Bürgermeisters aus. Der Bürgermeister ist Verwaltungschef und Ratsvorsitzender. In der Bürgermeisterverfassung ist der Bürgermeister wie in der Süddeutschen Ratsverfassung Verwaltungschef und Ratsvorsitzender. Er wird aber nicht direkt, sondern durch den Rat gewählt. Die Bürgermeisterverfassung galt in Rheinland-Pfalz, im Saarland und in den Landgemeinden Schleswig-Holsteins.

Damit sind nach dem Zweiten Weltkrieg in Deutschland vier Kommunalverfassungssysteme entstanden (Scheuner 1962: 170f.; Kleinfeld 1996; Grunow/Pamme 2000: 48), die bis Anfang der 90er Jahre Geltungskraft hatten. Zur groben Einschätzung der Einflusschancen des Verwaltungschefs im Vergleich zur kommunalen Vertretungskörperschaft (Gemeinderat bzw. Stadtrat) anhand der in den damaligen Gemeindeordnungen zugemessenen Kompetenzen lässt sich festhalten, dass sie in der Süddeutschen Ratsverfassung am größten sind, gefolgt von der Bürgermeisterverfassung (Walter 2002: 177). In der Magistratsverfassung und in der Norddeutschen Ratsverfassung sind die Kompetenzen des Verwaltungschefs vergleichsweise gering. Bei der Analyse der realen Machtverteilung zwischen den kommunalen Entscheidungsträgern[17] sind neben den unterschiedlichen Kommunalverfassungen aber noch andere Variablen von maßgeblicher Bedeutung (Grad der Parteipolitisierung, Gemeindegröße, Mehrheitsverhältnisse im Stadtrat, persönliche Eigenschaften und Fähigkeiten der Akteure sowie Grad der Professionalisierung der Kommunalpolitik). Variierende
Kompetenzen des
Verwaltungschefs

Insbesondere die britischen Alliierten versuchten durch die Norddeutsche Ratsverfassung die Traditionsströme der deutschen Selbstverwaltung mit denen der Demokratie zu verbinden. Dieser von außen kommende Impuls scheiterte jedoch auch am Widerstand der kommunalen Wahlbeamten, die u.a. aus Eigeninteressen aus der kommunalen Selbstverwaltung eine „Selbstverwaltung der Behörden, Selbststeuerung des Verwaltungsapparates" (Naßmacher / Naßmacher 1999: 55) machten. Die gneistsche unpolitische Selbstverwaltungskonzeption diente ihnen hierbei auch als Legitimitätsmodus für bürokratische Herrschaft. Sie wurden darin beispielsweise von Ernst Forsthoff unterstützt, der nach kurzer Abstinenz wieder „seinen" Heidelberger Lehrstuhl einnehmen konnte. In seinem bereits 1950 in erster Auflage erschienenen, sehr einflussreichen „Lehrbuch des Verwaltungsrechts" knüpft er nahtlos an den Argumentationsgang in seinen früheren Schriften an. Er kritisierte den „ungesunden und zur Polykratie hinführenden Selbstständigkeitsdrang" (ebd.: 345) der Kommunen der Weimarer Republik, dem er zusammen mit dem „Parteienstreit" die Schuld für den Untergang der Weimarer Republik zuwies. Dementsprechend forderte er für die Bundesrepublik eine strengere Staatsaufsicht, und Selbstverwaltung ist für ihn fortan nur noch „die Wahrnehmung an sich staatlicher Aufgaben durch Körperschaften, Anstalten und Stiftungen des öffentlichen Rechts" (ebd.: 346). Ernst Forsthoff
weiterhin prägend

Diese Verwaltungsdominanz in den Anfangsjahren ging einher mit einer geringen Parteipolitisierung der Kommunalpolitik. Der Grad der Parteipolitisierung lässt sich, um auf eine in der lokalen Politikforschung fest etablierte Definition von Hans-Georg Wehling zurückzugreifen, als jenes Ausmaß bestimmen, „in welchem es den lokalen politischen Parteien gelingt, die Kommunalpolitik personell, inhaltlich und prozedural zu monopolisieren" (Wehling 1991: 150). Unter dem Grad personeller Parteipolitisierung versteht Wehling die Parteizugehörigkeit und -bindung der Verwaltungsspitze bzw. -angehörigen sowie der Ratsmit- Definition
Parteipolitisierung

---

[17] Die Begriffsbestimmung erfolgt in leichter Abwandlung zu Andersen (1998a: 22), der unter den kommunalen Entscheidungsträgern neben Rat und Bürgermeister auch die Gesamtverwaltung versteht. Einfache Sachbearbeiter als Entscheidungsträger einzuordnen erscheint aber eher unangebracht.

glieder. Als inhaltliche Parteipolitisierung bestimmt er die Ausrichtung von Argumentationsgängen nach übergeordneten Gesichtspunkten und politischen Programmen, die über den Kontext gemeindlicher Politik hinausgehen.

> „Prozedural wird die parteipolitische Ausrichtung erkennbar am Umfang konkurrenzdemokratischer Verhaltensmuster im Vergleich zu konkordanzdemokratischen, was nicht zuletzt am geschlossenen Abstimmungsverhalten von Fraktionen einschließlich der damit verbundenen Bedeutungszunahme von Vorentscheidungen und der abnehmenden Einstimmigkeit von Ratsbeschlüssen abzulesen wäre" (Wehling 1991: 151).

Geringe Parteipolitisierung

Gründe für die geringe Parteipolitisierung in den 50er und 60er Jahren waren die Erfahrungen mit dem Parteienstreit in der Weimarer Republik, die Delegitimation von Parteiideologien durch den NS-Staat, die geringen Ressourcen in der Nachkriegsgesellschaft bei gleichzeitig hohen gemeinsamen Anstrengungen im Wiederaufbau sowie die unpolitische Selbstverwaltungstradition, die auch vom juristischen Diskurs im Nachkriegsdeutschland reproduziert wurde (Holtmann 1989/Warnecke 1970).

Neben dem geringen Parteienwettbewerb ist für diese Phase charakteristisch, dass es auch zwischen organisierten Interessengruppen nur wenig offen ausgetragene Konflikte gab, weil die dominanten wirtschaftlichen Interessen von den kommunalen Entscheidungsträgern bereits frühzeitig berücksichtigt wurden, ohne dass diese überhaupt gezielt Einfluss nehmen mussten: „Ihren Interessen trägt die politische Führung der Gemeinden quasi automatisch Rechnung" (Gabriel 1981: 196).

Auch wenn dem Grundgesetz zum Teil das Leitbild von der Gemeinde als Schule bzw. Urzelle der Demokratie zu Grunde lag, wurden die Gemeinden über Jahre in der Verwaltungspraxis überwiegend als nützliche Verwaltungsebene innerhalb des Staates behandelt (Knemeyer 2000: 877). Die starke Integration der Gemeinden in den Bundesstaat im Zuge der zunehmenden vertikalen Politikverflechtung nahm seit Ende der 60er Jahre stetig zu:

> „In der Folgezeit entwickelte sich eine hochgradige Verflechtung zwischen den verschiedenen Aktionsebenen des politischen Systems, die die Schaffung gleichwertiger Lebensbedingungen in allen Teilen des Bundesgebietes intendierte, jedoch mit erheblichen Eingriffen in die Planungs-, Satzungs- und Finanzhoheit der Kommunen verbunden war. Stärker als zuvor steuerten der Bund und die Länder durch Rahmengesetze, Fachgesetze, Planungen und Finanzzuweisungen das Handeln der Kommunen und engten auf diese Weise deren Gestaltungsspielraum immer stärker ein" (Gabriel 1999: 160).

Gebietsreformen

Am stärksten hat aber in dieser Zeit die Gebietsreform das „Gesicht" der Gemeinden in vielen Bundesländern verändert. Das Ziel der Reformen, die vorwiegend von Verwaltungsjuristen und -wissenschaftlern legitimiert wurden, war nicht die Stärkung der lokalen Demokratie, sondern die Optimierung der Verwaltungseffizienz und -effektivität (Stammen 1986: 85). Die Gebietsreformen sollten vor allem dazu dienen, die Gemeinden besser für den verlässlichen Vollzug von Bundes- und Landesgesetzen zu „rüsten".

32

Beispielhaft kann man dies an der Argumentation von Frido Wagner nachvollziehen, in der die politische Dimension der kommunalen Selbstverwaltung bestenfalls eine untergeordnete Rolle spielte. Frido Wagner hatte insbesondere maßgeblichen Einfluss auf die besonders einschneidende Gebietsreform in Nordrhein-Westfalen. Als zentrales Problem hebt er hervor, dass der postulierten Rechtsgleichheit der Gemeinden in der Realität eine Ungleichheit und Unvergleichbarkeit gegenüberstehe. Dies liege insbesondere daran, dass die ländliche Verwaltung wesentliche Mindeststandards nicht einhalten könne. Wagner entwickelt für die Gebietsreform in einigen Bundesländern maßgebliche Grenzen der „Leistungs- und Verwaltungskraft" (Wagner 1964: 245). Das zentrale Kriterium hierfür ist, ob die kommunalen Verwaltungseinheiten interne und externe Leistungen effizient erbringen können. Er „rechnet" dabei vor, ab welcher Gemeindegröße sich ein Freibad, eine doppelzügige Volksschule oder ein Festsaal finanziell verantworten lässt. Darüber hinaus verweist er darauf, dass sich der Einsatz von neuen Techniken nur in größeren Verwaltungseinheiten lohnt. Diese Argumentation, die die Gebietsreformen maßgeblich beeinflusst hat, wirkt in ihrer einseitigen technokratischen Orientierung im Zuge der Planungseuphorie zumindest aus heutiger Sicht unfreiwillig komisch:

„Die heutige Verwaltung ist auf schriftliche Fixierung angewiesen. Es müssen deshalb Schreibmaschinen eingesetzt werden. Zur wirtschaftlichen Ausnutzung einer Schreibmaschine sollte sie an jedem Arbeitstag sechs Stunden benutzt werden. Rechnet man drei bis vier Seiten DIN A 4 pro Stunde, müssen an einem Tag 18 Seiten auf einer Schreibmaschine geschrieben werden. Solche Diktatleistungen und solche Diktatnotwendigkeiten bestehen erst für zwei bis drei Sachbearbeiter" (ebd.: 247).

Ähnliche Rechnungen machte Wagner auch für Adressiermaschinen und Kopiergeräte auf und schließt daraus, dass eine wirtschaftliche Kommunalverwaltung erst in Gemeinden mit 7.500 Einwohnern zu realisieren ist.

Insgesamt ist festzuhalten, dass die Gebietsreform in den Bundesländern sehr unterschiedlich vollzogen wurde. So wurden in den alten Bundesländern, die auch heute noch eine niedrige durchschnittliche Gemeindegröße aufweisen, die kommunale Gebietsreform nicht so einschneidend implementiert. Beispielsweise wurde in Schleswig-Holstein die Anzahl der Gemeinden von 1967 bis 1978 nur um 18% und in Rheinland-Pfalz um 20% reduziert, während in den Bundesländern mit den durchschnittlich größten Gemeinden – in Hessen, Saarland und Nordrhein-Westfalen – die Anzahl der Gemeinden um mehr als 80% zurückgeführt wurde (Mattenklodt 1981; Rauch 1979). Dabei folgten Nordrhein-Westfalen und das Saarland weitgehend den Empfehlungen von Wagner hinsichtlich der Gemeindegröße. So existiert im Saarland keine Kommune unter 5.000 Einwohner mehr, und auch in NRW können heute nur noch 0,8% der Gemeinden dieser Größenklasse zugeordnet werden. In Baden-Württemberg gehören demgegenüber 53%, in Bayern 74% und in Rheinland-Pfalz 94% dieser Gemeindegrößenklasse an (vgl. Kap 3.3).

Bezogen auf die Ziele der Reformer kann man feststellen, dass zum Teil durch die Gebietsreform sicherlich eine höhere Verwaltungseffektivität (insbesondere gemessen am einheitlichen Vollzug von Rechtsnormen), nicht aber eine

Gebietsreformen in den Bundesländern

Geringe Effizienz

33

höhere Verwaltungseffizienz erreicht wurde. Im Gegenteil hat sich deutlich gezeigt, dass die Kosten mit zunehmender Gemeindegröße überproportional steigen. Dies ist auch darauf zurückzuführen, dass das ehrenamtliche Engagement mit zunehmender Gemeindegröße zurückgeht (Gunst 1990: 206) und die Bürger stattdessen ausgabenexpansive Forderungen an die Kommunalpolitik stellen. Insgesamt haben die Gebietsreformen zu einem starken Gemeinschafts- und Identitätsverlust geführt (Stammen 1986), dessen „Narben" heute noch in einigen Gemeinden prägend sind.

Abbildung 2: Gebietsreform in den alten Bundesländern

	Anzahl der Gemeinden 1968	Anzahl der Gemeinden 1978	Reduzierung um	Durchschnittliche Gemeindegröße 2001
Rheinland-Pfalz	2905	2320	20,1 %	1.756
Schleswig-Holstein	1378	1132	17,8 %	2.757
Bayern	7077	2052	71,0 %	5.997
Niedersachsen	4231	1030	75,6 %	7.709
Baden-Württemberg	3379	1111	67,1 %	9.542
Hessen	2684	423	84,2 %	14.268
Saarland	347	50	85,6 %	20.500
Nordrhein-Westfalen	2277	396	82,6 %	45.586

Quelle 1: Deutscher Städtetag / Verband Deutscher Städtestatistiker (Hg.) 2001: Statistisches Jahrbuch deutscher Gemeinden, 88. Jg., Köln und Berlin: 109; Quelle 2: Statistisches Bundesamt Deutschland 2003, entnommen: http://www.destatis.de/jahrbuch/jahrtab1.htm; aktualisiert am 23. April 2003, Stichtag der Zählung 31.12.2001; Quelle 3: Dauwe et al. 1995: 45; Quelle 4: Mattenklodt 1981: 157

Zunehmende Parteipolitisierung

Durch die Gebietsreform wurde auch eine stärkere Parteipolitisierung der Kommunalpolitik ausgelöst, die sich u. a. daran festmachen lässt, dass die kommunalen Wählergemeinschaften gegenüber den Parteien deutlich an Stimmenanteilen verloren (im Folgenden Holtkamp 2006c). Das liegt nicht nur an den mit stei-

gender Gemeindegröße unwahrscheinlicher werdenden Wahlerfolgen von Wählergemeinschaften aufgrund des geringer ausgeprägten eigenständigen Kommu-
nalwahlverhaltens in größeren Städten (Andersen 2000: 90), sondern auch an den
Problemen der Vereinigung von Wählergemeinschaften. Allein die Kandidatur in
den kleineren Teilorten war wenig erfolgversprechend, während eine Dachorga-
nisation für die gesamte Gemeinde häufig nicht vorhanden war. Gerade die stark
variierenden Strukturen und Positionen von Wählergemeinschaften und ihre
geringe überörtliche Orientierung in Bundesländern ohne aktiven Landesverband
dürften dazu beigetragen haben, dass sich die Wählergemeinschaften in den neu
gebildeten größeren Gemeinden häufig nicht zusammenschlossen. Die Folge
war, dass die in den Teilorten aktiven Wählergemeinschaften zum Teil Ortsve-
reine von Parteien wurden oder sich auflösten (Derlien / Queis 1986: 151). Hinzu
kam zeitgleich ein stärkeres Vorrücken der Parteien in die verbleibenden kleineren Orte. Während die CDU in vielen ländlichen Regionen, in denen Wählergemeinschaften antraten, vor der Gebietsreform kaum kandidiert hatte, mussten
sich die Wählergemeinschaften in vielen Bundesländern nun dieser Konkurrenz
stellen. Die Parteipolitisierung der Kommunalpolitik wurde weiterhin durch eine
stärkere Einbindung kommunalpolitischer Fragen in die Programmatik der Bun-
desparteien forciert. Anfang der 70er Jahre trugen insbesondere die Jungsoziali-
sten zu einer stärkeren Befassung mit ideologischen Fragen in der Kommunalpolitik bei (Rudzio 1977). Ihr Hauptziel war die parteipolitische Mobilisierung der
Bevölkerung, um auch für sozial schwächere Gruppen Programmatiken in der
Kommunalpolitik durchsetzen zu können. Aber auch die CDU-Parteiführung
versuchte ihre Ortsgruppen stärker für grundsätzliche Fragen zu interessieren.
Die Wahlerfolge der SPD auf der Bundesebene zu dieser Zeit wurde von der
CDU-Parteiführung auch auf die stärkere parteipolitische Orientierung der sozialdemokratischen Kommunalpolitik und die damit verbundene Rekrutierung von
Mitgliedern zurückgeführt, wohingegen die Ortsgruppen der CDU eher als Ho-
noratiorenvereine eingeordnet wurden, die sich von der Gesellschaft weitgehend
abgekapselt hätten (Triesch 1965).

Parallel zur stärkeren Parteipolitisierung setzte auch auf der Ebene der
Kommunalverfassungssysteme zumindest eine etwas stärkere Orientierung an
parteienstaatlich-parlamentarischen Konzepten ein. So gibt es beispielsweise in
NRW seit 1979 Minderheitsrechte von Fraktionen bezüglich der Einberufung des
Rates, der Durchsetzung von Tagesordnungspunkten, des Akteneinsichtsrechts
und der Forderung nach namentlicher und geheimer Abstimmung (Bogumil
2001: 70). Damit wurde die Oppositionsrolle in der kommunalen Vertretungskörperschaft rechtlich deutlich aufgewertet und der in der nordrhein-
westfälischen Verfassungswirklichkeit eintretenden Strukturierung der Kommunalpolitik durch Mehrheits- und Oppositionsfraktionen Rechnung getragen.

In den 70er und 80er Jahren kam es darüber hinaus vermehrt zur Gründung
von Bürgerinitiativen und Selbsthilfegruppen. Beide Gruppierungen forderten
mehr individuelle Selbstbestimmung und eine Demokratisierung der Kommunalpolitik. Allerdings verbanden sie damit eher basisdemokratische als parteienstaatlich-parlamentarische Vorstellungen, und das Verhältnis zwischen diesen

Oppositions-
fraktionen in der
Gemeindeordnung
von NRW

Soziale Bewegungen

Gruppierungen einerseits und den kommunalen Entscheidungsträgern sowie den „Wohlfahrtskartellen"[18] andererseits war vor allem durch Konfrontation geprägt. Gerade in den Großstädten entwickelten sich in den 70er Jahren neue soziale Bewegungen (v. a. Umwelt-, Friedens- und Frauenbewegung), die sich „gegen die ,one best way'-Ideologie (zum Beispiel die autogerechte Stadt) der Nachkriegsjahre" (Kersting 2004: 60) richteten. Zunehmend wurde deutlich, dass die unpolitische Selbstverwaltungskonzeption, die den alternativlosen Vollzug zentralstaatlicher Normen als wesentliche kommunale Aufgabe propagierte, nicht hinreichend die Realität in den Städten und Gemeinden abbildete. In der Folge wurde die die bürokratische Herrschaft forcierende „Sachzwanglogik" zunehmend in Frage gestellt. Bei allen Restriktionen wurden nun die rechtlichen und wirtschaftlichen Handlungsspielräume der Kommunen betont. Auch hier gelte es, Entscheidungen zu treffen und zwischen Alternativen auszuwählen. Hieraus ergibt sich letztlich der politische Gehalt der kommunalen Selbstverwaltung, wie dies in der Politikwissenschaft in Abgrenzung zum juristischen Diskurs schon frühzeitig betont wurde (Grauhan 1971).

Insbesondere die Bürgerinitiativen setzten sich seit den 70er Jahren für eine stärkere Berücksichtigung von Umweltaspekten bei kommunalen Entscheidungen ein. Mit Gründung der Partei „Die Grünen" und der Imitierung dieser Politikinhalte durch andere Parteien ist die vormals nahezu reibungslose Berücksichtigung wirtschaftlicher Interessen durch die kommunalen Entscheidungsträger spätestens seit den 80er Jahren nicht mehr durchgehend zu konstatieren. Die Konfliktlinie zwischen Ökonomie und Ökologie ist in den Städten und Gemeinden zum Teil sogar stärker aufgebrochen als auf den höheren föderalen Ebenen, insbesondere wenn man die zunehmenden Standortkonflikte[19] berücksichtigt. Die im Zuge des Industrialisierungs- und Modernisierungsprozesses zugenommenen sozialen und ökologischen Probleme führten zu zunehmenden öffentlichen Auseinandersetzungen, in die sich mit einiger Verzögerung auch die Parteien einschalteten (Holtmann 1992: 19).

Zweiter Schub der Parteipolitisierung

Durch den Einzug der Grünen in die Stadträte bekam die Parteipolitisierung der Kommunalpolitik einen zweiten Schub (Hesse 1982a; Kannen 1996). Bei den Grünen dominiert von Anfang an ein konkurrenzdemokratisches Verständnis von Kommunalpolitik, das Denken in ideologischen Kategorien und die intensive Nutzung parlamentarischer Minderheitsrechte (Bogumil 2001).

Die seit Ende der 70er Jahre stärker einsetzende Bürgerbeteiligung ging weniger auf die kommunalen Entscheidungsträger zurück, die Bürgerinitiativen eher ausgrenzten. Die Änderungen im Städtebaurecht und in der Bauleitplanung auf Bundesebene führten dazu, dass die Bürger gerade in Form von Bürgerversammlungen intensiver an Planungsprozessen beteiligt wurden (Kodolitsch 2002). Für die Reformer erwiesen sich diese Formen der Beteiligung insgesamt aber eher als Enttäuschung. Insbesondere die empirische lokale Politikforschung lieferte zu den Leistungen dieser Beteiligungsangebote ernüchternde empirische Ergebnisse. Nicht nur aufgrund der erheblichen sozialen Schieflage der Beteili-

---

[18] Vgl. Kap. 5.2 zur oligopolistischen Stellung der Wohlfahrtsverbände in der Jugendhilfe.
[19] vgl. Kap. 5.3 zu abfallwirtschaftlichen Standortkonflikten.

gung und der starken Dominanz der Verwaltung führte diese erste Partizipationswelle zur Ernüchterung, sondern auch deshalb, weil zwar sehr viele anspruchsvolle Beteiligungsmodelle in Wissenschaft und Praxis konzipiert wurden, aber der Alltag der Bürgerbeteiligung von „Routinen, die vornehmlich auf eine Minimierung der Kosten und des Aufwandes für die Bürgerbeteiligung zielten" geprägt war (Kodolitsch 1988: 10). Die Bürgerversammlung als Routineveranstaltung stellt „für die Verwaltung eine relativ ‚bequeme' Form der Bürgerbeteiligung dar, denn in ihrem Rahmen entwickelt sich selten ein substanzieller Dialog zwischen Bürger und Verwaltung, der die Verwaltung über eine Darstellung ihrer Position hinaus dazu nötigen könnte, ihre Planungsvorlagen inhaltlich zur Disposition zu stellen" (Windhoff-Heritier / Gabriel 1983: 145).

Die zunehmende Parteipolitisierung der Kommunalpolitik führte in den Wertheim-Studien 70er Jahren in bedingtem Maße auch zu einer Begrenzung der Dominanz der Verwaltung. Das ist eines der wesentlichen Ergebnisse der für die lokale Politikforschung wegweisenden Wertheimstudien von Thomas Ellwein und Ralf Zoll. In der ersten Untersuchungsphase Ende der 60er Jahre dominiert in der baden-württembergischen Kleinstadt Wertheim ein stark konkordanzdemokratischer Politikstil. Der Stadtrat „fällt als Ganzes Entscheidungen und vertritt sie gegenüber der Bürgerschaft; in ihm werden unterschiedliche Gruppen und Interessen nicht erkennbar repräsentiert. (...) Er verhält sich verwaltungsorientiert, reduziert also Entscheidungsalternativen und Interessenunterschiede und zelebriert, wo immer es geht, ein eher gemeinschaftliches Verfahren" (Ellwein 1971: 21). Von sieben untersuchten wesentlichen Entscheidungen in Wertheim ging in dieser Phase in sechs Fällen die Initiative vom direkt gewählten Bürgermeister aus, der diese dann letztlich auch durchgesetzt hat. „Diese Überlegenheit ist im Alltagsgeschäft eher noch größer" (Zoll 1974: 235). Er legt die Tagesordnung des Rates fest, trifft viele Entscheidungen als Dringlichkeitsentscheidungen selbst und führt die Diskussion im Gemeinderat. Mögliche Alternativbeschlüsse diskutiert er lediglich im kleinen Kreis der Fraktionsvorsitzenden und wichtiger Wirtschaftshonorationen. Die Dominanz des Bürgermeisters wird neben der starken Stellung in der Gemeindeordnung auch auf die Überforderung der Stadträte zurückgeführt, die in der faktisch nicht vorhandenen Fraktionsarbeit – also durch die sehr geringe prozedurale Parteipolitisierung – zu diesem Zeitpunkt begründet sei (ebd.: 140).

In der zweiten Untersuchung der Stadt Wertheim in den 70er Jahren diagnostizieren Ellwein und Zoll wesentliche Veränderungen. Die Einwohnerzahl hat sich mittlerweile im Zuge der Gebietsreform verdoppelt und die Fraktionen spielen u. a. auch deswegen eine größere Rolle. Die 1968 noch festgestellte Dominanz der Honoratiorenpolitik – mit einem hohen Anteil von Selbstständigen unter den politisch Aktiven – kann nach dem Verschwinden der Freien Wählervereinigung in dieser Stärke für die 70er Jahre nicht mehr konstatiert werden (Ellwein/Zoll 1982: 170). Der Gemeinderat ist nach Auffassung von Ellwein und Zoll im Zeitverlauf politischer geworden. Mehr Tagesordnungspunkte werden intensiver öffentlich in den Ratssitzungen diskutiert und die Ausbildung politischer Blöcke ist erkennbar (ebd.: 183). Die Entscheidungen werden nunmehr überwiegend in den Fraktionen getroffen und im Rat verkündet, während es 1968 insgesamt kaum „Fraktionstätigkeit gab" (ebd.: 246). In dieser Phase hat sich auch die Stellung des Bürgermeisters gravierend verändert. Die Fraktionen versuchen die Machtposition des Bürgermeisters stärker zu begrenzen. Das Ausschusssystem wurde ausdifferenziert und die Vorlagen des Bürgermeisters werden nun kritischer in der Öffentlichkeit diskutiert (Ellwein/Zoll 1982: 193). Auch in der Verwaltung kann der Bürgermeister aufgrund der gestiegenen Gemeindegröße nicht mehr so dominant auftreten. Die Zahl der Verwaltungsmitarbeiter hat sich im Zuge der Gebietsreform verdreifacht und die Verwaltung wurde in zwei Dezernate aufgeteilt. Dem zweiten Dezernat steht nun ein von der CDU gewählter Beigeordneter vor, der die Geschäftsbereiche des SPD-Bürgermeisters nachhaltig einengt. Insgesamt führen in Wertheim die aufgrund der Gebietsreform gewachsene Gemeindegröße und das damit einhergehende Wachstum der Verwaltung sowie die etwas stärkere Parteipolitisierung im Verbund mit den veränderten politischen Mehrheitsverhältnissen zu einer weniger dominanten Stellung des Bürgermeisters.

Exekutive
Führerschaft Allerdings kommen auch für diese Phase empirische Studien zu dem Schluss, dass die Verwaltungsspitze in vielen Kommunen eine herausragende Machtstellung einnimmt – ein Phänomen, das in der lokalen Politikforschung mit dem Begriff der „exekutiven Führerschaft" erfasst wird. So konstatieren beispielsweise Derlien et al. (1976) in einer weiteren für die lokale Politikforschung zentralen Untersuchung von vier Mittelstädten erhebliche Übereinstimmungen zwischen den Entscheidungsprozessen, die sie als generelle Muster des kommunalen Entscheidungsprozesses deuten. Zu beobachten ist nach Derlien et al.:

- eine generelle Überlegenheit der Verwaltung gegenüber der Vertretungskörperschaft aufgrund des Informationsvorsprunges bei der Initiierung und Vorbereitung von Beschlüssen,
- eine Auswahl von Alternativen innerhalb der Verwaltung,
- ein Funktionsverlust des Plenums durch Verlagerung der parlamentarischen Arbeit in die Ausschüsse, in denen Vorlagen der Verwaltung trotz ihrer Dominanz auch verändert werden.

Allerdings weisen bereits Derlien et al. darauf hin, dass diese Entscheidungsmuster insbesondere durch die unterschiedlichen Kommunalverfassungssysteme abgeschwächt und verstärkt werden können. Nur in der Gemeinde mit Süddeutscher Ratsverfassung dominiert aus ihrer Sicht die Verwaltungsspitze eindeutig (ebd.: 126).

Noch deutlicher beschreibt Winkler-Haupt (1988) bei einem Vergleich von jeweils zwei Mittelstädten in Baden-Württemberg und in Nordrhein-Westfalen die Effekte der Kommunalverfassungen. Während in den beiden baden-württembergischen Städten der Bürgermeister als exekutiver Führer eingeordnet werden kann, dominieren in den nordrhein-westfälischen Städten die Vorsitzenden der Mehrheitsfraktion. Wie stark gerade der SPD-Fraktionsvorsitzende in Gladbeck, der gleichzeitig Landtagsabgeordneter ist, selbst den Verwaltungsvollzug beeinflusst, illustriert u. a. die folgende Akteursaussage:

> „Will man in Gladbeck einen Zaun errichten, fragt man nicht den Stadtdirektor oder BM, sondern den Fraktionsvorsitzenden" (Winkler-Haupt 1988: 40).

Weiterhin wird in der Untersuchung hervorgehoben, dass der Grad der Parteipolitisierung in den beiden baden-württembergischen Städten deutlich geringer ausgeprägt ist als in den nordrhein-westfälischen Gemeinden, worin ein weiterer Grund für die ausgeprägte exekutive Führerschaft in den beiden baden-württembergischen Gemeinden liegt. Die immer wieder empirisch erfasste geringere Parteipolitisierung in Baden-Württemberg im Vergleich zu NRW (auch wenn sie, wie die Wertheimstudien zeigen, durchaus auch in Baden-Württemberg in den 70er Jahren etwas angestiegen ist) wird in der Literatur vor allem auf die Süddeutsche Ratsverfassung, das personenorientierte Kommunalwahlrecht, die durchschnittlich geringere Gemeindegröße und den geringen Organisationsgrad der Parteien zurückgeführt (Wehling 2003; Holtkamp 2003; Gehne / Holtkamp 2005).

Parteien in Baden-Württemberg und NRW

Die seit Ende der 60er Jahre zunehmende Konfliktorientierung und Parteipolitisierung führte auch dazu, dass sich die politikwissenschaftliche Forschung verstärkt mit der Kommunalpolitik beschäftigte. In klarer Abgrenzung zu der gneistschen Selbstverwaltungskonzeption geht die Politikwissenschaft bis heute normativ vom Konzept der Selbstregierung aus. Sie präferiert eine parteienstaatlich-parlamentarische Strukturierung der Kommunalpolitik bei gleichzeitig größeren kommunalen Handlungsspielräumen (Holtkamp 2003). Die Forderung nach größeren kommunalen Handlungsspielräumen ist aber seit den 70er Jahren kein Spezifikum des politikwissenschaftlichen Diskurses. Durch die massiven Akzeptanzprobleme der Gebietsreform und das Scheitern der keynesianischen Globalsteuerung wird die Forderung nach einer relativ dezentralen Aufgabenerledigung zum Allgemeingut, zumindest auf der *Konzeptebene*. Aufgrund der massiven Anreize der höheren föderalen Ebenen, politische Forderungen durch Aufgabenüberwälzung ohne Finanztransfers und durch bürokratische Detailsteuerung zu befriedigen, kam es in der *Verwaltungspraxis* aber, wie bereits beschrieben, zu einer stetigen Einschränkung der kommunalen Handlungsspielräume (Holtkamp 2001c).

Der Standpunkt der Politikwissenschaft zur Parteipolitisierung

Insgesamt kann man seit spätestens Ende der 70er Jahre also eine Trendverschiebung hin eher zu einer stärker die partizipativen und parteipolitischen Aspekte der Kommunalpolitik berücksichtigenden Betrachtungsweise konstatieren, während die Orientierung an dem unpolitischen Selbstverwaltungsentwurf zusehends „unmodern" wurde.

2.5 Kommunale Selbstverwaltung im vereinten Deutschland

Die Wiedervereinigung Deutschlands war nicht nur für die neuen Bundesländer eine Zäsur, sondern auch in den alten Bundesländern verstärkten sich dadurch, wie noch zu zeigen sein wird, Trends in Richtung von Ökonomisierung und erweiterter Partizipation.

Noch bevor die Vereinigung beider deutscher Staaten konkrete Formen annahm, wurde unter der Regierung de Maizière die Verfassung der DDR reformiert und die kommunale Selbstverwaltung eingeführt. Mit diesem Schritt und der Einführung einer einheitlichen Kommunalverfassung für die DDR sowie den ersten freien Wahlen nahm die kommunale Selbstverwaltung in Ostdeutschland

Der „wilde Osten"

schnell konkrete Formen an. Dieser Reform von oben waren bereits vielfach vor Ort „runde Tische" vorausgegangen, die bereits in der Spätphase der DDR unter starker Beteiligung der Bürgerbewegung mit der politischen Umgestaltung der Kommunen begonnen hatten. Insgesamt wurde ein stark zentralistisches System, in dem die Kommunen kaum mehr als nachgeordnete Behörden der Zentralverwaltung waren, innerhalb kürzester Frist durch eine stärker dezentral organisierte pluralistische Demokratie ersetzt (Gabriel 1999: 163). Während die anderen föderalen Ebenen noch kaum arbeitsfähig waren, gestalteten die Bürgermeister und Landräte der ersten Stunde die Politik im ersten Jahr nach der Wende weitgehend frei von jeder staatlichen Aufsicht. In Analogie zum Neubeginn 1945 könnte man diese Anfangsphase als Blütezeit der ostdeutschen kommunalen Selbstverwaltung bezeichnen. Sie wird aber eher als Zeit des „Wilden Ostens" eingeordnet, weil die Akteure sehr stark von ihrer lokalen Autonomie Gebrauch machten – vor allem im unerfahrenen Umgang mit West-Investoren (Wollmann 2002).

Veränderte kommu-
nale Aufgaben in
Ostdeutschland

Im Zuge der Wende kam es auch zu massiven Veränderungen der durch die ostdeutschen Kommunen wahrzunehmenden Aufgaben. Einige fielen sofort weg, wie beispielsweise die Kontrolle über die Warenpreise. Andere Aufgaben liefen langsam aus, wie beispielsweise die Verteilung und Verwaltung von Wohnraum (Osterland 1996: 42). Andere Aufgaben, die aus Sicht der Ostdeutschen eine sehr hohe Priorität hatten, wie beispielsweise die Wirtschaftsförderung, kamen hinzu. Vor allem aber hatten die Städte und Gemeinden anfangs eine Lawine von Einrichtungen und Betrieben organisationspolitisch zu bewältigen, die ihnen im Zuge der (Re-) Kommunalisierung übertragen wurden[20]. Die weitgehende Übernahme des westdeutschen Kommunalrechts hinsichtlich der föderalen Aufgabenverteilung und der hohe Reformbedarf unter erheblichem Zeitdruck führte dazu, dass die ostdeutschen Kommunen sich hinsichtlich der Organisation der inneren Gemeindeverwaltung anfangs weitgehend an ihren westdeutschen Partnergemeinden und an überkommenen Organisationsmodellen der Kommunalen Gemeinschaftsstelle orientierten (Kleinfeld 1996: 279). Bei dem Personal setzten die ostdeutschen Kommunen weitgehend auf Kontinuität. Sieht man einmal von Entlassungen der SED- und Stasikader in der Verwaltungsspitze ab, hielten sich die Entlassungen in Grenzen (Osterland 1996: 43).

Gebietsreformen in
Ostdeutschland

Während es sich bei der inneren Organisation der Gemeindeverwaltung um einen weitgehend exogenen Institutionentransfer von West nach Ost handelte, wurden die Reformen der Gebiets- und Gemeindegröße stärker an die ostdeutschen Gegebenheiten angepasst und die massive Kritik an der westdeutschen Gebietsreform berücksichtigt. In den neuen Bundesländern wurde die Gebietsreform weniger radikal umgesetzt als in den 70er Jahren in Hessen, im Saarland und in NRW. Zwischen 1990 und 2001 wurde die Anzahl der Gemeinden in Sachsen aber immerhin um 66% reduziert. In den anderen neuen Bundesländern war aber die Gebietsreform weniger einschneidend (Schmidt-Eichstaedt 2001).

---

[20] In der DDR hatten die Kommunen verhältnismäßig wenig Personal, da der größte Teil der sozialen und kulturellen Einrichtungen von anderen staatlichen Organisationen oder aber von Volkseigenen Betrieben getragen wurde. Im Zuge der (Re-)Kommunalisierung wuchs der Personalstand in vielen Städten zunächst um ein Vielfaches an (Lorenz/Wollmann 1998: 499).

So wurde in Mecklenburg-Vorpommern die Anzahl der Gemeinden im selben Zeitraum nur um 11% und in Sachsen-Anhalt gar nur um 5% reduziert. In Brandenburg wurde erst im Jahre 2003 die einschneidendste Gebietsreform verabschiedet, bei der die Anzahl der Gemeinden im Vergleich zu 1990 um 76% reduziert wurde.

Abbildung 3:   Gebietsreform in den neuen Bundesländern

	Anzahl der Gemeinden 1990	Anzahl der Gemeinden 2001/2003[21]	Reduzierung um	durchschnittliche Gemeindegröße 2001/2003
Mecklenburg-Vorpommern	1117	994	11,0 %	1.771
Sachsen-Anhalt	1349	1289	4,4 %	2.002
Thüringen	1699	1017	40,1 %	2.371
Brandenburg	1775	422	76,2 %	6.145
Sachsen	1623	540	66,7 %	8.119

Quelle 1: Deutscher Städtetag / Verband Deutscher Städtestatistiker (Hg.) 2001: Statistisches Jahrbuch deutscher Gemeinden, 88. Jg., Köln und Berlin: 109; Quelle 2: Statistisches Bundesamt Deutschland 2003, entnommen: http://www.destatis.de/jahrbuch/jahrtab1.htm; aktualisiert am 23. April 2003, Stichtag der Zählung 31.12.2001; Quelle 3: Anzahl der Gemeinden in Brandenburg nach der Gebietsreform 2003, in: Kommunalpolitische Blätter 4/2003: 62; Quelle 4: Dauwe et al. 1995: 45

Während die Politikwissenschaft für die westdeutsche Kommunalpolitik eine weitgehend parteienstaatliche Strukturierung konstatierte (v. a. Holtmann 1992), auch wenn hier gerade mit Bezug auf Baden-Württemberg erhebliche regionale Differenzen festgestellt wurden, passt dieses Modell nicht ansatzweise auf die ostdeutsche Kommunalpolitik. Der Grad der Parteipolitisierung ist weiterhin äußerst gering ausgeprägt. Die Parteien haben ganz erhebliche Probleme, überhaupt genügend Kandidaten für die Kommunalwahlen aufstellen zu können, und die Wählergemeinschaften sind in den kreisangehörigen Gemeinden sehr stark

Geringe Parteipolitisierung in Ostdeutschland

---

[21] Angaben für Brandenburg auf dem Stand von 2003; für alle anderen Bundesländer sind die Daten auf dem Stand von 2000.

vertreten[22]. Eine klare Trennung zwischen Oppositions- und Mehrheitsfraktionen ist nur in den wenigsten Kommunen erkennbar, einstimmige Beschlüsse dominieren das Ratsgeschehen. Neben der durchschnittlich sehr niedrigen Gemeindegröße und dem geringen Organisationsgrad der meisten Parteien in den neuen Bundesländern ist dies auf Handlungsmuster der DDR- und Wendezeit zurückzuführen, die zumindest zum Teil weiter fortwirken. So werden u. a. die folgenden weiteren Ursachen für die geringe Parteipolitisierung aufgeführt (Neckel 1995; Berg et al. 1996; Pollach et al. 2000; Newiger-Addy 2002; Holtkamp 2003):

- Unter der Herrschaft der SED hat sich ein unpolitisches Modell entwickelt, das dem Ideal der „widerspruchsfreien Gemeinschaft" (Neckel 1995: 672) folgte und auch nach der Wende noch fortwirkt.
- Es zeichnet sich eine Fortführung altinstitutioneller Handlungsmuster ab, bei der das zu DDR-Zeiten eingeübte gemeinsame und geschlossene Auftreten von Verwaltung und Vertretungskörperschaft gegenüber der Öffentlichkeit beibehalten wird.
- Gerade aufgrund des hohen sozioökonomischen Problemdrucks werden gemeinsame Lösungen favorisiert.
- Die Akteure teilen die gemeinsamen Erfahrungen der „runden Tische" aus der Wendezeit, die von einem großen Konsens auch unter den Parteien geprägt war. Dieser bestand vor allem darin, die alten Herrschaftsverhältnisse friedlich abzulösen und die Herausforderungen des Aufbaus demokratischer Strukturen gemeinsam zu „meistern".
- Anfänglich dominierten in den ostdeutschen Kommunen große Koalitionen, um die PDS aufgrund ihrer Vergangenheit von der Regierungsverantwortung auszuschließen.
- Nach wie vor besteht aufgrund der Erfahrungen der Vorwendezeit ein geringes Vertrauen gegenüber Parteien.

Exekutive Führerschaft in Ostdeutschland

Der geringe Grad der Parteipolitisierung und Professionalisierung der ostdeutschen Kommunalpolitik führt zu einer sehr stark ausgeprägten Dominanz der Kommunalverwaltung, insbesondere aber zur „exekutiven Führerschaft" (Kleinfeld 1996: 279; Newiger-Addy 2002). Die konsensual exekutiven Entscheidungsmuster wurden auch dadurch verstärkt, dass die Ostdeutschen sich zumindest in der Nachwendezeit kaum in Verbänden und Bürgerinitiativen organisieren wollten, so dass unterschiedliche gesellschaftliche Interessen in den Kommunen auch kaum sichtbar waren (Thumfart 2002: 650).

Auswirkungen auf die westdeutschen Haushalte

Die Wiedervereinigung hat auch für die Kommunen in den alten Bundesländern gravierende Auswirkungen gehabt. Die Heranziehung aller öffentlichen Haushalte in den alten Bundesländern zur Finanzierung der Deutschen Einheit und die auch durch die Wiedervereinigung ausgelösten strukturellen Wirt-

---

[22] So stellten die Wählergemeinschaften nach den Kommunalwahlen 1999 in Sachsen 16,4% der Ratssitze, in Mecklenburg-Vorpommern 25,4% und in Sachsen-Anhalt sogar gut 33% (Schleer 2003; Holtmann 2004).

schaftsprobleme Deutschlands haben maßgeblich zu der bis heute anhaltenden tiefgreifenden kommunalen Haushaltskrise beigetragen. Die westdeutschen Kommunen zahlen jährlich ca. 3,5 Mrd. Euro für die Deutsche Einheit (die sich durch die Abdeckung von Altfehlbeträgen über die Jahre im Verwaltungshaushalt aufsummieren vgl. Kap 5.1), das sind knapp 3% ihrer Einnahmen im Verwaltungshaushalt (Schwarting 2003: 47). In einigen alten Bundesländern hat die kommunale Haushaltskrise schon ähnliche Formen angenommen wie in der Endphase der Weimarer Republik. So wurden im Jahre 2005 25% der Kommunalhaushalte in NRW nicht mehr genehmigt, mit der Folge, dass die Aufsichtsbehörden stark in die kommunale Selbstverwaltung eingreifen.

Die kommunale Haushaltskrise hat seit Anfang der 90er Jahre zu einem in Deutschland beispiellosem Trend in Richtung Ökonomisierung der Kommunalverwaltung geführt. Unter Ökonomisierung[23] wird allgemein ein Bedeutungsgewinn wirtschaftlicher Rationalitäten in ursprünglich „außerwirtschaftlichen" Bereichen, hier also dem Bereich von Staat und Verwaltung, verstanden (Reichard 2003: 119), eine zunehmende Ausrichtung des Handelns an ökonomischen Kategorien, Werten und Prinzipien. Dieser Bedeutungsgewinn äußert sich in der stärkeren „Managerialisierung der Verwaltung" und in der Vermarktlichung von öffentlichen Dienstleistungen. Auf der lokalen Ebene ist die Ökonomisierung in folgenden Bereichen zu beobachten: in der Managerialisierung der Kommunalverwaltung, in der Privatisierung kommunaler Dienstleistungen, im verstärkten Aufkommen von Public Private Partnerships (PPP) und in der Schaffung von Wettbewerbsstrukturen (vgl. ausführlicher Kapitel 4.1 und 4.2 sowie Bogumil 2004).

Seit 1992 begannen die ersten westdeutschen Kommunen, Maßnahmen der *Verwaltungsmodernisierung* unter dem Leitbild privatwirtschaftlicher Managementmodelle (Public Management) durchzuführen. Public Management umfasst sowohl Prozesse der Binnenmodernisierung als auch die Frage nach der Neuausrichtung öffentlicher Aufgaben. In der deutschen Rezeption, die stark von der Kommunalen Gemeinschaftsstelle (KGSt) und dem von ihr empfohlenen Neuen Steuerungsmodell (NSM) geprägt ist, dominiert zunächst jedoch die Perspektive der Binnenmodernisierung – also die Ökonomisierung intraorganisatorischer Handlungsprinzipien. Die KGSt bezog sich dabei vorrangig auf das sog. Tilburger Modell. Während in Tilburg und in anderen niederländischen Städten bereits Anfang der 90er Jahre eine stärkere Demokratisierung auf konzeptioneller Ebene

Neues Steuerungsmodell

[23] Die Gründe für die Ökonomisierung sind nun vielschichtig, aber sie liegen vor allem in der Finanzkrise in Form von Haushaltsdefiziten und zunehmender Staatsverschuldung, in der Veränderung von Leitbildern zur Staatstätigkeit und im öffentlichen Sektor selbst (vgl. Naschold/Bogumil 2000; Harms/Reichard 2003a; Löffler 2003a). Die Finanzkrise wird dabei in der Regel als Katalysator angesehen, der Handlungsdruck erzeugt. Bezüglich der Leitbilder zeigt sich, dass das alte Leitbild des sozialdemokratischen Wohlfahrtsstaates nicht mehr trägt. Spätestens seit dem fast gleichzeitigem Wechsel von eher sozialdemokratischen auf liberal-konservative Regierungen in GB, den USA, Deutschland und sogar Schweden zwischen 1979 und 1982 ist der Funke des neoliberalen Zeitgeistes auch auf den öffentlichen Sektor übergesprungen. Dies hat sich auch durch die zum Teil wieder stattfindenden Regierungswechsel ab Mitte der 90er-Jahre nicht wieder verändert. Ein wesentlicher Grund liegt in der andauernden öffentlichen Finanzkrise, so dass Modelle und Maßnahmen, welche versprechen, Effizienz zu steigern, nach wie vor aktuell sind.

gefordert und damit unbeabsichtigt an die deutschen Entwicklungen in den 80er Jahren angeknüpft wurde, bezogen sich die deutschen Reformbemühungen Anfang der 90er Jahre auf die in den 80ern in Tilburg implementierten, effizienzorientierten Managementkonzepte (Hendriks/Tops 1999).

Bausteine des NSM Wesentliche Bausteine des von der KGSt 1993 in Anlehnung an das Tilburger Modell entwickelten NSM sind:

- Kontraktmanagement zwischen Politik und Verwaltung, innerhalb der Verwaltung und im Zusammenhang mit städtischen Beteiligungen
- Zusammenführung von Aufgaben- und Finanzverwaltung in Fachbereichen
- Aufbau einer zentralen Organisationshoheit für nicht dezentralisierbare Steuerungs- und Controllingaufgaben
- Übergang von der Input- zur Outputsteuerung durch flächendeckende Gliederung des Haushaltsplans in Produkte und Aufbau von Kosten-Leistungsrechnung
- Interkommunaler Leistungsvergleich

Das Neue Steuerungsmodell wurde in den westdeutschen Kommunen mit gravierenden Haushaltsproblemen seit Mitte der 90er Jahre zunehmend ergänzt durch die Privatisierung der kommunalen Infrastruktur. Durch Vermögenserlöse sollen kurzfristig die Defizite in den Verwaltungshaushalten abgedeckt werden (Bogumil/Holtkamp 2002a). Nachdem die Nachkriegszeit in Bezug auf die öffentliche Kommunalwirtschaft eher als Konsolidierungsphase – kaum Zuwächse, kaum Abgänge durch Privatisierung – eingeordnet werden kann (Püttner 1998: 541), wird durch die kommunale Haushaltskrise und die Liberalisierungspolitik der EU die Kommunalwirtschaft zunehmend in Frage gestellt (Wollmann 2002). Zusätzlich setzte in den 90er Jahren durch die Haushaltskrise eine stärkere Förderung des Bürgerengagements ein. Aufgaben, die in der Nachkriegszeit zunehmend die Verwaltung übernommen hatte, wurden wieder auf die Vereine zurückübertragen (z.B. Pflege von Sportplätzen, vgl. Bogumil et al. 2003).

Während die Privatisierung der kommunalen Infrastruktur schon von Anbeginn die ostdeutsche Verwaltungspraxis prägte, wurde das Neue Steuerungsmodell in den neuen Bundesländern kaum aufgegriffen (Kuhlmann 2004: 377), auch weil man die alte westdeutsche Verwaltungsorganisation gerade erst implementiert hatte.

Während Anfang der 90er Jahre auf kommunaler Ebene in Westdeutschland effizienzorientierte Konzepte klar dominierten, gingen von der Landesebene verstärkt partizipative Trends aus. Hierbei handelte es sich aber nicht um Gemeindeordnungsreformen, die wie in den 70er Jahren die parteienstaatliche-parlamentarische Kommunalpolitik forcierten, sondern um direktdemokratische Reformen, die zum Teil bewusst als Gegengewicht zu einer im juristischen Diskurs weiterhin als ausufernd parteienstaatlich und kostentreibend wahrgenommenen repräsentativen Demokratie installiert wurden (Banner 1989, Unruh 1989: 13).

Einführung der Direktwahl Ausgehend von Ostdeutschland entwickelte sich seit 1991 ein durchgängiger Trend zur *Reform der Kommunalverfassungen* in Richtung Süddeutsche Rat-Bürgermeisterverfassung (baden-württembergischer Prägung) mit einem direkt gewählten Bürgermeister und der Einführung von Bürgerbegehren und Bürgerentscheiden. Bis auf Baden-Württemberg sind in allen Flächenländern die Kommunalverfassungen in den 90er Jahren verändert worden. Damit werden auf lokaler Ebene die über 40 Jahre existierenden repräsentativ-demokratischen Formen politischer Entscheidungsfindung in den alten Bundesländern durch *direktdemokratische* Formen[24] ergänzt, und die kommunale Verfassungswelt erfährt bei allen noch bestehenden gravierenden Unterschieden eine kaum für möglich gehaltene Vereinheitlichung. Dies ist um so beachtenswerter, als es sich hierbei um einen dezentralen, von den Landesregierungen ausgehenden politischen Entscheidungsprozess handelt.

Für die flächendeckende Einführung der Direktwahl des Bürgermeisters in allen deutschen Gemeindeordnungen werden vor allem die folgenden Ursachen genannt. Als Erstes wird hervorgehoben, dass sich die neuen Bundesländer nach 1990 weitgehend an der baden-württembergischen Gemeindeordnung orientierten. Bereits bei den Beratungen der DDR-Kommunalverfassung 1990 war die Einführung der Direktwahl weitgehend vorentschieden, auch wenn sie aus pragmatischen Gründen zunächst nicht gesetzlich verankert wurde (Wollmann 2001). Bis Januar 1994 war in allen neuen Bundesländern die Direktwahl des Bürgermeisters verabschiedet worden. Wenn schon den nicht demokratieerfahrenen Bürgern der neuen Bundesländer stärkere Partizipationsrechte (Direktwahl und Bürgerbegehren) zugestanden wurden, gab es kaum noch überzeugende Gründe, diese den Bürgern der alten Bundesländer vorzuenthalten (Wehling 2003a). Hinzu kam, dass die Wähler im Zuge des postmaterialistischen Wertewandels mehr Beteiligung nachfragten und gerade Anfang der 90er Jahre eine steigende Politikerverdrossenheit konstatiert wurde, die auch zunehmend von Teilen der politischen Elite problematisiert wurde (Bovermann 1999: 105). Gerade die zu dieser Zeit überwiegend christdemokratischen Oppositionsfraktionen in den alten Bundesländern nahmen diese Forderungen auf und leiteten häufig auf Landesebene Volksinitiativen und Volksbegehren zur Einführung der Direktwahl der Bürgermeister ein. Die Volksabstimmung 1991 in Hessen, in der 82% der Bürger für die Einführung der Direktwahl auf kommunaler Ebene votierten, machte für die Mehrheitsfraktionen in allen Bundesländern mehr als deutlich, dass die Ablehnung der Direktwahl bei Landtagswahlen nachteilige Auswirkungen haben und zum Teil direkt durch Volksentscheid ad absurdum geführt werden könnte. Nachdem neben den neuen Bundesländern dann auch andere alte Bundesländer

---

[24] Bei direkter Demokratie handelt es sich um eine Form der Willensbildung, Konfliktregelung und Entscheidungsfindung, bei der die Entscheidungsbetroffenen unter Umgehung von Repräsentanten Sach- oder Personalentscheidungen treffen (vgl. Luthardt/Waschkuhn: 1997: 72). Bei den Sachentscheidungen sind Volksinitiative, Volksbegehren und Volksentscheid auf Bundes- und Landesebene sowie Bürgerbegehren und Bürgerentscheid auf kommunaler Ebene zu nennen, bei den Personalentscheidungen die Direktwahlmöglichkeiten des Bürgermeisters oder Landrates auf kommunaler Ebene. Direkte Demokratie wird hier nicht als Alternativmodell zur repräsentativen Demokratie aufgefasst, sondern als eine ergänzende Form des Entscheidungsverfahrens. Partiell wird in der Literatur die Direktwahl des Bürgermeisters aber auch als Teil der repräsentativen Demokratie eingeordnet. Damit wird der in der vergleichenden Regierungslehre üblichen Zuordnung der Direktwahl der Exekutive als eine spezifische Form der repräsentativen Demokratie – dem präsidentiellen Regierungssystem – gefolgt (z. B. Holtkamp 2006c).

die Direktwahl einführten, wurde der Anpassungsdruck auf die „Nachzügler" (wie Niedersachsen) immer größer. Man wolle doch nicht das letzte Land – das Fossil – bleiben, das den Bürgern die Direktwahl und sich damit der notwendigen Modernisierung, verweigert, so wurde von den Reformbefürwortern immer wieder mediengerecht ins Spiel gebracht (Lemmermann 2000: 127; Schulenburg 1999: 113). Insgesamt wäre die konsequente Ablehnung der Direktwahl durch eine Landesregierung aus Sicht der handelnden Akteure, salopp gesprochen, „politischer Selbstmord" gewesen.

Die flächendeckende Einführung des direktgewählten hauptamtlichen Bürgermeisters führt aus Sicht vieler lokaler Politikforscher zu einer Neuverteilung der Machtressourcen zwischen den kommunalen Entscheidungsträgern. Durchweg wird ein verstärkter Trend in Richtung „exekutive Führerschaft" erwartet (Wehling 2003; Gabriel 1999).

Weiterhin bestehende Divergenzen

Allerdings zeigen sich bei der Analyse der rechtlichen Kompetenzen der direktgewählten Bürgermeister weiterhin gravierende Unterschiede zwischen den Bundesländern, die im Kern auf die alten Gemeindeordnungen zurückgeführt werden können (vgl. ausführlich Kapitel 3.4). Der direktgewählte Bürgermeister in Hessen, Niedersachsen und Nordrhein-Westfalen hat weiterhin deutlich geringere Kompetenzen als sein Kollege in Baden-Württemberg oder Bayern. Diese bei allem radikalen Wandel relativ hohe „Pfadabhängigkeit" kann vor allem auf den Widerstand der SPD-Parteibasis und der SPD-Landtagsfraktionen gegen die Einführung der Direktwahl und eine Gemeindeordnung nach Süddeutschem Vorbild zurückgeführt werden (Holtkamp 2005; Schulenburg 1999). Fast durchweg wurde die Direktwahl auf den SPD-Parteitagen im ersten Anlauf abgelehnt. Die SPD-Landesregierungen konzentrierten sich deshalb darauf, die Direktwahl des Bürgermeisters durchzusetzen, vor allem um Wahl- und Abstimmungsniederlagen zu vermeiden, während sie die Kompetenzen des Bürgermeisters als Verhandlungsmasse einbringen mussten. Die Opposition konnte sich nicht wirksam gegen die geringen Kompetenzen der Bürgermeister zur Wehr setzen, weil mit der Übernahme der Direktwahl von den Landesregierungen das gerade für Volksentscheide öffentlichkeitswirksamste Thema „aus dem Verkehr gezogen" wurde.

Einführung der Bürgerbegehren

Die Einführung von Bürgerentscheiden und Bürgerbegehren in den Gemeindeordnungen aller Bundesländer in den 90er Jahren war in der Regel weniger umstritten, musste aber in einigen Bundesländern erst durch Volksbegehren auf Landesebene (Bremen, Bayern) durchgesetzt werden. Das erste Bundesland nach Baden-Württemberg, das diese direktdemokratischen Elemente implementierte, war Schleswig-Holstein, wo als Reaktion auf die Barschel-Affäre sowohl auf Landes- als auch auf Kommunalebene Bürgerbegehren und Bürgerentscheide eingeführt wurden, um der tagespolitisch bedingt massiv ansteigenden Politik(er)verdrossenheit entgegenzuwirken. Einen Monat darauf folgte die Aufnahme von Bürgerbegehren und -entscheiden in die Kommunalverfassung der DDR vom 17.5. 1990, in der erklärten Absicht, „hiermit ein Stück basisdemokratischen Erbes der ostdeutschen friedlichen Revolution zu bewahren" (Wollmann 1999: 17). Diese direktdemokratischen Elemente wurden daraufhin in den Kommunalverfassungen aller fünf neuen Bundesländer übernommen, so dass auch in diesem Fall Ostdeutschland einen maßgeblichen Einfluss auf die Einführung erweiterter Partizipationsrechte in den alten Bundesländern gehabt hat (Jung 2001 / Wollmann 1999). In den Jahren 1993 folgten Hessen und Rheinland-Pfalz, darauf dann NRW (1994), Bremen (1994), Bayern (1995), Niedersachsen (1996), Saarland (1997) und Hamburg (1998) dem Beispiel der DDR-Kommunalverfassung.

Erst Mitte bis Ende der 90er Jahre gingen auch von den kommunalen Akteuren in Westdeutschland selbst Reformen für erweiterte Partizipationsmöglichkeiten aus. Zur repräsentativen und direkten Demokratie traten vermehrt Elemente der kooperativen Demokratie. Dies ist um so bemerkenswerter, weil die Bürger und Bürgerinitiativen den Kommunen noch in den 80er Jahren eine Beteiligung „abtrotzen" mussten, während diese die Bürger nunmehr um Mitarbeit bitten (Fücks/Schiller-Dickhut 2001: 7). Insbesondere werden vermehrt Bürgerforen in der kommunalen Praxis angeboten. Von den in den 80er Jahren fest institutionalisierten Bürgerversammlungen unterscheiden sich die Bürgerforen nicht nur dadurch, dass sie von den Kommunen freiwillig, also nicht aufgrund gesetzlicher Verpflichtungen, eingesetzt werden, sondern auch dadurch, dass sie eine intensivere und frühzeitigere Beteiligung ermöglichen. Bürgerforen werden zunehmend im Rahmen der Lokalen Agenda, der Kriminalprävention, des Stadtmarketings und der sozialen Stadtteilarbeit initiiert. Jede Stadt, die etwas auf sich hält, hat in den letzten Jahren Bürger und Verbände in allen diesen Bereichen beteiligt. Die Bürger verfügen mit diesen neuen Elementen der direkten und kooperativen Demokratie über eine stärkere Position im kommunalen Willensbildungs- und Entscheidungsprozess als jemals zuvor in der Geschichte der Bundesrepublik Deutschland (Gabriel 2002: 140). Vorbild für die Bürgerforen in Westdeutschland war wiederum zum Teil die ostdeutsche Verwaltungspraxis – hier insbesondere die „runden Tische" in der Zeit unmittelbar nach der Wende. Der Institutionentransfer war im Falle der Kommunen also keine Einbahnstraße von West nach Ost, sondern die westdeutschen Kommunen importierten auch ostdeutsche Innovationen, bzw. dadurch, dass die neuen Bundesländer hinsichtlich der direktdemokratischen Elemente zum Teil die baden-württembergische Kommunalverfassung imitierten und an ostdeutsche Gegebenheiten anpassten, setzen sie die anderen alten Bundesländer unter erheblichen Anpassungsdruck.

Kooperative Demokratie

2.6 Zusammenfassung

Die Entstehung kommunaler Selbstverwaltung im 19. Jahrhundert entspricht einem Kompromiss zwischen Obrigkeitsstaat und liberalem Bürgertum. Neben einem Anteil an der Gesetzgebung durch die Teilung der Legislative zwischen Monarch und Parlament wird das Bürgertum auch begrenzt an der Verwaltung beteiligt (Ellwein/Zoll 1982: 17). Der Staat behält sich vor, die Verfassung und Verwaltung der Gemeinden gesetzlich zu ordnen, ihnen unter seiner Aufsicht staatliche Aufgaben zu übertragen, den wesentlichen Teil der Gemeindeaufgaben festzulegen und den Gemeinden die wichtigsten Einnahmen im Rahmen der staatlichen Finanz- und Steuergesetzgebung zuzuweisen. Am Kern des Kompromisses hat sich weder in der Weimarer Republik noch durch das Grundgesetz Entscheidendes geändert. Kommunalpolitik ist damit schon lange durch das

Spannungsverhältnis von selbstgesetzter Autonomie und staatlichen Eingriffen charakterisiert. Seit Ende der 1960er Jahren ist sogar eine zunehmende Politikverflechtung zwischen Bund, Ländern und Kommunen zu konstatieren, wobei die kommunalen Handlungsspielräume in den darauf folgenden Jahrzehnten durch die steigenden europäischen Regelungskompetenzen noch weiter eingeschränkt wurden. Hinzu kommt die seit Anfang der 1990er Jahre andauernde kommunale Haushaltskrise, die vor allem durch die mit der zunehmenden Politikverflechtung einhergehenden detaillierten staatlichen Standards und die Belastungen der Deutschen Einheit ausgelöst wurden. Zu Beginn des neuen Jahrtausends sind viele Kommunen in Deutschland kaum noch handlungsfähig und stehen zunehmend unter strenger staatlicher Finanzaufsicht.

Weitgehende Konvergenz der Kommunalverfassungen

Grundlegend haben sich die rechtlichen Rahmenbedingungen im Bereich der Gemeindeordnungen verändert. Die traditionell bestehenden Divergenzen zwischen den Gemeindeordnungen wurden in den 1990er Jahren durch einen dezentralen Prozess, und nicht wie im Nationalsozialismus durch zentrale Regelungen, erheblich reduziert. Die in der baden-württembergischen Gemeindeordnung schon lange vorgesehenen direktdemokratischen Elemente (Bürgerbegehren und Direktwahl des Bürgermeisters) wurden von allen anderen Bundesländern übernommen. Diese „Verfassungsrevolution" wurden durch den Beitritt der neuen Bundesländer ermöglicht, die mit ihren am baden-württembergischen Beispiel angelehnten Kommunalverfassungen die Entscheidungsträger in den anderen Bundesländern unter Anpassungsdruck setzten. Aber auch das Damoklesschwert der auf Landesebene eingeführten Volksentscheide forcierte die Einführung direktdemokratischer Elemente auf der kommunalen Ebene.

Ideengeschichtliche Entwicklung

Ideengeschichtlich dominierte in Deutschland bis in die 1970er eine unpolitische Selbstverwaltungskonzeption. Die starke Integration der kommunalen Selbstverwaltung in den Staat wurde genauso betont wie die Verwaltungseffizienz und -effektivität. Demgegenüber spielten die politische Partizipation, die Parteien und damit der Demokratiegehalt der kommunalen Selbstverwaltung eine eher untergeordnete Rolle. Die Leugnung bzw. die „Verteufelung" des demokratischen Willensbildungsprozess in den Gemeinden hat auch maßgeblich zur Legitimation der nationalsozialistischen Gleichschaltungspolitik und Entmachtung der Kommunen beigetragen. Erst Ende der 1960er Jahre hat vornehmlich die Politikwissenschaft einen Beitrag dazu geleistet, den Blick auf den politischen Gehalt der kommunalen Selbstverwaltung zu schärfen. In vielen Studien wurde deutlich, dass auch in Kommunen politische Entscheidungen getroffen werden und die vermeintlich unpolitische Selbstverwaltungskonzeption eher eine „Rechtfertigungsideologie" für die ausgeprägte bürokratische Herrschaft in den Gemeinden war. Dem wurde in der lokalen Politikforschung zunehmend die normative Auffassung gegenübergestellt, dass die Kommunalpolitik sich an der parteienstaatlichen Demokratie zu orientieren habe, um die Transparenz und die Kontrolle von bisher vor allem in der Verwaltung stattfindenden Entscheidungsprozessen gewährleisten und um politische Partizipation vorrangig über die Parteien ermöglichen zu können. Seit den 1970er Jahren wird auch im juristischen Diskurs zunehmend der politische Charakter der kommunalen Selbstverwaltung anerkannt, wobei eine starke Parteipolitisierung der Kommunalpolitik weiterhin entschieden abgelehnt wird. Partizipation soll eher durch eine direkte Beteiligung

48

der Bürger am demokratischen Willenbildungsprozesse gefördert werden, wobei direktdemokratische Elemente auch deshalb präferiert werden, um den Parteieneinfluss auf die Kommunalpolitik zu begrenzen. Insbesondere die Süddeutsche Ratsverfassung wird in der juristischen Literatur zunehmend befürwortet, weil sie eine starke Stellung des Verwaltungschefs mit direktdemokratischen Elementen verbindet.

Seit der zunehmenden Professionalisierung der Kommunalverwaltung und dem Ausbau der Kommunalwirtschaft im 19. Jahrhundert hat die Verwaltung in enger Kooperation mit den lokalen Wirtschaftseliten eine dominante Stellung gegenüber der vorwiegend ehrenamtlichen Kommunalpolitik in der kommunalen Selbstverwaltung. Diese Dominanz wurde maßgeblich unterstützt durch die unpolitische Selbstverwaltungskonzeption im juristischen Diskurs. Erst in den 1970er und 1980er Jahren wurde diese Verwaltungsdominanz in der Bundesrepublik durch die zunehmende Parteipolitisierung leicht eingeschränkt. Die Ratsmitglieder traten selbstbewusster auf, waren durch die zunehmende Fraktionsarbeit besser vorbereitet und nahmen stärker Einfluss auf die personelle Zusammensetzung der Verwaltung. Hinzu kamen seit den 70er Jahren Bürgerinitiativen und soziale Bewegungen, die vermeintliche Sachzwänge hinterfragten und insbesondere durch umweltpolitische Forderungen die reibungslose Zusammenarbeit von lokalen Verwaltungs- und Wirtschaftseliten erschwerten. Die nahezu automatische Berücksichtigung von Wirtschaftsinteressen in Kommunalpolitik und -verwaltung wurde nun zum Gegenstand öffentlicher Auseinandersetzungen, die wiederum die parteipolitische Profilbildung forcierte und die Definitionsmacht der Verwaltung begrenzte. Allerdings dominierte die Verwaltung weiterhin bei den meisten Routineentscheidungen, und insbesondere unter der Süddeutschen Ratsverfassung war die exekutive Führerschaft weiterhin vorherrschend.

Seit den 1990er Jahren wird die starke Stellung der Verwaltung im Dienstleistungsbereich zunehmend durch die tiefgreifende kommunale Haushaltskrise gefährdet. Umfassende Privatisierungs- und Rationalisierungsbestrebungen sowie die Aufgabenübertragung auf ehrenamtliche Helfer führen zu einer deutlich schrumpfenden Kommunalverwaltung, wobei von diesen Prozessen vor allem die einfachen Arbeiter und Angestellten negativ betroffen sind. Demgegenüber wird davon ausgegangen, dass der Verwaltungschef im Zuge der Gemeindeordnungsreform in Richtung Süddeutsche Ratsverfassung seine Machtposition eher noch weiter ausbauen konnte. Durch die Einführung von Elementen direkter und kooperativer Demokratie – vielfach nach ostdeutschem Vorbild – wurden auch in den westdeutschen Kommunen die Karten neu gemischt. Welche Auswirkungen dies auf die Machtverteilung zwischen Bürgern, Kommunalvertretung und Verwaltungsspitze hat und wie diese partizipativen Trends von der zunehmenden Ökonomisierung der Kommunalverwaltung beeinflusst werden, wird in den nächsten Kapiteln auf der Grundlage neuerer empirischer Untersuchungen zu erörtern sein.

Stellung der Kommunalverwaltung

3 Institutionelle Rahmenbedingungen kommunalen Handelns

Das kommunale Entscheidungssystem ist geprägt durch institutionelle Arrangements in Form gesetzlicher Vorgaben, Richtlinien und Verflechtungszusammenhänge sowie durch die Akteursstrategien auf lokaler Ebene. Im Folgenden wird die institutionelle Ausgestaltung dargestellt. Dies erfolgt in mehreren Schritten. Zunächst wird der Aufgabenbestand der Kommunen betrachtet (3.1), anschließend die kommunalen Finanzen (3.2), die Gemeindegrößen (3.3), die verschiedenen Kommunalverfassungen (3.4) und abschließend der Aufbau der Binnenorganisation (3.5).

3.1 Aufgaben der Kommunen

Mit dem Grundgesetz wird die kommunale Selbstverwaltung in den demokratischen Staatsaufbau integriert und das Recht auf kommunale Selbstverwaltung im Abschnitt „Der Bund und die Länder" ausgeführt. Staat und kommunale Selbstverwaltung werden nicht länger als Gegensätze angesehen. Dennoch sind die Kommunen *staatsrechtlich* Teil der Länder und unterliegen damit ihrem Aufsichts- und Weisungsrecht, auch wenn sie als öffentliche Gebietskörperschaften zu den drei Hauptverwaltungsebenen gehören, wie eingangs angesprochen. Wenn also im engeren Sinne von staatlicher Verwaltung gesprochen wird, sind nur der Bund und die Länder gemeint, da nur sie über eine jeweils eigene staatliche Hoheitsmacht verfügen.

Die konkrete Ausgestaltung der kommunalen Aufgaben, Befugnisse und Strukturen wird daher durch die jeweilige Landesverfassung und durch von den Ländern erstellte Kommunalverfassungen geregelt. Dazu gehören z.B. in NRW die Gemeindeordnung (GO), die Kreisordnung, das Kommunalwahlgesetz, das Kommunalabgabengesetz, das Gesetz über den Kommunalverband Ruhrgebiet und das Gesetz über kommunale Gemeinschaftsarbeit. Die wichtigsten Regelungen finden sich in der GO. Grundsätzlich verfügen die Gemeinden zur Verwirklichung des Selbstverwaltungsrechtes im Rahmen der Gesetze von Bund und Land über die Organisations-, Personal-, Finanz-, Planungs-, Satzungs-, Gebiets- und Aufgabenhoheit. Die Fach- und Rechtsaufsicht über die kommunale Verwaltung hat das Land. Diese werden durch die Bezirksregierungen (wenn vorhanden), die Landkreise und das Innenministerium ausgeübt.

Da nach dem Grundgesetz (Art. 30 Abs. 83) die Verwaltung in Deutschland vor allem Aufgabe der Länder und der Gemeinden ist und es nur einen verhältnismäßig bescheidenen Anteil zentralstaatlicher Verwaltung[25] gibt, werden der gesamte Bildungsbereich, das Krankenhauswesen, die Polizei, Umweltschutzmaßnahmen, Straßenbaumaßnahmen (auch Autobahnen und Bundesstraßen), die Finanzämter, Energiemaßnahmen, viele soziale Dienste wie Wohngeld oder Kriegsopferfürsorge und anderes mehr von Länder- und Kommunalbehörden bearbeitet. Während das Land vor allem in den Sektoren öffentliche Sicherheit und Ordnung, Rechtsschutz und Bildungswesen zuständig ist, nehmen die Kommunen Aufgaben in den Sektoren innere Verwaltung und allgemeine Staatsaufgaben, Soziales, Gesundheitswesen, Wirtschaftsförderung, Verkehr und öffentliche Einrichtungen wahr. Damit liegt ein Großteil von Verwaltungsaufgaben in Deutschland in der Zuständigkeit der Gemeinden und Gemeindeverbände. Dazu nehmen die Gemeinden nach Art. 83ff. GG einerseits Aufgaben des Bundes und des Landes als untere Verwaltungsinstanz wahr (übertragener Wirkungskreis, Auftragsangelegenheiten), andererseits verfügen sie aber auch durch Art. 28 GG über eine Fülle von Aufgaben in eigener Verantwortung (Selbstverwaltungsangelegenheiten). Inhaltlich lassen sich Ordnungs-, Leistungs- und Planungsaufgaben unterscheiden.

Zu den *Auftragsangelegenheiten* gehören das Melderecht, das Bauaufsichtsrecht, Ausländerangelegenheiten, Zivilschutz und das Ordnungsrecht. Aufgabenbereiche sind hier die Kraftfahrzeugzulassung, das Ausländerwesen, das Pass- und Meldewesen, Lebensmittelüberwachung, Schulaufsicht oder das Gewerberecht. In diesem Bereich der mittelbaren Staatsverwaltung bestehen bei der Gestaltung der Ziele keine Handlungsspielräume für die Kommune. Insbesondere bei den Auftragsangelegenheiten nach Bundesrecht besteht ein umfassendes Weisungsrecht. Die Aufsichtsbehörden haben nicht nur die Rechts-, sondern auch die Fachaufsicht. Die Auftragsangelegenheiten unterliegen in der Regel nicht der Zuständigkeit der Gemeindevertretungen, sondern hier ist der hauptamtliche Bürgermeister zuständig für die Durchführung. Rechtsverordnungen des Landes und das Gesetz zur Funktionalreform regeln, welche dieser Pflichtaufgaben zur Erfüllung nach Weisung den Gemeinden obliegen und welche auf die kreisfreien Städte und Kreise übertragen werden.

Auftragsangelegenheiten

Bei den *Selbstverwaltungsangelegenheiten* als nichtstaatliche Aufgaben der örtlichen Selbstverwaltung sind

Selbstverwaltungsangelegenheiten

- die *freiwilligen* Aufgaben (Einrichtung und Unterhaltung von Grünanlagen, Museen, Schwimmbäder, Theater, Sportstätten, Jugendeinrichtungen, Büchereien, Altentreffs, Bürgerhäuser; Förderung von Vereinen; Wirtschaftsförderung; Partnerschaften mit anderen Städten) und
- die *Pflichtaufgaben* (Gemeindestraßen, Bebauungspläne, Bauleitplanung, Kindergärten, Jugendhilfe, Wohngeld, Schulverwaltung, Volkshochschulen,

---

[25] Nur das Auswärtige Amt, die Bundeswasserstraßen sowie die Arbeits- und Bundeswehrverwaltung sind nach den Privatisierungen von Bahn, Post und Flugsicherung noch Bereiche mit einem eigenständigen bundesstaatlichen Behördenunterbau.

Förderung des Wohnungsbaus, Abfallbeseitigung, Abwasserbeseitigung) zu unterscheiden.

Bei den Selbstverwaltungsaufgaben ist die Gemeindevertretung durchweg die höchste Entscheidungsinstanz. Hier gilt die Allzuständigkeit des Rates. Dennoch gibt es in Abhängigkeit von den einzelnen Aufgabenbereichen unterschiedliche Steuerungsmöglichkeiten. Die größten Gestaltungsmöglichkeiten für die Kommunalpolitik befinden sich im Bereich der freiwilligen Aufgaben, da hier *auch* die Ziele gesetzt werden. Die staatlichen Ebenen üben hier nur Rechtsaufsicht aus, d.h. sie kontrollieren, ob die Gemeinden bei der Erfüllung ihrer Aufgaben nicht gegen Gesetze verstoßen. Allerdings ist der Anteil der freiwilligen Selbstverwaltungsangelegenheiten durch die Verengung des kommunalen Finanzrahmens und rechtliche Vorgaben der EU, des Bundes und des Landes (z. T. unter dem Postulat der Schaffung gleichwertiger Lebensverhältnisse) zurückgegangen. Im Bereich der pflichtigen Selbstverwaltungsaufgaben ist der kommunalpolitische Gestaltungsspielraum durch die vorgegebenen Ziele stark eingeschränkt. Die Ausübung dieser Aufgaben ist durch Bundes- und Landesgesetze vorgeschrieben, die staatlichen Ebenen üben natürlich auch hier die Rechtsaufsicht aus. Dennoch ergeben sich bei der Ausführung der Aufgaben je nach Detaillierungsgrad der Rahmengesetze z. T. beachtliche Handlungsspielräume.

3.2 Kommunale Finanzen

Zur *Finanzierung* ihrer Aufgaben verfügen die Kommunen über die Möglichkeit Steuern zu erheben. Dies sind vor allem die sogenannten *Realsteuern* (Art. 106 Abs. 6 GG), also die Gewerbe- und Grundsteuer, sowie kleinere Verbrauchs- und Aufwandssteuern (z.B. Hundesteuer). Von der Gewerbesteuer fließen allerdings 22% des Aufkommens über die Gewerbesteuerumlage wieder an Bund und Länder zurück. Die Entscheidung über die Steuersätze obliegt dem Rat. Die Gewerbesteuer als wirtschaftsbezogenes Element soll den Kosten einer Gemeinde für die Bereitstellung von Infrastruktur Rechnung tragen. Im Jahr 2001 machte die Gewerbesteuer 35% der kommunalen Steuereinnahmen aus (Arbeit/Friedrich 2003: 10).

Daneben erhalten die Gemeinden im Rahmen des Steuerverbundes einen *Anteil von 15% der Einkommenssteuer* sowie von *2,2% an der Umsatzsteuer*. Die Einkommenssteuer, welche am Einwohner als Bedarfskriterium ansetzt, soll die Belastungen aus der Versorgung der Wohnbevölkerung mit kommunalen Leistungen widerspiegeln. Im Jahr 2001 machte der Anteil an der Einkommensteuer 42% der kommunalen Steuereinnahmen aus und der Anteil an der Umsatzsteuer 5,5% (Arbeit/Friedrich 2003: 16-19).

Die dritte Einnahmequelle sind *Zuweisungen der Länder*, die allerdings z.T. zweck- bzw. bedarfsgebunden sind und die Möglichkeit eröffnen, die kommunale Entwicklung (mit) zu steuern. Dieser kommunale Finanzausgleich resultiert aus der grundgesetzlichen Verpflichtung, die Kommunen an den Gemeinschaftssteuern zu beteiligen und eine Finanzkraftauffüllung vorzunehmen, damit die Kommunen ihre Aufgaben erfüllen können.

Weitere Einnahmequellen sind die *Erhebung von Gebühren und Abgaben* für die Inanspruchnahme kommunaler Dienstleistungen sowie die Verschuldung, die allerdings der aufsichtsbehördlichen Kontrolle unterliegt und nur zur Finanzierung von Investitionen, Investitionsförderungsmaßnahmen und zur Umschuldung aufgenommen werden dürfen.

Die einzelnen Einnahmearten verteilen sich im Jahr 2002 wie folgt (vgl. Karrenberg/Münstermann 2003: 10):

Abbildung 4:   Struktur kommunaler Einnahmen im Jahr 2002

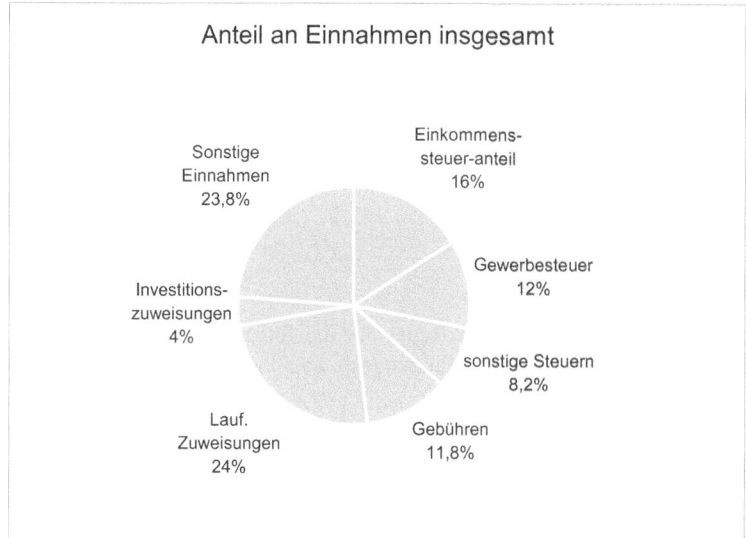

Deutlich wird bei der Betrachtung der Einnahmepositionen die relativ große Abhängigkeit von Entscheidungen der Bundes- und Landesebene und von der wirtschaftlichen Entwicklung. Die Kreditaufnahme unterliegt gesetzlichen Regelungen und in einigen Bundesländern dem Genehmigungsvorbehalt der Aufsichtsbehörde, die Einnahmen aus der Gewerbe- und Einkommenssteuer sind konjunkturabhängig, die Einnahmen aus den Zuweisungen von Bund und Land Ergebnis von Verhandlungsprozessen, bei denen die Kommunen über die geringsten Machtressourcen verfügen, und die Gebühren unterliegen dem Gebot der Kostendeckung. Die Steuerbarkeit der eigenen Einnahmesituation ist mithin begrenzt.

Betrachtet man die Ausgaben, so sind neben den *Personalausgaben* mit einem Anteil von 26,5% und dem *Sachaufwand* mit 19,8% die *Kosten für Soziale Leistungen* mit einem Anteil von 19,6% ein weiterer großer Ausgabenblock der Gemeinden, der allerdings kaum beeinflussbar ist. Es folgen die *Investitionsausgaben* mit 15,1%. Personalintensiv sind auf kommunaler Ebene vor allem der Sozial- und Gesundheitsbereich, aber auch die Bauverwaltung sowie die Verwaltung der öffentlichen Einrichtungen.

Abbildung 5:   Struktur kommunaler Ausgaben im Jahr 2002

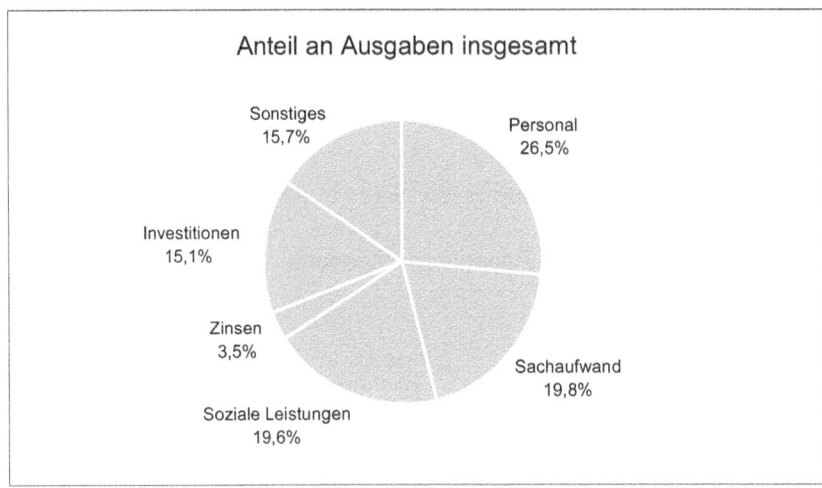

Zusammenfassend lassen sich in der Regel nur die folgenden Einnahmen- und Ausgabenpositionen kommunal beeinflussen (vgl. ausführlicher Kap. 5.1.3):

- die Grundsteuer- und die Gewerbesteuerhebesätze und die Einnahmen aus Eigentumsveräußerungen,
- die Ausgaben für den laufenden Sachaufwand, die Personalausgaben, die Investitionsausgaben im Verbund mit den zweckgebundenen Investitionszuweisungen des Landes.

Die kommunalen Einnahmen und Ausgaben werden im Haushaltsplan festgehalten. In den Gemeindeordnungen und Gemeindehaushaltsverordnungen aller Bundesländer wird dabei zwischen Verwaltungs- und Vermögenshaushalt unterschieden. Einen kurzen Überblick über die Zuordnung der wesentlichen Ausgaben und Einnahmen vermittelt die folgende Abbildung:

Abbildung 6: Verwaltungs- und Vermögenshaushalt

	Verwaltungshaushalt	Vermögenshaushalt
Einnahmen	▪ Steuereinnahmen (Grund-, Gewerbe- und Einkommensteuern) ▪ Gebühreneinnahmen (v.a. Abwasser/ Abfall / Straßenreinigung) ▪ Schlüsselzuweisungen ▪ Mieten / Pachten ▪ Erstattung von Verwaltungskosten ▪ Zuführungen vom Vermögenshaushalt	▪ Zuführung vom Verwaltungshaushalt ▪ Einnahmen aus der Veränderung des Anlagevermögens ▪ Zuweisung und Zuschüsse für Investitionen ▪ Entnahme aus Rücklagen ▪ Aufnahme von Krediten
Ausgaben	▪ Personalausgaben ▪ Gebäudeunterhaltung ▪ Transferleistungen (Sozial- und Jugendhilfe) ▪ Kreisumlage ▪ Beschaffung vermögensunwirksamer Geräte ▪ Zinsen ▪ Büromaterialkosten ▪ Zuführung zum Vermögenshaushalt	▪ Tilgung von Krediten ▪ Ausgaben für die Veränderung des Anlagevermögens ▪ Zuführung zu Rücklagen ▪ Zuführungen an den Verwaltungshaushalt

Der Verwaltungs- und Vermögenshaushalt ist in zehn Einzelpläne gegliedert, so dass sich beispielsweise im Einzelplan 1 ausschließlich die öffentlichen Haushaltmittel für den Bereich Sicherheit und Ordnung finden. Die Einzelpläne sind weiter untergliedert in sachbezogene Abschnitte (z. B. 1.3 Feuerschutz) und Unterabschnitte. In den Unterabschnitten werden die Einnahmen und Ausgaben nach einem Gruppierungsplan präsentiert, die sich bei den Ausgaben am Verwendungszweck orientieren. Auch dieser Gruppierungsplan ist noch feiner gegliedert, so dass jede Haushaltsstelle für eine kleine Organisationseinheit den genauen Finanzierungszweck bestimmt. Finanzmittel, die im Rahmen der traditionellen Haushaltsplanung beispielsweise der Feuerwehr für die Anschaffung von Dienst- und Schutzkleidung bereitgestellt werden, können weder bei sich abzeichnenden Engpässen für die Anschaffung eines Feuerlöschers noch für das Durstlöschen beim alljährlichen Feuerwehrfest verwendet werden. Wird das Geld für diesen Verwendungszweck nicht ausgegeben, fließt es am Jahresende an die Kämmerei zurück, nicht selten mit der Folge, dass man nächstes Jahr für diesen Zweck wieder weniger Mittel zugewiesen bekommt. Der im Sinne der Neuen Politischen Ökonomie rationale Verwaltungsmitarbeiter verausgabt das Geld also spätestens im Dezember („Dezemberfieber") relativ unabhängig davon, ob sich die Schutzanzüge mittlerweile in der Feuerwehrwache stapeln oder nicht.

Die „Haushaltsphilosophie", die hinter dieser Systematik steht, lässt sich leicht umreißen: Aus den laufenden Einnahmen soll nach Abzug der regelmäßig anfallenden Ausgaben ein Überschuss erwirtschaftet werden, der vom Verwaltungshaushalt in den Vermögenshaushalt transferiert wird, um dort wichtige Investitionen vornehmen zu können. Diesen Überschuss nennt man in der Regel „freie Spitze" (Schmidt-Jortzig / Makswit 1991), wobei zu berücksichtigen ist, dass von dem Überschuss noch die Pflichtzuführungen des Verwaltungshaushaltes abgezogen werden müssen, um die „freie Spitze" errechnen zu können. Die Pflichtzuführungen entsprechen den Ausgaben im Vermögenshaushalt für Kredittilgung und -beschaffung. Damit sollten also Einnahmeüberschüsse des Verwaltungshaushaltes in den Vermögenshaushalt transferiert werden, während Einnahmen des Vermögenshaushalts *in der Regel* nicht an den Verwaltungshaushalt überwiesen werden dürfen. Dabei bleibt festzuhalten, dass die Verwaltungs- und Vermögenshaushalte im Prinzip kein Defizit erwirtschaften dürfen (Grundsatz des Haushaltsausgleichs). Während ein Defizit im Vermögenshaushalt durch Kreditaufnahme und Verzicht auf neue Investitionsmaßnahmen relativ leicht ausgeglichen werden kann, ist der Ausgleich des Verwaltungshaushaltes in finanziellen Krisenzeiten erheblich schwieriger, weil für den Haushaltsausgleich keine langfristigen Kredite aufgenommen werden dürfen.[26] Allerdings wird vielfach übersehen, dass auch der Verwaltungshaushalt *indirekt* kreditfinanziert werden kann. So können beispielsweise dem Verwaltungshaushalt Finanzmittel aus der allgemeinen Rücklage zugeführt werden, die lediglich durch die Kreditaufnahme der Vorjahre in dieser Höhe verfügbar waren. Oder um den Verwaltungshaushalt auszugleichen, können auch die Einnahmen aus der Veränderung des Anlagevolumens (z. B. Grundstücksverkäufe) herangezogen werden. Diese Einnahmen fehlen dann dem Vermögenshaushalt, so dass der Vermögenshaushalt dies möglicherweise durch weitere Kreditaufnahme kompensieren muss.

Haushalts-
sicherungskonzepte

Kann der Verwaltungshaushalt nicht ausgeglichen werden (wobei auch die Pflichtzuführungen an den Vermögenshaushalt in NRW in diese Rechnung eingehen), muss ein Fehlbetrag im Verwaltungshaushalt ausgewiesen werden. Ab 1991 mussten diese „Fehlbetragskommunen" in NRW ein Haushaltssicherungskonzept aufstellen, ohne dafür finanzielle Zuweisungen des Landes als zusätzliche Hilfe zu erhalten. In diesem Haushaltssicherungskonzept „ist verpflichtend der Zeitraum festzulegen, innerhalb dessen der Ausgleich des Verwaltungshaushalts wiedererlangt wird (...) Im Interesse genügender Planungsstabilität sollte das Zieljahr im übrigen nicht zu weit vom letzten Jahr der Finanzplanungsperiode festgelegt sein" (Innenminister NRW 1991: 1190). Der Planungszeitraum sollte in der Regel also nicht länger als fünf Jahre sein. Für die wesentlichen Einnahme- und Ausgabegruppierungen sind Prognosewerte für die jeweilig folgenden fünf Jahre zu ermitteln, wobei hier insbesondere die Orientierungsdaten

---

[26] Auch wenn ein Haushaltssicherungskonzept aufgestellt wurde, dürfen zur Deckung des Fehlbetrages im Verwaltungshaushalt nur kurzfristige Kassenkredite aufgenommen werden, für die Kontokorrentzinsen zu zahlen sind.

der Finanzplanung der Gemeinden des Landes NRW zu berücksichtigen sind. Das Haushaltssicherungskonzept ist von der Aufsichtsbehörde zu genehmigen, und der Fehlbetrag des Verwaltungshaushaltes ist von den Verwaltungshaushalten der folgenden Jahre zu tragen. Die Genehmigung kann unter Auflagen erteilt werden. Von den insgesamt 427 Städten, Gemeinden und Kreisen sind in NRW im Jahre 2005 schon 194 in der Haushaltssicherung (Wohland 2006: 7).

Das Haushaltssicherungskonzept in Nordrhein-Westfalen hatte dabei Vorbildfunktion für viele andere Bundesländer. So wurde es – bei allerdings recht unterschiedlichen Regelungen – in den Gemeindeordnungen von Brandenburg, Rheinland-Pfalz[27], Thüringen und Sachsen eingeführt oder die Verpflichtung zu Haushaltssicherungskonzepten wurde in anderen Landesgesetzen geregelt, wie z.B. in Niedersachsen, Saarland und Mecklenburg-Vorpommern (Diemert 2005: 90).

Neben der Möglichkeit der Aufsichtsbehörden, die Genehmigung des Haushaltssicherungskonzeptes unter Auflagen zu erteilen, standen ihnen bisher in NRW noch zwei Sanktionsinstrumente zur Verfügung. Als Erstes kann die Aufsichtsbehörde das Haushaltssicherungskonzept nicht genehmigen, mit der Folge, dass die Haushaltssatzung nicht bekannt gemacht werden kann, weil das Haushaltssicherungskonzept nach der Reform der Gemeindeordnung fester Bestandteil des Haushaltsplanes ist (Rehn/Cronauge 1996). Damit fallen die Gemeinden mit nicht genehmigtem Haushaltssicherungskonzept unter die Bestimmungen des §81 der GO NW zur vorläufigen Haushaltsführung (das sog. Nothaushaltsrecht). Bei der vorläufigen Haushaltsführung kann die Kommune beispielsweise lediglich ein Viertel des Gesamtbetrages der Kredite des Vorjahres aufnehmen, um notwendige Investitionsmaßnahmen durchführen zu können. Das Haushaltssicherungskonzept wird in der Regel nicht genehmigt, wenn in der Prognose für die nächsten fünf Jahre am Ende nicht nachgewiesen werden kann, dass der originäre[28] Fehlbetrag auf Null gefahren werden kann. Während in NRW Mitte der 90er Jahre pro Jahr 3 bis 9 Haushalte nicht genehmigt wurden, haben Ende 2005 105 Kommunen und damit knapp ein Viertel aller nordrhein-westfälischen Kommunen keinen genehmigten Haushalt mehr (Wohland 2006: 7). Damit wird das Nothaushaltsrecht nach §81 GO NW zum Normalfall, und bei Beibehaltung der in der GO festgeschriebenen Laufzeit für Haushaltssicherungskonzepte dürfte sich die Zahl der nichtgenehmigten Haushalte stetig weiter erhöhen.

Als Zweites kann die untere Aufsichtsbehörde dem Innenministerium signalisieren, dass die Kommunalpolitiker offensichtlich nicht in der Lage sind, den Haushalt auszugleichen und dass dementsprechend ein Beauftragter im Sinne des §124 der GO NW bestellt werden sollte, der die politischen Geschäfte für Rat

Marginalien:

Sanktionsinstrumente der Aufsichtsbehörden

„Echter" Sparkommissar bisher nicht eingesetzt

---

[27] Zwischenzeitlich wurde die Pflicht zur Aufstellung von Haushaltssicherungskonzepte aber wieder aus der rheinland-pfälzischen Kommunalverfassung gestrichen.
[28] Der originäre Fehlbetrag enthält die Bilanz der Ausgaben und Einnahmen im Verwaltungshaushalt des aktuellen Haushaltsjahres, wobei die Abdeckung von Altfehlbeträgen schon nicht mehr berücksichtigt wird.

oder Bürgermeister kommissarisch übernimmt. Dieser sog. Sparkommissar wurde aber bisher in NRW[29] in keiner Kommune eingesetzt (Held 1995).

Der beratende
Sparkommissar

Damit fehlte lange eine einsetzbare, neue Eskalationsstufe, die deutlich über dem Nothaushaltsrecht liegt. Die neue nordrhein-westfälische Landesregierung hat in Zusammenarbeit mit der Bezirksregierung nun ein neues Aufsichtsinstrument, das nur knapp unter diesem sog Beauftragten bzw. Sparkommissar liegt, entwickelt, das seit Januar 2006 deutschlandweit zum ersten Mal in der Stadt Waltrop (Stadt mit 30.000 Einwohnern am Rande des Ruhrgebiets) erprobt wird[30]. Aufgabe des von der Landesregierung bestellten Beraters ist es, gemeinsam mit dem Waltroper Verwaltungsvorstand einen Haushaltsplan 2006 aufzustellen und die Stadt drei Jahre intensiv im Rathaus „zu begleiten". Zwar müssen die von ihm entwickelten Konsolidierungsmaßnahmen schließlich im Stadtrat verabschiedet werden, aber für den Fall, dass dieser die Empfehlungen nicht umsetzen will, haben die Aufsichtsbehörden den Einsatz eines „richtigen" Beauftragten nach § 124 in Waltrop angekündigt (Holtkamp 2006a). Es handelt sich bei diesen Aufsichtsmitteln offensichtlich nicht mehr um einen gewöhnlichen Berater, aber auch noch nicht um einen Beauftragten, der die Geschäfte eines Organs gänzlich übernimmt. Sein Aufgabengebiet liegt in der Mitte zwischen diesen beiden Polen.

3.3 Gemeindegrößen

Die Gemeindegröße hängt neben der räumlichen Mobilität und der Entwicklung der Geburten und Sterbefälle im entscheidenden Maße auch von der jeweiligen Landespolitik ab und variiert dementsprechend stark zwischen den Bundesländern. So wurden in den alten Bundesländern, die auch heute noch eine niedrige durchschnittliche Gemeindegröße haben, die kommunale Gebietsreform nicht so einschneidend implementiert wie in den anderen Bundesländern. Daraus resultieren gravierende Unterschiede in der Gemeindegrößenstruktur. So ist NRW nach dem Saarland das Flächenland mit der geringsten Anzahl an Gemeinden (396). In Bayern liegt die Anzahl der Gemeinden dagegen auch heute noch bei 2.056 oder in Baden-Württemberg bei 1.111 (Bundesrepublik insgesamt 2005: 12.661 Gemeinden)

Neben den Gemeinden gibt es bundesweit 323 Kreise, die 96% des Bundesgebietes ausmachen und in denen über 60% der Bevölkerung leben. Die Kreise haben eine Doppelfunktion als überörtliche Gebietskörperschaft und Gemeinde-

---

[29] In der Literatur gibt es nur Hinweise, dass in den neuen Bundesländern in wenigen, sehr kleinen Gemeinden ein Beauftragter eingesetzt wurde, wobei dies bisher aber nicht näher untersucht wurde (Diemert 2005). In den alten Bundesländern wurde bisher erst in der rheinland-pfälzischen Gemeinde Bad-Münster am Stein (3600 Einwohner) ein Beauftragter eingesetzt. Dieser traf sowohl für den Rat als auch für den Bürgermeister die haushaltspolitischen Entscheidungen zwischen 2000 bis 2003. Die Gemeinde hatte sich selbstverschuldet durch ihren Kurbetrieb in eine Finanzkrise gebracht (Gesamtverschuldung von 6.400 Euro je Einwohner).

[30] Dieser Fall wird von Lars Holtkamp auf der Internetseite www.sparkommissar-waltrop.de kontinuierlich dokumentiert.

verband einerseits und als untere staatliche Verwaltungsbehörde andererseits. Die Kreise haben eine eigene Vertretungskörperschaft und nehmen die Aufgaben der „überörtlichen Gemeinschaft" für die kreisangehörigen Gemeinden wahr. Je nach Größe und Leistungsfähigkeit der kreisangehörigen Gemeinden variieren diese Aufgaben bundesweit beträchtlich.

Abbildung 7:   Gemeinden nach Ländern und Gemeindegrößenklassen

Land	Gemeinden insgesamt	Unter 500	500 - 1000	1000 - 2000	2000 - 5000	5000 - 10000	10000 - 20000	20000 - 50000	50000 - 100000	100000 - 200000	200000 - 500000	500000 und mehr
	1	2	3	4	5	6	7	8	9	10	11	12

Anzahl der Gemeinden

Land	1	2	3	4	5	6	7	8	9	10	11	12
Baden-Württemberg	1 111	36	48	107	401	268	153	75	14	5	3	1
Bayern	2 056	2	129	598	783	322	157	47	10	5	2	1
Berlin	1	-	-	-	-	-	-	-	-	-	-	1
Brandenburg	421	6	130	84	73	55	46	23	2	2	-	-
Bremen	2	-	-	-	-	-	-	-	-	1	-	1
Hamburg	1	-	-	-	-	-	-	-	-	-	-	1
Hessen	425	-	1	10	93	150	112	47	7	3	1	1
Mecklenb.-Vorpommern	979	413	308	127	84	22	16	4	4	1	-	-
Niedersachsen	1 026	22	212	265	198	125	112	73	11	6	1	1
Nordrhein-Westfalen	396	-	-	-	3	50	128	138	47	14	11	5
Rheinland-Pfalz	2 306	1 001	589	373	215	82	25	12	5	4	-	-
Saarland	52	-	-	-	-	12	27	11	1	1	-	-
Sachsen	539	2	8	112	250	94	43	20	2	1	3	-
Sachsen-Anhalt	1 235	484	363	215	109	27	16	18	1	-	2	-
Schleswig-Holstein	1 129	426	300	196	106	51	29	16	3	-	2	-
Thüringen	1 007	377	252	149	164	33	12	16	1	3	-	-
Bundesrepublik	12682	2 769	2 340	2 236	2 479	1 291	876	500	108	46	25	12
davon:												
alte Länder*	8 505	1 487	1 279	1 549	1 799	1 060	743	419	98	39	20	12
neue Länder	4 177	1 282	1 061	687	680	231	133	81	10	7	5	-

Gemeinden in %

Land	1	2	3	4	5	6	7	8	9	10	11	12
Baden-Württemberg	100	3,2	4,3	9,6	36,1	24,1	13,8	6,8	1,3	0,5	0,3	0,1
Bayern	100	0,1	6,3	29,1	38,1	15,7	7,6	2,3	0,5	0,2	0,1	0,0
Berlin	100	-	-	-	-	-	-	-	-	-	-	100,0
Brandenburg	100	1,4	30,9	20,0	17,3	13,1	10,9	5,5	0,5	0,5	-	-
Bremen	100	-	-	-	-	-	-	-	-	50,0	-	50,0
Hamburg	100	-	-	-	-	-	-	-	-	-	-	100,0
Hessen	100	-	0,2	2,4	21,9	35,3	26,4	11,1	1,6	0,7	0,2	0,2
Mecklenb.-Vorpommern	100	42,2	31,5	13,0	8,6	2,2	1,6	0,4	0,4	0,1	-	-
Niedersachsen	100	2,1	20,7	25,8	19,3	12,2	10,9	7,1	1,1	0,6	0,1	0,1
Nordrhein-Westfalen	100	-	-	-	0,8	12,6	32,3	34,8	11,9	3,5	2,8	1,3
Rheinland-Pfalz	100	43,4	25,5	16,2	9,3	3,6	1,1	0,5	0,2	0,1	-	-
Saarland	100	-	-	-	-	23,1	51,9	21,2	1,9	1,9	-	-
Sachsen	100	0,4	1,5	20,9	46,7	17,6	8,0	3,7	0,4	0,2	0,6	-
Sachsen-Anhalt	100	39,2	29,4	17,4	8,8	2,2	1,3	1,5	0,1	-	0,2	-
Schleswig-Holstein	100	37,7	26,6	17,4	9,4	4,5	2,6	1,4	0,3	-	0,2	-
Thüringen	100	37,4	25,0	14,8	16,3	3,3	1,2	1,6	0,1	0,3	-	-
Bundesrepublik	100	21,9	18,5	17,6	19,5	10,2	6,9	3,9	0,9	0,4	0,2	0,1
davon:												
alte Länder*	100	17,5	15,0	18,2	21,2	12,5	8,7	4,9	1,2	0,5	0,2	0,1
neue Länder	100	30,7	25,4	16,4	16,3	5,5	3,2	1,9	0,2	0,2	0,1	-

Stand: 4.7.2005 Quellen: Deutscher Städtetag / Verband Deutscher Städtestatistiker (Hrsg.) 2004: Statistisches Jahrbuch deutscher Gemeinden, 88.Jg., Köln und Berlin S. 109; Landesbetrieb für Datenverarbeitung und Statistik Land Brandenburg (2004), persönliche Auskunft beim Landesamt vom 4.7.05, eigene Berechnungen. * einschl. Berlin

3.4 Kommunalverfassungen

Im Zuge der Gemeindeordnungsreformen wurde mittlerweile in allen Bundesländern die Direktwahl der hauptamtlichen Bürgermeister eingeführt. In der Literatur wurde dies generell als „Siegeszug der Süddeutschen Ratsverfassung" gedeutet, wobei lediglich kleinere Unterschiede in den Gemeindeordnungen konstatiert wurden (z.B. Schliesky 1998: 311). Demgegenüber gehen wir davon aus, dass weiterhin sehr gravierende Unterschiede zwischen den Kommunalverfassungen bestehen.

Wenn man die fünf gängigsten durch die Gemeindeordnung geregelten Kompetenzen des Bürgermeisters und des Rates analysiert, ergeben sich bei allen zu konstatierenden Konvergenztendenzen ganz erhebliche Unterschiede zwischen den Gemeindeordnungen hinsichtlich des Verhältnisses von Bürgermeister und kommunaler Vertretungskörperschaft (im Folgenden Holtkamp 2003).

Fünf Indikatoren für die weiterhin bestehende Varianz der Kommunalverfassungen

1. Amtszeit des Bürgermeisters
   Sowohl die Amtszeit als unbestrittenes Merkmal für eine stärkere bzw. geringere Anbindung des Bürgermeisters an den Rat als auch die Frage, ob die Bürgermeister- und Ratswahlen zum selben Zeitpunkt stattfinden, werden in diesem ersten Kriterium berücksichtigt.

2. Laufende Geschäfte
   Bei diesem Kriterium wird danach unterschieden, ob dem Bürgermeister durch das Rückholrecht des Rates Kompetenzen im Bereich der laufenden Geschäfte entzogen werden können, ob diese Kompetenzen von einem Magistrat ausgeübt werden oder ob die laufenden Geschäfte ausschließlich durch den Bürgermeister wahrgenommen werden können.

3. Geschäftskreise der Beigeordneten
   Die Festlegung der Geschäftskreise der Beigeordneten ist wichtig für die Organisationshoheit des Bürgermeisters. Wenn der Rat diese zu bestimmen hat, ergeben sich hier für ihn wichtige Einflussmöglichkeiten auf die Verwaltungsspitze und für die Parteien Möglichkeiten der Ämterpatronage. Dies gilt vor allem bei kollegialen Organen. Der Rat kann dadurch indirekt auch die Zuständigkeiten des Bürgermeisters festlegen. „Diesem bleiben dann nur solche – nicht den Beigeordneten zugewiesene – Verwaltungsteile" (Klieve/Stibi 2001: 17).

4. Kollegiales Verwaltungsgremium
   In fast allen Gemeindeordnungen gibt es die Möglichkeit, ab einer bestimmten Gemeindegröße Beigeordnete zu berufen, die in verschiedenen Formen von Gremien mit dem Bürgermeister zusammenarbeiten. Die Stärke des Bürgermeisters gegenüber den Beigeordneten sowie gegenüber dem Rat hängt von der Organisation und Kompetenzverteilung (vor allem Weisungsrechte) dieser kollegialen Verwaltungsorgane ab. Steigt die Eigenständigkeit der Beigeordneten, werden die Position des Bürgermeisters als bestimmende Figur in der Verwaltungsarena geschwächt und indirekte Einflussmöglichkeiten des Rates gestärkt. „Über die stärkste Vetomacht verfügt allerdings der Bürgermeister im Rahmen einer monokratischen Verwaltungs-

führung mit einem uneingeschränkten Weisungsrecht gegenüber den Beigeordneten" (Bovermann 1999: 66).

5. Vorsitz und Stimmrecht des Bürgermeisters im Rat
   Durch den Vorsitz im Rat kann der Bürgermeister die Diskussion bedingt steuern (Naßmacher / Naßmacher 1999: 267) und sein Stimmrecht kann (gerade mit abnehmender Gemeindegröße und damit sinkender Zahl der Mitglieder im Gemeinderat) bei nicht wenigen Entscheidungen den Ausschlag geben.

Abbildung 8: Kommunalverfassungen im Vergleich

	Baden-Württemberg	Sachsen	Sachsen-Anhalt	Rheinland-Pfalz	Bayern	Thüringen	Mecklenburg-Vor.	Schleswig-Holstein	Saarland	Brandenburg	Niedersachsen	NRW	Hessen
1. Verbundene Wahl und Amtszeit Bm	3	3	3	3	1	2	3	3	3	3	1	1	2
2. Laufende Geschäfte	3	3	3	3	3	3	3	3	3	1	1	1	2
3. Geschäftskreise der Beigeordneten	2	2	3	2	3	2	2	2	1	1	3	1	1
4. Kollegiales Verwaltungsgremium	3	3	3	2	3	3	3	3	3	3	3	2	1
5. Vorsitz und Stimmrecht im Rat	3	3	2	3	3	3	1	1	2	2	2	3	1
Insgesamt	14	14	14	13	13	13	12	12	12	10	10	8	7

Quelle: Holtkamp 2003

1. Verbundene Wahl und Amtszeit des Bürgermeisters: 1=verbundene Wahl, Amtszeit Rat und Bm fünf bis sechs Jahre, 2=nicht verbundene Wahl, Amtszeit Bm fünf bis sechs Jahre, 3=nicht verbundene Wahl, Amtszeit Bm sieben und mehr Jahre,

2. Laufende Geschäfte: 1=Vorbehalt- und Rückholrechte des Rates, 2=laufende Geschäfte auf kollektives Verwaltungsorgan übertragen (Hessen), 3=Bürgermeister alleine

3. Geschäftskreise der Beigeordneten: 1=Geschäftskreise werden vom Rat alleine bestimmt, 2=Bm legt Geschäftskreise mit Zustimmung oder Einvernehmen mit dem Rat fest, 3=Bm legt die Geschäftskreise alleine fest;

4. Kollegiales Verwaltungsgremium: 1=Magistrat, kein Weisungsrecht des Bm, 2=kollegiales Verwaltungsorgan mit geringen Kompetenzen, Bm mit beschränktem Weisungsrecht, 3=monokratischer Verwaltungsleiter mit unbegrenzten Weisungsrechten;

5.   Vorsitz und Stimmrecht des Bm im Rat: 1=Bm hat kein Stimmrecht im Rat, ein Ratsmitglied ist Vorsitzender des Rates, 2=Bm hat entweder Vorsitz oder Stimmrecht im Rat, 3=Bm hat Vorsitz und Stimmrecht im Rat

Insgesamt zeigt sich, dass die Kommunalverfassungssysteme in Baden-Württemberg und in den meisten neuen Bundesländern den direktgewählten Bürgermeistern deutlich mehr Kompetenzen zuordnen als in Hessen, Nordrhein-Westfalen und Niedersachsen. In den Bundesländern mit ehemals Norddeutscher Ratsverfassung und mit Magistratsverfassung hat die kommunale Vertretungskörperschaft weiterhin erhebliche, rechtlich kodifizierte, Einwirkungsmöglichkeiten. Allerdings sind neuerdings in Niedersachsen und in Nordrhein-Westfalen von den neuen Landesregierungen kleinere Reformen geplant, wonach sich beispielsweise die Amtszeit der Bürgermeister deutlich verlängern würde. In Abbildung 9 werden noch einmal rechtlichen Regelungen zur Direktwahl und Abwahl im Detail dargestellt.

Abbildung 9:   Regelungen zur Direktwahl der Bürgermeister im Bundesländervergleich

Bundesland	In Kraft seit	Amtsdauer BM in Jahren	Abwahl möglich	Wahlperiode Rat in Jahren	Kandidatenvorschlag durch	BB-Quoren zur BM-Abwahl (Anteil der erforderlichen Unterschriften an der Wählerschaft in %)	RB-Quoren zur BM-Abwahl (Anteil der erforderlichen Stimmen an der Gesamtzahl der Ratsmitglieder)	BE-Quoren zur BM-Abwahl (Anteil der erforderlichen „Ja-Stimmen" an der Wählerschaft in %)
BW	1956	8	nein	5	E	-	-	-
Bay	1952	6	nein	6	P/W	-	-	-
Bbg	1993/98	8	ja	5	E/P/W	25/15	2/3-Mehrheit	25
Hess	1991/92	6	ja	5	E/P/W	-	2/3-Mehrheit	30
MV	1999	7/9	ja	5	E/P/W	-	2/3-Mehrheit	33,3
Nds	1996	5	ja	5	E/P/W	-	¾-Mehrheit	25
NRW	1994	5	ja	5	E/P/W	-	2/3-Mehrheit	25
Rhp	1993	8	ja	5	E/P/W	-	2/3-Mehrheit	30
Saar	1994	8	ja	5	E/P/W	-	2/3-Mehrheit	30
Sachs	1994	7	ja	5	E/P/W	33,3/20	¾-Mehrheit	50
Sachs.-A	1994	7	ja	5	E	-	¾-Mehrheit	30
SH	1996	6/7	ja	5	E/PR	25	2/3-Mehrheit	33,3
Thür	1994	6	ja	5	E/P/W	-	½-Mehrheit	30

E = Eigenbewerbung; P = durch eine Partei; W = durch eine Wählergruppe; PR = durch im Rat vertretene Parteien; BB = Bürgerbegehren; RB = Ratsbegehren; BE = Bürgerentscheid
Quelle: Vetter 2005 m.w.N., Übersetzung Sabine Kuhlmann, eigene Ergänzungen

Weitere wesentliche Unterschiede zwischen den Gemeindeordnungen zeigen sich bei den Regelungen zu den Bürgerbegehren. So variiert die rechtliche Ausgestaltung der Bürgerbegehren und -entscheide z. T. erheblich zwischen den Bundesländern (vgl. Abbildung 10). Bayern und NRW haben insgesamt gesehen die bürgerfreundlichsten Regelungen, während Baden-Württemberg und Thüringen am restriktivsten verfahren.

Ein erfolgreiches Bürgerbegehren ist häufig die Vorstufe zum Bürgerentscheid, wobei in sieben Bundesländern auch ein Ratsbegehren (vom Rat initiierter Bürgerentscheid) zulässig ist. Das Antragsquorum zur Überwindung der ersten Verfahrenshürde für Bürgerbegehren liegt in acht Bundesländern zwischen 3%-10%[31], in vier Bundesländern bis zu 15% und in Thüringen bei bis zu 17%.

Die Mehrzahl der Gemeindeordnungen beschränkt die zulässigen Gegenstände eines Bürgerbegehrens auf „wichtige Angelegenheiten" des eigenen Wirkungskreises. Ausgeschlossen sind prinzipiell Angelegenheiten des „übertragenen Wirkungskreises". In sechs Gemeindeordnungen werden sog. Positivkataloge definiert, die die Themen festlegen, zu denen ein Bürgerbegehren überhaupt zulässig ist. So wird insbesondere in der GO BW festgelegt, dass nur jene Bürgerbegehren zulässig sind, die sich auf öffentliche Einrichtungen, die für die Gesamtheit der Einwohner einer Stadt bestimmt sind, beziehen. Berücksichtigt man, dass beispielsweise Straßen und Rathäuser nicht als öffentliche Einrichtungen im Sinne der Gemeindeordnung gelten und dass auch Planfeststellungsverfahren und Bebauungspläne nicht unter diese Regelungen fallen, ist der Themenbereich in der GO BW sehr eingeengt. Hinzu kommt in Baden-Württemberg ein Negativkatalog, in dem explizit nochmals bestimmte Abstimmungsgegenstände ausgeschlossen sind. Über den Negativkatalog werden auch in der GO NW sehr viele Abstimmungsgegenstände ausgeschlossen. Insbesondere Bürgerbegehren zur Bauleitplanung und Planfeststellung sind in NRW nicht zulässig. Das sind aber gerade die Abstimmungsgegenstände, die auf ein großes Interesse der Bürger stoßen (Geitmann 2003: 177). In Bayern hingegen sind im Gegensatz zu fast allen anderen Bundesländern selbst Bürgerbegehren möglich, die negative finanzielle Auswirkungen für die Gemeinde haben. Auch Bürgerbegehren zur Bauleitplanung gelten hier als zulässig.

---

[31] Die Quoren sind abhängig von der Gemeindegröße gemessen in Einwohnern, wobei sie bei steigender Größe in der Regel abnehmen.

Abbildung 10: Regelungen zu kommunalen Referenden im
Bundesländervergleich

Bundesland	In Kraft seit	BB-Quorum in % der Wähler	Prüfung der Zulässigkeit durch	Positiv-Katalog	RB-Quorum (Anteil der Gemeindevertreter)	BE-Quorum in % der Wähler
BW	1956	5 – 10	Gemeindevertretung	Ja	2/3-Mehrheit	30
Bay	1995/99	3 – 10	Gemeindevertretung	Nein	½-Mehrheit	10 - 20
Bbg	1993	10	Gemeindevertretung	Nein	½-Mehrheit	25
Hess	1992	10	Gemeindevertretung	Ja	-	25
MV	1994	2,5 – 10	Gemeindevertretung + Kommunalaufsicht	Ja	½-Mehrheit	25
Nds	1996	10	Verwaltungsvorstand	Nein	-	25
NRW	1994/00	3 – 10	Gemeindevertretung	Nein	-	20
Rhp	1993	6 – 15	Gemeindevertretung	Ja	-	30
Saar	1997	5 – 15	Gemeindevertretung	Nein	-	30
Sachs	1994	(5) – 15	Gemeindevertretung	Nein	2/3-Mehrheit	25
Sachs.-A	1994	6 – 15	Gemeindevertretung	Ja	2/3-Mehrheit	30
SH	1990	10	Kommunalaufsicht	Ja	2/3-Mehrheit	20
Thür	1994	13 – 17	Gemeindevertretung	Nein	-	20 - 25

Quelle: Vetter 2005 m.w.N., Aktualisierung durch http://www.mehr-demokratie.de/bb_regeln.html vom 3.7.05; BB = Bürgerbegehren; RB = Ratsbegehren; BE = Bürgerentscheid

Das Bürgerbegehren besteht aus einer Abstimmungsfrage, einer Begründung, Zustimmungsquoren einem Kostendeckungsvorschlag (außer Bayern), Unterschriften und der Benennung von Vertretungsberechtigten. Die Dauer der Unterschriftensammlung wird bei kassatorischen Begehren (bis auf Bayern) auf einen Zeitraum zwischen 4 Wochen und 3 Monaten nach Bekanntgabe des Beschlusses befristet. Die Unterschriftenlisten werden danach von der Verwaltung geprüft. Über die Zulässigkeit des Bürgerbegehrens entscheidet die Gemeindevertretung (außer in Schleswig-Holstein und Mecklenburg-Vorpommern, wo die Aufsichtsbehörde prüft, und in Niedersachsen, wo dies der Verwaltungsvorstand übernimmt). Verfügt ein Bürgerbegehren über die notwendige Zahl der Unterschriften und ist es (i.d.R. vom Rat) „zugelassen" worden, kommt es zum Bürgerentscheid. Wenn die Mehrheit der Abstimmenden dafür stimmt *und* diese Mehrheit ein bestimmtes Quorum[32] überschreitet, obsiegt der Bürgerentscheid. In Bayern gab es zunächst kein Quorum, hier reichte die einfache Mehrheit der abgegebenen Stimmen. Diese Regelung ist in Bayern allerdings vom Bayerischen Verfassungsgerichtshof beanstandet worden. Mit der Neuregelung der Bayerischen GO vom 1.4.1999 beträgt das

---

[32] Das Zustimmungsquorum beträgt in NRW beispielsweise 20%, das heißt, mindestens 20% der Abstimmungsberechtigten müssen für einen Bürgerentscheid stimmen. Die Mehrheit der Stimmen reicht also nicht aus.

Zustimmungsquorum nun je nach Gemeindegröße zwischen 10% und 20% und ist damit nach wie vor das niedrigste Quorum im landesweiten Vergleich.

Ausführungs-
modalitäten

Während das Verfahren des Bürgerbegehrens weitgehend normiert ist, sind die Ausführungsmodalitäten des Bürgerentscheides nicht überall in den Gemeindeordnungen festgelegt. Sieben Länder verweisen auf die Durchführungsbestimmungen der Kommunalwahlgesetze, drei Länder haben eigene Durchführungsverordnungen erlassen und vier Länder (darunter bis zum Jahre 2004 auch NRW) überlassen es der jeweiligen Kommune, wie sie den Bürgerentscheid durchführt. Die Kommune trägt die Kosten des Verfahrens, die je nach Gemeindegröße variieren (in München sind es z.B. ca. 900.000 Euro). Die Abstimmung hat in der Regel an einem Sonntag stattzufinden, muss geheim sein, und es muss genügend Abstimmungslokale geben. Briefwahl ist nicht überall vorgesehen. Während in Bayern die Briefwahl gesetzlich vorgeschrieben ist und sich in Baden-Württemberg die Durchführung des Bürgerentscheids am Kommunalwahlgesetz zu orientieren hat, hatten die kommunalen Entscheidungsträger in Nordrhein-Westfalen bis zum Erlass des Innenministers 2004 erhebliche Spielräume bei der Durchführung der Abstimmungen im Rahmen des Bürgerentscheids. Sie konnten beispielsweise festlegen, ob die Briefwahl zugelassen wird und wie viele Wahllokale geöffnet werden. Diese Bestimmungen gaben den Mehrheitsfraktionen, gegen die die Bürgerbegehren häufig gerichtet sind, in Nordrhein-Westfalen genügend Handlungsspielräume, um die Durchführung von erfolgreichen Bürgerentscheiden (insbesondere die Erreichung des Abstimmungsquorums) erheblich zu erschweren. Aus einem aktuellen Bericht des Innenministeriums an den Ausschuss für Kommunalpolitik des Landtags NRW geht hervor, dass nur 150 von 396 Gemeinden eine Satzung zur Durchführung von Bürgerentscheiden erlassen haben. Das Innenministerium bemängelt in diesem Bericht, dass viele Gemeinden eine solche Satzung erst aus Anlass eines anstehenden Bürgerbegehrens verabschieden.

> „Eine solche Situation ist für eine abgewogene, sachliche und distanzierte Entscheidung ungünstig. Möglicherweise würden die Unterstützer eines Bürgerbegehrens dann je nach dem Inhalt der Satzung auf das Demokratieverständnis des Rates schließen. Dies kann den Rat – unnötig – in ein schlechtes Licht setzen" (Innenminister 2004).

Deshalb hat das Innenministerium NRW den Kommunen im Sommer 2004 per Erlass vorgeschrieben, Satzungen zur Durchführung von Bürgerentscheiden aufzustellen. Weiterhin wurde im Erlass nunmehr verpflichtend geregelt, dass die Möglichkeit zu Briefwahlen gegeben werden muss, wobei nun allerdings gänzlich auf Abstimmungslokale verzichtet werden kann.

3.5 Das Verhältnis von Politik und Verwaltung auf kommunaler Ebene

Betrachtet man die formale Ausgestaltung des *Verhältnisses von Politik und Verwaltung* in den Gemeindeordnungen, so zeigt sich, dass die klassische Ge-

waltenteilung nicht für die kommunale Ebene gilt. Die kommunale Vertretungskörperschaft ist in der deutschen Kommunaltradition ein *Verwaltungsorgan*,
damit Teil der kommunalen Selbstverwaltung und der Exekutive zuzuordnen und
nach älteren rechtswissenschaftlichen Einschätzungen kein Parlament im eigentlichen Sinne, obwohl es viele Übereinstimmungen mit sonstigen Parlamenten
gibt. Eine klare Trennung zwischen Politik und Verwaltung ist nicht erkennbar.
So wurde auch in der alten GO NW einerseits davon ausgegangen, dass die Gemeindevertretung das oberste Verwaltungsorgan[33] ist, also verwaltet (§27 GO
NW: „Träger der Gemeindeverwaltung"). Gleichzeitig bestimmt die GO aber
auch, dass die Verwaltung Politik macht, indem sie die Entscheidungen in der
Gemeindevertretung vorbereitet (§47 GO NW). Entscheidend für den fehlenden
Status der Kommunalvertretung als Parlament ist nach Ansicht einiger Autoren,
dass den Gemeinden keine eigenständige Gesetzgebungskompetenz zukommt,
sie also über keine staatliche Hoheitsmacht verfügen. Im Unterschied zu Satzungen, in denen das Ortsrecht festgehalten wird, können Gesetze nur von den Lan-
desparlamenten und vom Bundestag erlassen werden. Beschlüsse der Gemeindevertretung können im Aufsichtswege beanstandet, aufgehoben oder sogar ersetzt
werden, das Innenministerium kann einen Beauftragten zur Erfüllung einzelner
Aufgaben einsetzen und der Rat kann durch Beschluss der Landesregierung
sogar aufgelöst werden, so dass, wie zumindest Ernst Forsthoff dies schon früh
ausführte, von einem originären Parlamentsrecht nicht gesprochen werden kann
(1973: 551f.).

Trotz dieser Einschränkungen hat sich in der kommunalen Praxis zumindest
in den großen Städten kommunale Selbstverwaltung zu einer *modernen lokalen
Demokratie* entwickelt (Wollmann 1998c). Auch institutionell wurden seit den
70er Jahren die Informations- und Kontrollrechte des Kommunalparlamentes
(Verfahrensrechte für Fraktionen, Minderheitsrechte für die Opposition, Etablierung von Anfragen sowie Akteneinsichtsrechte) durch Änderungen in den GOen
ausgebaut, wodurch der Status der Kommunalvertretung sich in diesem Punkt
einem Parlament annähert. In NRW gibt es z.B. seit 1969 Regelungen zum Ver-
dienstausfall und Aufwandsentschädigungen. Seit 1979 tagen die Ausschüsse
öffentlich und es gibt Minderheitsrechte für Fraktionen bezüglich der Einberufung des Rates, der Durchsetzung von Tagesordnungspunkten sowie bezüglich
der Akteneinsicht und der Forderung nach geheimer oder namentlicher Abstimmung. Die kommunalen Vertretungskörperschaften werden zudem wie ein Parlament gewählt, die Mitglieder schließen sich in der Regel zu Fraktionen zusammen, haben das Recht, kommunale Satzungen zu beschließen und fühlen sich
als Parlamentarier.

Von den klassischen Parlamentsrechten verfügt man somit über die Möglichkeit der politischen Leitungsentscheidung, über das Budgetrecht, über die
Normsetzungsbefugnis sowie über die Kontrollfunktion. Zur Wahrnehmung ihrer
Kontrollaufgaben verfügen die Vertretungskörperschaften neben dem schon
erwähnten Budgetrecht über ein Frage- und Antwortrecht und das umfassende

Klassische
Parlamentsrechte der
Kommunalvertretung

---

[33] In Baden-Württemberg gibt es dagegen schon immer zwei Organe, den Gemeinderat als Hauptorgan und den Bürgermeister (§23; 24,1 GO BaWü).

Recht auf Information. Insgesamt werden die Kommunalvertretungen insbesondere in der Politikwissenschaft deshalb weitgehend als Parlamente eingeordnet (Frey/Nassmacher 1975; Wollmann 1998). Auch im rechtswissenschaftlichen Diskurs gilt die Vorstellung der ausschließlich verwaltenden Gemeinde als überholt (Strauß 1998: 92) und der Gemeinderat wird vermehrt eher als Parlament oder zumindest parlamentsähnlich charakterisiert (Schmidt-Eichstaedt 1985: 31; Ott 1994).

Zusammenfassend zeigt sich, dass die Kommunen nach deutschem Kommunalrecht den Status einer *besonderen Form politischer Verwaltung* innehaben, dessen Unklarheit mitursächlich für die Konflikte zwischen eher verwaltungs- und sachorientierten sowie parteienstaatlichen Konzeptionen kommunaler Selbstverwaltung verantwortlich ist.

3.6 Innere Organisation

Kreise und Gemeinden verfügen im Rahmen der landesrechtlichen Bestimmungen über die *Organisationshoheit* in ihrem Gebiet, d.h. sie verfügen über das Recht auf eigenverantwortliche Gestaltung ihrer internen Organisation. Dies umfasst die Wahl der Organe, die Organisation der gemeindlichen eigenen Verwaltung und die Regelung der „inneren Verfassung" der Gemeinde durch Erlass der Hauptsatzung und der Geschäftsordnung. Die Organisationsgewalt über die gemeindliche Verwaltung gilt sowohl für Selbstverwaltungsaufgaben als auch für Auftragsangelegenheiten. Dabei ist der Bürgermeister als Verwaltungschef verantwortlich für die Leitung und Verteilung des Geschäftsgangs der gesamten Verwaltung. Er ist Dienstvorgesetzter der Wahlbeamten, Beamten, Angestellten und Arbeiter. Disziplinarvorgesetzter ist allerdings die Aufsichtsbehörde. Der Bürgermeister verfügt damit über das *Organisationsrecht*, in das die Gemeindevertretung nur in gesetzlich geregelten Ausnahmefällen eingreifen darf, wie in den meisten Bundesländern bei der Regelung der Geschäftsbereiche der Beigeordneten (vgl. Abbildung 8). Der Bürgermeister kann selbständig einen Geschäfts- und Organisationsverteilungsplan erlassen und durch Einzelanweisungen die Geschäfte auf die Verwaltungsmitarbeiter verteilen.

Hauptamtliche Bürgermeister als Verwaltungschef

Der hauptamtliche Bürgermeister ist kommunaler Wahlbeamter.[34] Er ist verantwortlich für die Leitung und die Beaufsichtigung des Geschäftsganges der gesamten Verwaltung, die Leitung und Verteilung der Geschäfte und bereitet die Beschlüsse der Gemeindevertretung, der Bezirksvertretungen und der Ausschüsse vor.

Aufbauorganisation

Bei der Darstellung der inneren Organisation der Gemeinden kann zwischen der *institutionellen* Organisation, d.h. dem Aufbau der Verwaltung, und der *funktionellen* Organisation, d.h. dem Ablauf des Verwaltungshandelns unterschieden

---

[34] Gegenüber dem ehrenamtlichen Bürgermeister, der in Großstädten eine Aufwandsentschädigung von ca. 30.000 Euro erhielt, verfügt der hauptamtliche Bürgermeister (je nach Gemeindegröße variierend) nun über ein jährliches Einkommen von ca. 110.000 Euro. Allerdings muss die Entlohnung im Verhältnis betrachtet werden: Das Einkommen des Vorstandssprechers von städtischen Versorgungsunternehmen beträgt mitunter fast 260.000 Euro.

werden. Die Aufbauorganisation in Kommunalverwaltungen orientiert sich weitgehend einheitlich in Gemeinden aller Größenklassen und Länder an dem schon in den 50er Jahren entwickelten, aber mehrfach neueren Entwicklungen angepassten Verwaltungsgliederungsplan der Kommunalen Gemeinschaftsstelle (KGSt).

Wie unschwer zu erkennen, ist die Kommunalverwaltung hochgradig arbeitsteilig organisiert und stark hierarchisiert. Die zentrale organisatorische Gliederungsgröße ist das Amt. Die Ämter sind die den Vollzug der kommunalen Aufgaben tragenden Organisationseinheiten, die nach außen hin selbständig in Erscheinung treten. Die Amtsleiter haben die Fach- und Dienstaufsicht gegenüber ihren Mitarbeitern und verfügen damit über erhebliche Machtpotenziale.

Der Gliederungsplan ordnet die Ämter acht Aufgabenhauptgruppen zu. Diese unter fachlichen Gesichtspunkten gebildete Systematik bildet die Basis für den organisatorischen Aufbau der Verwaltung. Unter diesen Hauptaufgabengruppen werden die Ämter der Verwaltung nach Zuständigkeit aufgeteilt, wobei ihnen zweistellige arabische Zahlen zugewiesen werden. Die Ämter sind dann noch weiter aufgegliedert in Abteilungen (dreistellig) und Sachgebiete (vierstellig). Insgesamt sind folgende Arbeitseinheiten von unten nach oben zu unterscheiden: Stelle, Sacharbeitsgruppe, Sachgebiet, Abteilung, Amt, Dezernat. Eine Ausnahme von der fachlichen Gliederung bilden die Querschnittsämter, deren Aufgaben darin bestehen, das Funktionieren der Verwaltung sicherzustellen. Die wichtigsten Querschnittsämter sind das Hauptamt, das Personalamt und die Kämmerei. Einzelne Abweichungen von diesem Gliederungsplan sind in der Regel ortsbedingten Umständen geschuldet, insbesondere in den kreisfreien Städten sind die Abweichungen jedoch marginal. Die Zahl der Ämter hängt vor allem von der Größe der Stadtverwaltung ab. Der Gliederungsplan sagt aber noch nichts über die politischen und administrativen Zuständigkeiten innerhalb der Verwaltung aus. Hier ist in der Regel der Dezernatsverteilungsplan aufschlussreicher. *(Gliederungsplan)*

Er ordnet einzelne Verwaltungsbereiche den jeweils zuständigen Beigeordneten zu. Dezernate sind also Geschäftsbereiche der Beigeordneten, die von der Gemeindevertretung für eine bestimmte Zeit (z.B. acht Jahre) gewählt sind. Über die Zahl der Beigeordneten und den Dezernatsverteilungsplan entscheidet ebenfalls die Gemeindevertretung innerhalb des von der Gemeindeordnung vorgegebenen Rahmens. Der Zuschnitt und die Anzahl der Dezernate sind deshalb oft politisch motiviert oder an Kenntnissen der Dezernenten orientiert. In den kreisfreien Städten in NRW gibt es minimal vier, maximal 11 Beigeordnete (Schulenburg 1999: 47). Die Dezernenten sind die direkten Vorgesetzten der Amtsleiter (Pfeifer 1995: 50).

Im letzten Jahrzehnt hat sich einiges im Organisationsaufbau der Kommunalverwaltungen geändert, so dass man nicht mehr flächendeckend von der Gültigkeit des KGSt-Organisationsmodells und der eben dargestellten Hierarchie- *(Veränderungen durch NSM)*

Abbildung 11: Verwaltungsgliederungsplan der KGSt[35]

1	2	3	4	5	6	7	8
Allgemeine Verwaltung	Finanzverwaltung	Rechts-, Sicherheits- und Ordnungsverwaltung	Schul- und Kultur-Verwaltung	Sozial-, Jugend- u. Gesundheits-verwaltung	Bauverwaltung	Verwaltung für öffentliche Einrichtungen	Verwaltung für Wirtschaft und Verkehr
10 Hauptamt	20 Kämmerei	30 Rechtsamt	40 Schul-verwaltungsamt	50 Sozialamt	60 Bauverwaltungs-amt	70 Stadtreini-gungsamt	80 Amt für Wirt-schafts- und Verkehrsförderung
11 Personalamt	21 Kasse	31	41 Kulturamt	51 Jugendamt	61 Stadtplanungs-amt	71 Schlacht- und Viehhof	81 Eigenbetriebe
12 Statistisches Amt	22 Steueramt	32 Ordnungsamt	42 Bibliothek	52 Sportamt	62 Vermessungs- und Katasteramt	72 Marktamt	82 Forstamt
13 Presseamt	23 Liegenschaftsamt	33 Einwohner- u. Meldeamt	43 Volkshochschule	53 Gesundheitsamt	63 Bauordnungs-amt		
14 Rechnungs-prüfungsamt	24 Amt für Verteidigungslasten	34 Standesamt	44 Musikschule	54 Krankenhäuser	64 Wohnungs-förderungsamt		
		35 Versicherungsamt	45 Museum	55 Ausgleichsamt	65 Hochbauamt		
		36	46 Theater		66 Tiefbauamt		
		37 Feuerwehr	47 Archiv		67 Grünflächenamt		
		38 Zivilschutzamt					

Abbildung 12: Verwaltungsgliederungsplan der Stadtverwaltung Hagen (1999)

1 Allgemeine Verwaltung	2 Finanzverwaltung	3 Rechts-, Sicherheits- und Ordnungsverwaltung	4 Schul- und Kulturverwaltung	5 Sozial-, Jugend- u. Gesundheitsverwaltung	6 Bauverwaltung	7 Verwaltung für öffentliche Einrichtungen	8 Verw. f. Wirtschaft u. Verk. Verkehr
AdR Amt des Rates	20 Stadtkämmerei	30 Rechtsamt und Versicherungsamt	40 Amt für Schulverwaltung und Hochschulwesen	50 Sozialamt	60 Bauverwaltungsamt	H E B Hagener Entsorgungsbetrieb	
Dez. OB/ GF Geschäftsführung Dez. OB	21 Stadtkasse	32 Amt für öffentliche Sicherheit, Verkehr und Personalstandswesen	41 Kulturamt	51 Jugendamt	61 Stadtplanungsamt		
OB/ GB Büro des Oberbürgermeisters	23 Liegenschaftsamt	37 Amt für Brand- und Katastrophenschutz	43 Amt für Weiterbildung und Medien	52 Sportamt	62 Vermessungs- u. Katasteramt		
OB/ GB Gleichstell. Beauftragte	24 Forstamt	39 Veterinäramt	44 Max-Reger-Musikschule	53 Gesundheitsamt	63 Bauordnungsamt		
10 Hauptamt			45 Karl Ernst Osthaus-Museum	53/PTLA Pharmaz.-techn. Lehra.	64 Amt für Wohnungswesen		
11 Personalamt			46 Theater Hagen/ Philharmonisches Orchester Hagen	54 Chemisches Untersuchungsamt	65 Hochbauamt		
12 Statistisches Amt			47 Museum für Stadt- u. Heimatg. / Stadtarchiv	BS/ H Betrieb für Sozialeinrichtungen Hagen-Altenheim	66 Straßen und Brückenbauamt		
13 Presseamt					67 Grünflächenamt		
14 Rechnungsprüfungsamt					59 Umweltamt		
15 Datenverarbeitungszent.					SE/ H Stadtentwässerung		
160-163 Bezirksverwaltungsstellen							

71

Abbildung 13: Dezernatsverteilungsplan der Stadtverwaltung Hagen (1999)

Dezernate Oberbürgermeister Oberbürgermeister Stadtämter	Dezernat 2 Stadtkämmerer	Dezernat 4 Erster Beigeordneter	Dezernat 5 Beigeordneter	Dezernat 6 Beigeordneter	Dezernat 7 Beigeordneter
AdR Amt des Rates	20 Stadtkämmerei	30 Rechts- und Versicherungsamt	41 Kulturamt	60 Bauverwaltungsamt	24 Forstamt
Dez. OB/GF Geschäftsführung Dezernat Oberbürgermeister	21 Stadtkasse	32 Amt für öffentliche Sicherheit, Verkehr und Personenstandswesen	43 Amt für Weiterbildung und Medien	61 Stadtplanungsamt	39 Veterinäramt
OB/B Büro des Oberbürgermeisters	23 Liegenschaftsamt	37 Amt für Brand- und Katastrophenschutz	44 Max-Reger-Musik-Schule	62 Vermessungs- und Katasteramt	53 Gesundheitsamt
OB/GB Gleichstellungsbeauftragte	64 Amt für Wohnungswesen	160 Bezirksverwaltungsstelle Boele	45 Karl Ernst Osthaus Museum	63 Bauordnungsamt	54 Chemisches Untersuchungsamt
10 Hauptamt		161 Bezirksverwaltungsstelle Hohenlimburg	46 Theater Hagen/Philharmonisches Orchester	65 Hochbauamt	69 Umweltamt
11 Personalamt		162 Bezirksverwaltungsstelle Haspe	47 Museen für Stadt- und Heimatg./ Stadtarchiv	66 Straßen- und Brückenbauamt	HEB Hagener Entsorgungsbetrieb
12 Amt für Statistik und Stadtforschung		163 Bezirksverwaltungsstelle Dahl	50 Sozialamt	67 Grünflächenamt	
13 Presse- und Informationsamt		40 Amt für Schulverwaltung und Hochschulwesen	51 Jugendamt	SEH Stadtentwässerung Hagen	
14 Rechnungsprüfungsamt		40/Psych Schulpsychologischer Dienst	BSH Betrieb für Sozialeinrichtungen - Altenheim		
15 Datenverarbeitungszentrale		52 Sportamt			

ebenen ausgehen kann. Vor allem in vielen Mittel- und Großstädten sind im Zuge des Neuen Steuerungsmodells (NSM) neue Organisationsformen geschaffen worden, ohne dass bisher ein neues einheitliches Organisationsmodell zu erkennen wäre. So wird in einer repräsentativen Umfrage unter den deutschen Kommunen über 10.000 Einwohner aus dem Jahr 2005 (vgl. zur Umfrage und zum NSM im Detail Kapitel 4.1) im Bereich der Umgestaltung von Organisationsstrukturen die Einführung von Fachbereichsstrukturen mit einem Anteil von fast 44% als der Modernisierungsschritt genannt, der bereits voll umgesetzt wurde (vgl. Abbildung 14).

Abbildung 14: Umbau der Organisationsstruktur

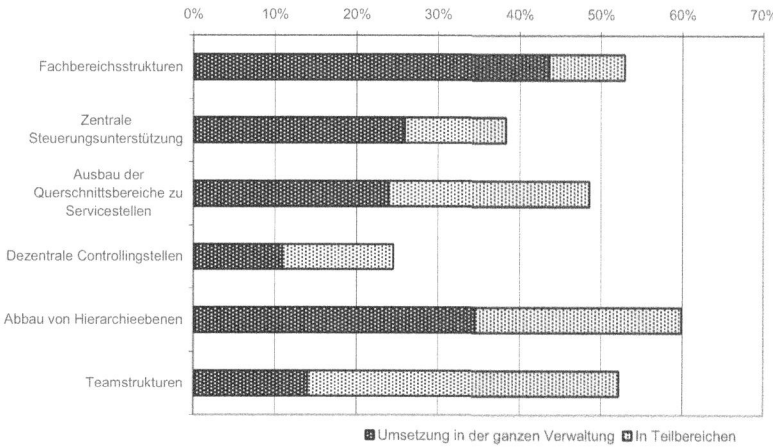

Quelle: Umfrage HBS - Projekt "10 Jahre NSM"; n = 870

Beispielhaft kann dieses neue Vorgehen an der Stadt Arnsberg dargestellt werden. In Abbildung 15 findet sich zunächst der alte Gliederungsplan. Man erkennt, dass es aufgrund der Gemeindegröße nur 4 Dezernate (anstatt 8) gibt mit 22 Ämtern und 64 Abteilungen. Im neuen Organisationsplan sind hieraus 7 Fachbereiche mit 32 Untereinheiten geworden, aus 90 Einheiten wurden somit knapp 40. Dadurch sollen die in Abbildung 16 dargestellten enormen Abstimmungsnotwendigkeiten in einer extrem spezialisierten Verwaltung vermieden werden.

Die funktionelle Organisation, also der Ablauf des Verwaltungshandelns, wird durch die zentrale Geschäftsordnung und allgemeine Geschäftsanweisungen geregelt. Die Regelungen beziehen sich auf Fragen der Zusammenarbeit zwischen den Dienststellen, den Verkehr mit der Bevölkerung und die Organisation des Geschäftsganges (Post, Eingangsbearbeitung, Schriftverkehr, Zeichnungsbefugnis, Aktenführung, vgl. Stucke/Schöneich 1998: 415). Neben der Aufgabenwahrnehmung in der „Kernverwaltung" werden kommunale Aufgaben auch in anderen Organisationsformen vorgenommen, also in Regiebetrieben, kommunalen Eigenbetrieben und verschiedenen privatrechtlichen Formen. Zudem gibt es als Organisationsform für interkommunale Zusammenarbeit die Zweckverbände.

Von den Beschäftigten in Kommunalverwaltungen befinden sich 63% im Status des Angestellten, 26% sind Arbeiter und nur 12% Beamte (Statistisches Bundesamt 2001, Fachserie 14, Reihe 6). Insofern gibt es in der Kommunalverwaltung im Vergleich zum gesamten öffentlichen Dienst eine „Angestellten-Lastigkeit": Nimmt man die Gesamtzahlen für den öffentlichen Dienst, kommt man auf einen Angestelltenanteil von nur 45% bei einem Anteil der Arbeiter von 14% und einer Beamtenquote von 41%. Auch vom fachlich-beruflichem Spektrum findet man auf kommunaler Ebene neben den für Verwaltungsfragen zuständigen Mitarbeitern sehr unterschiedliche Bereiche. Auf kommunaler Ebene liegen die Aufgabenschwerpunkte bezüglich des Personaleinsatzes im Bereich Soziale Sicherung, allgemeine Verwaltung sowie Dienstleistungstätigkeiten in öffentlichen Unternehmen, vor allem im Bereich Krankenhäuser. Insbesondere in den Bereichen Soziale Dienste, Gesundheitswesen und Wohnungsbau ist die kommunale Ebene seit Anfang der 1960er immer wichtiger geworden und übernimmt hier Tätigkeiten, die früher auf Landesebene angesiedelt waren.

Insgesamt zeigt sich auf kommunaler Ebene eine große Vielfalt von Tätigkeiten, so dass hier keine typischen Berufe existieren. Man findet vom fachlich-beruflichem Spektrum neben den für Verwaltungsfragen zuständigen Mitarbeitern sehr unterschiedliche Bereiche. Zu nennen sind hier die technischen Berufe im Bauwesen, Umweltschutz, Ver- und Entsorgung, Verkehr, Gewerbekontrolle, Vermessungsdienst, Sozialarbeiter und Sozialpädagogen im Sozialdienst, Ärzte und Pflegepersonal im Gesundheitsdienst, Erzieher und Pädagogen in Heimen, Kindergärten und Volkhochschulen, Gärtner und Gartenarbeiter im Grünflächenbereich, künstlerisches Personal in Theatern, Orchestern und Museen, Beschäftigte der Feuerwehr und Beschäftigte im Bibliotheksdienst.

Während die formalen Zugangswege den Bedingungen des öffentlichen Dienstes entsprechen – also über das duale System in den mittleren, über die (Verwaltungs-) Fachhochschule in den gehobenen und über die wissenschaftliche Hochschule plus Referendariat in den höheren Dienst –, gibt es bei der Personalrekrutierung informelle Selektionsprozesse:

> „Verschiedene Analysen zeigen, dass sich für Tätigkeiten im öffentlichen Dienst vorzugsweise Bewerber mit einer starken Sicherheitsorientierung bewerben und dass unter den Bewerbern überdurchschnittlich viele Personen aus dem ‚Beamtenmilieu' sind (Selbstselektion). Dieser Effekt wird durch die Auswahlpraktiken der Personal-

Abbildung 15: Alter Gliederungsplan der Stadt Arnsberg

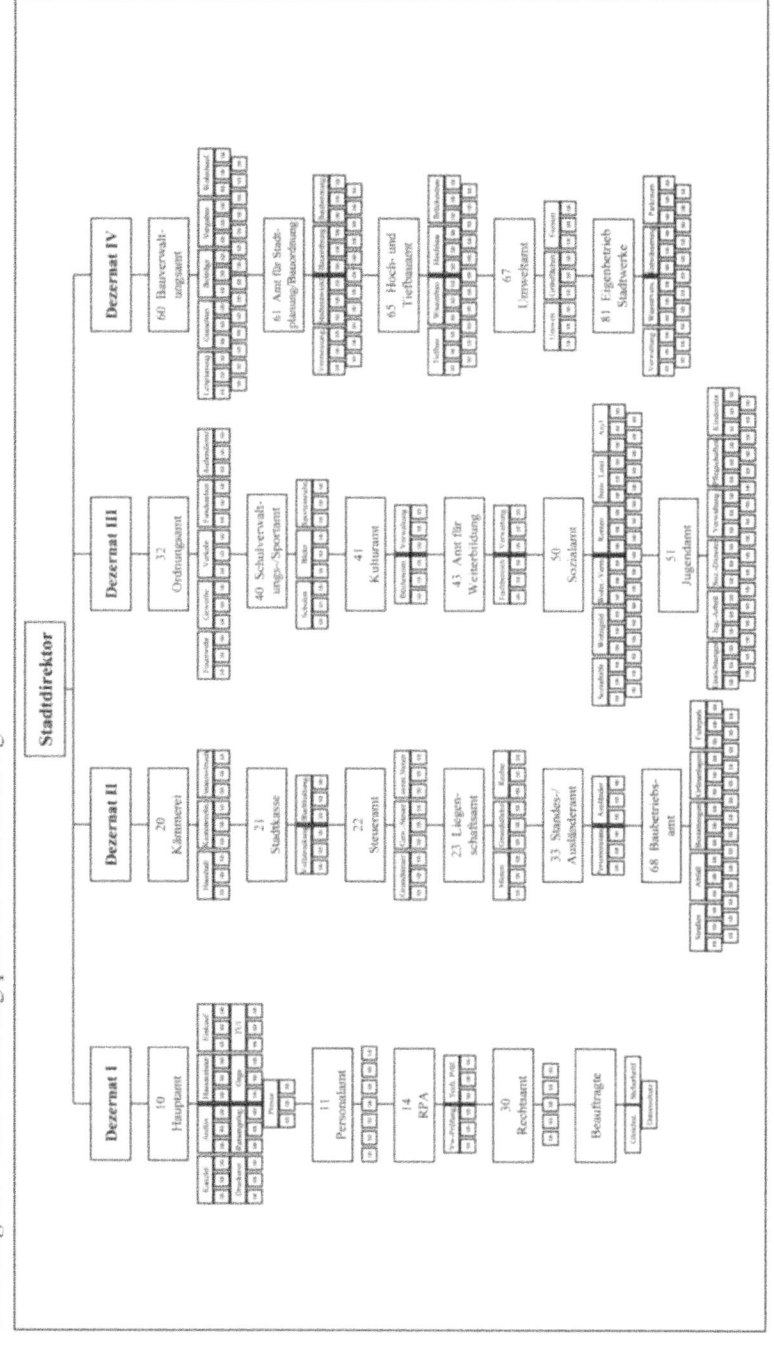

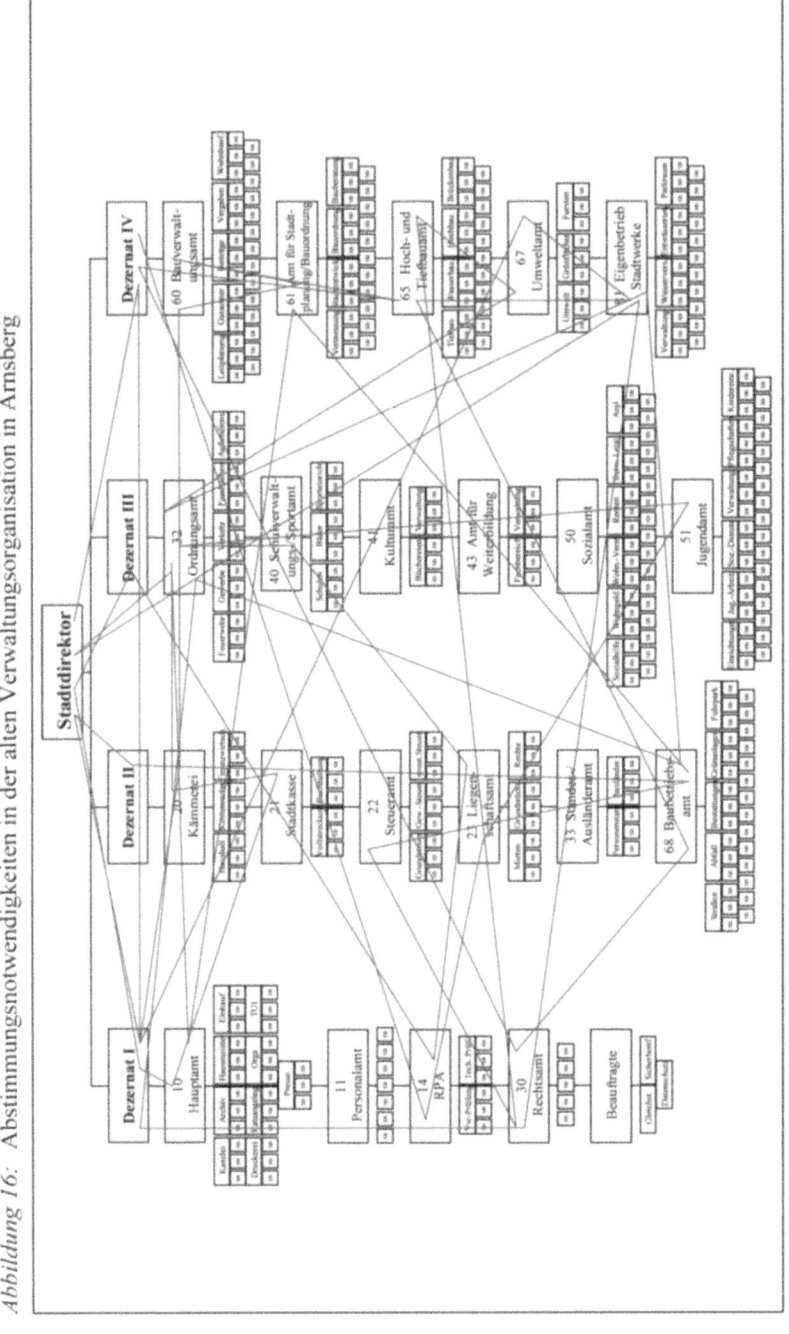

Abbildung 16: Abstimmungsnotwendigkeiten in der alten Verwaltungsorganisation in Arnsberg

Stand April 2002

Bürgerinnen / Bürger als Kunden und Mitgestalter

Politik

Verwaltungsvorstand

Bürgermeister

1. Beigeordneter / Kämmerer

0.2 **Personalrat**

0.3 **Rechnungsprüfungsamt**

0.1 Bürgermeisteramt
1. Bürgermeisterbüro u. Ratsangelegenheiten
2. Zukunftsagentur und Stadtentwicklung
3. Bürgerinformation und -beteiligung
4. Zentrales Controlling
5. Gleichstellungsstelle

Fachbereich 1
Bürgerdienste, Soziales, Sicherheit

1.1 Stadtbüro
1.2 Sozialbüro
1.3 Büro für Zuwanderung u. Wohnungsvermittlung
1.4 Standesamt
1.5 Wendepunkt
1.6 Sicherheit und Ordnung
1.6.1 Sicherheit u. Ordnung
1.6.2 Feuerwehr und Rettungsdienst
1.7 Ordnungs- und Serviceteam

Fachbereich 2
Kultur, Weiterbildung, Sport

2.1 Kulturbüro
2.2 Stadtbücherei
2.3 Stadtarchiv
2.4 Volkshochschule
2.5 Sportbüro

Fachbereich 3
Schule und Jugend

3.1 Fachdienst Schule
3.2 Kindertagesbetreuung
3.3 Kinder- und Jugendförderung
3.4 Jugendhilfedienst

Fachbereich 4
Technische Infrastruktur und Umwelt

4.0 Fachbereichsbüro
4.1 Bauberatung
4.2 Umweltbüro
4.2.1 Allgemeine Umweltfragen
4.2.2 Abfall
4.2.3 Grünflächenmanagement
4.3 Fachdienst Verkehr
4.4 Immobilienbewertung und Vermessung
4.5 Planungsbüro

Fachbereich 5
Wirtschaft und Beschäftigung

5.1 Wirtschaft (wfa)
5.2 Gewerbeordnung
5.3 Beschäftigungsentwicklung

Fachbereich 6
Technische Dienste

6.1 Stadtentwässerung
6.2 Wasserversorgung
6.3 KFZ-Management
6.4 Manuelle Dienste
6.5 Friedhofsverwaltung
6.6 Forstbetrieb
6.7 Parkraumbewirtschaftung

Fachbereich 7
Innere Dienste

7.1 Verwaltungsdienste
7.1.1 Personalbüro
7.1.2 Organisation / Projektmanagement
7.1.3 Information und Kommunikation
7.2 Finanzdienste
7.2.1 Kämmerei
7.2.2 Steuerwesen
7.2.3 Stadtkasse
7.2.4 Vollstreckungs- und Inkassodienst
7.2.5 Liegenschaften
7.3 Immobilienbewirtschaftung
7.4 Rechtswesen

bearbeiter in der Verwaltung verstärkt, die bei ihrer Selektion auf verwaltungsadä-
quate Persönlichkeitseigenschaften achten und sich häufig für den eher angepassten,
‚unauffälligen‘, wenig kritischen Mitarbeitertyp entscheiden (Fremdselektion nach
dem Motto: ‚Bürokraten rekrutieren Bürokraten‘). Die solcherart ausgewählten Mitarbeiter werden während ihrer Ausbildung resp. ihrer beruflichen Tätigkeit im öffentlichen Dienst einem intensiven Prozess der ‚bürokratischen Sozialisation‘ unterzogen, der dazu führt, dass ein größerer Teil der Verwaltungsangehörigen erwünsch-
te Werthaltungen und Verhaltensweisen einübt und übernimmt und auf diese Weise
– positiv ausgedrückt – über einen die Kommunikation und Zusammenarbeit er-
leichternden ‚Stallgeruch‘ verfügt" (Reichard 1998: 514).

Abbildung 18: Kommunalpersonal nach Aufgabenbereichen

Aufgabenbereich	Kommunalpersonal zum 30.6.2000	
	Beschäftigte	in %
Allgemeine Verwaltung	249.000	15,8
Öffentliche Sicherheit und Ordnung	115.000	7,3
Schulen	128.000	8,2
Wissenschaft, Forschung, Kulturpflege	86.000	5,4
Soziale Sicherung	281.000	17,9
Gesundheit, Sport, Erholung	84.000	5,4
Bau- und Wohnungswesen, Verkehr	138.000	8,8
Öffentliche Einrichtungen, Wirt- schaftsförderung	155.000	9,9
Krankenhäuser	278.000	17,7
Sonstige	58.000	3,7
Insgesamt	**1.502.211**	**100**

Quelle: BMI 2002: 26

Zusammenfassend ist trotz aller Reformen der letzten Jahre davon auszugehen,
dass in der Kommunalverwaltung noch immer die klassischen bürokratischen
Merkmale der strikten Arbeitsteilung, der hierarchischen Kommunikation und
Kontrolle sowie der Aktenmäßigkeit und Professionalität gelten.

3.7 Zusammenfassung

Die kommunale Selbstverwaltung unterliegt vielfältigen institutionellen Begrenzungen. GG und Landesverfassungen gewährleisten nur die Selbstverwaltung als
solche, nicht den Bestand der einzelnen Gemeinde (man denke nur an die Ge-

bietsreformen) oder das Spektrum an übertragenen Aufgaben. So ist der Anteil der freiwilligen Selbstverwaltungsangelegenheiten durch die Verengung des kommunalen Finanzrahmens und rechtliche Vorgaben der EU, des Bundes und des Landes immer mehr zurückgegangen. Staatsrechtlich sind sie Teil der Länder und unterliegen damit ihrem Aufsichts- und Weisungsrecht.

Dennoch wird die kommunale Vertretungskörperschaft in der Politikwissenschaft eher als Parlament denn als Verwaltungsorgan eingeordnet. Hierfür spricht, dass sich trotz aller interorganisatorischen institutionellen Begrenzungen kommunale Entscheidungsmöglichkeiten im Bereich der freiwilligen Aufgaben, aber auch im Bereich der pflichtigen Selbstverwaltungsaufgaben eröffnen. Zu den Besonderheiten der inneren Organisation kommunaler Selbstverwaltung gehört(e) eine hochgradige Arbeitsteilung mit starker Hierarchisierung, die breite fachliche Orientierung, die zentrale Position der Ämter (und Amtsleiter), ein hoher Angestelltenanteil und eine für den öffentlichen Dienst typische Personalrekrutierung. Im Bereich der inneren Organisation gibt es erhebliche Entscheidungsspielräume. Sowohl der Aufbau der Verwaltung als auch die Ablaufprozesse liegen in der kommunalen Entscheidungsfreiheit und hier vor allem in der Kompetenz des Verwaltungschefs, die allerdings in vielen Gemeindeordnungen durch die Geschäftskreise der Beigeordneten begrenzt wird. Dennoch finden sich bis Anfang der 90er Jahre weitgehend einheitliche Strukturen, nämlich eine nahezu flächendeckende Orientierung am KGSt Verwaltungsgliederungsmodell. Mittlerweile haben jedoch fast 50% der Kommunen über 10.000 Einwohner (nach eigenen Angaben) Fachbereichsstrukturen eingerichtet.

4 Modernisierung lokaler Politik seit den 1990er Jahren

Die Diskussion zu Beginn des 21. Jahrhunderts zeichnet sich dadurch aus, dass man sich nach einer etwas ruhigeren Phase bezüglich der Thematisierung kommunaler Entscheidungsprozesse zu Beginn der 1990er Jahre – sicherlich auch bedingt durch neue Themenfelder wie die Transformations- oder die Europaforschung – zunehmend neuen Modernisierungstendenzen lokaler Politik und den dadurch hervorgerufenen Veränderungen kommunaler Entscheidungsprozesse zuwendet. Dabei lässt sich einerseits ein Ökonomisierungstrend[35] und andererseits ein Partizipationstrend ausmachen. Zu den Ökonomisierungsmaßnahmen zählen:

- die Verwaltungsmodernisierung durch Public Managementelemente, insbesondere in der deutschen Form des Neuen Steuerungsmodells (NSM) und
- die durch höhere föderale Ebenen oder durch die Finanznot ausgelösten Liberalisierungs- und Privatisierungsbestrebungen vor allem im Bereich kommunaler Daseinsvorsorge (Energie, Wasser, Abfall, ÖPNV).

Bei den Partizipationstrends sind zwischen

- den flächendeckenden Änderungen der Kommunalverfassungen in Richtung auf das süddeutsche Modell, insbesondere die Einführung direktdemokratischer Elemente, und
- die „Renaissance" der Bürgerbeteiligung und die Entdeckung des bürgerschaftlichen Engagements, hier gemeinsam als kooperative Demokratie bezeichnet, zu unterscheiden.

Für alle Modernisierungsimpulse ist festzuhalten, dass deren Wirkungen empirisch noch vielfach unerforscht sind (als erster Versuch vgl. Bogumil 2001). Bei manchen sind die Wirkungen zudem noch nicht vollständig erfassbar. Dennoch

---

[35] Die Ökonomisierung des öffentlichen Sektors ist in Deutschland am stärksten auf lokaler Ebene ausgeprägt. Die Gründe dafür liegen im Verwaltungsföderalismus, im größeren Problemdruck und der stärkeren Bürgernähe sowie in den geringen Widerstandsmöglichkeiten der lokalen Ebene gegenüber einer Abwälzung von Kosten und Lasten durch Bund und Länder. Ergebnis ist eine seit Anfang der 90er-Jahre nicht enden wollende kommunale Haushaltskrise. Verstärkt werden diese Tendenzen durch die Liberalisierungspolitik der EU im Bereich der öffentlichen Infrastruktur, der in Deutschland durch die kommunale Ebene wahrgenommen wird, sowie durch Globalisierungstendenzen, die sich vor allem auf die lokale Standortpolitik auswirken. So verbreiten sich die Indizien für Ökonomisierung der Stadtentwicklungspolitik: „In erster Linie wird die Stadtplanung der Standortpolitik unterworfen; sie hat für das Ambiente zu sorgen, damit Investitionsentscheidungen, Firmenverlagerungen und Besucherströme der Zahl nach zunehmen" (Dangschat 1999: 35). Selbst freiwillige Aufgaben im Kulturbereich werden zunehmend mit dem Verweis auf weiche Standortfaktoren gerechtfertigt.

kristallisiert sich zunehmend heraus, dass im Gegensatz zu früheren Diskussionen die normativen Bewertungskriterien (demokratische Legitimation, effiziente und effektive Problemlösungen) nun meistens zusammenhängend diskutiert werden und auch die Tendenz zunimmt, verschiedene Modernisierungsstränge gemeinsam zu analysieren oder zumindest zu diskutieren.

Im Folgenden wird nun danach gefragt,

- wie ausgeprägt die genannten Trends in der kommunalen Praxis sind (Implementationsstand) und
- wie sich die Modernisierungsimpulse auf das kommunale Kräftedreieck zwischen Rat, Verwaltungsspitze und Bürgerschaft auswirken.

Dazu werden zunächst die Modernisierungsmaßnahmen getrennt dargestellt und anschließend in ihren Wirkungen auf die einzelnen Akteure zusammengefasst. Eine zusätzliche tiefergehendere Analyse der kooperativen Demokratie und der Ökonomisierung im Kontext von drei Politikfeldern folgt daran anschließend im fünften Kapitel.

4.1 Verwaltungsmodernisierung

4.1.1 Zielvorstellungen und Instrumente

Seit Anfang der 90er Jahre stehen die betriebswirtschaftlich inspirierte Binnenmodernisierung der Verwaltung und die Neuausrichtung der Staatsaufgaben nach dem Konzept des „New Public Management" (NPM) auf der Tagesordnung. Begreift man Management allgemein als die Steuerung komplexer Organisationen, so kümmert sich Public Management um die Spezifizierung der Steuerungsprobleme von öffentlichen Organisationen. NPM zielt auf die Analyse und Gestaltung von Managementprozessen einzelner Verwaltungseinheiten ab (Budäus 1989: 231; 1994: 45f.). In der Kritik stehen Struktur und Größe des Staatssektors. Beabsichtigt ist eine Neuorganisation der Aufgabenerledigung durch staatliche und kommunale Institutionen und eine Neubewertung der Staatsaufgaben (vgl. hierzu Naschold/Bogumil 2000):

Binnenmodernisierung und Neubestimmung öffentlicher Aufgaben

- Zum einen geht es um die Art und Weise der administrativ-organisatorischen Umsetzung von Staatsaufgaben und hier insbesondere um die Einführung einer marktgesteuerten, kundenorientierten öffentlichen Dienstleistungsproduktion, die unter dem Stichwort *Binnenmodernisierung* diskutiert wird. Die dominierende Frage ist dabei: Wie kann die Effizienz im öffentlichen Sektor gesteigert werden?
- Zum anderen steht die Reichweite staatlicher Politik, eine *Neubestimmung öffentlicher Aufgaben* und dabei insbesondere die Bestimmung der optimalen Leistungstiefe im Blickpunkt des Interesses. Hier wird danach gefragt, ob und in welchen Formen staatliches Handeln stattfinden soll.

Zur Disposition stehen damit das *Aufgabenspektrum* und die *Aufgabenerledigung* staatlicher Institutionen. Auch wenn diese beiden Aspekte im Konzept des Public Managements enthalten sind, konzentriert sich die Diskussion in Deutschland zu Beginn der 90er Jahre vor allem auf die Binnenmodernisierung in den Gebietskörperschaften. Die Frage der Neubestimmung öffentlicher Aufgaben wird – mit Ausnahme einiger Privatisierungsmaßnahmen auf Bundesebene – erst gegen Ende der 90er Jahre verstärkt Gegenstand der wissenschaftlichen und praktischen Diskussionen.

Gegenentwurf zum Bürokratiemodell

Zentrales Credo des NPM war und ist, dass die klassische bürokratische Steuerung der Verwaltung zunehmend dysfunktionale Folgen zeige und dass sich Konzepte modernen betriebswirtschaftlichen Managements mit Erfolg auf die öffentliche Verwaltung übertragen ließen. Dem negativ besetzten – und schon beinahe karikierten – Leitbild der derzeitigen bürokratischen und zentralistischen Steuerung wurde das neue Leitbild einer ergebnisorientierten, transparenten und dezentralen Steuerung entgegengesetzt: Motivation statt Alimentation für das Personal (z.B. leistungsgerechte Bezahlung), Eigenverantwortung statt Hierarchie für die Organisation (dezentrale Ressourcenverantwortung, flache Hierarchie etc.), Resultate statt Regeln für die Verfahren (Kontraktmanagement, Leistungsvergleiche, Produktorientierung) und Kostenrechnung statt Kameralistik für die Finanzen (vgl. Jann 2001). So gesehen waren die einzelnen Elemente des managerialistischen Leitbildes zunächst nichts anderes als bloße – ideale – Gegenentwürfe zu den eklatanten oder behaupteten Mängeln der überkommenen Steuerungspraxis.

Intendiert wird mit dem NPM die Stimulierung neuer Wirkungsmechanismen im öffentlichen Sektor mit dem Ziel der Verbesserung der Qualität, der Effizienz und der Effektivität der Dienstleistungsproduktion. In der deutschen Diskussion variieren zwar die Anzahl und die Auswahl der Elemente, die dem NPM zugeordnet werden, zwischen den Autoren (vgl. z.B. Budäus 1994; Damkowsky/Precht 1995). Implizit greifen aber alle Konzepte eines NPM auf ein Verständnis von Organisationsveränderung zurück, welches davon ausgeht, dass an verschiedenen Führungsfunktionen (Strukturen, Verfahren, Personal- und Außenverhältnis) gleichzeitig angesetzt werden muss, da starke Interdependenzen zwischen ihnen bestehen (vgl. hierzu und im Folgenden Kißler/Bogumil/Greifenstein/Wiechmann 1997: 23ff).

chaffung von Verntwortungszentren

Die einzelnen Gestaltungselemente sollen hier nicht noch einmal im Detail dargestellt werden (vgl. Bogumil / Kuhlmann 2004; vgl. zu Implementationsproblemen der outputorientierten Steuerung und Budgetierung Kap. 5.1.4.1). Im NPM geht es im Kern einerseits um die Effizienzsteigerung durch die Einführung dezentraler Ressourcenverantwortung und ergebnisorientierter Verfahren und zum anderen um die Verbesserung der politischen Steuerungsfähigkeit der Kommunalverwaltung durch die Umgestaltung des Verhältnisses zwischen Verwaltung und Kommunalvertretung (Konzentration des Rates auf strategische Zielformulierung, neue Ausschussstruktur, ausgebautes Berichtswesen). In Rahmen dieses Buches wollen wir uns vor allem um Letzteres kümmern, da es hier um mögliche Veränderungen der vorhandenen Machtkonstellationen zwischen Verwaltung und Kommunalvertretung geht. Dazu werden nun zunächst die konzeptionellen Vorstellungen zur Umgestaltung des Verhältnisses zwischen Politik und Verwaltung vorgestellt, anschließend wird auf den Implementationsstand und abschließend auf die Ergebnisse und Wirkungen in diesem Bereich eingegangen.

Abbildung 19: Gestaltungselemente des New Public Management

Außendimension	Binnendimension	Verhältnis Politik-Verwaltung
	Ablösung des „Bürokratiemodells"	
Wettbewerbs-elemente (Ausschreibungen Markttests, Benchmarking); Kundenorientierung durch Total Quality Management und One-Stop-Agencies	*Verfahren*: Ergebnisorientierung durch Produktdefinitionen, Kosten- und Leistungsrechnung; Kontraktmanagement zwischen Verwaltungsebenen; Zusammenführung von Fach- und Ressourcenverantwortung auf Fachbereichsebene	Trennung von Politik ("Was") und Verwaltung ("Wie"); „Politische Kontrakte"; Ergebnisorientierte Steuerung durch Produktbudgets; Politisches Controlling
	Organisation: Konzernstruktur mit teil-autonomen Ergebniszentren als Betriebsebene; Zentraler Steuerungsdienst für strategische Aufgaben; Umbau der Querschnittsämter zu zentralen Servicestellen mit Auftragnehmerfunktion	
	Personal: betriebswirtschaftliches Know How; Partizipations-, Kooperations-, und Gruppenelemente; ganzheitliche Arbeitszusammenhänge; Anreizsysteme; modernes Personalmanagement (Beurteilungswesen; AC-Verfahren usw.)	

4.1.2 Das Verhältnis von Rat und Verwaltung im Modernisierungsdiskurs

Im Konzept des NPM bzw. seiner eingedeutschten kommunalen Variante, des Neuen Steuerungsmodells (NSM), wird Politik und die Politisierung der öffentlichen Verwaltung vor allem als Hindernis effizienten Managementhandelns betrachtet. So ist in der Logik des NSM die Grundvoraussetzung für eine bessere Ressourcensteuerung im öffentlichen Sektor die Schaffung organisatorisch abgrenzbarer Einheiten im Sinne von Verantwortungszentren (dezentrale Ressourcenverantwortung). Dazu bedarf es der Entwicklung von Verfahren zur Integration und Koordination der dezentralisierten Verantwortungszentren in einen übergeordneten Gesamtzusammenhang (strategisches Management) sowie des Einverständnisses der Politik, sich nicht mehr in die operative Steuerung einzumischen, sondern auf die Vorgabe von strategischen Größen und Rahmendaten zu beschränken. Dezentrale Ressourcen- und Ergebnisverantwortung funktioniert nur dann, wenn sich niemand in den Verantwortungsbereich der Agency einmischt. Die Verlagerung operativer Entscheidung in verselbständigte Verantwortungszentren muss konsequent eingehalten werden. Die strikte Trennung von Politik (policy making) und öffentlicher Dienstleistung (service delivery) steht somit in einem engen Zusammenhang mit der Bildung von Verantwortungs- und Ergebniszentren.

Gedacht war dabei auf Seiten der KGSt zunächst an eine klare Verantwortungsabgrenzung zwischen Politik und Verwaltung (vgl. Bogumil 2002c). Politik soll die Ziele und Rahmenbedingungen setzen, die Erfüllung der Leistungsaufträge kontrollieren und somit in die Rolle eines Auftrag- und Kapitalgebers hi-

Trennung von Politik und Verwaltung

83

neinwachsen, also das bekannte Was-Wie-Modell[36] der KGSt von 1993. Diese etwas „naive" Vorstellung wurde dann inkrementalistisch im Laufe der Zeit ausdifferenziert, zunächst in dem Sinne, dass die Verantwortungssphären von Politik und Verwaltung durch Delegation besser abgegrenzt und die Schnittmenge an gemeinsamen Kompetenzen verringert werden sollten (vgl. KGSt 1993: 16ff). In der dritten Phase der KGSt- Argumentation im Herbst 1999 ist der Ausgangspunkt auch wieder das Management, allerdings wird es nun prozesshaft wahrgenommen, als einen Prozess mit endlosen Schleifen und Rückkoppelungen (vgl. Heinz 1999). Zu der alten Unterscheidung zwischen strategischem und operativem Management tritt eine weitere Kategorie, das normative Management. Verstanden wird darunter das Leitbild, die generellen Ziele und Visionen einer Kommune. Das Hauptaugenmerk liegt jedoch auf dem strategischen Management, welches bisher überall unterentwickelt ist. Im Unterschied zu früheren Argumentationen wird den verschiedenen Managementfunktionen nun nicht mehr jeweils eine Akteursgruppe klar zugeordnet, sondern es wird betont, dass es fließende Übergange und ein konstruktives Miteinander gibt. Dennoch wird mit Bezug auf den KGSt-Bericht von 1996 angeraten, dass man zu einer Schwerpunktbildung und einer neuen Rollenverteilung zwischen Politik, Verwaltungsführung und Fachbereichen kommt.

Politische Verwaltung ist im NSM nicht vorgesehen

Der Versuch der weitgehenden Entkoppelung von Politik und Verwaltung wird also von den Modernisierungsprotagonisten nicht aufgegeben. Diese Vorstellungen zur Entkoppelung des Verhältnisses von Politik und Verwaltung entsprechen im Prinzip dem seit den frühen 70er Jahren in politikwissenschaftlichen Diskussionen bekannten Leitbild der „legislatorischen Programmsteuerung" (vgl. Grauhan 1970). Die Verwaltung wird hier auf die Vollziehung des parlamentarisch in Gesetzes- oder Beschlussform gegossenen Willens verpflichtet, dem Gesetz kommt die Funktion des Führungsmittels zu. Damit wird nicht nur auf die klassischen Vorstellungen der Gewaltenteilung zurückgegriffen, sondern auch auf Max Webers Modellannahmen, nach denen die Verwaltung ein arbeitsteilig organisiertes Vollzugsinstrument ist, dessen Handeln sich an explizit formulierten Regeln oder Programmen orientiert. Dem liegt die Vorstellung einer Zweckrationalität zugrunde, nach der das Entscheidungsverhalten der Mitarbeiter sich an den Zielen des Programms orientiert, egal wie wenig sinnvoll sie ihnen auch erscheinen mögen. Politische Verwaltung ist in diesem Modell nicht vorgesehen.

4.1.3 Implementationsstand und erste Wirkungsanalyse

Was lässt sich nun nach einem Jahrzehnt der Reformtätigkeit über die Wirkungen des NSM sagen? Die Reformergebnisse lassen sich im Rahmen eines Soll-Ist-Vergleiches danach bewerten, inwieweit sie eine Annäherung an einen „Idealzustand" einer NSM-modernisierten Kommunalverwaltung markieren (vgl. auch Pollitt/Bouckaert 2000: 99). Dabei soll nun aber nicht der Versuch gemacht

---

[36] Danach ist die Politik für die Ziele (also für das „Was") und die Verwaltung für die Umsetzung der Ziele (als für das „Wie") zuständig.

werden, die vorliegenden empirischen Hinweise bezogen auf das gesamte NSM darzustellen (als Überblick hierzu vgl. Kuhlmann 2004a; Bogumil/Kuhlmann 2004). Stattdessen steht ausschließlich die Neugestaltung des Verhältnisses von Politik und Verwaltung im Vordergrund. Zur Analyse wird dabei auf Daten des Forschungsprojekts „Evaluation kommunaler Verwaltungsmodernisierung"[37] zurückgegriffen.

Verwaltungsmodernisierungsmaßnahmen wurden nahezu flächendeckend in den deutschen Kommunen über 10.000 Einwohner ergriffen. 92% der Bürgermeister geben an, seit 1990 Maßnahmen der Modernisierung der Verwaltung umgesetzt zu haben, worunter auch Maßnahmen fallen, die nicht am NSM orientiert sind. Insgesamt geben rund 76% an, sich bei Modernisierungsmaßnahmen am NSM orientiert zu haben, wobei sich 15% am NSM als Gesamtkonzept orientiert haben und rund 61% nur an einzelnen Instrumenten. Diese hohe Zahl von erklärten Modernisierern deckt sich mit den Ergebnissen früherer Städtetagsumfragen.

Flächendeckende Modernisierungsversuche

Nun sagt ein allgemeiner Anteil von über 90% Modernisierern noch nichts über ihre Inhalte aus. Hierzu muss die Ebene der Einzelinstrumente betrachtet werden (vgl. Abbildung 20).

Deutlich wird, bezogen auf die hier verfolgte Themenstellung, dass die Umgestaltung des Verhältnisses zwischen Rat und Verwaltung mit einem Anteil von knapp 30% der Kommunen der am wenigsten verbreitete Modernisierungsbereich ist. Insofern verwundert es auch nicht, dass das Kontraktmanagement zwischen Rat und Verwaltung als neues Modernisierungsinstrument lediglich in 15% der Kommunen eingesetzt wurde (vgl. Abbildung 21).[38]

Umgestaltung des Verhältnisses zwischen Rat und Verwaltung auf dem letzten Platz

---

[37] Das Projekt wird von der Hans-Böckler-Stiftung gefördert und von der Kommunalen Gemeinschaftsstelle (KGSt) unterstützt (Laufzeit 2004-2006) und ist als Kooperationsvorhaben der Universitäten Konstanz bzw. Bochum (Jörg Bogumil (Projektleitung), Sabine Kuhlmann, Stephan Grohs), Potsdam (Werner Jann, Christoph Reichard), Marburg (Leo Kißler) und Berlin (Hellmut Wollmann) angelegt. Im Rahmen des Projektes wurde im Frühjahr 2005 neben einer Vollerhebung unter Bürgermeistern bzw. Landräten und den Personalratsvorsitzenden aller KGSt-Mitgliedskommunen (1565) auch eine schriftliche Befragung der Leitung der Unteren Bauaufsicht als Vertretung der klassischen Ordnungsverwaltung und der Leitung des Jugendamtes als Vertretung einer Leistungsverwaltung durchgeführt. Im Mittelpunkt stand die Umsetzung von Maßnahmen des Neuen Steuerungsmodells und deren Wirkungen. Die Umfrage wurde als Vollerhebung aller KGSt-Mitgliedskommunen konzipiert, zudem wurden alle Nicht-Mitgliedskommunen über 20.000 Einwohner zusätzlich in das Sample aufgenommen. Damit handelt es sich um eine Vollerhebung aller Städte und Gemeinden über 20.000 Einwohner, eine Erhebung von 3/4 der Städte und Gemeinden zwischen 10.000 und 20.000 Einwohner ohne regionalen Bias sowie eine Erhebung deutscher Landkreise, wobei die Stichprobe aus etwa 2/3 der Landkreise besteht und ein regionaler Bias zu verzeichnen ist, der von geringeren KGSt-Mitgliedschaften insbesondere in Bayern, Baden-Württemberg und den neuen Bundesländern herrührt. Die Rücklaufquoten liegen zwischen 55,3% (Bürgermeister) und 42,3% (Personalratsvorsitzende). Die Ergebnisse können für die entsprechende Grundgesamtheit als repräsentativ angesehen werden. Allerdings ist von einem positiv verzerrten Bild bezüglich des Umsetzungsstandes zugunsten von „Modernisierern" auszugehen, wie eine Analyse der Nichtteilnahmen zeigt.
[38] Gegenstand dieser Zielvereinbarungen zwischen Rat und Verwaltung sind Qualitätsmerkmale (12,8%), Produkte (12,1%) sowie Kostenkennzahlen und Leistungskennzahlen (jeweils etwa 11%).

Abbildung 20: Modernisierungsbereiche

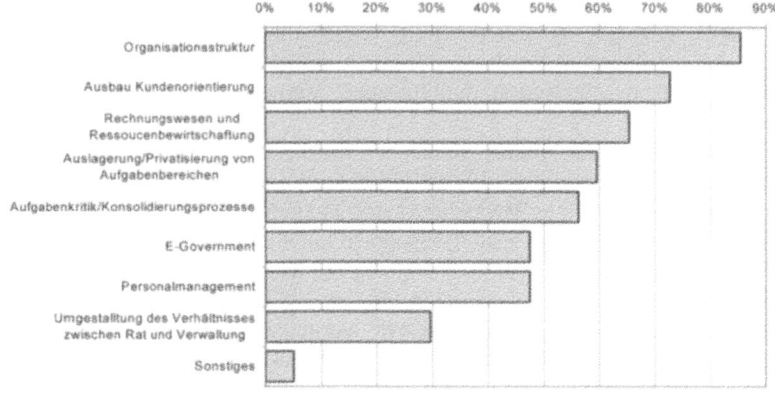

Quelle: Umfrage HBS - Projekt "10 Jahre NSM"; n = 870

Abbildung 21: Einsatz von Kontraktmanagement

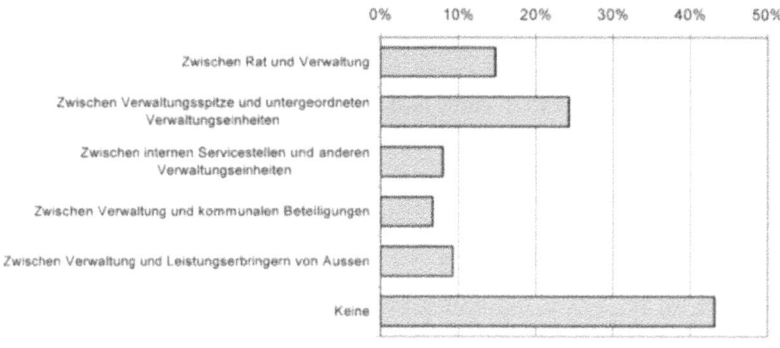

Quelle: Umfrage HBS - Projekt "10 Jahre NSM"; n = 870

Kontraktmanagement ist noch kein flächendeckendes neues Verfahren in der Verwaltung, und dies gilt auch für das Kontraktmanagement zwischen der Verwaltungsspitze und den untergeordneten Verwaltungseinheiten. Jenseits dieser geringen Anwendungsdichte des Kontraktmanagements stellt sich die Frage, welche Wirkungen ihm in den Städten, die bereits darüber verfügen, zugesprochen wird (vgl. Abbildung 22).

Hier zeigt sich, dass neben der generellen Einschätzung, dass sich Zielvereinbarungen bewährt haben, weitere erhoffte Wirkungen zumindest noch nicht vollständig erreicht wurden. Die Reduzierung der Eingriffe in das Tagesgeschäft der Verwaltung wird nur von einem Anteil von 47% der Befragten gesehen und eine Verbesserung der Kontrolle des Rates über die Verwaltung von 54%. Auch ist es bis jetzt nicht gelungen, dass die Anzahl der in den Rat eingebrachten Vorlagen nennenswert zurückgeht.

Abbildung 22: Wirkungen des Kontraktmanagements zwischen Politik und
Verwaltung

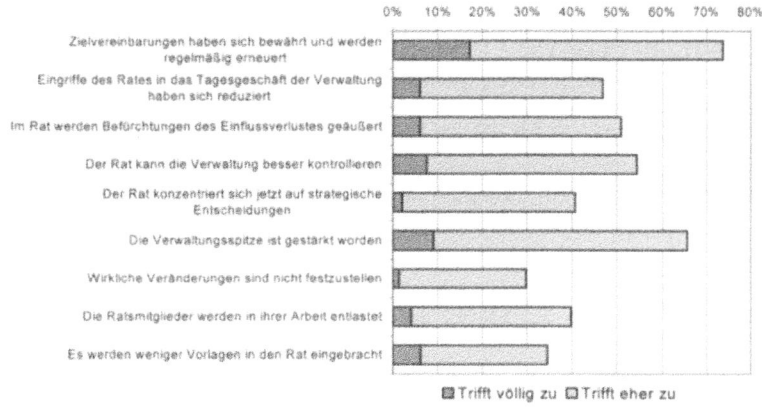

Quelle: Umfrage HBS - Projekt "10 Jahre NSM" n = 145

Diese mangelnde Zielerreichung wird deutlich, wenn man die Ziele der Kommunen mit deren Einschätzung der Zielerreichung direkt vergleicht (vgl. Abbildung
23). Am ehesten noch scheinen die Ziele im Bereich der Bürgerorientierung
erreicht worden zu sein. Die klare Verantwortungsteilung zwischen Rat und
Verwaltung liegt hier bezogen auf die Zielerreichung auf dem letzten Platz.

Abbildung 23: Zielerreichung im NSM

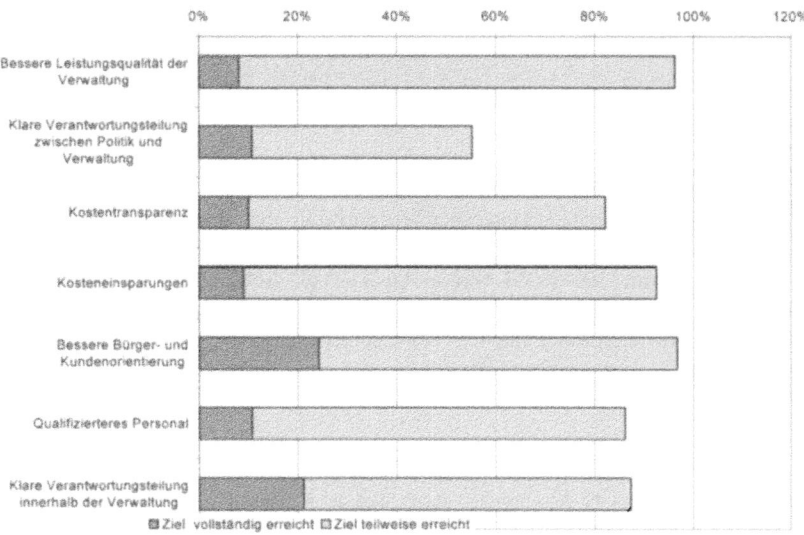

Insgesamt bestätigt sich somit die These, dass es nur eine ausgesprochen mode-
rate Umsetzung des Kontraktmanagements bezogen auf das Verhältnis Politik
und Verwaltung und in Bezug auf die städtischen Beteiligungen zu konstatieren
gibt (vgl. KGSt 1998: 63f.; DST-Umfragen; Brandel et al. 1999). Wie ist dieser
äußerst zurückhaltende Umsetzungsstand im Bereich der Umgestaltung des Verhältnisses zwischen Politik und Verwaltung nun zu erklären?

Es spricht viel dafür, dass dieser Bereich nicht zu den wichtigsten Reform-
motiven der Kommunen gehört. Rekonstruiert man diese, so ergibt sich eine
relativ klare Reihenfolge von Problemlagen. Die Befragten wurden gebeten eine
Reihenfolge von Problemen zu nennen, die ursächlich für den Einsatz des NSM
waren. Daraus lässt sich ein „Ranking" der Probleme ermitteln. Die ermittelte
Rangfolge ist relativ konsistent. Abbildung 24 summiert die reziproken Werte[39]
der vorgegebenen Rangziffern.

Abbildung 24: Gründe für den Einsatz des NSM

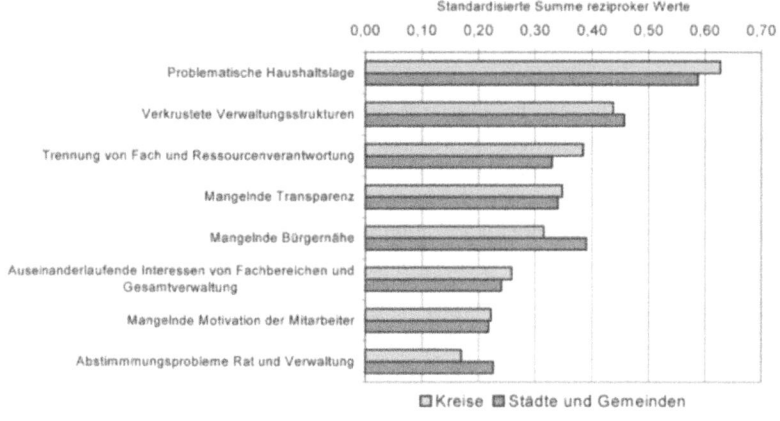

Quelle: Umfrage HBS - Projekt "10 Jahre NSM"; n = 670

Abstimmungsprobleme zwischen Rat und Verwaltung gehören zu den am wenigsten als wichtig erachteten Problemlagen. Dominanter Modernisierungsauslö-
ser war die problematische Haushaltslage, gefolgt von verkrusteten Verwaltungsstrukturen. Dieser Problemanalyse entspricht auch die Zielbestimmung der
Kommunen, die mit dem NSM verbunden ist (vgl. Abbildung 25). An erster
Stelle nennen die Kommunen das Ziel der besseren Leistungserstellung vor der
besseren Bürgerorientierung und der Kosteneinsparung. Ähnliches gilt für die
Hauptziele der Modernisierung. Eine klarere Verantwortungsverteilung zwischen

---

[39] Durch dieses Verfahren werden die auf hohen Rängen eingestuften Problemlagen stärker gewichtet. Diesem Vorgehen liegt die Annahme zu Grunde, dass der Befragte mit der Vergabe der ersten
Rangziffern deutlichere Unterschiede setzen will und diese Wahl mit höherer Aufmerksamkeit vornimmt als bei den letzten Rangziffern, die oft nur der Vollständigkeit halber vergeben werden. Letzt-
endlich führen auch andere Verfahren der Rekonstruktion zur gleichen Reihenfolge.

Politik und Verwaltung erachten dagegen nur 16% der Befragten als sehr wichtig. Auch hier zeigt sich, dass eine neue Arbeitsteilung zwischen Politik und Verwaltung nicht zu den wichtigen Modernisierungszielen gehört.

Abbildung 25: Modernisierungsziele

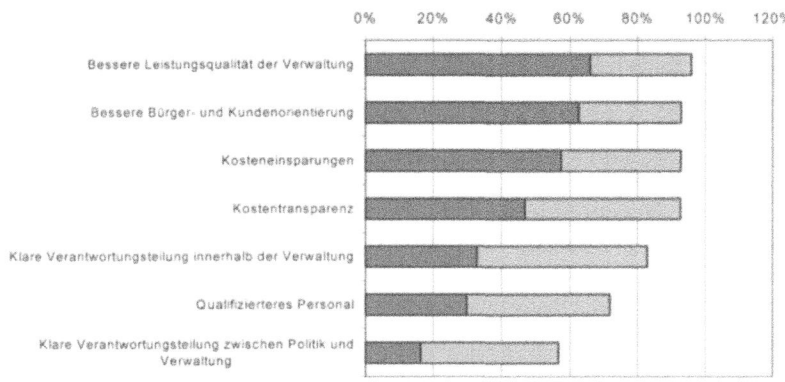

Quelle: Umfrage HBS · Projekt "10 Jahre NSM"; n = 715

Angesichts des zurückhaltenden Umsetzungsstandes im Bereich des Kontraktmanagements wundert es nicht, dass auch die Verfahren eines *politischen und strategischen Controllings*[40] unterentwickelt sind. Selbst in fortgeschrittenen Reformkommunen (z.B. Stuttgart, Wuppertal, Detmold, Nordhorn, Emsdetten, Coesfeld) befinden sich Verfahren eines politischen Controllings, etwa mittels computergestützter Ratsinformationssysteme, Auftragskontrolle politischer Beschlüsse und eines („politikgerechten") Berichtswesens, erst am Anfang. Die Diskussion des strategischen Controllings als Reforminstrument nimmt zwar angesichts sich verschärfender gesamtstädtischer Steuerungsdefizite in Folge der Delegation von Ressourcenverantwortung zu. Eine flächendeckende Umsetzung gibt es allerdings nur in wenigen Städten. Auch dort ist das Problem einer adressatengerechten Aufbereitung von Daten nicht gelöst.

Wirft man nun nach diesem quantitativen Überblick einen Blick auf eine fortgeschrittene Modernisierungskommune, in der die NSM-Reform auch auf den Bereich der Politik ausgeweitet wurde, zeigen sich die Gründe für den zurückhaltenden Implementationsstand in diesem Bereich. Die Stadt Detmold ist deshalb besonders interessant, sind in ihr doch wesentliche im NSM vorgesehene Voraussetzungen für eine bessere politische Steuerung bereits verwirklicht. Detmold kann als eine Reformstadt mit einer Mischung aus Ergebnisorientierung, neuer Organisationsstruktur und Politikreform zu einem bereits sehr frühen

Beispiel der Stadt Detmold

---

[40] Während „strategisches" Controlling die Steuerung und Kontrolle der Verwaltung sowohl durch die Parlamente als auch durch die Verwaltungsführung (Verwaltungsvorstand, Beigeordnete) umfasst, ist mit dem „politischen" Controlling ausschließlich die kommunal-parlamentarische Steuerungs- und Kontrollfunktion angesprochen.

Zeitpunkt angesehen werden (vgl. Bogumil 2002c). Hier sind seit 1993 wesentliche Elemente eines Kontraktmanagements zwischen Politik und Verwaltung verwirklicht worden. Dazu gehört ein flächendeckendes Budgetierungsverfahren (1995), die Vorlage eines produktorientierten Haushalts mit 154 Produkten (1997), die Reduzierung und spiegelbildliche Zuordnung der Ausschüsse anhand der neuen Fachbereichsstruktur (1995, aus 28 Ämtern werden neun Fachbereiche, aus 17 Ausschüssen ebenfalls neun), ein unterjähriges Berichtswesen (1996), die Schulung von Ratsmitgliedern (1996) und der Aufbau eines Beteiligungsmanagements.

Eckwertebeschluss Hinzu kommt eine neue politikorientierte Haushaltsreform, in der neue Regeln für die Haushaltsaufstellung und den Haushaltsvollzug aufgestellt worden sind, der so genannte Eckwertebeschluss. Der Eckwertebeschluss ist der Kern eines neuen Verfahrens der Haushaltsberatung, welches das traditionelle Haushaltsplanungsverfahren auf den Kopf stellt. So wird zunächst von der Kämmerei die zur Verfügung stehende Finanzmasse durch die Vorausschätzung der allgemeinen Deckungs- und Finanzmittel, der vorab zu dotierenden Positionen und der verbleibenden Finanzmasse (Januar bis April) ermittelt. Das endgültige Budget wird somit vorab geplant und ist nicht mehr Ergebnis langwieriger Auseinandersetzungen zwischen Fachverwaltung und Kämmerei. Danach werden die Budgetvorgaben vom Finanzvorstand festgelegt, d.h. die Anteile für die jeweiligen Fachbereiche, also Fachbereichsbudgets, bestimmt (Mai). Dabei werden jeweils Konsolidierungsvorgaben gemacht, die als Budgetierungsanteil für die einzelnen Fachbereiche ausgewiesen werden. Diese Eckwerte werden vom Rat im Juni beraten. Die Anteile für die Fachbereiche können verändert bzw. politisch anders gewichtet werden. Je nachdem, welche Probleme in der Budgetzuweisung auftreten und welche Interessen dahinterstecken, werden diese Eckdaten mehrheitlich in situativen Koalitionen verabschiedet, sind dann für die Fachbereiche verbindlich und besitzen Gültigkeit für die entsprechenden Fachausschüsse.

Der Eckwertebeschluss wird, zumindest von der Verwaltung, als eine strategische Richtungsentscheidung angesehen. Aufgrund der Eckwerte erstellen die Fachbereiche innerhalb der Vorgaben eigenständig ihre Haushalte und treffen Zielvereinbarungen mit dem Verwaltungsvorstand (Juni-Juli). Anschließend stellt die Kämmerei den Gesamtentwurf auf, der dann in den Rat eingebracht wird (Juli-September). Zunächst wird er den Fraktionen zugeleitet, deren Facharbeitskreise die Budgetberatungen vorbereiten. Diese finden im Oktober und November nur in Fachausschüssen statt und gehen danach in den Haupt- und Finanzausschuss und den Rat (November-Dezember). Der Eckwertebeschluss sorgt für eine „Disziplinierung" der Ratsmitglieder in den Ausschüssen. Wenn diese in ihrem Bereich neue kostenwirksame Vorschläge haben, lassen sie sich nur realisieren, wenn woanders was eingespart wird. Es entsteht ein Zwang zur ausschussinternen Prioritätensetzung. Solange sich alle an dieses Verfahren halten, lassen sich die Konsolidierungsabsichten wie geplant durchsetzen.

Inwieweit haben diese Maßnahmen nun tatsächlich die politische Handlungs- und Entscheidungskultur, insbesondere das im Fokus des NSM stehende Verhältnis von Politik und Verwaltung, in Detmold nachhaltig verändert?

Eine Recherche im oben genannten Forschungsprojekt Ende 2004 ergab, dass der politische Eckwertebeschluss schleichend ausgehöhlt wurde und heute faktisch nicht mehr existiert. Damit ist die politische „Steuerung auf Abstand" über finanzielle Rahmenvorgaben, an die sich alle zu halten hatten und die sowohl Fachpolitiker als auch Fachbeamte budgetär disziplinieren sollten, ihrer zentralen Grundlage beraubt. Die Haushaltsaufstellung folgt wieder dem alten Muster der verwaltungsinternen Bedarfsanmeldung, der punktuellen Nachverhandlungen und Nachforderungen und Detailkorrekturen. Der Zwang zur (parteiübergreifenden) ausschussinternen Prioritätensetzung und zum „politischen Maßhalten" ist ausgehebelt. *Rücknahme des Eckwertebeschlusses*

Aber auch was die anderen politik-relevanten Instrumente des NSM anbelangt, ist ein Wandel in der politischen Handlungs- und Steuerungskultur nur schwerlich auszumachen. So bietet der produktorientierte Haushalt, der nicht mit produktbezogenen Zielvorgaben (in Kosten, Mengen, Qualitäten) verbunden wird, kaum eine brauchbare Grundlage, um von Seiten des Rates über Produkte „output-orientiert" zu steuern. Stattdessen monieren manche Fachpolitiker sogar, der neue produktorientierte Haushalt sei weniger transparent und für die Politik schwerer durchschaubar als der „alte" kamerale Haushalt, da er die genaue Zuordnung zu Haushaltsstellen nicht mehr abbildet. Politische Steuerung würde dadurch nicht erleichtert, sondern teils sogar erschwert. *Geringe Nutzung des produktorientierten Haushaltes*

Vor diesem Hintergrund erstaunt es wenig, dass auch das Berichtswesen, das schon innerhalb der Verwaltung auf Akzeptanzprobleme stößt, von Seiten der Ratspolitiker noch weniger wahrgenommen und genutzt wird. Die Fachpolitiker, nehmen die Berichte (von den einzelnen Ausschussvorsitzenden einmal abgesehen) kaum zur Kenntnis, geschweige denn richten sie ihre Entscheidungen danach aus. Aus Sicht der Politiker sind die Berichte nicht nur zu umfangreich, sondern enthalten auch zu viele politisch „unbrauchbare" Informationen. Dies hängt letztlich auch damit zusammen, dass die Berichte nicht mit politischen Zielvorgaben gekoppelt sind. Es existierten keine politisch-strategischen Vorgaben, an denen eine Bewertung der in den Berichten enthaltenen Kennzahlen festgemacht werden könnte. Zwar gab es in der Vergangenheit einige Anläufe, etwa im Zusammenhang mit dem BSC-Projekt der Fa. Arthur Andersen, strategische Ziele zu erarbeiten und mit Blick auf eine politische Zielsteuerung zu operationalisieren. Jedoch sind diese Anläufe an parteipolitischen Interessenkonflikten gescheitert, so dass man über abstrakte politische Willensbekundungen bis heute nicht hinausgekommen ist. *Keine politischen Zielvorgaben*

Insgesamt bestätigt sich damit die frühere Analyse, dass die politischen Steuerungsmechanismen in der Kommunalverwaltung nicht außer Kraft gesetzt worden sind (Bogumil 2002c). Die Arbeits- und Verhaltensweisen der Kommunalvertretung werden durch die Verwaltungsmodernisierung nicht verändert. Die Vorstellung, dass politisch-administrative Steuerung sich vor allem am Effizienzziel zu orientieren hat und dies auch auf Dauer tun wird, wenn man ihr nur die Möglichkeit dazu gibt, trifft nur begrenzt zu. Parteipolitischer Wettbewerb dominiert das Akteurshandeln ungleich stärker. Neben dem Scheitern des Eckwertebeschlusses haben in Detmold nach wie vor Nachfragen und Eingriffe in Umsetzungsprozesse eine hohe Legitimationsleistung für die Kommunalpolitik.

Einflussnahme auf Umsetzungsmaßnahmen ist das, was viele Bürger interessiert, was sie von ihren Repräsentanten erwarten und auch bei der Wahl belohnen.

Das NSM bewirkt also in der Regel keine Verbesserung der politischen Steuerungsfähigkeit in den Kommunen. Die politischen Akteure folgen vor allem der Wählermaximierungslogik, denn die Interessen des Machterwerbs und der Machtsicherung verlangen geradezu eine Orientierung an der Logik parteipolitischer Profilierung. Solange die Anwendung des Mehrheitsprinzips bei starker Parteipolitisierung dazu führt, dass nur die parlamentarische Mehrheit an Entscheidungen und Posten beteiligt wird, spricht wenig für ein politikübergreifendes Vorgehen, in dem die Politik auf der einen und die Verwaltung auf der anderen Seite sich als Kollektivakteure gegenüberstehen. Deshalb gibt es auch kaum ein gemeinsames Interesse an strategischen Zielvorgaben, es sei denn, sie sind so abstrakt, dass jeder seine eigenen Zielvorgaben dort wiederfinden kann.

Insgesamt zeigt sich, dass die managerielle Logik des NSM, die vor allem *Zeit- und Informationsprobleme* als wesentliche Hindernisse für eine bessere politische Steuerung ausmacht, offenbar unzureichend ist. Natürlich leidet die Verbesserung politischer Steuerungsmöglichkeiten auch darunter, dass es Informationsverarbeitungsprobleme gibt. Politische Entscheidungsprozesse sind aber immer auch Machtprozesse. Prozesse der Parteienkonkurrenz, spezifische Anreizstrukturen (z.B. die Wahlkreispflege), die unterschiedlichen Rollen von Mehrheits- und Oppositionsfraktionen oder die spezifischen Eigeninteressen der Akteure prägen die politischen Prozesse auch auf kommunaler Ebene und sind bei dem Versuch, die politisch-administrative Steuerung zu reformieren, zu berücksichtigen. Die immer wieder festzustellenden großen Umsetzungsprobleme bei der durch das NSM inspirierten Umgestaltung des Verhältnisses von Politik und Verwaltung belegen dies im Bereich der angestrebten Entkoppelung von Politik und Verwaltung, des Verzichts auf Detaileingriffe, der Informationsversorgung der Kommunalvertretung und des Aufbaus eines strategischen Managements eindeutig.

4.1.4 Auswirkungen auf das kommunale Entscheidungssystem

Verwaltungsmodernisierungsmaßnahmen haben insgesamt gesehen offenbar keine nennenswerten Effekte auf die Machtpositionen im kommunalen Entscheidungssystem. Die Umgestaltung des Verhältnisses zwischen Rat und Verwaltung ist der am wenigsten fortgeschrittene Modernisierungsbereich. Vergleicht man zudem die empirischen Daten (selbst in fortgeschrittenen Modernisierungskommunen) mit der eigentlich im NSM beabsichtigten Umgestaltung des Verhältnisses zwischen Politik und Verwaltung, so ist auch hier von dieser bis jetzt wenig zu merken. Verwaltungsmodernisierung wirkt in der kommunalen Praxis vor allem auf die Verwaltungsorganisation ein, das lokale politische System wird kaum tangiert. Die Arbeits- und Verhaltensweisen der Kommunalvertretung werden durch die Verwaltungsmodernisierung nicht verändert. Die Vorstellung, dass politisch-administrative Steuerung sich vor allem am Effizienzziel zu orientieren hat und dies auch auf Dauer tun wird, wenn man ihr nur die Möglichkeit dazu gibt, trifft nur begrenzt zu. Parteipolitischer Wettbewerb und Stimmenmaximierungsinteressen dominieren das Akteurshandeln ungleich stärker. Gerade aufgrund des Widerstandes der Kommunalpolitik gegen den Verzicht auf Detailintervention und Ämterpatronage kommt es letztlich zu keiner Umverteilung von Machtressourcen.

Bedingte Effekte der Verwaltungsmodernisierung auf die kommunale Machtverteilung ergeben sich daraus, dass auf dem Modernisierungspfad von der Behörde zum Dienstleistungsunternehmen die Kommunalverwaltungen die Bürgerinnen und Bürger in einer neuen Rolle „entdecken" – als Kunden (vgl. Bogumil/Holtkamp/Kißler 2001). Dies führt zu einer partiellen Stärkung der Bürgerschaft. Der Ausbau der Kunden- und Bürgerorientierung wird von den Bürgermeistern nicht nur als ein Reformgebiet angesehen, in welchem über 70% der Antwortenden von konkreten Maßnahmen berichten (vor allem der Ausbau der Sprechzeiten und die Einrichtung von Bürgerämtern), sondern hat zu deutlich positiven Effekten geführt, wie die folgende Abbildung aufzeigt. Aufwertung der Bürger als Kunden

Abbildung 26: Wirkungen der Bürgerorientierung

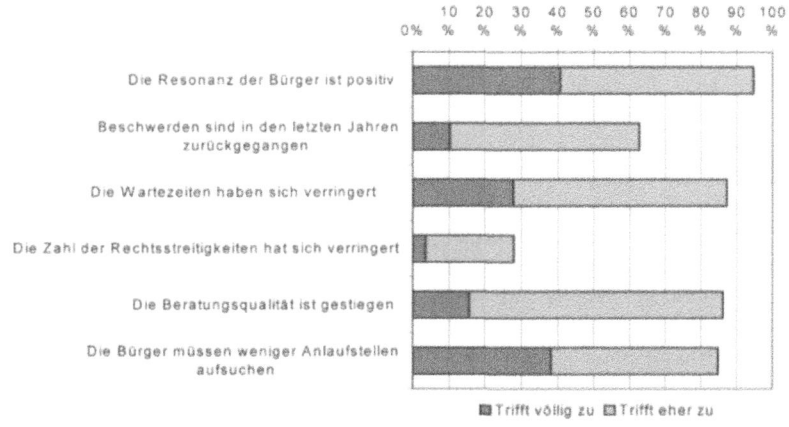

Quelle: Umfrage HBS - Projekt "10 Jahre NSM"; n = 701

4.2 Privatisierung und Ausgliederung kommunaler Leistungen

4.2.1 *Empirischer Stand der Privatisierungsbemühungen*

In den letzten Jahren verdichten sich Tendenzen, Aufgabenbereiche kommunaler Daseinsvorsorge, z.B. im Bereich der Energie- und Wasserversorgung, der Abfallentsorgung sowie des Öffentlichen Personen-Nahverkehrs (ÖPNV), zunehmend dem Wettbewerb zu öffnen bzw. zu *privatisieren*. Diese Aufgabenbereiche waren in Deutschland seit Ende des 19. Jahrhunderts überwiegend von der öffentlichen Hand wahrgenommen worden. Nun geraten sie einerseits durch europäische Vorgaben einer Politik der Liberalisierung von Märkten und andererseits durch die andauernde Haushaltskrise und die Hoffnung, dieser durch Privatisierung und den daraus resultierenden Vermögenserlösen begegnen zu können, Zunehmende Privatisierung unter Druck. Der empirische Stand der Liberalisierungs- und Privatisierungstendenzen ist in den einzelnen Sektoren recht uneinheitlich, auch wenn sicherlich von einem allgemeinen Trend gesprochen werden kann.

Energie

Am weitesten fortgeschritten ist die Liberalisierung des Energiemarktes, in dem der Wettbewerb durch den diskriminierungsfreien Zugang zu den Leitungsnetzen in Form von Durchleitungsrechten verstärkt wurde. Gerade in Bezug auf den Strommarkt ist Deutschland im EU-Vergleich Liberalisierungsspitzenreiter. Der Strommarkt ist gleichzeitig ein anschauliches Beispiel dafür, dass Liberalisierungspolitik nicht unbedingt zu mehr Wettbewerb führt. Durch Unternehmenskonzentrationen handelt es sich mittlerweile beim deutschen Strommarkt um „ein faktisches Duopol aus RWE und E.ON" (Auer et al. 2003: 9), das auch kaum eine höhere Wettbewerbsintensität aufweist als die Gebietsmonopole vor der Liberalisierung. Negative Effekte ergeben sich zudem hinsichtlich umweltpolitischer Ziele und bezüglich der vorher gängigen Subventionierung des ÖPNV.

Wasserver- und -entsorgung

Im Bereich der Wasserver- und -entsorgung gibt es noch keine wahrnehmbaren Veränderungen, allerdings relativ konkrete Überlegungen auf Bundesebene, die kommunalen Wassermonopole abzuschaffen, um Deutschland für den internationalen Wettbewerb um die Wasserversorgung und Abwasserentsorgung vorzubereiten. Dabei geht es jedoch nicht um einen Wettbewerb um Einzelkunden wie im Energiebereich, sondern um einen Wettbewerb um Konzessionen für Versorgungsgebiete. Befürchtet werden aber auch hier ökologische Problemlagen in Folge der möglichen Liberalisierung des Wassermarktes. Auch sind Haftungsfragen noch ungeklärt. Wer haftet im Fall von Verunreinigungen, der private Versorger oder auch die Kommune?

Abfallentsorgung

Im Bereich der Abfallentsorgung weisen europäische Richtlinien in Richtung eines stärkeren Wettbewerbs der Abfall- und Kreislaufwirtschaft, die dem Ziel einer Entsorgung mit möglichst geringen Stoff- und Verkehrsströmen nicht immer entspricht. Vor allem aber das 1996 vom Bundestag beschlossene Kreislaufwirtschafts- und Abfallgesetz ermöglicht den Übergang von der alleinigen kommunalen Abfallentsorgung in Richtung teilprivatisierter Entsorgungsstrukturen. Auch hier gibt es ökologische Bedenken hinsichtlich des Ziels der Abfallvermeidung.

Im Bereich des ÖPNV verpflichten europarechtliche Vorgaben die öffentlichen Aufgabenträger unmittelbar, gemeinwirtschaftliche Verkehrsleistungen im Personennahverkehr im Wettbewerb zu vergeben. De facto findet bis jetzt aber kein Genehmigungswettbewerb statt, da regelmäßig nur ein öffentlich subventioniertes Unternehmen den Genehmigungsantrag stellt und die nicht subventionierte Konkurrenz chancenlos ist. Allerdings leidet der ÖPNV, wie erwähnt, unter der geringeren Subventionierung durch die Veränderungen im Energiebereich.

Unterschiedlicher Umsetzungsstand

Insgesamt zeigt sich damit zwar ein genereller Trend in Richtung einer stärkeren Betonung von Marktkräften, induziert durch Vorgaben der EU, aber ein recht unterschiedliches Bild bezüglich der empirischen Umsetzung von Liberalisierungs- und Privatisierungstendenzen in Abhängigkeit vom Aufgabenbereich. Die Privatisierungseffekte, die von der EU bisher ausgehen, sind quantitativ zudem weniger bedeutsam als die von den Räten selbst im Zuge der Haushaltskonsolidierung beschlossenen Privatisierungsvorhaben. Dies verwundert zunächst, weil Privatisierung insgesamt zu einem Macht- bzw. Steuerungsverlust aller Akteure des kommunalen Kräftedreiecks (Kommunalvertretung, Verwaltung, Bürger) führt und sich somit die Räte „selbst entmachten" (vgl. ausführlich Bogumil/Holtkamp 2002a, Wollmann 2002). Der Grund für die Selbstentmachtung liegt in der Haushaltskrise, die die kommunalen Vertretungskörperschaften dazu zwingt, fast jedes Mittel anzuwenden, um zumindest kurzfristig die Fehlbeträge im Verwaltungshaushalt zu reduzieren und damit den scharfen Kontrollen und detaillierten Auflagen der Aufsichtsbehörden zu entgehen (vgl. ausführlicher Kap. 5.1).

Empirische Daten über das genaue Ausmaß von Privatisierungsmaßnahmen sind rar. In der schon mehrfach zitierten Umfrage im Rahmen des Forschungsprojektes „10 Jahre Verwaltungsmodernisierung" aus dem Jahr 2005 wird bei den Privatisierungsmaßnahmen zwischen einer vollständigen Übertragung auf Private (materielle Privatisierung), der Übertragung wesentlicher Elemente auf Private (Betreibermodelle), einer Übertragung von Aufgaben auf gemischtwirtschaftliche Unternehmen und einer Übertragung auf kommunale Unternehmen in privater Rechtsform (formelle Privatisierung) unterschieden. Sortiert nach zentralen Aufgabenblöcken ergibt sich nun folgendes Bild:

Abbildung 27: Privatisierung kommunaler Aufgabenbereiche

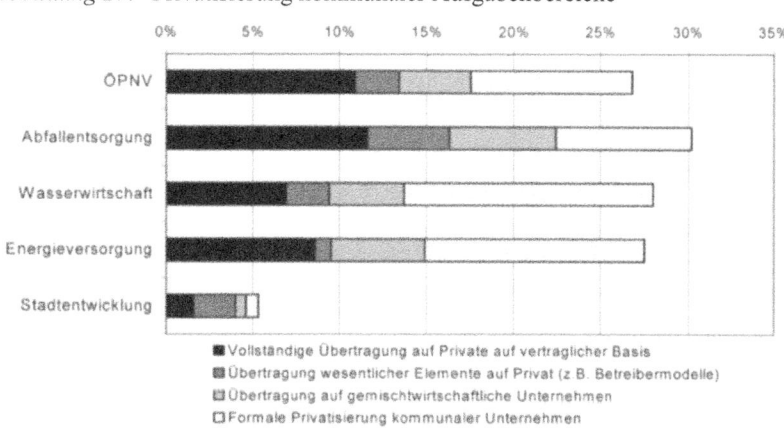

Quelle: Umfrage HBS - Projekt "10 Jahre NSM"; n = 870

Deutlich wird zunächst das Vordringen privater Aufgabenerledigungen in den zentralen Bereichen kommunaler Infrastruktur mit einem Anteil von 25% bis 30%. Der Anteil kann in der Praxis noch wesentlich höher sein, da für die ersten vier Bereiche nur jeweils zwischen 20-27% der Städte angaben, dass es zu keinen Privatisierungsmaßnahmen gekommen ist. Der Anteil der Städte, die diese Frage nicht beantwortet haben, ist mit ca. 50% außergewöhnlich hoch. Ebenfalls zeigt sich, dass materielle und formelle Privatisierungsmaßnahmen nahezu gleichstark vertreten sind, es hier also offenbar keinen Königsweg der Privatisierung gibt.

Vordringen privater Aufgabenerledigungen

Zum Bereich der formellen Privatisierung, worunter im Einzelnen Regiebe-triebe, Eigenbetriebe, GmbHs und AGs mit öffentlichen Mehrheitsbeteiligungen (Wohlfahrt/Zühlke 1999: 15) zu zählen sind, gibt es auch andere empirische Daten. Eine Analyse von Beteiligungsberichten von 36 großen deutschen Städten, durchgeführt vom Deutschen Institut für Urbanistik, zeigt für den Zeitraum 2000/2001, dass es hier insgesamt 3.213 Beteiligungen gibt. Darunter befinden sich 3.034 inländische und 178 ausländische Beteiligungen. Der Umsatz der Beteiligungen liegt bereits zwischen 90% und 180% des Verwaltungshaushaltes der Kommunen (Trapp/Bolay 2003: 42). Im Durchschnitt verfügt jede Stadt über 89,2 Beteiligungen. Allein durch die Anzahl wird deutlich, dass die gewählten Ratsmitglieder wohl kaum Kenntnis über alle Beteiligungen in ihrer Stadt haben. Betrachtet man die Rechtsformen, so befinden sich bei den inländischen Beteiligungen 92% in privater und 8% in öffentlicher Rechtsform. Dabei überwiegt deutlich die Rechtsform der „GmbH" mit einem Anteil von 76%, vor der „GmbH&Co.KG" mit 7% und der „AG" mit 6 % (ebd.: 22, 26).

Um die theoretischen Steuerungsmöglichkeiten zu erfassen, ist eine Aus-wertung nach Mehrheits- und Minderheitsbeteiligungen und nach direkter und indirekter Beteiligung interessant. Dabei zeigt sich, dass der Anteil der von der Kommune direkt steuerbaren Beteiligungen nur bei 20% liegt (vgl. im Detail ebd.: 29). Zu berücksichtigen ist zudem, dass unabhängig von den theoretischen Steuerungsmöglichkeiten oft gar nicht erst versucht wird, politischen Einfluss zu gewinnen, da man Angst hat, dass sich dann die Privatisierungsvorteile nicht einstellen.

Neben Privatisierungstendenzen im obigen Sinne finden sich auf kommuna-ler Ebene in zunehmendem Maße auch Public-Private-Partnerships (PPP).[41] Dies hängt mit einer Vielzahl von Entwicklungen zusammen. Neben den dargestellten Gründen für die Ökonomisierungstendenzen liegt dies auch daran, dass neben der bürokratischen Hierarchie die Steuerung durch Kooperation, Partizipation und Wettbewerb verstärkt als legitim und problemangemessen angesehen wird. Zwar sind öffentlich-private Partnerschaften keine neue Erscheinung – erinnert sei an Beispiele in den 80er Jahren im Bereich der Stadtentwicklung wie der Media-Park in Köln, das Projekt Neue Mitte Oberhausen und der Wiederaufbau der Kasseler Unterstadt, im Entsorgungssektor die Dortmunder Entsor-gungsGmbH oder im Verkehrsbereich das Güterverkehrszentrum Bremen – aber es wird von einer deutlichen quantitativen Zunahme derartiger Ansätze ausge-gangen (vgl. Gerstlberger 1999; Grabow 2005). In den 90er Jahren sind PPP zudem durch verschiedene öffentliche Programme und Vorgaben auf europäi-scher, nationalstaatlicher und regionaler Ebene gefördert worden. Erinnert sei z.B. an den Wettbewerb „Lernende Regionen", das Bundesprogramm „Moderner Staat – Moderne Verwaltung" oder die PPP-Initiative des Landes NRW.

---

[41] Auf die verschiedensten Definitionsversuche von PPP soll hier nicht eingegangen werden (vgl. Sack 2003, Wegener 2003). Wir verwenden die allgemeine Definition, die unter PPP Kooperationen zwischen staatlichen, privat-gewerblichen und nicht-staatlichen Akteuren zur Erstellung bestimmter Leistungen versteht, die durchaus unterschiedliche Formen annehmen können und dadurch charakte-risiert sind, dass unterschiedliche Handlungslogiken in einer gemeinsamen Zielperspektive vermittelt werden (Sack 2003: 5).

96

Zur Problematik von PPP gibt es zwar mittlerweile zahlreiche Abhandlungen, aber diese thematisieren meist auf abstrakter Ebene Vor- und Nachteile von PPP sowie deren institutionelle Ausgestaltung. Empirische Hinweise zur faktischen Verbreitung finden sich kaum. Den wenigen Hinweisen ist zu entnehmen, dass laut einer nicht veröffentlichten Umfrage des Deutschen Städtetages in ihren 235 Mitgliedskommunen (Rücklauf 80%) im ersten Halbjahr 2002 bundesweit 53% der Städte PPP-Projekte durchführten (Sack 2003: 9) Damit ist natürlich noch nichts über die Themenfelder gesagt. Überblicksartig sind die folgenden Tendenzen erkennbar (Sack 2005; Sack 2003: 10ff. mit zahlreichen Nachweisen):

- Im Feld der raumrelevanten Querschnittspolitiken, also der Regionalpolitik, kann von einem deutlichen Wachstum von PPP ausgegangen werden. Hier werden bundesweit mittlerweile 400 Kooperationen konstatiert.
- Im Bereich der Stadtentwicklung sind im Bereich Sport- und Freizeiteinrichtungen, sozialgeförderter Wohnungsbau und Parkplatzneubau PPP mit Anteilen von 32% bis 55% im Jahr 1996 zu verzeichnen.
- Für den Bereich der personengebundenen sozialen Dienstleistungen gibt es keine quantitativen Daten.
- Im Bereich der technischen Infrastruktur nennt eine Studie von PricewaterhouseCoopers bezogen auf Kommunen über 50.000 Einwohner im Jahr 2002 (Rücklauf knapp 50%) PPP vor allem in der Energieversorgung (62% der befragten Kommunen), im Nahverkehr (53%) und in der Wasserver- (43%) und Abfallentsorgung (39%).
- Im Bereich des E-Governments ist nach einer Umfrage des Difu aus dem Jahr 2001 davon auszugehen, dass in den Städten über 50.000 Einwohner PPP hinsichtlich der Infrastruktur von 49% der Kommunen und hinsichtlich der Leistungserstellung von 57% der Kommunen geplant oder realisiert waren.
- Als neuer inhaltlicher Schwerpunkt deuten sich Aktivitäten im Bereich des Hochbaus (Schulen, Verwaltungsgebäude) und der Einbeziehung der Verkehrsinfrastruktur an, wobei derartige Projekte sich aber meist noch im Anfangsstadium befinden.

Diese quantitativen Daten sagen nun natürlich nichts über das Ausmaß und die Qualität der Kooperationen aus. Es besteht noch ein erheblicher Erkenntnisbedarf über die Leistungsfähigkeit und Grenzen derartiger Arrangements, nicht zuletzt deshalb, weil mittlerweile in öffentlichen Förderprogrammen vor allem im Bereich der Raumpolitik die Einrichtung von PPP als Voraussetzung von finanzieller Förderung gilt (vgl. hierzu auch Wegener 2004).[42] Insofern spricht

---

[42] International zeigen sich im Bereich der Public-Private-Partnerships vor allem zwei Handlungstypen. Der eine zielt auf eine zwischen den öffentlichen und den privatwirtschaftlichen Akteuren vereinbarte Verteilung von finanziellen Lasten und Nutzen (exemplarisch die Private Finance Initiative der konservativen Regierung in Großbritannien – vgl. Wegener 2004), während der andere Typus vor allem darauf gerichtet ist, in der Kooperation und Vereinbarung zwischen öffentlichen,

viel für die These der quantitativen Zunahme solcher Arrangements und für eine zunehmende Vielfalt von Organisations- und Steuerungsformen.

4.2.2 Auswirkungen auf das kommunale Entscheidungssystem

Welche Wirkungen bringen die verschiedenen Privatisierungsmaßnahmen nun mit sich? Aus der Sicht der deutschen Kommunen über 10.000 Einwohner führen sie insbesondere zu Haushaltsentlastungen (67%) und zu einer Erhöhung der Leistungsqualität (57%). Erkauft werden diese positiven Effekte aber mit einem Anwachsen von Steuerungsproblemen (42%).

Abbildung 28: Folgen der Privatisierung

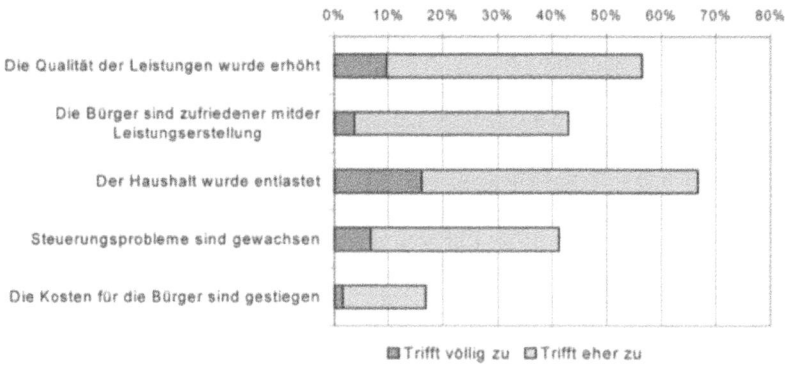

Quelle: Umfrage HBS - Projekt "10 Jahre NSM"; n = 463

These: Macht- bzw. Steuerungsverlust der Kommunalvertretung

Damit scheinen sich die bisherigen Annahmen zu den Auswirkungen von Privatisierungsmaßnahmen zu bestätigen. Bezogen auf die Machtpositionen im kommunalen Entscheidungssystem ist unsere zentrale These, dass die Privatisierung zwar auch zu einem Macht- bzw. Steuerungsverlust der Kommunalvertretung führt, allerdings ohne zugleich die Einflussmöglichkeiten der Bürger zu stärken, wie dies bei anderen Modernisierungselementen der Fall ist. Bei der Darstellung dieser These ist es sinnvoll, zwischen verschiedenen Formen der Privatisierung zu unterscheiden. Danach sind die Steuerungsverluste im Bereich der Privatisierung kommunaler Planungskompetenzen und bei materieller Privatisierung am größten, aber auch in Fällen formeller Privatisierung nicht zu vernachlässigen.

Privatisierung kommunaler Planungskompetenzen

Ein Beispiel für die Privatisierung kommunaler Planungskompetenzen ist das 1996 in Kraft getretene Kreislaufwirtschafts- und Abfallgesetz. Gewerbeabfälle müssen nach diesem Gesetz nur noch dann an die öffentlich-rechtlichen Entsorgungsträger angeliefert werden, wenn es sich um Abfälle zur Beseitigung handelt. Die gesetzlichen Verwertungspflichten treffen hingegen zuerst die ge-

---

privatwirtschaftlichen, aber auch gesellschaftlichen Akteuren eine („synergistische") Bündelung von Ressourcen zu erreichen.

98

werblichen Abfallbesitzer. In der Praxis werden so Gewerbeabfälle vermehrt entweder der sog. energetischen Verwertung (z.B. Ersatzbrennstoffe für Zementwerke) oder anderen öffentlichen Deponien zugeführt. Dadurch wird es für die kommunalen Entscheidungsträger immer schwerer, die Auslastung der Anlagenkapazitäten und damit auch die Gebührenstabilität sicherzustellen (vgl. ausführlicher Kap 5.3.4.1).

Materielle Privatisierung führt gerade bei kommunalen Infrastrukturleistungen ebenfalls zu einem weitgehenden Steuerungsverlust der Kommunalvertretung. Dass die Ausgliederung oder Privatisierung kommunaler Aufgaben nicht gleichbedeutend mit mehr Wettbewerb sein muss, zeigt sich ganz deutlich in diesem Bereich, der in der Regel einen sehr hohen Kapitalbedarf und eine dementsprechende Infrastruktur voraussetzt. Für diesen Markt kommen nur sehr wenige Unternehmen in Frage, wobei hier insbesondere die Stromversorgungsunternehmen zu nennen sind, die durch die hohen Kapitalrückstellungen sowie die vorhandene Infrastruktur und Beziehungen (örtliche Niederlassungen, privilegierter Zugang zur Kommunalpolitik etc.) für diesen Bereich besonders geeignet zu sein scheinen. Gerade durch massive Konzentrationsprozesse, v. a. in der Abfallwirtschaft zu Anfang der 90er Jahre, hat sich für die kommunale Infrastruktur ein sehr enges Oligopol herausgebildet (z.B. Bünemann / Rachut 1993).

Zudem gelingt es in diesem Bereich in der Regel nicht, durch die kurze Laufzeit von Verträgen den Wettbewerb zu verstärken.

Materielle
Privatisierung

> „Günstige Preise können die Städte bei der Beauftragung privater Dritter immer nur dann erzielen, wenn sie relativ lange Verträge abschließen. Hat aber ein privater Müllunternehmer z. B. einen 10- oder 15-Jahres-Vertrag, dann hat er am Ende dieser Zeit nicht nur sehr viel Geld investiert, sondern auch eine fast monopolartige Stellung in der Stadt und wird nur schwer durch einen anderen verdrängt werden können" (Witte 1995: 78).

Der insgesamt nur wenig ausgeprägte Wettbewerb lässt nicht nur berechtigte Zweifel an der größeren Effizienz der Privatisierung kommunaler Infrastruktur aufkommen, sondern verdeutlicht auch, dass insgesamt die Steuerungsmöglichkeiten der Kommunalvertretung bei materieller Privatisierung stark reduziert werden. Zwar lassen sich theoretisch die Ziele und Wünsche der Kommunalpolitik vertraglich mit dem privaten Investor fixieren, aber die Marktsituation führt dazu (enges Oligopol und nach langer Vertragslaufzeit faktisches Monopol), dass sich diese Forderungen immer schwerer durchsetzen lassen, zumal die Kommunalvertretung in die nichtöffentlichen Verhandlungen zwischen privaten Investoren und Kommunalverwaltung nur rudimentär miteinbezogen wird.

Die Steuerungsverluste durch materielle Privatisierung können die kommunalen Entscheidungsträger dadurch reduzieren, dass sie den Wettbewerb zwischen öffentlichen und privaten Anbietern fördern. Die Stadt Phoenix gilt in diesem Bereich in der internationalen Modernisierungsdebatte als Vorreiterin. In Phoenix vergibt die Stadtverwaltung schon seit Jahren nur einen Teil der Müllabfuhrbezirke an Private und lässt den anderen Teil weiterhin von städtischen Arbeitern erledigen. Damit hat die Stadtverwaltung immer noch das Know-how und die technischen Möglichkeiten, um diese Bezirke der privaten Unternehmen wieder übernehmen zu können, was ihre Verhandlungsposition nachhaltig verbessern dürfte (Wegener 1997). Dennoch dürfte klar sein, dass diese Lösung nicht für alle Privatisierungsbereiche in Frage kommt, weil z. T. technisch bedingt immer noch Versorgungsmonopole für das gesamte Stadtgebiet vergeben werden müssen. Darüber hinaus dürfte diese „Doppelstruktur" in vielen Bereichen zumindest kurzfristig zu einem erhöhten Finanzaufwand führen.

Formelle
Privatisierung

Die formelle Privatisierung dürfte von allen beschriebenen Privatisierungsformen noch die geringsten Steuerungsverluste für die Kommunalvertretung mit sich bringen, wobei hier sicherlich noch mal danach zu differenzieren wäre, wie viel Prozent der Anteile die Kommune in dem jeweiligen Fall noch an dem ausgegründeten Betrieb hält. In den Großstädten gibt es aufgrund der Mehrheitsverhältnisse nur noch in ca. 20% der Beteiligungen überhaupt reale Steuerungsmöglichkeiten. Steuerungsverluste der Kommunalvertretung ergeben sich zudem dadurch, dass die Beteiligung des Aufsichtsrates an dem Betrieb auf das Wesentlichste beschränkt bleibt, die entsandten Ratsmitglieder in vielen Punkten auf den Grundsatz der Vertraulichkeit verpflichtet sind und damit dem Rat nur bedingt Auskunft geben können sowie die Interessen des ausgegründeten Betriebes zu verfolgen haben (Wohlfahrt/Zühlke 1999: 46f.). Die aus der Kernverwaltung ausgegliederten Einheiten entwickeln also in der Regel ein Eigenleben (vgl. Schneider 2002). Sie versuchen, sich zu diversifizieren und in andere Märkte vorzustoßen, reflektieren dabei aber nicht, ob ihr Weg mit dem kommunalen Gesamtinteresse kompatibel ist. Diese Eigenständigkeit ist einerseits notwendig, um eine höhere Wirtschaftlichkeit zu erzielen. Andererseits nehmen die Steuerungsdefizite dadurch zu und allgemeinere Politikziele können in den Beteiligungen nur schwer umgesetzt werden. Hinzu kommt gerade in Großstädten die zunehmende Komplexität eines nahezu undurchschaubaren Geflechtes von Kapitalgesellschaften, Eigenbetrieben etc.

Beteiligungs-
management

Die Steuerungsverluste durch formelle Privatisierung können z. T. durch ein modernes Beteiligungsmanagement reduziert werden. Bundesweit gibt es hier zwei unterschiedliche strategische Antworten. Organisatorische Lösungen für die Etablierung eines Beteiligungsmanagements sind die Einrichtung einer ausgegliederten Konzernverwaltungsstelle oder einer verwaltungsinternen Stabsstelle. Das Beteiligungsmanagement kann demnach ausgelagert (Beispiele: Leipzig und Detmold) oder in die Kernverwaltung integriert werden (Beispiel: Hagen). Empirisch zeigt sich in der erwähnten Umfrage zum NSM folgendes Bild bezüglich eines Beteiligungsmanagements:

41% der Kommunen über 10.000 Einwohner verfügen im Jahr 2005 nach eigenen Angaben über ein effektives Beteiligungsmanagement (Antwortalternativen „ja" und „teilweise" zusammengezogen), 13% der Kommunen haben explizit keines und 43% der Kommunen äußern sich diesbezüglich nicht (vgl. Abbildung 29).

Zu den Wirkungen des Beteiligungsmanagements gibt es kaum gesicherte Erkenntnisse. Die bisherigen Erfahrungen mit Beteiligungscontrolling anhand einzelner Fallbeispiele sind aber nicht sehr ermutigend. So kommen Norbert Wohlfahrt und Werner Zühlke bei einer Gesamtbetrachtung des Beteiligungsmanagements bzw. der Beteiligungsverwaltung eher zu einem ernüchternden Fazit:

„Auch eine Beteiligungsverwaltung wird den Verlust der politischen Steuerungsfähigkeit der Räte gegenüber den ausgegliederten Unternehmen nicht aufhalten können. Die Beteiligungsverwaltung setzt zwar auf das Kontraktmanagement, d. h. die Steuerung über Leistungsvereinbarungen, sie hat aber – soweit man sieht – noch nicht die Ebene gefunden, auf der per Kontrakt eine politische Einflussnahme seitens des Rates über die Verwaltungsführung auf die ausgelagerten Unternehmen durchschlagen kann. Kontrakte mit strategischen Vereinbarungen über gemeinsam angestrebte Ziele bleiben meistens auf einer zu abstrakten Ebene und damit faktisch wirkungslos" (Wohlfahrt / Zühlke 1999: S. 54).

Abbildung 29: Steuerung kommunaler Beteiligungen

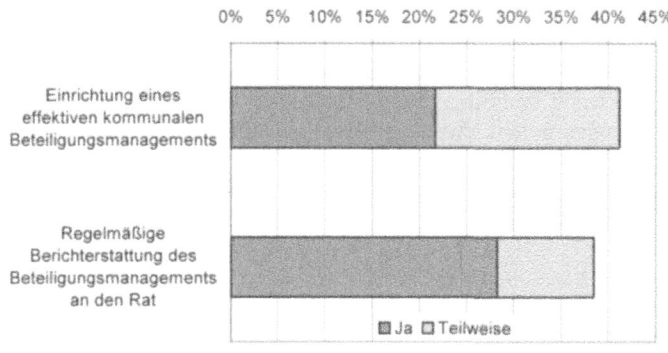

Quelle: Umfrage HBS - Projekt "10 Jahre NSM", n = 870

Insgesamt gesehen deutet vieles darauf hin, dass die Privatisierungsmaßnahmen in der Summe zu zentralen Steuerungsverlusten führen bzw. die Ausgangssituation für politische Steuerungsversuche verschlechtern, da durch sie die städtischen Einflussmöglichkeiten stark zurückgehen. Bedenkt man zudem das angesprochene Problem der Integration der unterschiedlichen Organisationseinheiten und Steuerungsformen, so spricht einiges dafür, dass sich das, was bereits Anfang der 90er Jahre von der Kommunalen Gemeinschaftsstelle mit Bezug auf die Ausgründungen aus der Verwaltung als Strategielücke bezeichnet wurde, zehn Jahre später potenziert. Es gibt ein kaum noch koordiniertes Nebeneinander von einer z.T. dezentralisierten Kernverwaltung ohne zentrales Controlling mit Eigenbetrieben, PPP, Wettbewerbselementen und privatisierten Unternehmen. Diese Strukturen sind intransparent und es ist ungeklärt, wer die Gesamtverantwortung übernimmt und die Puzzleteile zu einem halbwegs stimmigen Gesamtbild zusammenfügt. Der Verlust an Steuerungsmöglichkeiten und die zunehmende Pluralität von Steuerungs- und Organisationsformen lässt sich etwas zugespitzt auch als Fragmentierung der kommunalen Selbstverwaltung deuten.

Fragmentierung der kommunalen Selbstverwaltung

101

4.3 Direkte Demokratie

Die kommunale Ebene ist wegen ihrer Nähe zu den Problemen der Bürger immer schon herausragender Gegenstand der Demokratisierungsdiskussionen gewesen. Dennoch sind der deutschen Kommunaltradition direktdemokratische Elemente weitgehend fremd. Bis Anfang der 1990er Jahre sind lediglich die in Art. 28 Abs. 2 Satz 3 GG vorgesehenen Gemeindeversammlungen für sehr kleine Gemeinden, die im Zuge der Gemeindegebietsreform weitgehend verschwunden sind, sowie das lokale Referendum in Baden-Württemberg und die Direktwahl der Bürgermeister in Baden-Württemberg und Bayern die Ausnahmen.

Vordringen direktdemokratischer Instrumente

Seit Anfang der 1990er Jahre kommt es nun auf kommunaler Ebene zu einem komplementären Einbau direktdemokratischer Instrumente in Form von *Sach-* (Einführung von Bürgerbegehren und Bürgerentscheiden) und *Personal*entscheidungen (Direktwahl des Bürgermeisters). Im Folgenden wird nun zunächst auf die Direktwahl der Bürgermeister und anschließend auf die lokalen Referenden eingegangen, indem jeweils zunächst neuere empirische Ergebnisse präsentiert und anschließend die Auswirkungen auf das kommunale Entscheidungssystem betrachtet werden.

4.3.1 Direktwahl des Bürgermeisters

4.3.1.1 Sozialprofil und Parteibindung

Die Bürgermeister in Deutschland sind durch die flächendeckende Einführung der Direktwahl des nunmehr überall hauptamtlichen Bürgermeisters stärker in den Fokus des öffentlichen Interesses geraten. Allerdings sind empirische Studien über ihr Sozialprofil, ihr Verhalten und ihre Machtposition im kommunalen Entscheidungssystem oder ihr Verhältnis zu den Parteien und Kommunalparlamenten noch eher rar, insbesondere wenn sie bundesländervergleichend vorgehen. Wir greifen hier insbesondere auf die Studien von Bogumil/Holtkamp/Schwarz (2003,[43] vgl. hierzu auch Bogumil/Holtkamp 2002c; Gehne/Holtkamp 2005) sowie ergänzend auf die Daten von Egner/Heinelt (2005) zurück.[44]

Sozialprofil der Bürgermeister

Zum Sozialprofil der Bürgermeister liegen vor allem für NRW und Baden-Württemberg für Kommunen über 20.000 Einwohner neuere empirische Daten

---

[43] Es handelt sich hier um das von der Hans-Böckler-Stiftung geförderte Forschungsprojekt „Bürgerkommune", in dem im Jahr 2003 alle (Ober-) Bürgermeister sowie die Fraktionsvorsitzenden von CDU und SPD in den Gemeinderäten in Städten und Gemeinden mit mehr als 20.000 Einwohnern in Baden-Württemberg und Nordrhein-Westfalen befragt wurden (vgl. Bogumil u. a. 2003: 9f.). Die Rücklaufquoten lagen zwischen 70% und 75%. Darüber hinaus fanden intensive Untersuchungen (Bürgerbefragungen, Beschäftigtenbefragungen, Ratsmitgliederbefragungen, Interviews mit kommunalen Entscheidungsträgern) in zwei fortgeschrittenen Modernisierungskommunen statt, Arnsberg und Schwäbisch Gmünd.
[44] Grundlage dieser Studie bildet eine im Jahr 2003 durchgeführte schriftliche Befragung von Bürgermeistern in Kommunen über 10.000 Einwohner. In Deutschland haben 636 Befragte geantwortet – was einer Rücklaufquote von 41,9% entspricht.

vor (Gehne/Holtkamp 2005), die hinsichtlich der Merkmale Geschlecht, Alter sowie regionale und berufliche Herkunft mit den Ergebnissen früherer Untersuchungen verglichen werden können.[45] Hier ergibt sich nun folgendes Bild.

- *Frauen* im Bürgermeisteramt sind sowohl in Nordrhein-Westfalen mit 6,9% der amtierenden Verwaltungschefinnen als auch in Baden-Württemberg mit 4,6% immer noch eine seltene Erscheinung. Damit hat sich an der äußerst geringen Repräsentation von Frauen an der Gemeindespitze in beiden Bundesländern nicht viel geändert (vgl. Wehling 2000b: 46; Schulenburg 1999: 163; vgl. allgemein Scholz 2004). Der Frauenanteil steigt jedoch moderat mit der Gemeindegröße. In Gemeinden mit über 50.000 Einwohnern liegt er in Baden-Württemberg bei immerhin 14,3% gegenüber 7,4% in NRW in der gleichen Gemeindegrößenklasse. Geringer Frauenanteil

- Das *Durchschnittsalter* der Bürgermeister in Baden-Württemberg beträgt 52 Jahre, das der Bürgermeister in Nordrhein-Westfalen liegt zwischen 54 und 55 Jahren. Vergleicht man die Verteilung der Altersgruppen nach Bundesländern, so stellt man fest, dass in NRW insbesondere die Altersklasse der über 60-Jährigen deutlich stärker vertreten ist als in Baden-Württemberg, wo dagegen die Klasse der unter 40-Jährigen sowie der 40- bis unter 50-Jährigen stärker belegt ist. In NRW ist das höhere Durchschnittsalter auf den größeren Anteil an älteren Amtsinhabern aus dem Bereich der Kommunalpolitik (ehemals ehrenamtliche Bürgermeister und Fraktionsvorsitzende) zurückzuführen (vgl. auch Schulenburg 1999: 165; Holtkamp/Gehne 2002: 74). Bundesweit sind 66% der Bürgermeister zwischen 45 und 60 Jahre alt (Egner/Heinelt 2005). Zwischen 45 und 60 Jahre alt

- Ein wichtiger Bestandteil des tradierten Profils der Bürgermeister in Baden-Württemberg war laut Wehling (Wehling/Siewert 1987: 68), dass sie nach Vorstellung der Wähler nicht aus ihrem Amtsort stammen sollten, um Filz und Vetternwirtschaft zu vermeiden. Dies ist auch heute noch in Baden-Württemberg häufig der Fall; der Anteil der Bürgermeister, die in ihrem Amtsort aufgewachsen sind, ist in Nordrhein-Westfalen mit einem Anteil von 41% doppelt so hoch wie in Baden-Württemberg mit einem Anteil von knapp 20%. Wie eine Analyse der Nominierungsprozesse anlässlich der Kommunalwahl 1999 in Nordrhein-Westfalen zeigte (Holtkamp/Gehne 2002: 88), war hier die *Ortsbindung* insbesondere im Sinne einer Karriere im lokalen Parteimilieu außerordentlich nützlich für eine Nominierung für das Amt des Bürgermeisters, so dass der Anteil der ortsgebundenen Bürgermeister in Nordrhein-Westfalen deutlich höher war. Bundesweit liegt der Anteil der Bürgermeister, die in „ihrer" Stadt geboren wurden, im Durchschnitt bei 45% (Egner/Heinelt 2005). Fast die Hälfte kommt aus dem Ort

- Berücksichtigt man die *Herkunft der Bürgermeister aus den Bereichen Kommunalpolitik oder Verwaltung,* so bestätigen sich die aus der Literatur bekannten Länderunterschiede. In Nordrhein-Westfalen finden sich zumal

---

[45] Für BW sind dies die Arbeiten von Wehling/Siewert (1987) sowie Wißkirchen (2001) und für NRW die Arbeit von Schulenburg (1999).

in der Gemeindegrößenklasse von über 20.000 Einwohnern 42% Bürgermeister, die aus dem Bereich Kommunalpolitik und 49%, die aus der Verwaltung stammen. In Baden-Württemberg dagegen dominieren die Bürgermeister aus der Verwaltung mit 62% gegenüber denen aus der Kommunalpolitik (14%).

50% haben Verwaltungsausbildung

■ Bei den *Bildungsabschlüssen* gibt es keine großen Unterschiede zwischen den beiden Bundesländern zu konstatieren, wenn man einmal von dem höheren Anteil an promovierten Bürgermeistern in Baden-Württemberg und dem leicht höheren Anteil an Bürgermeistern mit Volksschulabschluss oder mittlerer Reife in Nordrhein-Westfalen absieht. Wehling betonte in seiner Bürgermeisterstudie die Bedeutung der Fachschulen für Verwaltung für die Ausbildung der Bürgermeister in Baden-Württemberg, weist allerdings auch auf die Bedeutung der Juristen in den größeren Gemeinden hin (vgl. Wehling 2000b: 177). Dies bestätigt die Hagener Untersuchung im Rahmen des Forschungsprojekts Bürgerkommune, nach der knapp ein Drittel der Befragten in BW eine verwaltungswissenschaftliche Ausbildung absolvierten, in Nordrhein-Westfalen nur knapp ein Viertel. In beiden Bundesländern sind mit knapp 40% jeweils die Juristen die stärkste Gruppe hinsichtlich der Studienfächer, jedoch findet sich in beiden Bundesländern ein nicht unbeträchtlicher Anteil an Bürgermeistern, die weder ein juristisches noch ein verwaltungswissenschaftliches Studium absolviert haben (NRW 34,4%, BW 26,6%). Gerade in NRW ist nach der ersten Direktwahl 1999 noch keine typische Laufbahn eines Bürgermeisters wie in Baden-Württemberg abzusehen, sondern es spiegelt sich bisher die Herkunft eines Bürgermeisters aus Kommunalpolitik oder Verwaltung wider (Schulenburg 1999, 180f.). Bundesweit ergibt sich bei der Frage nach einer abgeschlossenen Verwaltungsausbildung eine fast hälftige Aufteilung des Gesamtsamples (50,2% mit, 49,8% ohne Verwaltungsausbildung, vgl. Egner/Heinelt 2005). Allerdings finden sich überdurchschnittlich viele Bürgermeister mit Verwaltungsausbildung in der Gruppe der älteren (71%) und jüngeren Parteilosen (74%). In beiden Gruppen waren vor der Übernahme des Bürgermeisteramtes viele höhere Beamte. Dies entspricht dem weit verbreiteten Bild, dass parteilose Bürgermeister häufig ortsfremde Verwaltungsfachkräfte sind.

Zusammenfassend zeigt sich bezüglich des Sozialprofils, dass die Bürgermeister in Baden-Württemberg auch im Licht der neuen Daten im Wesentlichen das Bild des unabhängigen Verwaltungsfachmanns, der von außen kommt, aber nicht mehr so jung ist, erfüllen. In Nordrhein-Westfalen stammen die Bürgermeister knapp zur Hälfte aus den Bereichen Kommunalpolitik oder Verwaltung und sind deutlich stärker ortsgebunden. Dies lässt sich zu einem großen Teil darauf zurückführen, dass die Parteien bei der Rekrutierung ihrer Kandidaten zur Kommunalwahl 1999 zumeist auf das lokalpolitische Umfeld zurückgegriffen haben (vgl. Holtkamp/Gehne 2002).

Amtsdauer der Bürgermeister

Die durchschnittliche Amtsdauer der Bürgermeister in Baden-Württemberg liegt bei knapp zehn Jahren (9,82), bezogen auf ihren derzeitigen Amtsort. In Nordrhein-Westfalen ist die Amtsdauer mit gut sieben Jahren geringer (6,92), allerdings geben 54,5% der Bürgermeister an, 1999 zum ersten Mal in dieses

Amt gewählt worden zu sein, was aufgrund der ersten Direktwahl in diesem Jahr nicht überrascht. Es gibt auch in Nordrhein-Westfalen eine Reihe erfahrener Amtsinhaber, was auf einen relativ hohen Anteil an Bürgermeistern zurückzuführen ist, die auch schon vor 1999 Stadtdirektor waren oder durch Nutzung der Übergangsregelung[46] zur neuen GO früher hauptamtliche Bürgermeister wurden. Die Bürgermeister in BW waren bei ihrer ersten Wahl im Durchschnitt 42, in NRW dagegen 48 Jahre alt. Die durchschnittliche Wochenarbeitszeit der befragten Bürgermeister liegt in Baden-Württemberg bei 67 Stunden, in Nordrhein-Westfalen bei 65,4 Stunden. Dabei verwenden die Bürgermeister in BW auffallend mehr Arbeitszeit für die Bürger und den Rat, während die Bürgermeister in NRW mehr Zeit für die Verwaltungsarbeit sowie die eigene Partei oder Fraktion aufwenden.

Letzteres hängt mit der Parteibindung eines Bürgermeisters zusammen. So sind ein Fünftel der Bürgermeister in Baden-Württemberg nicht Mitglied einer Partei, in NRW dagegen sind dies nur knapp 9%. Bundesweit sind nach Egner/Heinelt (2005) von den deutschen Bürgermeistern 44,5% Mitglieder der CDU/CSU, 29,7% der SPD, 1,6% der FDP, 0,5% der GRÜNEN und 0,5% der PDS, während 23,4% keiner Partei angehören.

Parteibindung

Ein besonders deutlicher Unterschied zwischen den Bundesländern zeigt sich bei der Frage nach der Verwendung der Parteilogos auf Wahlkampfmaterialien. In Baden-Württemberg ist es weiterhin unüblich, als Bürgermeister seine Parteibindung deutlich erkennen zu geben. Über neunzig Prozent der Bürgermeister mit Parteibuch verneinen die Verwendung des Parteilogos. Ganz anders das Bild in Nordrhein-Westfalen, wo knapp 70% aller Bürgermeister mit Parteibuch mit dem Parteilogo werben und so deutlich sichtbar ihre Parteibindung zu erkennen geben. Eine intensive Analyse des Wahlkampfes bei der Kommunalwahl 1999 in NRW ergab einen deutlichen Zusammenhang von Rats- und Bürgermeisterwahlkampf bei verbundenen[47] Wahlen (vgl. Gehne/Holtkamp 2002), da die Bürgermeisterkandidaten auf die Ressourcen ihrer Partei angewiesen waren und die Parteien sich wiederum einen „Zugpferdeffekt" für die Ratswahl erhofften.

Der dritte Indikator für Parteibindung der Bürgermeister ist neben der Parteimitgliedschaft und der Verwendung des Parteilogos im Wahlkampf der Anteil der wöchentlichen Arbeitszeit, die ein Bürgermeister für seine Partei oder Fraktion aufwendet. Die Bürgermeister in NRW verwenden mit 7% mehr als doppelt so viel Arbeitszeit für Kontakte zu ihrer *eigenen* Fraktion oder Partei wie die Bürgermeister in Baden-Württemberg. Noch deutlicher wird der Unterschied, wenn man nur die Angaben der Bürgermeister mit Parteibuch in Klassen zusammenfasst. Dabei zeigt sich, dass 20% Prozent der Bürgermeister mit Parteibuch in BW angeben, überhaupt keine Zeit für ihre Fraktion/Partei zu verwen-

---

[46] In der Übergangsphase von der alten zur neuen Gemeindeordnung konnte zwischen 1994 und 1999 durch Ratsbeschluss bereits die Doppelspitze abgeschafft und der neue hauptamtliche Bürgermeister vom Rat gewählt werden.

[47] In NRW finden im Gegensatz zu Baden-Württemberg gleichzeitig zu den Ratswahlen auch die Bürgermeisterwahlen statt (vgl. Kap. 3.4).

den, während in NRW über 60% über 5% ihrer Arbeitszeit für die eigene Partei verwenden.

Zusammenfassend kann man sagen, dass die Parteibindung der Bürgermeister, gemessen an der Parteimitgliedschaft, der Verwendung des Parteilogos im Wahlkampf sowie der Verwendung der Arbeitszeit, in Nordrhein-Westfalen deutlich höher ist als in Baden-Württemberg. Das von Wehling für Baden-Württemberg gezeichnete Bild des eher parteipolitisch distanzierten Verwaltungsfachmannes gilt also immer noch. Insgesamt ist dies ein weiterer Beleg für die in Baden-Württemberg im Vergleich zu NRW geringer ausgeprägtere Parteipolitisierung (vgl. auch Kap. 2.4).

4.3.1.2   Auswirkungen auf das kommunale Entscheidungssystem

Die Einführung eines hauptamtlichen Bürgermeisters vor allem in den Ländern mit Norddeutscher Kommunalverfassung ist in der kommunalwissenschaftlichen Literatur lange Zeit intensiv diskutiert worden. Nach Ansicht der Befürworter der Direktwahl des hauptamtlichen Bürgermeisters sollte diese drei zentrale Vorteile haben (vgl. hierzu zusammenfassend Bovenschulte/Buß 1996: 97f.):

- durch die Direktwahl der Gemeindespitze verbessert sich die demokratische Mitwirkungsmöglichkeit der Bürger,
- der starke Bürgermeister garantiert örtliches Allgemeinwohl gegenüber verbandlichen und parteipolitischen Sonderinteressen und
- verwirklicht durch die Bündelung aller Leitungsfunktionen ein Höchstmaß an Verwaltungseffizienz.

Die Skeptiker befürchteten dagegen einen Bedeutungsverlust der Kommunalvertretungen und damit per Saldo eine Verminderung demokratischer Beteiligungsmöglichkeiten, die Ausnutzung der Macht des Bürgermeisters zur einseitigen Förderung bestimmter Interessen und verneinten die positiven Effekte auf die Verwaltungseffizienz durch die Zentralisierung der Willensbildung. Argumentierten die Skeptiker vor allem aus demokratietheoretischer Sicht vor dem Hintergrund einer politischen Konstruktion von kommunaler Selbstverwaltung, so betonten die Befürworter vor dem Hintergrund einer eher gemeinwohlorientierten unpolitischen Auffassung von kommunaler Selbstverwaltung vor allem die Verwaltungseffizienz (vgl. ausführlicher zu den unterschiedlichen Modellen kommunaler Selbstverwaltung Kap. 2).

Stärkung des Bürgermeisters bei ufrechterhaltung der Parteiorientierung

Wie sieht nun die Realität in den Bundesländern aus, die erst seit relativ kurzer Zeit über einen hauptamtlichen Bürgermeister verfügen. Hier gibt es insbesondere zu NRW bezogen auf die Wahl 1999, die zum ersten Mal flächendeckend direkt gewählte Bürgermeister in NRW ins Amt hob, einige Studien (Bogumil 2001; Bovermann 1999; Andersen/Bovermann 2002, Holtkamp 2000c). Dabei wurde festgestellt, dass sich durch die Einführung der Direktwahl eine deutliche Stärkung des Bürgermeisters (Tendenz in Richtung exekutive Führerschaft), allerdings bei prinzipieller Aufrechterhaltung der Parteiorientierung ergab (vgl. Bogumil 2001). Die frühere Alleinherrschaft der Parteien wird durch

106

die Einführung des direktgewählten hauptamtlichen Bürgermeisters begrenzt. Es kommt aber zu keiner reinen Form von *exekutiver Führerschaft*[48], sondern sie tritt in *Kombination mit Parteiherrschaft* auf. Die Gründe liegen hierfür in der Größe der Kommunen, in der die Wiederwahl ohne Parteiunterstützung schwierig wird, in der „unvollkommenen" Institutionalisierung der Direktwahl im Vergleich zu Baden-Württemberg (verbundene Wahl, kürzere Wahlzeit, geringere Personalkompetenzen des Bürgermeisters, starres Listenwahlrecht), in der starken Parteipolitisierung und im Persönlichkeitsprofil der Bürgermeister (40% der Bürgermeister sind ehemalige Kommunalpolitiker, 85% Parteimitglieder, 87% Parteikandidaten und 90% kommen aus der eigenen Kommune).

Stärkung der Bürgerorientierung

Trotz der Parteiorientierung besteht eine Tendenz zur stärkeren Persönlichkeitsorientierung des direkt gewählten Verwaltungschefs. Diese resultiert aus seinen Wiederwahlinteressen, die wiederum zu einer stärkeren Bürgerorientierung führen. So versuchen die hauptamtlichen Bürgermeister sich als besonders *bürgernah* darzustellen und generell ihr Verhältnis zu den Bürgern zu verbessern. Maßnahmen in diese Richtung sind die Einrichtung eines Bürgermeisterbüros, eine möglichst positive Darstellung in der Öffentlichkeit, Präsenz in der örtlichen Presse, die Wahrnehmung von Repräsentationsterminen[49] und die stärkere Orientierung verwaltungsinterner Modernisierungsprozesse auf die Bürgerschaft durch die Einrichtung von Bürgerläden, Beschwerdemanagement und die strategische Ausrichtung auf das Ziel der Bürgerkommune (vgl. z.B. die Entwicklungen in der Stadt Arnsberg in Bogumil/Holtkamp/Schwarz 2003). Neben der angesprochenen Veränderung der Politikmuster in Richtung einer exekutiven Führerschaft ist also eine zweite Auswirkung der Direktwahl die Stärkung der Bürgerorientierung.

Die Bürgermeister in NRW nehmen also als Verwaltungschef durchaus einen Rollenwechsel vor, aber sie legen ihre kommunalpolitische Herkunft nicht völlig ab. Sie sind zudem politisch legitimiert und müssen wiedergewählt werden. Dies geht in Mittel- und Großstädten kaum ohne die Parteien. Allerdings deutete sich schon 1999 an, dass sich durch deutliche bessere Wahlergebnisse des BM im Verhältnis zur eigenen Partei möglicherweise größere Autonomien entwickeln. Die Bürgerumfrage in der Analyse von Andersen ergab, dass die Wähler bei der Persönlichkeitswahl des Bürgermeisters die Unabhängigkeit des Kandidaten von den Parteien als eine sehr wichtige Anforderung ansehen (Andersen/Bovermann 2002), die die Parteien bisher offenbar unterschätzten. Dies könnte zu Lernprozessen führen.

Vergleich Baden-Württemberg/NRW

Empirisch ergibt sich nun ein paar Jahre später ein etwas differenzierteres Bild. Betrachtet man auf der Grundlage der Daten des erwähnten Forschungsprojektes zur Bürgerkommune die Machtposition des Bürgermeisters im Vergleich zwischen NRW und Baden-Württemberg (Gehne/Holtkamp 2005), so zeigt sich, dass die Bürgermeister in Baden-Württemberg – wohl auch aufgrund ihrer wei-

---

[48] Unter exekutiver Führerschaft versteht man eine ausgeprägt dominante Stellung des Bürgermeisters.

[49] Repräsentationsangelegenheiten haben in der Praxis des hauptamtlichen Bürgermeisters in NRW eine größere Bedeutung als bei den Gemeindedirektoren oder ehrenamtlichen Bürgermeistern (vgl. Schulenburg 1999: 385, Fn. 3).

tergehenden Kompetenzen in der Gemeindeordnung und der geringeren Parteipolitisierung – immer noch von den Akteuren als einflussreicher eingestuft werden als in Nordrhein-Westfalen. In beiden Bundesländern sind die Bürgermeister
dann dominanter, wenn ihre Partei in der Kommunalvertretungskörperschaft die
Mehrheit der Ratssitze hat. Bei gegenläufigen Parteiorientierungen von Bürgermeister und Ratsmehrheit (sog. Kohabitation) hingegen sind die Bürgermeister
aus Sicht der befragten kommunalen Entscheidungsträger deutlich weniger ein-
flussreich.

Zusammenfassend bestätigen die neuen vergleichenden Analysen, dass die
Machtposition des Bürgermeisters durch die Direktwahl überall deutlich gestärkt
wird, das Ausmaß dieser Stärkung aber von verschiedenen Faktoren wie dem
institutionellen Setting, den individuellen Eigenschaften des Bürgermeisters
sowie der Rat-Bürgermeister-Konstellation (Kohabitation) abhängt und somit
deutlich variiert. Der Stadtrat verliert durch die ausgeprägtere exekutive Führerschaft an Einfluss, während die Bürger durch die Direktwahl deutlich aufgewertet werden.

4.3.2 Bürgerbegehren und Bürgerentscheide

4.3.2.1 Anwendungshäufigkeiten und Erfolgsquoten

Probleme der Datengrundlagen

Empirische Studien zur Anwendungspraxis liegen für einzelne Bundesländer
vor: für Baden-Württemberg (z.B. Wehling 1989; weitere Hinweise bei Paust
1999: 11f.), für Hessen (vgl. Schiller/Mittendorf/Rehmet 1998; Schiller 1999),
Bayern (vgl. Weber 1997; Knemeyer 1997) und NRW (vgl. Hofmann 1997;
Paust 1999; Innenministerium NW 1999; Holtkamp 2000a; eine vergleichende
Auswertung zwischen verschiedenen Bundesländern findet sich bei Reh-
met/Weber/Pavlovic 1999). Ein großes Problem besteht jedoch darin, dass die
Datengrundlagen zur Anwendungshäufigkeit, den Themen und Erfolgsquoten
von Bürgerbegehren und -entscheiden insgesamt lückenhaft sind, da in den meisten Bundesländern *keine Berichtspflicht der Kommunen* besteht, dort wo Daten
vorliegen, sie unvollständig oder nicht vergleichbar sind und auch die wissenschaftlichen Studien sich auf unterschiedliche Zeiträume und Datenlagen beziehen (vgl. Paust 1999: 19). Zudem gibt es keine Individualdatenerfassung zur
Analyse des Abstimmungsverhaltens vergleichbar mit den Analysen der Wahl-
forschung. Insgesamt sind daher generalisierende Aussagen schwierig.

Anwendungs-häufigkeit

Nach einer Studie der Konrad-Adenauer-Stiftung wurden in Deutschland
2.473 Bürgerbegehren von 1990 bis 2002 durchgeführt, davon allein in Bayern
aufgrund der sehr liberalen Regelungen 1.152 (Deppe 2002). Die Forschungsstelle Bürgerbeteiligung und Direkte Demokratie der Universität Marburg hat in
ihrer Datenbank 3.043 Bürgerbegehren erfasst, die im Zeitraum von 1975 bis
2005 eingeleitet wurden.[50] Zum Stand Anfang 2000 legt die Forschungsstelle

---

[50] Bei diesen Daten handelt es sich aber *nicht* um die Gesamtzahl aller Bürgerbegehren, auch nicht
um die Gesamtzahl aller Begehren, die in den Statistiken von Parlamenten oder Regierungen der

einen Überblick über die Anzahl der Bürgerbegehren vor (vgl. Mitten-dorf/Rehmet 2002)[51]:

Abbildung 30: Bürgerbegehren nach Bundesländern (Anfang 2000)

Bundesland	Anzahl BB	Anzahl der Gemeinden	Jahre	Häufigkeit pro Gemeinde und Jahr
Baden-Württemberg	216	1111	24	0,008100810
Bayern	1100	2056	5,5	0,097276265
Berlin		1	1	
Brandenburg	90	1489	5	0,01208865
Bremen	3	2	4	0,375
Hamburg	23	7	2	1,642857143
Hessen	123	426	7	0,041247485
Mecklenburg-Vorpommern	20	1069	6	0,003118179
Niedersachsen	38	1032	3	0,012273902
Nordrhein-Westfalen	143	396	5	0,072222222
Rheinland-Pfalz	57	2305	5	0,00494577
Saarland	2	52	4	0,009615385
Sachsen	103	779	6	0,022036799
Sachsen-Anhalt	52	1295	10	0,004015444
Schleswig-Holstein	146	1132	7,6	0,01697043
Thüringen	14	1053	5	0,002659069

Im Vergleich der Bundesländer zeigen sich also erhebliche Unterschiede in der Anwendungshäufigkeit, die die statistische Bürgerbegehrens-Häufigkeit pro Jahr in Prozent aller Gemeinden angeben. Hiernach findet für die 1990er Jahre in Bayern in 9,7%, in NRW in 7,2%, in Hessen in 4,1%, in Baden-Württemberg in 0,8% und beim Schlusslicht in Thüringen in 0,3% der Gemeinden pro Jahr ein Bürgerbegehren statt. Zur Erklärung der Anwendungshäufigkeit spielen drei Faktoren eine wichtige Rolle: die Zulässigkeit, die Höhe des Unterschriftenquorums und die Gemeindegröße.

Ein Bürgerbegehren kann durch Ratsbeschluss für unzulässig erklärt wer- *Zulässigkeit*
den, wenn es sich nicht auf die zulässigen Themenbereiche bezieht, die durch Positiv- und / oder Negativkataloge definiert werden, oder Kosten-deckungsvorschläge fehlen. Der Anteil unzulässiger Bürgerbegehren liegt in Bayern und Hessen bei 21%, in NRW bei ca. 29% (vgl. Hofmann 1997; Innen-

---

Länder zusammengetragen wurden. Es handelt sich lediglich um die Begehren, die bislang an der Forschungsstelle erfasst wurden. Die Daten stellen einen groben Überblick dar und sollen allen Interessierten dazu dienen Informationen zu erhalten.
[51] Neue Daten für die einzelnen Bundesländer finden sich im Sammelband von Kost (2005). Aller-dings findet man in dem Buch nur eine Darstellung nach den einzelnen Bundesländern und keinen zusammenfassenden Überblick über Anwendungshäufigkeit und Erfolgsquoten.

ministerium NW 1999: 6) und in Baden-Württemberg bei 36%.[52] So zeigt sich z.B. in NRW für die 1990er Jahre, dass die Hauptgründe für Unzulässigkeit der fehlende Kostendeckungsvorschlag (in knapp 50% der Fälle) sowie Themenstellungen in den Bereichen Bauleitplanung und Öffentlichkeitsbeteiligung (25% der Fälle) sind (vgl. Bogumil 2001). Bezüglich der Themenkataloge beziehen sich in NRW 27% der Bürgerbegehren auf Entscheidungen in der Verkehrspolitik (vor allem gegen Parkraumkonzepte und Parkgebühren), 19% auf den Bereich der Sportpolitik (vor allem gegen die Schließung von Frei- und Hallenbädern) und 16% auf den Bereich der Schulpolitik (vor allem gegen Gesamtschulen). In Bayern dominieren auch Verkehrsprojekte mit ca. 30% vor Infrastruktur- und Versorgungsmaßnahmen mit 23%. Dann aber kommen Themen, die sich in NRW im Negativkatalog befinden. So geht es in 18% der Fälle um Bauleitpläne und Bauprojekte, in 9% der Fälle um Entsorgungsprojekte und immerhin noch in 5% der Fälle um Gebühren und Abgaben (Knemeyer 1997: 121). Festzuhalten bleibt damit, dass die Ausgestaltung des zulässigen Themenkatalogs in deutlichem Zusammenhang mit der Anwendungshäufigkeit steht (vgl. auch Mittendorf/Rehmet 2002). Am restriktivsten ist Baden-Württemberg durch die Verbindung von Positiv- und Negativkatalog vor NRW mit einem stark erweiterten Negativkatalog und Bayern mit nur minimalen Einschränkungen.

Gemeindegröße   Allerdings ist in Hessen die Anwendungshäufigkeit geringer als in NRW, obwohl Bürgerbegehren zur Bauleitplanung möglich sind. Die Anwendungshäufigkeit muss also auch noch von anderen Faktoren abhängen. Damit kommen wir zum zweiten Faktor, der Gemeindegröße, die in Hessen bei durchschnittlich 16.000 und in NRW bei 46.000 Einwohner liegt. Mit wachsender Gemeindegröße nimmt prinzipiell die Anwendungshäufigkeit zu, vermutlich, weil in kleineren Gemeinden die Einflusskanäle auf die etablierte Politik besser sind und sich von daher Bürgerbegehren erübrigen und weil es in größeren Gemeinden durch die höhere Anzahl öffentlicher Infrastruktureinrichtungen mehr Bürgerentscheidungsgegenstände gibt (Rehmet et al. 1999: 136). Möglicherweise spielt auch die stärkere Bedeutung der Parteien in den größeren Städten eine Rolle, denn diese gehören nicht selten zu den Initiatoren von Bürgerbegehren.

Unterschriftenquorum   Das Unterschriftenquorum für das Bürgerbegehren ist der dritte Faktor, der die Anwendungshäufigkeit beeinflusst. Neben der vom Rat festgestellten Unzulässigkeit kann ein Bürgerbegehren schon in der Qualifizierungsphase scheitern, wenn nicht genügend Unterschriften zustande kommen.

Zusammenfassend liegen die wichtigen Erklärungsfaktoren für die Anwendungshäufigkeit von Bürgerbegehren neben der sich seit den 50er und 60er Jahren generell veränderten Partizipationsbereitschaft der Bürger in den gesetzlichen Regelungen der zulässigen Themen und der Unterschriftenquoren sowie in der Gemeindegröße. Die Erfahrungen aus Bayern belegen eindeutig, dass bei niedrigen institutionellen Hürden die Anwendungshäufigkeit erheblich ansteigt.

---

[52] Dies ist in NRW allerdings nicht immer widerspruchslos hingenommen worden. In ca. 50% der vom Rat als nicht zulässig beurteilten Bürgerbegehren mussten sich die Verwaltungsgerichte mit diesem Bürgerbegehren beschäftigten, in weiteren 10% kam es zu Eingriffen der Aufsichtsbehörde. In der Tendenz werden aber die Ratsbeschlüsse bestätigt.

Die Bandbreite der Abstimmungsbeteiligung bei Bürgerentscheiden ist insgesamt gesehen enorm. Nach Angaben von Paust liegt sie zwischen 10% und 80%. (Paust 1999: 150). Der Durchschnitt liegt in Bayern, Schleswig-Holstein, Hessen und Baden-Württemberg um bzw. leicht über 50%, in NRW dagegen bei 35%. Mit der Größe der Gemeinde sinkt in der Regel die Beteiligung. In Bayern liegt die Beteiligung in Kommunen bis 2000 Einwohner bei 66% und sinkt dann kontinuierlich bis auf 27% in Städten ab 500.000 Einwohner (Knemeyer 1997: 123). Angesichts dieser Abstimmungsbeteiligungen verwundert es wenig, dass von den Bürgerbegehren, die zu Bürgerentscheiden werden, bundesweit viele an dem Zustimmungsquorum scheitern. Abstimmungs-beteiligung

Der Erfolg von Bürgerbegehren und Bürgerentscheiden hängt von *institutionellen, inhaltlichen und akteursbezogenen Faktoren* ab. Die Größe der Gemeinde ist ein wichtiger Faktor. Einerseits nimmt mit der Größe der Kommunen die Anwendungshäufigkeit zu, andererseits ist es in Städten über 100.000 Einwohner sehr schwierig, überhaupt Bürgerentscheide durchzusetzen, wenn das Zustimmungsquorum 25% beträgt und auch in Städten über 60.000 Einwohner noch schwierig genug. So liegt z.B. in Hessen die Erfolgsquote von Bürgerentscheiden in Städten über 30.000 Einwohner bei 33%, in Städten unter 30.000 Einwohner bei 63%. Gäbe es in Bayern wie in 9 anderen Bundesländern ein Zustimmungsquorum von 25% oder mehr,[53] so wären 58% der Bürgerentscheide daran gescheitert und in keiner Stadt über 50.000 Einwohner wäre ein Bürgerentscheid durchgekommen (Knemeyer 1997: 125). Mit zunehmender Gemeindegröße verringert sich also die Erfolgschance eines Bürgerentscheides. Erfolgsquoten

Mit steigender Einwohnerzahl verändert sich auch die Zusammensetzung der Initiatoren in Richtung auf organisierte Akteure (Verbände, Parteien), sinkt die durchschnittliche Beteiligung an Bürgerentscheiden und gewinnt die Berichterstattung der Medien an Bedeutung. Erfolgreich sind Bürgerbegehren in der Tendenz vor allem, wenn etablierte Organisationen mit ihren Kommunikationsnetzwerken die Initiativen unterstützen (Naßmacher 1997: 456; Weber 1997), vor allem Parteien, wenn also der Organisationsgrad der Akteure des Bürgerbegehrens steigt und sie über genügend Ressourcen verfügen können. Dabei ist nicht so sehr der Geldeinsatz wichtig, sondern die Netzwerkbeziehungen. Auch die Mitarbeit von Experten wirkt sich positiv auf die Erfolgschancen aus. Ein besonders wichtiger Akteur ist die lokale Presse, insbesondere in mittleren und großen Städten. Ihr Verhalten ist wiederum abhängig von lokalen Faktoren vor Ort, besonders von ihrer Eingebundenheit in die etablierten Entscheidungskreise und von der Konkurrenzsituation in der örtlichen Presselandschaft. Erfolgsmindernd wirken sich neben den erwähnten institutionellen Restriktionen dagegen Boykottstrategien der Entscheidungsträger oder andere Tricks wie die Festlegung des Abstimmungstermins in der Ferienzeit, die bewusste Nichtzusammenlegung Akteurs-konstellationen

---

[53] Faktisch wird mit einem Zustimmungsquorum von 25% an den kommunalen Sachentscheid ein höherer Legitimitätsanspruch als an die Wahl zum hauptamtlichen Oberbürgermeister gestellt, denn legt man das Zustimmungsquorum von 25% als Messlatte für die Stichwahlen zur Oberbürgermeisterwahl 1999 in den kreisfreien Städten in NRW zugrunde, so wäre nur die Hälfte der Oberbürgermeister gewählt worden (Holtkamp 2000a).

mit Wahlen, die Reduzierung der Abstimmungslokale oder die Nichtzulassung von Briefwahl aus (vgl. ausführlicher Holtkamp / Bogumil / Kißler 2006).

4.3.2.2   Auswirkungen auf das kommunale Entscheidungssystem

Welche Auswirkungen haben Bürgerbegehren und Bürgerentscheide nun auf das kommunale Entscheidungssystem? Verändern die neuen direktdemokratischen Möglichkeiten des Bürgerbegehrens die etablierten kommunalen Entscheidungsprozesse und welche Auswirkungen ergeben sich für die repräsentativ gewählten Organe, die Kommunalvertretungen? Um diese Frage zu beantworten, ist es sinnvoll, in Anlehnung an Lackner (1996, aktualisierte Kurzfassung 1999) zwischen verschiedenen Formen von Wirkungen zu unterscheiden: Vorwirkungen (aufgrund des Wissens um das Instrument bzw. vor oder nach seiner Anwendung), direkten Wirkungen (ergeben sich aus dem Abstimmungsergebnis), indirekten Wirkungen (aufgrund der Anwendung des Instrumentes) und Nachwirkungen (nach der Anwendung des Instrumentes, 1999: 81).

Direkte Wirkungen

Betrachtet man die vorliegenden empirischen Daten, so zeigt sich für das Mekka der lokalen Referenden in Deutschland, Bayern, dass in 58% der Fälle das Bürgerbegehren zum Bürgerentscheid führte, der wiederum in 50% der Fälle erfolgreich war. Dennoch muss selbst für Bayern mit der damit höchsten Zahl von erfolgreichen Bürgerentscheiden konstatiert werden, dass die direkten Wirkungen von Bürgerbegehren nur bedingt zu einer grundlegenden Veränderung der Machtkonstellationen geführt haben. Ausnahme sind hier nur wenige Großstädte, wie z.B. der absolute „Spitzenreiter" München, in der von 1995 bis zum Jahre 2002 immerhin 15 Bürgerbegehren stattfanden. Noch deutlicher wird dies beispielsweise in Nordrhein-Westfalen, in dem es zwischen 1994 und 2003 insgesamt nur 37 direkt erfolgreiche Bürgerentscheide gab, das entspricht einem Anteil von 12% (Kost 2005: 197). Kommunale Referenden haben also bis jetzt nicht in nennenswertem Maße dazu geführt, dass anstelle der Kommunalvertretungen die Bürger selbst wichtige und weitreichende kommunalpolitische Beschlüsse fassen. Angesichts der insgesamt eher geringen Zahl von Bürgerbegehren und einer in der Regel niedrigen direkten Erfolgsquote hat die Kommunalvertretung offenbar nicht besonders an Einfluss verloren. Die direkten Wirkungen von Bürgerentscheiden sind also eher zu vernachlässigen.

Vorwirkungen

Allerdings ist Bewegung in kommunale Entscheidungsprozesse gekommen. Bürgerbegehren und Bürgerentscheide entfalten nicht unerhebliche Vorwirkungen auf die gewählten Interessenvertreter. Allein die Existenz von Bürgerbegehren und -entscheid zwingt die Kommunalvertretung einzukalkulieren, dass die Bürger mit diesen Instrumenten in den kommunalen Entscheidungsprozess eingreifen (Damoklesschwert). Insofern geht von direktdemokratischen Institutionen prinzipiell ein Kooperationszwang aus, der von der Abstimmungsdemokratie zur Konkordanzdemokratie mit den für sie typischen Konfliktregelungsmechanismen führen kann (vgl. Windhoff-Heritier 1983: 144 bezogen auf die Schweiz, vgl. auch Schmidt 1997). Die hohe Zahl von Übernahmen des Anliegens von Bürgerbegehren durch den Rat z.B. in NRW bzw. die Aushandlung von Kompromissen bestätigt diesen Zusammenhang. Fast jedes vierte Bürgerbegehren in

112

NRW wird von der Kommunalvertretung übernommen oder inhaltlich weitgehend aufgegriffen, so dass kein Bürgerentscheid mehr durchgeführt werden muss. Im Vergleich zu anderen Bundesländern weist NRW damit die höchste „Übernahmequote" auf (Deppe 2002). Allein die Angst vor einem negativ ausfallenden Bürgerentscheid hat in NRW in vielen Fällen dazu beigetragen, dass die Ratsmehrheit kompromissbereiter wird, auch wenn die faktischen Chancen auf einen erfolgreichen Bürgerentscheid angesichts des hohen Zustimmungsquorums in den Mittel- und Großstädten bis 2000 eher gering waren (vgl. Bogumil 2001). Mit dem Instrument des Bürgerbegehrens und des Bürgerentscheides erhalten die Bürger also *partielle Vetopositionen*, die Grundlage für Verhandlungen und Kompromisse sein können oder dazu beitragen, dass die Kommunalvertretungen von sich aus Bürgeranliegen sensibler behandeln.

Darüber hinaus zeigt sich als indirekte Wirkung, dass Bürgerbegehren und Bürgerentscheiden eine wichtige Artikulationsfunktion zukommt, werden doch ihre Themen recht öffentlichkeitswirksam diskutiert und lokale Öffentlichkeit so für die Dauer des Verfahrens über den Kreis lokaler Eliten hinaus hergestellt. Zwar wird nicht übersehen, dass Personen, die sich neuer Formen politischer Einflussnahme bedienen, bereits über eine überdurchschnittlich starke Disposition zur konventionellen politischen Partizipation verfügen und insofern asymmetrisches Beteiligungsverhalten nicht beseitigt wird. Dennoch kann durch das Instrument des Bürgerbegehrens insgesamt die politische Mitwirkungsbereitschaft erhöht werden und zu einer Zunahme politischer Teilnahme führen. In mittleren und großen Städten wird durch Bürgerbegehren die Vermittler- und Öffentlichkeitsfunktion der Parteien zudem intensiviert.

Unabhängig vom Ausgang des Bürgerbegehrens kann als eine Nachwirkung das Partizipationsverhalten der Bürger zunehmen oder bestimmte inhaltliche Sachfragen werden künftig in neuen Formen behandelt (runde Tische, Foren). Gerade nach gescheiterten Bürgerentscheiden versuchen die Mehrheitsfraktionen in NRW, die Initiatoren über runde Tische wieder in die Kommunalpolitik einzubinden.

Resümiert man nun die verschiedenen Wirkungsarten von Bürgerbegehren, insbesondere die Vorwirkungen und die direkten Wirkungen, dann führen sie zu einem Machtverlust des Rates und des Bürgermeisters bei gleichzeitig nachhaltiger Aufwertung der Bürger (bzw. organisations- und konfliktfähiger gesellschaftlicher Interessen). Die Existenz von direktdemokratischen Verfahren kann vor allem als institutioneller Anreiz für Verhandlungsarrangements und für eine responsive[54] Politik angesehen werden. Wenn die Antrags- und Zustimmungsquoren in den Bundesländern abgesenkt werden, ist mit einer Verstärkung dieser Funktionsweise zu rechnen. Weiterhin dürfte bei tendenziell Status-quo-orientierten Bürgern durch diese Vorwirkungen und Verhandlungszwänge die Bereitschaft der kommunalen Entscheidungsträger zu grundlegenden Reformen und Konsolidierungsmaßnahmen (und damit bedingt auch ihre Handlungsspielräume) sinken. Wenn die Interessen „von ‚referendumsfähigen Gruppen' im

Marginalien:
Indirekte Wirkungen

Nachwirkung

Machtverlust des Rates und des Bürgermeisters

---

[54] Unter Responsivität versteht man die Aufnahmebereitschaft und Sensibilität der Repräsentanten für die Wünsche und Interessen der Repräsentierten und ein dementsprechendes Handeln.

Vorfeld stärker berücksichtigt werden, droht eine Einigung auf dem kleinsten gemeinsamen Nenner, was grössere Reformen ausschließt" (Möckli 1994: 346). Hohe Responsivität und geringe Reformbereitschaft der politischen Eliten wären somit gewissermaßen zwei Seiten derselben Medaille (Holtkamp 2006c).

4.4 Kooperative Demokratie

4.4.1 Formen kooperativer Demokratie

Definition von kooperativer Demokratie

Unter kooperativer Demokratie verstehen wir alle „nicht gesetzlich festgeschriebenen, dialogisch orientierten und auf kooperative Problemlösungen angelegten Verfahren der Bürger- und Verbändebeteiligung an der Politikformulierung und Politikumsetzung" (Bogumil 2001: 212). Einerseits handelt es sich hier also um Verfahren, die eine Beteiligung der Bürger bzw. Verbände an der Planung gewährleisten sollen, wie z.B. Planungszellen, Bürgerforen, Mediationsverfahren und Perspektivenwerkstätten. Anderseits sollen die Bürger und Verbände auch ihre Ressourcen in die Politikumsetzung einbringen, z.B. durch Kinderspielplatzpatenschaften und Übertragung der Unterhaltung von Sportplätzen auf Vereine (vgl. Holtkamp/Bogumil/Kißler 2006).[55]

Beteiligung in der Auftraggeberrolle

Im Bereich der Auftraggeberfunktion geht es um dialogisch orientierte Formen der Bürgerbeteiligung an Planungs- und Entscheidungsprozessen. Hierzu zählen *punktuelle* kooperative Planungsobjekte und Koplanungen (vgl. Holtkamp 2000d: 86ff.)

- durch Bürgerforen (Zukunftswerkstätten, runde Tische, Zukunftskonferenzen, Szenario-Workshops), bei denen sich die Bürger von sich aus zur Teilnahme melden;
- durch Planungszellen, bei denen ca. 15 bis 30 Bürger per Zufallsstichprobe ausgewählt werden, die von ihren sonstigen Verpflichtungen befreit sind und für den Verlust von Frei- und Arbeitszeit entschädigt werden;
- durch Mediationsverfahren, bei denen ein unparteiischer Mediator versucht, verschiedene Konfliktparteien an einen Tisch zu bringen und im Rahmen eines Diskussionsprozesses zu einer einvernehmlichen Lösung zu kommen.

Zu den *dauerhaften* kooperativen Formen im Bereich der Auftraggeberrolle gehören beispielsweise Beiräte wie die Jugendgemeinderäte oder Seniorenbeiräte. Da die verschiedenen kooperativen Verfahren ihre jeweils eigenen Stärken und Schwächen haben, werden sie mitunter auch miteinander kombiniert, z.B. im „Mehrstufigen Dialogischen Verfahren" (Gessenharter 1996) oder im kooperativen Diskurs (Renn et al. 1999).

---

[55] Hier wird davon ausgegangen, dass die Beziehungen zwischen Kommune und Bürger vielfältig sind und sich idealtypisch drei Rollen des Bürgers in der Kommune unterscheiden lassen (vgl. Bogumil 1999): der Bürger als politischer Auftraggeber, der Bürger als Adressat (Kunde, Klient, Untertan) der Leistungserstellung sowie der Bürger als Mitgestalter des Gemeinwesens, als Koproduzent bei der Leistungserstellung.

Inhaltlich beziehen sich die aufgeführten Verfahren u.a. auf Wohnprojekte für altersgerechtes Wohnen, die unter Mitwirkung der Betroffenen konzipiert werden, die Hinzuziehung von Gewerbetreibenden bei der Attraktivitätssteigerung von Stadtteilzentren, die an einem attraktiveren Umfeld und guten Parkmöglichkeiten interessiert sind, die Beteiligung der Bürger schon an der Planung von Spielplätzen, die Einbeziehung von Bürgern in Prozesse der Stadtteilerneuerung oder Verkehrsplanung und die vor allem auf die Umweltpolitik ausgerichteten Initiativen im Bereich der Lokalen Agenda.

Unterschieden werden kann im Bereich der *Mitgestaltungsrolle* zwischen folgenden Formen:

Beteiligung in der Mitgestalterrolle

- Selbstverwaltung (Clubhäuser, Schwimmbäder, Sport- und Freizeitanlagen, Senioreneinrichtungen, Sport- und Kulturveranstaltungen)
- Selbstorganisation und Selbsthilfe von Vereinen und Initiativen (Selbsthilfegruppen in den Bereichen Gesundheit, Drogenabhängigkeit, Behinderung, Arbeitslosigkeit; Initiativen zur Verbesserung der Wohn- und Lebensqualität im Bereich Spielanlagen, Sauberkeit, örtliche Sicherheit, Kultur u.a., Durchführung von Sanierungsarbeiten in Schulen und Kindergärten) sowie
- Förderung individuellen Engagements (Tauschbörsen nichtmarktlicher Dienstleistungen; Freiwilligenzentren; Spielplatzpatenschaften, Übernahme von Straßen- und Grünflächenpflegemaßnahmen).

Insgesamt gibt es also vielfältige Formen kooperativer Demokratie auf kommunaler Ebene und es besteht der Eindruck, dass diese von den Kommunalverwaltungen zunehmend angewendet werden (vgl. Banner 1999; Naschold/Oppen/Wegener 1998; Holtkamp 2000d; Bogumil/Vogel 1999). Genauere Daten liegen uns über die Verbreitung von Bürgerforen vor. In unserer Befragung der Bürgermeister in Städten über 20.000 Einwohnern in Baden-Württemberg und in Nordrhein-Westfalen im Bürgerkommuneprojekt geben 85% der Städte im Jahr 2003 an, in den letzten Jahren Bürgerforen im Rahmen des Stadtmarketings durchgeführt zu haben, 80% im Rahmen der Lokalen Agenda, 72% zur Beteiligung von Kindern und Jugendlichen und immerhin noch 59% zur Kriminalprävention (bei allerdings gravierenden Unterschieden zwischen Baden-Württemberg und NRW im Bereich der Kriminalprävention).

Verbreitungsgrad von Bürgerforen

Die Einschatzung Banners, dass es sich hier nicht um eine Modeerscheinung, sondern um ein Grundanliegen handelt, scheint also eine gewisse Plausibilität zu haben (Banner 1999: 160).

In der weiteren Analyse soll die Beteiligung der Bürger an den Planungs- und Entscheidungsprozessen, also die Auftraggeberrolle, im Mittelpunkt stehen, weil sie stärkere Auswirkungen auf die kommunalen Entscheidungsstrukturen haben dürfte als die Beteiligung an der Politikumsetzung (Mitgestalterrolle). Wir werden einen kurzen Überblick über die verbreitesten Verfahren geben. Berücksichtigt wird dabei das Stadtmarketing, die Lokale Agenda, die Kriminalprävention und die Beteiligung im Rahmen der „Sozialen Stadt" und die jeweiligen Hauptprobleme dieser Beteiligungsangebote (vgl. hierzu ausführlich Holtkamp/Bogumil/Kißler 2006; weitere Ausführungen zu Mediationsverfahren,

Jugendparlamenten und zum Bürgerhaushalt finden sich in den Kapiteln 5.1.4.2, 5.2.4.2 und 5.3.4.2.).

Abbildung 31: Bürgerforen in NRW und Baden-Württemberg

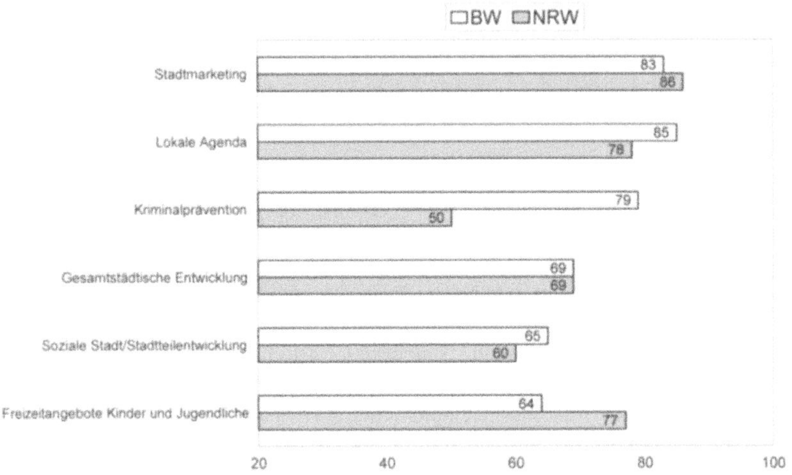

in % der Gemeinden, in denen in den angegebenen Bereichen Bürgerforen eingesetzt wurden. Bürgermeisterbef. BW/NRW 2003

4.4.2 Lokale Agenda

Die Konferenz der Vereinten Nationen für Umwelt und Entwicklung (UNCED) hat im Juni 1992 die Grundlagen für die Lokale Agenda 21 geschaffen. 178 Staaten haben hier auf den dringenden Handlungsbedarf für eine nachhaltige Entwicklung hingewiesen. Dies ist eine Entwicklung, die sich an den Grundbedürfnissen der Bevölkerung (z.B. Wohnen, Arbeiten) orientiert, ohne die natürlichen Lebensgrundlagen zu gefährden. In Kapitel 28 der internationalen Erklärung wird gefordert, dass jede Kommunalverwaltung in einen Agenda-Dialog mit ihren Bürgern, örtlichen Organisationen und der Privatwirtschaft eintreten soll. Idealtypisch lassen sich drei Dimensionen der Agendaprozesse unterscheiden:

▪ Erarbeitung eines Handlungsprogramms durch die Gemeinde für eine nachhaltige Entwicklung mit festgelegten Zielen,
▪ Initiierung eines Dialogprozesses mit dem Ziel der Konsensfindung zwischen den verschiedenen gesellschaftlichen Akteuren sowie eine
▪ systematische Umsetzung der Ziele in konkreten Handlungsschritten und Projekten.

Ziel der Beteiligung ist somit vor allem die effektive Koordination nachhaltiger Politik. Die Zahl der Städte in Deutschland, die die Lokale Agenda beschlossen haben, ist in den letzten Jahren stark angestiegen. 1997, auf der „Rio plus fünf Konferenz", wurde Deutschland noch als Schlusslicht bei der Durchführung von

116

lokalen Agendaprozessen geoutet (Oels 2000: 185). Im Dezember 1997 waren es erst 205 Städte und Gemeinden, im Mai 2002 hingegen schon 2.297.

Die geringe Umsetzung von Beteiligungsergebnissen hat sich in empirischen Untersuchungen immer wieder als Hauptproblem von lokalen Agendaprozessen herauskristallisiert (Bogumil / Holtkamp / Schwarz 2003). Dies hat bei den Bürgern in vielen Städten zu massiven Enttäuschungen geführt (Witte 2001: 31). Folgende Ursachen für die geringe Umsetzung von Beteiligungsergebnissen können angeführt werden:

- Die Lokale Agenda geht von einem „ungebrochenen Steuerungsoptimismus" (Brand / Fürst 2002: 98) aus, nach dem es genügt, klare langfristige Ziele und Leitbilder unter Beteiligung der Bürger zu definieren, um daraus konkrete Maßnahmen zu entwickeln. Dass Kommunalpolitik so sicherlich nicht funktioniert, weil kurzfristige pragmatisch-inkrementalistische Orientierungen und sektorale Arbeitsteilung dominieren, wurde nicht hinreichend reflektiert. Folglich blieben die Leitbilder zumeist folgenlos.
- Geringe kommunale Haushaltsspielräume
- Agendaprozesse werden von den Kommunalpolitikern als Konkurrenzveranstaltung und Nebenparlamente kritisch beäugt.
- In den Arbeitsgruppen der Lokalen Agenda ist die Verwaltungsspitze und die Kommunalpolitik häufig unterrepräsentiert, auch weil die dominanten Vertreter von Umwelt- und Dritte-Welt-Gruppen sehr empfindlich auf politische Einflussnahmen reagieren bzw. Bürgerinitiativen in diesen Foren auf Konfrontationskurs gehen (Poppenberg 1999: 80). Diese geringe Einbindung der kommunalen Entscheidungsträger führt aber dazu, dass sie auch nur wenig auf die Umsetzung von Beteiligungsergebnissen verpflichtet werden können. Weiterhin wird von kommunalen Entscheidungsträgern häufig eine Instrumentalisierung der Agenda durch Bürgerinitiativen beklagt und die damit häufig verbundene aggressive Auseinandersetzung bei Standortkonflikten mag ein weiterer Grund für die relativ große Distanz zwischen kommunalen Entscheidungsträgern und Lokaler Agenda sein (Bogumil/Holtkamp/Schwarz 2003).
- Die Bürger und die Medien nehmen von der Lokalen Agenda häufig nur wenig Notiz, weil der Begriff zu abstrakt ist und sehr unterschiedlich verwendet wird (de Haan et al. 2000: 183). Damit ist es auch schwer, die Öffentlichkeit zur Umsetzung der Beteiligungsergebnisse zu mobilisieren.
- Ökonomische Interessen und sog. harte Standortfaktoren haben im Zuge des verschärften Standortwettbewerbs und der zunehmenden Langzeitarbeitslosigkeit für viele kommunale Entscheidungsträger gegenüber ökologischen Interessen eindeutig Vorrang (Schwarz 2001).

Insgesamt erweisen sich die Bürgerforen, gemessen an der konkreten Umsetzung von Beteiligungsergebnissen, als erfolgreicher, die sich nicht auf die Diskussion von abstrakten Leitbildern, sondern auf kleine konkrete Projekte konzentrierten, die gesellschaftliche Akteure zu einem guten Teil mit eigenen Mitteln realisieren können oder für die man andere Mittel von Sponsoren oder von der Landesregierung einwerben kann. Dies gelingt insbesondere dann, wenn die Projekte an

Eigeninteressen ansetzten, also beispielsweise die Förderung der Verwendung einheimischer Hölzer in Kooperation mit den davon profitierenden Berufsverbänden oder der Bau eines Dorfplatzes, der für viele Bürger einen konkreten Nutzen verspricht. Dann gelingt es auch eher, Sponsorengelder und Spenden einzuwerben, die Öffentlichkeit für diese Projekte zu mobilisieren und in der Folge auch die kommunalen Entscheidungsträger als Unterstützer zu gewinnen (Bogumil/Holtkamp/Schwarz 2003: 53).

4.4.3 Stadtmarketing

Seit Mitte der 1990er Jahre werden auch im Rahmen des Stadtmarketings vermehrt Elemente der kooperativen Demokratie eingesetzt. Hintergrund dieses Partizipationsangebotes sind in der Praxis häufig die massiven Absatz- und Attraktivitätsprobleme des Einzelhandels in den Innenstädten. Insbesondere der Einzelhandel wird zunehmend durch periphere Einkaufszentren bedroht, so dass sich einige Kaufhäuser aus den Innenstädten zurückziehen und wichtige Fachgeschäfte schließen. Diese Angebotslücken können wiederum zu weiteren Umsatzrückgängen führen. Derartige Entwicklungen im wirtschaftlichen Subsystem induzieren erhebliche Belastungen (Bleyer 1999):

- Erhöhtes Verkehrsaufkommen
- Zusätzliche Kosten zur infrastrukturellen Anbindung der peripheren Standorte
- Für nicht mobile Bürger verschlechtert sich häufig die Angebotsstruktur, weil periphere Standorte in der Regel nicht so stark an den ÖPNV angebunden werden wie die Innenstädte. Wenn die Einkaufszentren alle aus der Innenstadt umsiedeln, wird der tägliche Lebensunterhalt insbesondere für jene Bürger teurer, die schon jetzt von Armut betroffen und infolgedessen häufig auch nicht so mobil sind.
- Z.T. fallen Vollzeitarbeitsplätze in den Innenstädten weg, ohne dass dafür sozial abgesicherte Beschäftigungsverhältnisse in den peripheren Standorten entstünden.

Die Konkurrenz auf der „grünen Wiese", die für viele Innenstädte zu einer Abwärtsspirale (abnehmende Einzelhandelsumsätze – zunehmende Angebotslücken – weiter nachlassende Umsätze) führt, konnte bisher weder durch landesplanerische Eingriffe noch durch interkommunale Kooperationsformen abgewendet werden. Dementsprechend bleibt eigentlich nur noch die „relativ bescheidene" Entwicklungsoption offen, dass die kommunalen Entscheidungsträger in Kooperation mit dem Einzelhandel und anderen gesellschaftlichen Gruppen versuchen, die Innenstadt für die Konsumenten wieder attraktiver zu gestalten – also den Wettbewerb mit den Einkaufszentren vor der Stadt aktiv aufzunehmen. Das ist eine Aufgabe, die Kommunalpolitik und -verwaltung aufgrund mangelnder Steuerungskompetenzen nicht allein bewältigen kann. Die Beteiligung soll also auch in diesem Fall vor allem einer effektiveren Problemlösung dienen.[56]

Bei einer bundesweiten Evaluationsstudie des Deutschen Instituts für Urbanistik[57] aus dem Jahr 2004 zeigt sich, dass 69% der Städte angeben, sich in der Umsetzung von Stadtmarketingprozessen zu befinden, 11% diesen Prozess bereits abgeschlossen haben und 10% der Städte sich in der Planung befinden (Hollbach-Grömig et al. 2005: 2). Diese Daten bestätigen die obigen Befunde für NRW und Baden-Württemberg. An der Erarbeitung, Umsetzung und Finanzierung von Stadtmarketingkonzepten sind vor allem die Stadtverwaltung, der Einzelhandel, die Kommunalvertretung, die Hotellerie und Gastronomie und die Industrie- und Gewerbeunternehmen beteiligt. Hier hat es im Zeitverlauf kaum Veränderungen gegeben. Die Beteiligung von Bürgern als Einzelpersonen ist eher die Ausnahme und seit 1995 noch rückläufig.

Große Verbreitung des Stadtmarketings

In Stadtmarketingprozessen dominieren also eher die Interessenvertreter des Einzelhandels. Im Gegensatz zur Lokalen Agenda gibt es hier deutlich weniger Konflikte zwischen den beteiligten Bürgern und den Kommunalpolitikern und damit geringere Umsetzungsprobleme hinsichtlich der Beteiligungsergebnisse. Eine ungenügende Einbeziehung des Rates wird nur von 1% der Städte als Problem angegeben. Dafür lassen sich drei Gründe anführen:

- Erstens bringt der Einzelhandel begrenzt eigene finanzielle Ressourcen ein, was dazu führt, dass seine Wünsche für die Kommunalpolitiker durchweg einen höheren Stellenwert haben.
- Zweitens sind die Honoratioren des Einzelhandels in der Kommunalpolitik stark vertreten und haben als Gewerbesteuerzahler und Arbeitgeber erhebliche Druckmittel (Naßmacher / Naßmacher 1999: 342). Die Umsetzung von Beteiligungsergebnissen hängt also auch mit der Machtverteilung zwischen gesellschaftlichen Akteuren und den kommunalen Entscheidungsträgern zusammen.
- Gerade bei konfliktreichen Entscheidungen (z.B. Parkraumbewirtschaftung) kann der Einzelhandel glaubhaft mit einem Bürgerentscheid drohen, weil er seine Kunden in diesen Fragen häufig gut mobilisieren kann (Holtkamp 2000c).

Fraglich ist allerdings, ob der Einzelhandel und die Werbegemeinschaften tatsächlich einen großen Beitrag bei der Politikimplementation leisten können, wie dies die Hauptintention dieser Verfahren ist. In den letzten Jahren haben Werbegemeinschaften erhebliche Rekrutierungsprobleme und können immer weniger

---

[56] In NRW waren gemeinsame Gremien von Stadt, Einzelhandel und sonstigen Bürgergruppen sogar die Voraussetzung dafür, dass die Kommunen Fördergelder des Landes für Stadtmarketingkonzepte empfangen konnten.

[57] Das DIFU hat im Frühsommer 2004 gemeinsam mit der Bundesvereinigung City- und Stadtmarketing e.V. eine repräsentative Umfrage zum Stadtmarketing durchgeführt (vgl. Hollbach-Grömig et al. 2005), die an eine ähnliche Befragung aus dem Jahr 1995 anknüpft (Grabow / Hollbach-Grömig 1998). Befragt wurden 339 Städte (alle über 50.000 Einwohner sowie eine Stichprobe in der Größenklasse zwischen 10.000 und 50.000 Einwohnern), die Rücklaufquote betrug 66%.

kollektive Güter produzieren. Dies liegt einerseits an der gerade bei polypolistischer Konkurrenz ausgeprägten Kollektivgutproblematik und andererseits an der zunehmenden Filialisierung, d.h. dem geringeren örtlichen Bezug des Handels (Hatzfeld 1996). Mittlerweile sind höchstens noch 10 bis 30 Prozent der Einzelhändler in der Innenstadt in Werbegemeinschaften organisiert (Helmer-Denzel 2002: 179). Selbst in Großstädten wie Köln gelingt es aufgrund der Trittbrettfahrerproblematik teilweise nicht mehr, dass der Handel gemeinsam die Weihnachtsbeleuchtung installiert.

Urban Entertainment
Center

Der Druck auf die Werbegemeinschaften, zusätzliche Kollektivgüter zu produzieren, verschärft sich durch die zunehmende Konkurrenz auf der „grünen Wiese". Hier sind vor allem die sog. Urban Entertainment Centers, wie beispielsweise das CentrO in Oberhausen, anzuführen, deren Anzahl von Jahr zu Jahr steigt. Um den Wettbewerb mit den UECs aufnehmen zu können, müssen handelsergänzende Dienstleistungen produziert werden, die den zunehmenden „Erlebniseinkauf" ermöglichen. Dem Kunden muss aus dieser Sicht ein Einkauf geboten werden, der schnell erreichbare kostenlose Parkplätze wie auch ein „sicheres" Einkaufserlebnis mit langen Öffnungszeiten und in überdachten Einkaufspassagen bietet (Helmer-Denzel 2002: 162f.). Die Werbegemeinschaften sind hiermit aber offensichtlich überfordert. In Stadtmarketingprozessen haben sie in der Regel erreicht, dass die Städte zunehmend diese Leistungen anbieten, während sie sich teilweise weiter aus der Produktion von Kollektivgütern zurückziehen. Der Einzelhandel ist zwar bereit, sich finanziell an konkreten Projekten, die eine sofortige Erhöhung der Kundenfrequenz erbringen können (z.B. Innenstadtfeste und PR-Maßnahmen), zu beteiligen, aber die Koordinations- und Overheadkosten will er im Regelfall nicht mittragen (Kahnert / Rudowski 1999: 13).

4.4.4 Kriminalprävention

Unter Kriminalprävention versteht man gemeinhin alle Ansätze, die sowohl als Haupt- wie als Nebenzweck darauf abzielen, die Begehung von strafbaren Handlungen zu verringern. Noch vor einigen Jahren galt die Kriminalprävention nicht als originäre kommunale Aufgabe. Zentrale Aufgabe der kommunalen Kriminalprävention ist eine Vernetzung aller relevanten Akteure, um durch die Mobilisierung gesellschaftlicher und staatlicher Handlungsressourcen eine effektivere Verbrechensbekämpfung und eine Erhöhung des subjektiven Sicherheitsgefühls der Bürger gewährleisten zu können.

Nachdem Deutschland lange Zeit im internationalen Vergleich als Entwicklungsland in puncto Kriminalprävention galt, kam seit Anfang der 90er Jahre mit der Einrichtung von Bürgerforen (sog. kriminalpräventiven Räten) auch in Deutschland dieses Thema auf die kommunale Agenda. Mittlerweile gehören diese kommunalen Kriminalpräventionsgremien zu den am weitesten verbreiteten Beteiligungsangeboten. Auch wenn die Maßnahmen der Kriminalprävention bisher nur wenig evaluiert wurden, liegen mittlerweile zumindest mehrere quantitative Befragungen zu kriminalpräventiven Gremien in Deutschland vor, die auch erste Rückschlüsse auf die gesellschaftlichen Wirkungen ermöglichen:

- Die Gründungsinitiative für diese Gremien geht überwiegend von der Kommune und nur im begrenzten Maße von der Polizei selber aus (Liebl 2002: 134). Die Federführung übernimmt in der Regel die Polizei oder die Kommune, wobei dies im letzteren Fall häufig der Bürgermeister persönlich übernimmt.
- Am häufigsten vertreten sind in diesen Gremien die Kommunalverwaltung, die Polizei, der Handel und die lokale Wirtschaft. „Einfache" Bürger oder gar Betroffenengruppen (Obdachlose oder Drogenabhängige) sind sehr stark unterrepräsentiert bzw. kommen gar nicht vor (Liebl 2002: 136).
- In nicht wenigen Fällen werden konkrete Projekte der Kriminalprävention von Privaten (z.B. vom Einzelhandel) mitfinanziert (Albrecht 2002: 32), so dass ihre Position in den Gremien ein erhebliches Gewicht haben dürfte.
- In den Gremien werden überwiegend sichtbare und sensible Bereiche der Kriminalität thematisiert. Ganz oben auf der Agenda stehen insbesondere die Themen Drogen und Gewalt (Albrecht 2002: 31). Weiterhin stehen die Gremien meist in direktem Zusammenhang mit einer lokalen Diskussion über die Verschärfung der Gefahrenabwehrverordnungen, die u. a. das Betteln und den Alkoholkonsum in den Innenstädten regulieren (Simon 2001: 84).

Die Zusammensetzung der Gremien sowie die Finanzierung und die behandelten Themen legen eine Dominanz des Einzelhandels bei den gesellschaftlichen Gruppen nahe, die zur Externalisierung der Kosten auf die insbesondere nur schwer zu organisierenden und auch nur begrenzt konfliktfähigen Obdachlosen und Drogenabhängigen führen kann. Zwar kann man feststellen, dass der Einzelhandel aufgrund seiner engen Verflechtung mit den kommunalen Mandatsträgern auch ohne starke Präsenz in den Bürgerforen sehr durchsetzungsfähig ist. Aber die Bürgerforen der Kriminalprävention ermöglichen es ihm, seine Geschäftsinteressen in gemeinwohlorientierte Argumente zu transformieren. Stadtstreicher und Drogenabhängige sollen aus der Innenstadt vertrieben werden, aber vordergründig nicht, weil sie Umsätzen und Einkaufsatmosphäre schaden, sondern weil sie das subjektive Sicherheitsbedürfnis der Bürger stören und angeblich Kriminalität nach sich ziehen (Pütter 2002a: 49). Im Namen der Kriminalitätsprävention können so in vielen deutschen Großstädten künstliche Einkaufswelten unter Ausschluss sozialer Randgruppen mit kriminalpräventiven Bürgerforen legitimiert werden.

4.4.5 Soziale Stadt

Als zunehmendes Problem der kommunalen Sozialpolitik kristallisiert sich die soziale Segregation heraus, das heißt die Ballung von sozialen Problemgruppen in einzelnen Stadtteilen bzw. Stadtquartieren. Die Bewohner dieser Quartiere werden auf vielfältige Weise ausgegrenzt:

- in ökonomischer Hinsicht, da ihnen der Zugang zum ersten Arbeitsmarkt häufig dauerhaft verwehrt ist

- in kultureller Hinsicht, weil der Stadtteil stigmatisiert wird
- in sozialer Hinsicht, aufgrund der Abkoppelung von der gesellschaftlichen Mehrheit, einhergehend mit einer sozialen Isolation und
- in politischer Hinsicht, weil aufgrund der sehr niedrigen Wahlbeteiligung und der häufig geringeren politischen Selbstorganisation diese Stadtteile nur unzureichend in der kommunalpolitischen Diskussion wahrgenommen werden.

Um diese Benachteiligung zu reduzieren, hat die rot-grüne Bundesregierung, aufbauend auf Programmen der Bundesländer Nordrhein-Westfalen, Hamburg, Hessen, Bremen und Berlin, das Programm „Soziale Stadt" aufgelegt. Bisher wurden durch dieses Programm 249 Maßnahmen in 189 Städten gefördert (Krautzberger / Richter 2002: 39).

Als Hauptproblem des Programms „Soziale Stadt" wird in den meisten Evaluationsstudien angesprochen, dass es bisher kaum gelungen ist die Bewohner zu aktivieren und zu beteiligen (ILS 2000: 48; Zimmermann 2005: 170). Zwar wurden in vielen Städten mittlerweile Stadtteilkonferenzen eingerichtet, die auch das Ziel verfolgen, die Bewohner stärker in das Handlungsprogramm einzubinden. Nach wie vor jedoch dominieren die Vertreter von Organisationen, und viele Aktivitäten bleiben „mittelschichtorientierte Veranstaltungen" (Becker et al. 2002: 34). Folgende Ursachen lassen sich hierfür anführen:

- Die Partizipationsbereitschaft korreliert allgemein positiv mit den Faktoren Bildung und Einkommen.
- Der Sprachstil in den Bürgerforen und der hohe Abstraktionsgrad, der durch die Verwaltung und andere kollektive Akteure vorgegeben wird, ist für weniger gebildete Bevölkerungsgruppen ein Ausschlussmechanismus (Herrmann 2002a: 256).
- Die hohe Fluktuation in den Armutsquartieren führt dazu, dass es schwer ist, die Bürger in diesen Quartieren dauerhaft miteinzubeziehen.
- Die erfolgreiche Beteiligung von Bewohnern in benachteiligten Stadtteilen setzt häufig voraus, dass die Ergebnisse der Beteiligung schnell umgesetzt werden können. Dies ist aber sehr unwahrscheinlich, weil die Finanzierung und Implementation der meisten größeren Projekte eine langwierige Koordination verschiedener Fachressorts und föderaler Ebenen voraussetzen. Der für dieses Problem häufig empfohlene Ausweg, flexible Stadtteilbudgets für schnellere kleine Veränderungen zur Verfügung zu stellen, wird nur sehr zögerlich aufgenommen. Zum einen liegt dies an der kommunalen Haushaltskrise, zum anderen aber auch an den Vorbehalten der gewählten Stadtteilvertretungen, die Stadtteilkonferenzen häufig als Konkurrenzveranstaltung wahrnehmen (ILS 2000; Becker et al. 2002).
- Die Stadtteilkonferenzen werden nicht selten von den Parteien kontrolliert und zu Wahlkampfplattformen umfunktioniert, was auf die Bewohner abschreckend wirkt (Herrmann 2002b: 220; ILS 2000: 49).

Allerdings besteht immerhin die Möglichkeit, die Interessen der Bewohner über das Vereinswesen und Betroffenenorganisationen zumindest partiell miteinfließen zu lassen. Zusätzlich kann die starke Beteiligung von Stadtteilinstitutionen und Wohlfahrtsverbänden als Advokatenbeteiligung für nur schwer organisierbare Interessen gedeutet werden.

4.4.6 Auswirkungen auf das kommunale Entscheidungssystem

Vieles deutet darauf hin, dass Kooperation mit Bürgern zunehmen wird, die Bürger also in stärkerem Ausmaß als früher zum Partner der Politik werden. Kooperative Demokratieformen ersetzen nun die bestehenden Formen repräsentativer und direkter demokratischer Willensbildung nicht, sondern *ergänzen* diese. Dies bedeutet einen gewissen Machtverlust für die Kommunalvertretung, denn nun redet nicht nur der hauptamtliche Bürgermeister mit, sondern auch noch die Bürger.

Machtverlust der Kommunal-vertretungen

Da aber die Kooperation im Prinzip jederzeit wieder zurückgenommen werden kann, sind die Verhandlungszwänge bei der kooperativen Demokratie nicht so weitreichend wie der Aufbau von Vetopositionen durch direktdemokratische Instrumente.

Allerdings können von diesen Bürgerforen erhebliche Eigendynamiken ausgehen. Insbesondere wenn man durchsetzungsfähige Interessen, wie z.B. den Einzelhandel im Rahmen des Stadtmarketings, beteiligt, kann dies die Entscheidungsspielräume des Rates einengen. Diese Präjudizierung von Beschlüssen gilt im Prinzip zwar auch für den direktgewählten Bürgermeister. Dieser kann aber aus der kooperativen Demokratie wesentlich mehr Vorteile ziehen als der Rat. Er kann mit der Einrichtung von kooperativen Demokratieelementen Bürgernähe zur Wählerstimmenmaximierung vermitteln, führt häufig selber bei den Bürgerforen „Regie" und kann so durch gezielte Bürgerbeteiligung den Rat unter Druck setzen (Bogumil/Holtkamp/Schwarz 2003).

Dennoch kommt den Kommunalvertretungen zumindest aus *normativer* Perspektive nach wie vor die wichtigste Funktion im kommunalen Entscheidungszentrum zu. Alle grundlegenden Fragen der städtischen Gesamtentwicklung unterliegen der Verantwortlichkeit der Kommunalpolitik ebenso wie die Wahrnehmung der sozialen Ausgleichsfunktion. Gerade die intensive Einbeziehung von Bürgern erfordert manchmal ein klärendes Wort, eine legitimierte Entscheidung, insbesondere in Fällen kaum überbrückbarer Interessenslagen. Die Wahrnehmung dieser Funktion ist wichtig, zumal dialogorientierte Bürgerbeteiligungsverfahren nicht nur Vorteile aufweisen, sondern auch bestimmte Problemlagen beinhalten. Diese reichen, wie gezeigt, von einer starken sozialen Selektivität über Umsetzungsprobleme bei den Beteiligungsergebnissen und die Kollektivgutproblematik bis hin zur Externalisierung von Kosten auf unbeteiligte Dritte. Bürgerbeteiligungsverfahren begünstigen tendenziell die partizipationserfahrene Mittelschicht. Wer, wenn nicht die Kommunalvertretung, will hier regulierend eingreifen, indem beispielsweise die Initiative von sozial „Schwächeren" besonders gefördert wird und die Beteiligungsangebote so konzipiert werden, dass Bürger aus allen Schichten zu Wort kommen (z.B. Planungszelle, repräsentative Bürgerbefragungen).

4.5 Auswirkungen der Modernisierungstrends auf die Machtpositionen im kommunalen Entscheidungssystem

Resümiert man nun die Folgen für die einzelnen Akteure, ergibt sich folgendes Bild:

Abbildung 32: Wirkung der Trends auf die Einflusschancen

	NSM	Privatisierung	Direktwahl	Bürgerbegehren	kooperative Demokratie
Bürgermeister	0	-	+	-	+
Rat[58]	0	-	-	-	-
Bürger	+	-	+	+	+

Die *Kommunalvertretung* erleidet durch die Direktwahl des Bürgermeisters, durch die Möglichkeiten des Bürgerbegehrens, durch den Ausbau kooperativer Demokratieformen (vor allem in der Auftraggeberrolle) und durch die zunehmenden Privatisierungen zweifelsohne Machtverluste. Alleinvertretungsanspruch und Allzuständigkeit sind nun eingeschränkt. Begrenzt werden die Machtverluste aber durch verschiedene Widerstandsstrategien. Dazu zählen die Einflussnahmen auf den Landesgesetzgeber zur Begrenzung der institutionellen Vetorechte, die parteipolitische Einbindung des direktgewählten Bürgermeisters, der Versuch, im Bereich der kooperativen Demokratie nur symbolische Beteiligung zu gewährleisten sowie der (erfolgreiche) Widerstand gegen die angestrebte Umgestaltung des Verhältnisses zwischen Verwaltung und Kommunalvertretung durch Verwaltungsmodernisierungsmaßnahmen.

Die *Verwaltungsspitze*, also der Bürgermeister, erhält durch die Direktwahl eine deutlich stärkere Machtposition sowohl innerhalb der Verwaltung als auch gegenüber der Kommunalvertretung. Die direkte Legitimation durch das Volk stärkt den Verwaltungschef beträchtlich. Zwar ist er häufig nach wie vor auf die Partei angewiesen, aber diese auch auf ihn, was vorher nicht in dem Ausmaß der Fall war. Auch der Ausbau von Elementen kooperativer Demokratie kann die Machtpositionen des Bürgermeisters stärken, da dies, wenn von ihm unterstützt, in der Regel seine Wiederwahlchancen verbessert und von ihm genutzt werden kann, um den Rat unter Druck zu setzen. Allerdings begrenzt die Möglichkeit des Bürgerbegehrens tendenziell seine Machtposition und der Handlungsspielraum wird durch Privatisierungen prinzipiell eingeschränkt.

Die größten Gewinner sind die *Bürger und Bürgergruppen*. Sie erhalten sowohl durch die Direktwahl des Bürgermeisters, durch die Möglichkeit des Bürgerbegehrens und -entscheides als auch durch den Ausbau von Elementen

---

[58] Vor allem die Mehrheitsfraktionen sind hier in ihrem Handlungsspielraum getroffen, für die Oppositionsfraktionen ergeben sich mitunter sogar neue Handlungsspielräume, z.B. durch die Nutzung von Bürgerbegehren.

kooperativer Demokratie eine deutliche Aufwertung. Die Einflussmöglichkeiten auf den kommunalen Entscheidungsprozess haben sich deutlich verbessert, auch wenn in allen Bereichen sicherlich noch weitere Einflussnahmen möglich sind. Insgesamt ist eine zunehmende „Konkurrenz um die Bürger" zu beobachten. Die Berücksichtigung der Interessen und Anliegen der Bürger wird angesichts ihrer gestiegenen Einflussmöglichkeiten für Kommunalvertretung, Parteien und Verwaltungsspitze immer wichtiger. Allerdings sind die tatsächlichen Chancen, durch Formen kooperativer Demokratie Einfluss auf Politikinhalte nehmen zu können – angesichts der durch Privatisierung und Haushaltskrise sehr geringen kommunalen Handlungsspielräume – für die Bürger durchaus limitiert, wie im nächsten Kapitel noch näher zu zeigen sein wird.

5 Kommunale Politikfelder zwischen Kontinuität und Wandel

Stellenwert kommunaler Politik-feldanalysen

Obwohl sich gerade einzelne kommunale Politikfelder aufgrund der Überschau-barkeit der Problemlagen und des relativ unproblematischen Feldzugangs für studentische Hausarbeiten oder Magisterarbeiten im besonderen Maße eignen, werden sie in den Lehrbüchern zur Kommunalpolitik häufig eher „stiefmütter-lich" behandelt (so z.B. in Kleinfeld 1996). In den Sammelbänden zur Kommu-nalpolitik werden die Politikfelder durchgängig nicht aus der Perspektive der Policy-Analyse untersucht, sondern kommunale Praktiker und Wissenschaftler unterschiedlicher Disziplinen reihen eher additiv einzelne Politikfelder aneinan-der, ohne dabei immer auf empirische Untersuchungen zu rekurrieren (so etwa Wollmann/Roth 1998; Andersen 1998; Bellers et al. 2000).

Kriterien für die Auswahl der Politikfelder

Einerseits wird dadurch ein *empirisch orientierter politikwissenschaftlicher* Einstieg in einzelne Politikfelder erschwert, andererseits werden politikfeldüber-greifende Trends vernachlässigt. Im Folgenden wird versucht, diesen Mängeln zu entgehen, indem drei Politikfelder nach einem einheitlichen Analyseraster untersucht werden. Nur in begründeten Ausnahmefällen wird bei der Skizze einzelner Politikfelder von dem Analyseraster abgewichen. Damit diese Analyse nicht den Rahmen sprengt, konzentriert sie sich auf die wesentlichen Fakten, um Besonderheiten der Politikfelder aus politikwissenschaftlicher Sicht ausführli-cher herausarbeiten zu können.

Die Auswahl der zu untersuchenden Politikfelder erfolgte im Wesentlichen nach drei Kriterien:

- Die Politikfelder sollten spätestens in den 90er Jahren in kreisangehörigen und kreisfreien Kommunen eine große Bedeutung erlangt haben.
- Sie sollten jeweils sehr unterschiedliche Bereiche mit stark variierenden Akteurskonstellationen abdecken.
- Aus forschungsökonomischen Gründen sollten entweder bereits empirische Untersuchungen der Politikfelder vorliegen oder eigene Vorarbeiten und praktische Erfahrungen der Autoren vorhanden sein. Die Ausführungen konzentrieren sich somit weitgehend auf Nordrhein-Westfalen, weil für die-ses Bundesland die meisten aussagekräftigen Policy-Studien sowie prakti-sche Erfahrungen der Autoren[59] vorliegen.

Gemäß diesen Kriterien wurden die folgenden drei Politikfelder ausgewählt: Haushaltspolitik, Sozialpolitik am Beispiel der Jugendpolitik und Umweltpolitik am Beispiel der Abfallpolitik.

---

[59] Lars Holtkamp ist seit 1989 Mitglied im Stadtrat, im Jugendhilfeausschuss und in diversen anderen Fachausschüssen der Stadt Waltrop, einer kreisangehörigen Stadt im Ruhrgebiet.

Das Analyseraster lehnt sich im Wesentlichen an die drei Analyseebenen der Policy-Analyse an: den rechtlichen Rahmenbedingungen (polity), den Akteurskonstellationen (politics) und den politischen Inhalten (policy). Wenn man die Vorgehensweise der Politikfeldanalyse mit der gewöhnlichen Berichterstattung in den Lokalzeitungen vergleicht, wird der spezifische Zugriff der Politikfeldanalyse deutlich. Auf den Lokalseiten werden in der Regel die Positionen der einzelnen Fraktionen und der Verwaltung wiedergegeben, es wird über die Beschlusslage im Rat berichtet und es stehen eher Einzelpersonen im Vordergrund als strukturelle Fragen. Eine kritische Kommentierung der Positionen findet häufig nicht statt, was der Lokalberichterstattung schon früh den Vorwurf des „Verlautbarungsjournalismus" eingebracht hat (Jarren 1998). Demgegenüber werden in der Politikfeldanalyse zunächst die rechtlichen Rahmenbedingungen untersucht, um einen Korridor abzustecken, in dem sich politische Programme und Instrumente primär bewegen können. Nachfolgend werden die Akteure und Akteurskonstellationen analysiert. Die vordergründigen Positionen der Akteure werden mit ihrer strukturellen Interessenlage konfrontiert (z.B. Wiederwahl, Budgetmaximierung), gleichzeitig werden dabei die den jeweiligen Akteuren zukommenden Einflussmöglichkeiten bzw. Handlungsressourcen (Geld, Expertise, Zahl politischer Unterstützer und rechtliche Kompetenzen) in Hinblick auf mögliche Politikergebnisse erörtert. Die Rahmenbedingungen und Akteurskonstellationen dienen schließlich als Erklärungsvariable für die Politikinhalte und -ergebnisse, also z.B. für die Auswahl von Steuerungsinstrumenten oder hinsichtlich des Inhalts von Satzungen. Die Politikfeldanalyse macht aber häufig nicht bei dem Ratsbeschluss für ein bestimmtes Instrument oder Handlungsprogramm Halt, sondern untersucht z. T. im Rahmen der Evaluationsforschung darüber hinausgehend, ob die Instrumente tatsächlich die erwünschten Wirkungen erbringen[60]. Dieser Zugriff der Politikfeldanalyse versucht also gewissermaßen einen Blick „hinter die Kulissen" der Kommunalpolitik zu werfen. Die offiziellen Verlautbarungen der Akteure auf der „Bühne Kommunalpolitik" sind nur eine Quelle neben anderen.

Manfred G. Schmidt (1995) hat herausgearbeitet, dass es in der Policy-Analyse sehr unterschiedliche Schulen gibt, die jeweils eine unabhängige Variable in den Vordergrund stellen für die Erklärung eines Politikergebnisses (Poli-

Analyseraster

Schulen der Policy-Analyse

---

[60] Für die Kommunen ist die Evaluation von Programmen aber eher die Ausnahme. Czada (1998) spricht bereits – primär auf die Bundesebene bezogen – von einem Kurzschließen des Policy-cycle. Anstelle der fünf Phasen (Problemdefinition, Agendagestaltung, Politikformulierung, Politikimplementation und Politikevaluation) gibt es häufig nur noch drei Phasen zu verzeichnen (Agendagestaltung, Politikformulierung und Politikimplementation). Dies gilt in noch höherem Maße für die kommunale Ebene, die nicht die finanziellen Ressourcen hat, eine Evaluation ihrer Programme in Auftrag zu geben und der es in kleineren und mittleren Städten häufig an gut ausgebildetem Verwaltungspersonal und an sachkundigen Kommunalpolitikern fehlt, diese selbst durchzuführen. Die Evaluation kommunaler Programme wird somit in der Regel von anderen Auftraggebern und Institutionen finanziert, nicht selten mit der Folge, dass die Ergebnisse in der kommunalen Praxis kaum berücksichtigt werden. Dies spricht insgesamt dafür, dass der von Czada so betitelte „verkürzte Reparaturzyklus" in den Kommunen in noch stärkerem Ausmaß als auf den anderen Ebenen anzutreffen ist und somit ein deutlich inkrementalistischer Politikstil dominiert.

cy). Er unterscheidet hierbei sechs Schulen, die im Einzelnen nicht weiter vorgestellt werden sollen:

- sozioökonomische und politökonomische Schule
- Theorie der institutionellen Bedingungen
- Neuere politische Ökonomie
- Parteiendifferenztheorie
- Theorie gesellschaftlicher Interessen
- Implementationstheorie

Erklärungsvariablen für Politikergebnisse Schmidt verdeutlicht, dass jede dieser Schulen durchaus plausible Erklärungsvariablen bietet, wobei die monokausale Ausrichtung problematisch sei. Er empfiehlt statt dessen, die dahinterstehenden Variablen aus dem z. T. stark ideologisch gebundenen Kontext herauszulösen und in eine multikausale Analyse zu überführen. Aus den von Schmidt geschilderten sechs Schulen kann man fünf unabhängige Variablenbündel herausdestillieren, die in einer Policy-Analyse näher zu untersuchen sind, um unterschiedliche Politikergebnisse erklären zu können:

- Einfluss von sozioökonomischen Variablen
- Einfluss institutioneller Variablen
- Einfluss von Verbänden
- Einfluss von Parteiprogrammatiken und -kalkülen auf das Politikergebnis („Do parties matter?")[61]
- Einfluss der Verwaltung auf die Agendagestaltung und auf die Implementation

Kritikpunkte an der Politikfeldanalyse Der hier holzschnittartig geschilderte Zugriff der Politikfeldanalyse hat sich in den letzten Jahrzehnten methodisch ausdifferenziert, ohne dass hier der Raum wäre diese Diskussion ausführlich zu dokumentieren. Zentral sind drei Kritikpunkte an der Politikfeldanalyse, die auch bei der hier angestrebten Analyse kommunaler Politikfelder mitzubedenken sind (Héritier 1993):

Die Dimension der Wertvorstellungen und altruistischen Ziele der Akteure blieb erstens häufig unterbelichtet, während die Zuschreibung ausschließlich eigennütziger Ziele dominierte. Der Blick hinter die Kulissen offizieller Verlautbarungen führte nicht selten dazu, dass man die darin formulierten politischen Sachziele vernachlässigte oder lediglich als Außendarstellung einordnete, die ganz anderen, eigennützigeren Zielen diente („hidden agenda"). Neben den eigennützigen Zielen sind im Rahmen der Politikfeldanalyse auch die politischen Sachziele und Wertvorstellungen als handlungsrelevante Faktoren zu untersuchen.

---

[61] Die Neue Politische Ökonomie wird, wie Schmidt bereits ausführt, im Wesentlichen auch von der Parteiendifferenztheorie abgebildet.

Zweitens wurde den Akteuren häufig eine Rationalität zugeschrieben, die sich in der Empirie nicht bestätigte. Simon (1981) benennt v. a. drei Ursachen der begrenzten Rationalität: die Unvollständigkeit des Wissens, die Schwierigkeit der Bewertung zukünftiger Ereignisse und die begrenzte Auswahl an Entscheidungsalternativen. Daraus folgte u. a. für Simon, dass die Individuen in Entscheidungssituationen befriedigende statt optimale Lösungen wählen („satisficing").

Drittens war die Politikfeldanalyse häufig zu stark auf den Staat als Handlungssubjekt zentriert, der mit Hilfe der Instrumente die „Handlungsobjekte" in der Gesellschaft steuerte. Die Leistungen gesellschaftlicher Akteure bei der Politikimplementation sowie beim Gestalten ihrer eigenen Subpolitik blieb weitgehend ausgeblendet. Gerade für die angestrebte Analyse kooperativer Demokratieelemente sind diese Leistungen zu berücksichtigen und das staatszentrierte Steuerungsverständnis zu hinterfragen.

Kommen wir nun zum Aufbau der Analyse der einzelnen Politikfelder, der sich, wie erwähnt, an der Methodik der Policy-Analyse und dabei besonders an den fünf herausgearbeiteten Erklärungsvariablen für unterschiedliche Politikergebnisse orientiert.

Aufbau der folgenden Analyse

Zunächst werden die *sozioökonomischen* Rahmenbedingungen in dem jeweiligen Politikfeld anhand statistischer Kennziffern skizziert. Danach werden für jedes Politikfeld die *institutionellen* (bzw. rechtlichen) Rahmenbedingungen analysiert (polity), wobei bei der Beschreibung landesrechtlicher Vorgaben vorrangig auf Nordrhein-Westfalen Bezug genommen wird, weil zu diesem Bundesland die meisten kommunalen Policy-Studien vorliegen. Dann werden die relevanten Akteure in dem jeweiligen Politikfeld vorgestellt (politics), wobei die Analyse auf ausgesuchte Akteure und Entscheidungsprozesse fokussiert wird. Die Analyse beschränkt sich aber nicht ausschließlich auf die sog. „iron triangels", die aus Interessengruppen, Verwaltungsbehörde und Fachausschuss bestehen. Zum Teil werden neben den kommunalen Behörden insbesondere die Aufsichtsbehörden und wissenschaftliche Experten im jeweiligen Politikfeld in die Analyse miteinbezogen. Partiell wird hierbei auch die Analysefigur der Advocacy-Koalitionen angewendet, um die vielen unterschiedlichen Akteure zu bündeln. „Diese setzen sich aus Personen aus verschiedenen Organisationen zusammen, die gemeinsame normative und kausale Vorstellungen haben und ihre Handlungen oft abstimmen" (Sabatier 1993: 121). Dabei dürfte klar sein, dass die Skizze der Akteurskonstellationen aufgrund begrenzten Raums und nur weniger empirischer Studien zu kommunalen Politikfeldern bloß in „groben Pinselstrichen" erfolgen kann, zumal sich die Akteurskonstellationen von Ort zu Ort gravierend unterscheiden dürften. Die zu analysierenden Akteursgruppen – Parteien, Verbände, Verwaltung – zeigen bereits, dass unter diesem Punkt, nachdem die institutionellen und sozioökonomischen Rahmenbedingungen geschildert wurden, auch die anderen drei relevanten Erklärungsvariablen für Politikergebnisse miteinbezogen werden. Skizziert wird insbesondere der Einfluss der Kommunalverwaltung auf die *Implementation* landes- und bundesstaatlicher Politiken, der Einfluss von *Verbänden* und weniger formalisierter Organisationen und der Einfluss *parteipolitischer Programme und Kalküle* auf die Politikergebnisse.

Darauf folgt ein Überblick über die in den Politikfeldern eingesetzten Instrumente, wobei v. a. kommunal gestaltbare Instrumente dargestellt werden. Die Skizze der Instrumente erfolgt in Anlehnung an die Typologie von Prittwitz (1994: 73). Prittwitz unterscheidet drei grundlegende Instrumente direkter politischer Steuerung: psychisch/informationelle, rechtlich-politische und finanzielle Instrumente. Die Anreize und Instrumente können positiver oder negativer Art sein.

Abbildung 33: Instrumente direkter Steuerung (Prittwitz 1994: 73)

	psychisch / informationell	rechtlich-politisch	finanziell
negativ	sozialer Druck	Sanktionen, Ge-/ Verbote, Auflage, Genehmigung	Steuer, Abgabe, sonstige Belastung, Subventionskürzung
neutral	Überzeugung, Information	Planung, Koppelgeschäfte	Haushaltspolitik, Kompensation
positiv	Verstärkung (Orden u.ä.)		Subvention

Neben den Instrumenten direkter Steuerung verweist Prittwitz auch noch auf die Möglichkeiten indirekter Steuerung[62] und Selbstkoordination, wobei gerade die Skizze der Potenziale der Selbstkoordination[63] der Akteure einem allzu staatszentrierten Zugriff der Politikfeldanalyse vorbeugen soll. In die folgende Analyse der kommunalen Politikfelder soll insbesondere eine Form der indirekten Steuerung, die Infrastruktursteuerung, einbezogen werden.

Abschließend wird in jedem Politikfeld der Frage nachgegangen, ob sich in den 90er Jahren eine stärkere Ökonomisierung und der Einzug kooperativer Demokratieelemente beobachten lässt. Diese Trends werden in einem eigenen Unterkapitel tiefergehend untersucht und lassen sich im weiteren Sinne auch den indirekten Steuerungsformen (Ressourcensteuerung durch Anlehnung an privatwirtschaftliche Modelle) oder der Selbstkoordination (kooperative Demokratie z. T. als Selbstkoordination) bei Prittwitz zuordnen.

Damit werden zwei Trends aufgegriffen, die in diesem Buch für die kommunalen Entscheidungsstrukturen bereits allgemein analysiert wurden. Zu fragen ist bei der Trendanalyse, ob sich hierbei politikfeldspezifische Muster abzeich-

---

[62] Nach Auffassung von Prittwitz unterscheidet sich die indirekte Steuerung grundsätzlich von der direkten Steuerung. „Diese operiert nicht mit bestimmten verhaltensbezogenen Steuerungsimpulsen an die vorgesehenen Verhaltensträger, sondern beeinflußt deren Rahmenbedingungen. Zentrale Formen derartiger Kontextsteuerung sind die Ressourcen- und die Verfahrenssteuerung, zu denen ergänzend die Adressaten- und Akteurssteuerung kommen kann" (Prittwitz 1994: 75).

[63] „Im Falle der Selbstkoordination wissen die Beteiligten, daß sie zusammen ein bestimmtes Steuerungsergebnis erzielen müssen oder dieses zumindest individuell beschränktem Verhalten der Beteiligten vorzuziehen ist. Insofern bilden sie zusammen die Steuerungsinstanz. (...) Zentrale Formen der politischen Selbstkoordination sind das Verhandeln und das Argumentieren" (Prittwitz 1994: 76).

nen, d. h. es wird untersucht, inwieweit in den Politikfeldern je variierende fördernde oder hemmende Faktoren auf die Trends einwirken.

Abschließend werden nach Analyse der einzelnen Politikfelder die Ergebnisse in einem letzten Kapitel gebündelt und Gemeinsamkeiten und Unterschiede der drei Politikfelder herausgearbeitet.

5.1 Kommunale Haushaltspolitik

Seit Anfang der 90er Jahre ist die defizitäre Haushaltslage in vielen Kommunen das kommunalpolitisch dominante Thema. Kaum eine Maßnahme in einem beliebigen Politikfeld wird nicht überlagert von haushaltspolitischen Diskussionen. Dadurch, dass die Haushaltspolitik in die Beratungen zu jedem anderen Politikfeld involviert ist, ist sie nur sehr schwer als eigenständiges Politikfeld abgrenzbar. Eine sehr weitgehende Definition dieses Politikfeldes findet sich bei Sturm: „Unter Haushaltspolitik (H.) soll hier die Gesamtheit der Ausgaben- und Steuerpolitik verstanden werden (...) H. unterscheidet sich von anderen Politikfeldern wesentlich durch ihre Querschnittsfunktion" (Sturm 1991: 222). Da auf der kommunalen Ebene die Entscheidungen über Steuerfragen nur einen sehr kleinen Teil der Einnahmenseite des kommunalen Haushaltes ausmachen, ist für die kommunale Haushaltspolitik der Begriff „Steuerpolitik" durch das Wort „Einnahmepolitik" zu ersetzen. Die Analyse der Haushaltspolitik fokussiert sich im Folgenden ganz auf die seit Anfang der 90er Jahre zunehmende Zahl der Kommunen mit gravierenden Haushaltsproblemen (Holtkamp 2000c). In Kommunen, in denen aufgrund einer günstigen Sozial- und Betriebsstruktur noch Überschüsse erwirtschaftet werden können, sind die Akteurskonstellationen und Instrumente der Haushaltspolitik sicherlich etwas anders konfiguriert.

Definition von
Haushaltspolitik

5.1.1 Rahmenbedingungen

Nachdem bereits in Kap 3.2 die wesentlichen haushaltsrechtlichen Rahmenbedingungen dargestellt wurden, konzentrieren wir uns im Folgenden auf eine Skizze der Entwicklung der städtischen Haushalte seit den 90er Jahren getrennt nach alten und neuen Bundesländern. Nach der tiefen kommunalen Haushaltskrise in den alten Bundesländern Anfang der 80er Jahre setzte hier Mitte der 80er Jahre eine positivere Haushaltsentwicklung ein (Mäding 1998b). Anfang der 90er Jahre wiesen die Kommunen in den alten Bundesländern aber bereits wieder ein negatives Finanzierungssaldo[64] aus. Dennoch wurden diese Strukturprobleme der Kommunalhaushalte z. T. durch eine positive Entwicklung der Steuereinnahmen infolge des einigungsbedingten Booms erstmal überdeckt. Mittelfristig wurden die Haushaltsprobleme in den westdeutschen Kommunen durch die Wiedervereinigung aber maßgeblich verschärft. Die Kommunen in den alten Bundesländern zahlen (beispielsweise über die zunächst deutlich erhöhte Gewer-

Entwicklung der
Finanzierungssalden

---

[64] Verhältnis der Ausgaben des Verwaltungs- und Vermögenshaushalts zu den Einnahmen insgesamt

besteuerumlage[65]) jährlich ca. 3,5 Mrd. Euro für die Deutsche Einheit, das sind knapp 3% ihrer Einnahmen im Verwaltungshaushalt (Schwarting 2003: 47).

Erst als sich zwischen 1993 und 1994 ein Rückgang der Steuereinnahmen und der Zuweisungen der Länder abzeichnete, reagierten die westdeutschen Kommunen auf diese exogen bedingte Einnahmenkrise mit einer deutlichen Ausgabenreduzierung. Die Personalkosten wurden nach starkem Anstieg Anfang der 90er Jahre nahezu „eingefroren", was angesichts jährlicher Tariferhöhungen nur durch einen moderaten Personalabbau zu erreichen war. Auch die Zunahme der Kosten für den Sachaufwand[66] fiel deutlich moderater aus als noch Anfang der 90er Jahre. Die Ausgaben für Investitionen hingegen wurden seit 1993 deutlich zurückgeführt.

Ende der 90er Jahre hat sich die Haushaltssituation in den alten Bundesländern entspannt, was sich u. a. am positiven Finanzierungssaldo der Jahre 1998 bis 2000 ablesen lässt (vgl. Abbildung 34). Dies liegt einerseits an den konjunkturell bedingt steigenden Steuereinnahmen und andererseits an den Konsolidierungserfolgen der Gemeinden auf der Ausgabenseite. Begünstigend kam eine Senkung der Sozialausgaben aufgrund exogener Veränderungen hinzu (Pflegeversicherung und bessere Wirtschaftslage), nachdem sich die Kosten für soziale Leistungen insbesondere durch die zunehmende Finanzierung der Arbeitslosigkeit durch die Sozialhilfe zwischen 1980 bis 1995 mehr als verdreifacht hatten (Schwarting 2003: 43).

Diese aggregierten Daten täuschen aber darüber hinweg, dass einzelne Gemeinden in den alten Bundesländern auch Ende der 90er Jahre weiterhin erhebliche Haushaltsprobleme haben. Dies trifft v. a. größere Gemeinden, die zusätzlich eine überdurchschnittlich problematische Sozialstruktur (insbesondere Langzeitarbeitslose) aufweisen (Holtkamp 2000c).

Die leichte „Erholung" der Kommunalfinanzen Ende der 90er Jahre wurde 2001 durch einen massiven Einbruch der Gewerbesteuer jäh beendet. Durch die Konzentrationsprozesse in einigen Branchen und durch die Gesetzgebung der Bundesregierung mussten gerade viele größere Unternehmen kaum noch Steuern zahlen, so dass die Gewerbesteuereinnahmen allein im Jahr 2001 um 9% zurückgingen. Hinzu kam eine deutliche Erhöhung der Gewerbesteuerumlage in den Jahren 2001 bis 2003, die von den Kommunen an Bund und Länder zu entrichten ist (Karrenberg/Münstermann 2004: 20). Weiterhin wurden durch Steuersenkungsgesetze der Bundesregierung die Einkommenssteuereinnahmen der Kommunen in mehreren Stufen deutlich reduziert. Den exogen bedingten Steuerausfällen standen deutlich steigende Kosten für soziale Leistungen gegenüber, die zu einem nicht unerheblichem Anteil auf die deutlich wachsenden Fallzahlen der Eingliederungshilfe für Behinderte – vorrangig stationäre und teilstationäre Leis-

---

[65] Ein Teil der kommunalen Gewerbesteuern wird über diese Umlage an den Bund und die Länder abgeführt. Hieraus wurde auch die Deutsche Einheit zum Teil finanziert. In den letzten Jahren wurde immer wieder der über die Umlage abzuführende Prozentanteil der Gewerbesteuer verändert.
[66] Unter Sachaufwand werden laufende Betriebs- und Sachkosten gefasst, die im Verwaltungshaushalt einzustellen sind. Überschreitet die Anschaffung von Geräten einen festgelegten Betrag, sind diese Kosten demgegenüber als Investitionen im Vermögenshaushalt zu veranschlagen.

tungen, wie z.B. die Werkstätten für Behinderte – zurückzuführen sind (Robert/Schäfer 2004). Im Jahre 2003 wurde in den alten Bundesländern schließlich ein Rekordfinanzierungssaldo von -7,7 Mrd. Euro erreicht. Problematisch an dieser erneuten Einnahmekrise ist vor allem, dass viele Kommunen bereits in den 90er Jahren einen großen Teil ihrer Konsolidierungspotenziale (insbesondere durch Personalabbau und Vermögensveräußerungen) ausgeschöpft haben. Somit kann nicht davon ausgegangen werden, dass die Kommunen die Haushaltskrise über die in erheblichem Maße kommunal gestaltbaren Ausgabenreduzierungen bewältigen könnten. Weitere Konsolidierungseffekte konnten die Kommunen seit 2001 lediglich durch die fortgeführte Reduzierung der Investitionsausgaben erzielen.

Abbildung 34: Eckdaten zur Entwicklung der Haushalte der Gemeinden und Gemeindeverbände der alten Bundesländer in Mrd. Euro

	1994	1995	1996	1997	1998	1999	2000	2001	2002	2003
Finanzierungs-saldo	-3,1	-6,3	-2,7	-2,0	2,6	2,3	1,8	-3,9	-4,4	-7,7
Steuereinnahmen	41,5	40,2	40,8	41,3	44,7	46,8	47,8	45,1	43,4	42,7
Zuweisungen der Länder insgesamt	27,0	26,9	27,4	26,8	27,3	27,9	29,2	28,9	29,3	27,8
Personalausgaben	30,7	31,3	31,1	30,9	30,9	31,4	32,0	32,0	32,7	33,1
laufender Sach-aufwand	20,9	21,2	21,3	21,3	21,6	22,5	23,4	24,0	24,5	24,4
Soziale Leistun-gen	24,7	26,0	25,1	23,1	22,9	22,7	22,9	23,3	24,3	26,2
Sachinvestitionen	21,4	20,6	19,2	18.3	18,0	18,4	19,1	19,1	18,7	16,6
Kassenkredite	2,2	3,3	3,7	4,9	5,5	5,6	6,4	8,3	10,1	15,1
Schulden		71,3	70,7	69,4	68,3	67,3	67,0	67,1	68,2

Quellen: BMF, Statistisches Bundesamt

In den neuen Bundesländern haben sich die Haushalte etwas anders als in den alten Bundesländern entwickelt. Grundsätzlich ähnlich ist, dass auf tendenziell sinkende bis stagnierende Einnahmen mit einer Reduzierung kommunal gestaltbarer Ausgaben (Personalkosten, Sachaufwand und Investitionsausgaben) reagiert wurde, und die Finanzlage – ablesbar am Finanzierungssaldo – sich durch Konsolidierungsbemühungen, sinkende Sozialausgaben und steigende Steuereinnahmen etwas entspannte. Dass auch in den Jahren 1998 und 1999 ein negatives Finanzierungssaldo in den Kommunen der neuen Bundesländer ausgewiesen werden musste, zeigt die durchschnittlich prekärere Haushaltslage. Allerdings ist seit dem Jahre 2001 keine so dramatische Entwicklung bei den Finanzierungssalden zu konstatieren wie in den alten Bundesländern, was auch auf die geringere „Abhängigkeit" von Steuereinnahmen zurückgeführt werden kann. Der explo-

Haushalts-entwicklung in Ostdeutschland

sionsartige Anstieg der Verschuldung bis 1998 verdeutlicht darüber hinaus, dass die zukünftigen finanziellen Handlungsspielräume stark verringert wurden. Während die Pro-Kopf-Verschuldung in den ostdeutschen Kommunen 1991 noch bei 575 DM lag, kam man 1998 schon auf 2.200 DM und hatte damit das Westniveau von 2.326 DM in nur wenigen Jahren fast eingeholt.

Radikaler Personalabbau in Ostdeutschland

Zwei weitere Besonderheiten fallen bei Abbildung 35 ins Auge. Erstens wurden die Personalkosten in den ostdeutschen Kommunen seit 1993 trotz sukzessiver Anpassung der Ost- an die Westtarife viel radikaler abgebaut. Dies liegt z. T. sicherlich daran, dass man Anfang der 1990er Jahre aufgrund der (Re-) Kommunalisierung von Aufgaben einen sehr viel größeren Personalstand hatte als die westdeutschen Kommunen. Dies lässt sich auch daran ablesen, dass 1991 die Personalausgaben 50,3% des Verwaltungshaushaltes in den ostdeutschen Kommunen ausmachten, während es in Westdeutschland nur 36 % waren. Der Abbau von Personal fand in Ostdeutschland besonders stark in den kommunalen Kindertageseinrichtungen statt (Karrenberg/Münstermann 1998: 458; vgl. auch Kap. 5.2.1).

Abhängigkeit von Zuweisungen

Zweitens sind die ostdeutschen Kommunen in weit höherem Maße von staatlichen Zuweisungen abhängig als die westdeutschen Kommunen. Dieses starke Übergewicht der staatlichen Zuweisungen gegenüber den Steuereinnahmen reduziert sich in den ostdeutschen Kommunen im Zeitablauf kaum.

Abbildung 35: Eckdaten zur Entwicklung der Haushalte der Gemeinden und Gemeindeverbände der neuen Bundesländer in Mrd. Euro

	1994	1995	1996	1997	1998	1999	2000	2001	2002	2003
Finanzierungssaldo	-2,7	-1,0	-1,4	-0,8	-0,5	-0,2	0,0	-0,4	-0,2	-0,7
Steuereinnahmen	3,4	3,8	3,3	3,5	4,0	4,2	4,2	4,0	4,0	4,1
Zuweisungen der Länder insgesamt	11,7	12,8	12,1	11,1	10,8	10,8	11,0	10,9	11,2	11,1
Personalausgaben	9,1	9,2	8,7	8,0	7,8	7,8	7,6	7,3	7,3	7,3
laufender Sachaufwand	5,2	5,5	5,3	5,1	5,0	5,0	4,9	4,8	4,8	4,8
Soziale Leistungen	3,8	4,4	4,1	3,3	3,3	3,3	3,4	3,6	3,8	4,2
Sachinvestitionen	0,3	0,3	0,3	0,3	0,3	0,3	0,3	0,3	0,3	0,3
Kassenkredite	0,5	0,3	0,3	0,3	0,3	0,4	0,5	0,7	0,6	1,1
Schulden			14,1	14,9	15,4	15,6	15,6	15,6	15,5	16,0

Quellen: BMF, Statistisches Bundesamt

Gemessen am Schuldenstand eher geringe kommunale Haushaltsprobleme

Die Dramatik der kommunalen Haushaltskrise seit den 90ern lässt sich nur vor dem Hintergrund der rechtlichen Rahmenbedingungen und der Genehmigungspolitik der Aufsichtsbehörden (siehe Akteurskonstellationen) verstehen. Ein Vergleich mit anderen föderalen Ebenen zeigt nämlich, dass die Kommunen in absoluten Zahlen sicherlich eher geringe Haushaltsprobleme haben. So betrug im

Jahre 2003 der Schuldenstand des Bundes ohne Sondervermögen ca. 760 Mrd. Euro, die Bundesländer hatten insgesamt 415 Mrd. Euro Schulden, während alle Kommunen, Gemeinde- und Zweckverbände zusammen „nur" eine Verschuldung von 91,5 Milliarden auswiesen. Die Verschuldung der Kommunen in den alten Bundesländern ist sogar seit Jahren leicht rückgängig, insbesondere aufgrund der Auflagen der Aufsichtsbehörden. Aussagekräftiger als die Verschuldung für langfristige Schulden für Investitionen sind aber die kurzfristigen Kassenkredite, die aufgenommen werden müssen, wenn die laufenden Ausgaben die Einnahmen im Verwaltungshaushalt übersteigen. In den alten Bundesländern sind diese von 6,4 Mrd. Euro im Jahre 2000 auf 15,2 Mrd. Euro in 2003 angestiegen. Die Mitgliedstädte des Städtetags mit Haushaltsdefizit (i.d.R. Kommunen mit mehr als 50.000 Einwohnern) können 2003 durchschnittlich 17% der Ausgaben des Verwaltungshaushalts nicht mehr durch laufende Ausgaben decken und müssen diese überwiegend über Kassenkredite kurzfristig absichern. Insbesondere in den strukturschwachen Ruhrgebietsstädten ist diese Unterdeckung besonders hoch, während die ostdeutschen Kommunen mit Ausnahme von Brandenburg deutlich besser abschneiden. Strukturschwachen größeren Kommunen in den alten Bundesländern geht es, wenn man diesen aussagekräftigen Indikator zu Grunde legt, finanziell deutlich schlechter als den Städten und Gemeinden in den neuen Bundesländern. Berücksichtigt man dabei, dass diese Fehlbeträge in den folgenden Haushaltsjahren wieder als sog. Altfehlbeträge im Verwaltungshaushalt abzudecken sind, zu denen sich dann die aktuellen Fehlbeträge „gesellen", ist der Haushaltsausgleich zumindest für viele nordrhein-westfälische Kommunen auch in Jahrzehnten nicht mehr absehbar.

Die sich seit 2001 wieder zuspitzende kommunale Haushaltskrise führte 2002 zur Einsetzung der Kommission zur Reform der Gemeindefinanzen durch die Bundesregierung. Unter dem Vorsitz des Bundesministers für Finanzen gehörten der Kommission Vertreter der kommunalen Spitzenverbände, Vertreter der Länder, der anderen Bundesministerien sowie der Wirtschaftsverbände und Gewerkschaften an. Die Kommission kam aufgrund der verschiedenen Interessenlagen der Akteure zu keiner aussagekräftigen Abschlusserklärung (Robert 2004: 53). „Die Gemeindefinanzreform hat sich im Geflecht politischer Partikularinteressen erneut als ‚mission impossible' erwiesen" (Junkernheinrich 2003: 423), war das ernüchternde Fazit zu der Arbeit der mit vielen Vorschusslorbeeren bedachten Kommission zur Reform der Gemeindefinanzen. Die Bundesregierung sah sich daher gezwungen, ein eigenes Reformpaket zur Reform der Gemeindefinanzen zu schnüren, und versprach den Kommunen eine jährliche Entlastung von 5 Mrd. Euro. Erreicht werden sollte dies vor allem durch die Umwandlung der Gewerbesteuer in eine Gemeindewirtschaftssteuer, die zukünftig auch von den Freiberuflern zu entrichten gewesen wäre. Der Entwurf des Gesetzes der Reform der Gewerbesteuer führte in den ersten Beratungen zu einem negativen Votum der konservativ-liberalen Mehrheit im Bundesrat. Im Vermittlungsausschuss einigte man sich schließlich nach massivem Widerstand der Union gegen die Reform der Gewerbesteuer auf den kleinsten gemeinsamen Nenner: Man veränderte lediglich ein weiteres Mal den Prozentsatz der Gewerbesteuerumlage. Nachdem man ihn vom Jahr 2000 bis 2003 kontinuierlich erhöht hatte, reduzierte man ihn nun wieder von 28 auf 20 Prozent. Ob es dadurch und durch den Abbau kleinere Steuervergünstigungen in den nächsten Jahren tatsächlich zu den von der Bundesregierung angekündigten Mehreinnahmen bei der Gewerbesteuer von 2,8-3,2 Mrd. Euro kommen wird (Robert 2004: 65), wird man erst präzise beurteilen können, wenn die Jahresrechnungen der nächsten Jahre vorliegen. Wie sich die ebenfalls im Vermittlungsausschuss verhandelte Zusammenlegung von Arbeitslosengeld und Sozialhilfe finanziell auswirken wird, ist derzeit nicht im Ansatz abschätzbar.

Zwar kann der Städtetag in seiner neusten Bilanz eine gewisse Entlastung der Kommunen konstatieren, nachdem sich das Gesamtdefizit der kommunalen Haushalte im Jahre 2005 nunmehr „nur" noch auf 3,7 Mrd. Euro in den alten und neuen Bundesländern beläuft (Karrenberg 2006). Gleichzeitig wird aber zu Recht darauf hingewiesen, dass sich die Haushaltsprobleme in sehr vielen Kommunen wie bspw. in nordrhein-westfälischen Mittel- und Großstädten massiv weiter verschärft haben und historische Defizite zu verzeichnen sind und deshalb immer mehr Haushalte nicht mehr genehmigt werden.

Die aufgetürmten Fehlbeträge lassen in jedem Fall nicht erwarten, dass viele Kommunen ihre Defizite im Verwaltungshaushalt ausgleichen könnten. Allein in Nordrhein-Westfalen stiegen die Fehlbeträge im Verwaltungshaushalt von 0,5 Mrd. Euro im Jahre 2000 auf rund 4 Mrd. Euro im Haushaltsjahr 2003 (Innenministerium NRW 2004: 35). In nordrhein-westfälischen Kommunen sind darüber hinaus zwischen 1993 und 2003 die Kassenkredite um das 27-fache angestiegen (Färber/Wild 2005). Die von der Bundesregierung bislang durchgeführten Reformen sind bei Berücksichtigung dieser Altfehlbeträge nicht mehr als ein „Tropfen auf den heißen Stein".

5.1.2 Akteurskonstellationen

Dominanz der Verwaltung

Gerade in der Haushaltskrise dominieren in der Haushaltspolitik die Verwaltungsakteure. Dies liegt einerseits daran, dass in der Haushaltskrise aufgrund des Fehlbetrages v. a. Veränderungen im Verwaltungshaushalt stattfinden müssen. Die Sanierung des Verwaltungshaushaltes erfordert eine intensivere Sachkenntnis als die Prioritätensetzung im Vermögenshaushalt, und das Interesse der Kommunalpolitik an Investitionen im Vermögenshaushalt ist aufgrund der stärkeren „Sichtbarkeit" der Maßnahmen ausgeprägter. Andererseits haben gerade die Mehrheitsfraktionen ein großes Interesse daran, Konsolidierungsmaßnahmen als Sachzwänge darzustellen, die nicht ihrer eigenen Prioritätensetzung entstammen, sondern von der Verwaltung vollzogen werden *müssen*. Damit hoffen sie bei der nächsten Kommunalwahl nicht für einschneidende Sparmaßnahmen in die politische Haftung genommen zu werden. Die Verwaltung (in der Regel v. a. der Kämmerer und der Bürgermeister) dominiert den Konsolidierungsprozess aber nur so lange, wie er nicht zu einem starken organisierten Protest der Bürger und Verbände führt, denn spätestens dann muss der Rat „sich erklären" und damit auch eingehender mit dem Verwaltungshandeln auseinandersetzten. I.d.R. antizipiert die Verwaltung dieses Problem und vermeidet sehr konfliktreiche Konsolidierungsstrategien wie etwa die Schließung von Einrichtungen. Eher als auf strikte Aufgabenkritik und Aufgabenabbau setzt sie gerade im Zuge des

Neuen Steuerungsmodells stärker auf Rationalisierungsmaßnahmen, ohne dabei den Aufgabenbestand zu reduzieren (Holtkamp 2000c).

Dennoch sollte die Rolle des Gemeinderats in der Haushaltspolitik auch in Kommunen mit großem Konsolidierungsdruck nicht unterbewertet werden. Erstens hat er nach wie vor einen sehr großen Einfluss auf einzelne Positionen im Vermögenshaushalt. Gerade der Vermögenshaushalt ist somit häufig „das Regierungsprogramm in Zahlen", wobei die verminderten Zuweisungen seitens des Verwaltungshaushaltes, die Transferierung von Einnahmen aus Grundstücksverkäufen in den Verwaltungshaushalt und die aufsichtsbehördlichen Hinweise zur Kreditaufnahme den Dispositionsspielraum des Vermögenshaushalts in der Haushaltskrise erheblich verringern. Zweitens bedarf es grundlegender Beschlüsse, wenn Kämmerer und Bürgermeister sehen, dass mit verwaltungszentrierten Konsolidierungsstrategien (Rationalisierung in bestehenden Strukturen anstelle von Auslagerung und Aufgabenabbau) der Haushaltsausgleich mittelfristig nicht zu realisieren ist und der Rat deswegen „heilige Kühe schlachten" soll. Einfluss des Gemeinderats

Die Haushaltsberatungen im Gemeinderat sind häufig in weit stärkerem Maße von konkurrenzdemokratischen Mustern geprägt als bei anderen Beratungsgegenständen. Die Opposition nutzt die Haushaltsrede häufig zur „Generalabrechnung mit der Regierung", wobei den Reden meist nicht zu entnehmen ist, wie ein Haushaltsausgleich im Verwaltungshaushalt zu erreichen ist. Der defizitäre Verwaltungshaushalt wird häufig als „Versagen" der jeweiligen Mehrheitsfraktionen dargestellt. Die Mehrheitsfraktionen betonen demgegenüber, dass die defizitäre Haushaltssituation nur etwas mit kommunal nicht zu beeinflussenden Entwicklungen zu tun habe. Parteienwettbewerb bei Haushaltsberatungen

Als weiterer roter Faden durchzieht die Haushaltsreden aller Fraktionen, dass man gerade diejenige föderale Ebene für die schwierige Haushaltsituation mitverantwortlich macht, auf der der politische Gegner die Regierung stellt. Haushaltsberatungen sind in hohem Maße routinisiert, so dass alljährlich die selben Argumentationsfiguren in neuem Gewand vorgetragen werden. In Extremfällen kopieren die Fraktionsvorsitzenden einzelne Textbausteine aus ihren alten Haushaltsreden und fügen sie lediglich zu einer neuen Rede zusammen (Holtkamp 2000c: 211). Die Haushaltspolitik wird in der Regel v. a. von den Spitzenpolitikern in den Fraktionen – also häufig von den Fraktionsvorsitzenden – dominiert, während „einfache" Ratmitglieder den Haushaltsplan zum Teil nicht einmal richtig lesen können. Das liegt einerseits an der sehr komplizierten kameralistischen Haushaltsführung und andererseits an den knappen Zeitressourcen der Ratsmitglieder sowie ihrem Wunsch, sich eher in einzelnen Fachpolitiken zu profilieren. Haushalt ist Sache der Fraktionsspitzen

Die politikwissenschaftliche Forschung interessiert sich seit langem im Rahmen der Parteiendifferenzhypothese für die Frage, ob sich unterschiedliche Parteiprogramme auf die Haushaltspolitik der unterschiedlichen föderalen Ebenen auswirken. Während in internationalen Vergleichen bereits nachgewiesen wurde, dass Zusammenhänge zwischen Parteiprogramm einerseits und Steuerpolitik und Ausgabeverhalten der Länderregierungen andererseits existieren, konnte dies in Studien zur deutschen Kommunalpolitik bisher weitgehend nicht belegt werden (Gabriel et al 1994: 160). Lediglich Volker Kunz kommt in einer neueren Untersuchung auf Grundlage einer multivariaten Analyse aller kreisfreien Studie zur Parteiendifferenz

Städte in Deutschland zu dem Ergebnis, dass sich deutliche parteipolitische Muster in der kommunalen Haushaltspolitik zeigen:

> „Das Muster der Effekte ist eindeutig: CDU/CSU-dominierte Städte sind mit verstärkten Investitionsausgaben in Verbindung zu bringen, während SPD-Städte deutliche Schwerpunkte im Bereich der Personalausgaben und der kommunalen Beschäftigung setzen. Daraus erklärt sich die erhöhte Nettokreditaufnahme in CDU/CSU-dominierten Städten, während für SPD-dominierte Kommunen tendenziell höhere [Gewerbesteuer-, L.H.] Hebesätze nachzuweisen sind" (Kunz 2000: 337).

Einschränkung der Ergebnisse der Studie

Für die lokale Politikforschung ist der Befund von Kunz in dieser *Deutlichkeit* sicherlich überraschend und kann die zukünftige Fachdiskussion befruchten. In den 90er Jahren dominiert in der lokalen Politikforschung eher die plausible Hypothese, dass Parteien in der Kommunalpolitik im Hinblick auf den Policy-Output nur sehr begrenzt einen Unterschied machen. Neben der Tradition der primär sachbezogenen Kommunalpolitik wird dies auf die Dominanz exogener sozio-ökonomischer und institutioneller Variablen (insbesondere die zunehmende Politikverflechtung) in den kommunalen Politikfeldern zurückgeführt (Kleinfeld 1996: 59f.).

Aus vier Gründen ist die Verifizierung der Parteiendifferenzhypothese durch die Untersuchung von Volker Kunz sehr vorsichtig zu interpretieren:

- Kunz hat „nur" die Haushaltspolitik in kreisfreien Städten analysiert, in denen die Parteipolitisierung im Vergleich zu den kleineren kreisangehörigen Gemeinden stärker ausgeprägt sein dürfte (Kunz 2000: 108).
- Weiterhin hat er die Haushaltsentwicklungen in den 80er Jahren analysiert, die nicht durchgehend von einer tiefgreifenden Haushaltskrise mit dementsprechenden geringeren Handlungsspielräumen für parteipolitische Prioritäten geprägt waren. Für den Anfang der 80er Jahre, die partiell von einer Haushaltskrise überschattet waren, stellt er darüber hinaus fest, dass einer der stärksten Zusammenhänge – Korrelation von SPD und Personalausgaben – deutlich schwächer ausgeprägt war (Kunz 2000: 341).

Fehlende qualitative Studien

- Drittens hat Kunz nicht in qualitativen Studien vor Ort geklärt, auf welchen Pfaden die Parteien bzw. Fraktionen einen so starken Einfluss auf den kommunalen Haushaltsoutput nehmen können (über jährliche Haushaltsberatungen, über die Einstellung des Kämmerers etc.). Insbesondere wäre zu klären, ob sich diese parteipolitischen Prioritäten nur in wenigen Jahren setzen lassen oder eine langfristige Hegenomie einer Partei voraussetzen, wie dies gerade bei den eher mittelfristig zu beeinflussenden Personalausgaben zu erwarten wäre.
- Viertens ist davon auszugehen, dass Kunz nicht alle wichtigen Drittvariablen, die zu einer Scheinkorrelation von Parteien und Haushaltsoutput führen könnten, berücksichtigen *konnte*. Ein Beispiel hierfür wäre die Einflussnahme der Aufsichtsbehörden in den unterschiedlichen Bundesländern. Kunz geht davon aus, dass diese unterschiedlichen Vorgaben die Entscheidungsfreiheit des Rates nicht maßgeblich einschränken können (Kunz 2000: 106). Dass dies zumindest für die 90er Jahre nicht in NRW gilt, wird weiter

unten noch skizziert. Dementsprechend könnte man einen Teil der Befunde von Kunz z. B. auf die Genehmigungspolitik des Landes NRW zurückführen.[67]

Wenden wir uns nun den drei Verwaltungsakteuren zu, die einen maßgeblichen Einfluss auf die Haushaltspolitik in Krisenzeiten nehmen. Die Rede ist von der Aufsichtsbehörde, dem Kämmerer und dem direktgewählten Verwaltungschef.

Der Kämmerer stellt den Haushaltsplan auf und bringt ihn (verknüpft mit einer Rede) in den Gemeinderat ein. Damit präjudiziert er bereits wichtige Entscheidungen und verfügt über eine erhebliche Definitionsmacht, weil die meisten Haushaltsansätze vom Gemeinderat nicht mehr verändert werden (Naßmacher/Naßmacher 1999: 338). Hierbei ist allerdings zu berücksichtigen, dass vor der Einbringung des Haushaltes häufig eine informelle Abstimmung mit den Mehrheitsfraktionen stattfindet bzw. ihre Wünsche im Haushaltsentwurf zumindest teilweise antizipiert werden. Dadurch ist es in der Praxis auch außerordentlich schwierig, den Einfluss des Rates bzw. der Mehrheitsfraktionen zu gewichten, weil sich dieser nicht nur an den transparenten Unterschieden zwischen Haushaltsentwurf und verabschiedetem Haushaltsplan bemessen lässt.

Dominanz des Kämmerers

In der Regel ist die untere Aufsichtsbehörde (also Kreis) in NRW zuständig für die Genehmigung der Haushalte der kreisangehörigen Gemeinden und die Bezirksregierung für die Genehmigung der Haushalte der kreisfreien Städte. Häufig finden bereits vor Aufstellung des Haushaltsplanes Verhandlungen zwischen dem Kämmerer und der Aufsichtsbehörde statt, um auszuloten, unter welchen Bedingungen der Haushalt genehmigungsfähig ist. Mit dem Verhältnis zwischen Kommunalaufsicht und Kommunalverwaltung hat sich Lars Holtkamp intensiv in seiner Dissertation über kommunale Haushaltspolitik in NRW beschäftigt. Im Mittelpunkt der qualitativ vergleichenden Analyse der drei Untersuchungsgemeinden, die alle im Kreis Recklinghausen liegen, der wohl die größten Haushaltsprobleme von allen Kreisen in NRW hat, stand die Frage, wie man sich den Aushandlungsprozess zwischen Aufsichtsbehörde und Kommunen im Rahmen des Haushaltssicherungskonzeptes vorzustellen hat. Die folgenden Er-

Großer Einfluss der Aufsichtsbehörde

---

[67] In den 80er Jahren war noch der größte Teil der kreisfreien Städte in NRW in „sozialdemokratischer Hand". Würde man für diesen Zeitraum annehmen, dass die Landesregierung NRW in ähnlicher Weise wie in den 90ern die Genehmigungspolitik von kommunalen Haushalten gesteuert hätte, wären die Ergebnisse von Kunz keineswegs überraschend. In den 90ern hat die Landesregierung NRW in einer Art „Geheimerlass" festgeschrieben, welche Hinweise die Aufsichtsbehörden bei der Genehmigung des Haushaltes geben sollten. Erstens sollten sie auf höhere Hebesätze drängen und zweitens Kredite nur noch für sog. rentierliche Investitionsmaßnahmen genehmigen. Damit könnte man dann die höheren Hebesätze, die geringere Kreditaufnahme und die geringeren Investitionen der SPD durch die restriktive Genehmigungspolitik der Landesregierung NRW erklären, während die starken parteipolitischen Unterschiede bei den Personalausgaben im Zuge der Haushaltskrise Kunz zufolge sowieso abnahmen. Dies ist selbstverständlich nur ein Gedankenexperiment, das die Leistung der Arbeit von Kunz nicht schmälert. Es sollte nur aufzeigen, dass die exakten Zahlenwerte, wie sie sich bei multivariaten Analysen ergeben, hinsichtlich ihrer Aussagekraft ebenso wie qualitative Studien bestimmten Einschränkungen unterliegen. Während die Ergebnisse von Fallstudien nicht verallgemeinerungsfähig sind, fehlt es quantitativen Studien an Tiefenschärfe, und sie sind im Vorfeld auf qualitative Studien angewiesen, um u. a. wichtige konstant zu haltende Drittvariablen registrieren zu können.

gebnisse der Dissertation können nur auf kreisangehörige Gemeinden in NRW mit erheblichen Haushaltsproblemen bezogen werden, während das Verhältnis von Aufsichtsbehörden und Kommunen in anderen Bundesländern nicht zuletzt aufgrund divergierender rechtlicher Rahmenbedingungen anders aussehen kann. Zu diesem Verhältnis in anderen Bundesländern liegen bisher aber keine empirischen Studien vor.

Der damalige Leiter der Kommunalabteilung des Innenministeriums NRW schildert diesen Aushandlungsprozess als einen Beratungsprozess:

> „Die gesetzlichen Bestimmungen beschreiben den Handlungsrahmen, so daß die Kommunen in einem gelenkten Selbststeuerungsprozeß über den Konsolidierungsweg selbst bestimmen können (...) Auch wenn die kommunalverfassungsrechtlichen Rahmenbedingungen Anordnungsrechte einräumen bis hin zur Bestellung eines Beauftragten, sollten sich die Kommunalaufsichtsbehörden auf eine Moderatorenrolle beschränken" (Held 1995: 66).

Haushaltspolitik unter dem Damoklesschwert der Nichtgenehmigung des Haushalts

In den drei Untersuchungsgemeinden zeigte sich bei der Analyse von Dokumenten (v. a. Genehmigungsschreiben zu den Haushaltsplänen) und der geführten halbstandardisierten Interviews, dass die Aufsichtsbehörde massiv in die kommunale Selbstverwaltung eingreift. Die in den Genehmigungsschreiben von der Aufsichtsbehörde gegebenen „Hinweise" wurden von den kommunalen Akteuren in Regierungsverantwortung als Bedingungen interpretiert, die erfüllt seien müssen, um im nächsten Jahr das Haushaltssicherungskonzept und damit den Haushalt genehmigt zu bekommen. In einer Kommune des Kreises Recklinghausen wurde bereits im Jahre 1994 der Haushalt nicht genehmigt, weil die angegebene Laufzeit des Haushaltssicherungskonzeptes mehr als fünf Jahre betrug. Übereinstimmend wiesen alle befragten Akteure darauf hin, dass es nunmehr das erste Ziel der Haushaltspolitik sei, einen genehmigungsfähigen Haushalt zu erreichen, um die Restriktionen des sog. Nothaushaltsrechts zu vermeiden. Das „Damoklesschwert" des Nothaushaltsrechts forciert die tatsächliche Umsetzung dieser Konsolidierungsoptionen häufig auch gegen den „eigentlichen" Willen der kommunalen Entscheidungsträger. Konsolidierungsopfer werden erbracht, um Schlimmeres – also die Nichtgenehmigung des HSKs und damit das Nothaushaltsrecht – zu vermeiden.

Unter den Bestimmungen des §81 der GO NW zur vorläufigen Haushaltsführung (Nothaushaltsrecht), die bei Nichtgenehmigung des Haushaltssicherungskonzepts (als Bestandteil des Haushaltsplans) gelten, können die Kommunen in der Regel lediglich ein Viertel des Gesamtbetrages der Kredite des Vorjahres aufnehmen, um notwendige Investitionsmaßnahmen durchzuführen. Das Sanktionspotenzial des Nothaushaltsrechts konzentriert sich also vor allem auf den Vermögenshaushalt und trifft die Kommunalpolitik damit besonders hart. Politische Prioritäten werden vor allem im Vermögenshaushalt in Form von Investitionsentscheidungen gesetzt. Diese sind bei einer erheblichen Reduzierung der Kreditlinie kaum noch realisierbar. Deshalb bemüht sich die Kommunalpolitik im starken Maße, die Nichtgenehmigung von Haushaltssicherungskonzepten zu vermeiden.

Die Hinweise der Aufsichtsbehörde werden also von den Kommunen erfüllt, nicht etwa weil sie von der Richtigkeit der einzuleitenden Maßnahmen argumentativ überzeugt wären, sondern weil sie weiteres „Unheil" in Form von Nichtgenehmigung des Haushaltes von der Stadt abwenden wollen. Wesentlich ist dabei, dass die Aufsichtsbehörden in der Regel kaum schriftlich konkrete Auflagen zu einzelnen Haushaltspositionen erlassen, sondern diese nur in mündlichen Gesprächen äußern, häufig mit dem Hinweis, dass sonst der Haushalt möglicherweise nicht mehr genehmigt werden könnte. Die Aufsichtsbehörden setzen nicht ohne Grund eher auf Verhandlungslösungen (unter Androhung des Damoklesschwerts „Nothaushaltsrecht") und verzichten auf schriftlich fixierte inhaltliche Auflagen. Das kommunale Haushaltsrecht ist geprägt von unbestimmten Rechtsbegriffen.

> „Soweit unbestimmte Rechtsbegriffe Spielräume belassen, eröffnen sich diese den selbstverantwortlich handelnden Gemeinden und nicht der Aufsichtsbehörde (...) Das kann eine gewisse Machtlosigkeit der Kommunalaufsicht gegenüber politischen Entscheidungen zur Folge haben. Sofern sich die Kommunen im Rahmen ihres Beurteilungsspielraums bewegen, sind der Kommunalaufsicht weitgehend die Hände gebunden" (Diemert 2005: 47).

Bei schriftlich formulierten, inhaltlichen Auflagen entstünde für die Aufsichtsbehörden somit ein erhebliches Prozessrisiko.

Besonders pikant sind die Hinweise der Aufsichtsbehörde zu den Realsteuererhebesätzen. Nach Auffassung der Akteure in zwei der drei untersuchten Städte waren die Kommunen durch den Druck der Aufsichtsbehörde gezwungen, die Realsteuerhebesätze zu erhöhen, obwohl sie bereits deutlich über dem Durchschnitt ihrer Gemeindegrößenklasse lagen. Die Aufsichtsbehörde zeigte im Gegenzug bei der Genehmigung von Krediten für sog. nichtrentierliche Investitionen Entgegenkommen, so dass sich der Genehmigungsprozess als Bargainingprozess beschreiben lässt, bei dem sich die Aufsichtsbehörde bei relativ leicht zu beurteilenden Konsolidierungsmaßnahmen (z.B. den Hebesätzen) in der Regel durchsetzen konnte. Ursachen für das Entgegenkommen der Aufsichtsbehörden bei unrentierlichen Investitionsmaßnahmen sind u. a. ihre begrenzten Zeit- und Informationsverarbeitungskapazitäten, parteipolitische Beziehungen der Gemeindevertreter zu übergeordneten Behörden und Parlamenten sowie mögliche Rechtsmittel der Gemeinden.

Aushöhlung der Hebesatzautonomie

Die Verhandlungen zwischen Aufsichtsbehörde und den Kämmerern (und bedingt den Bürgermeistern) führen weiterhin dazu, dass Konflikte durch die zunehmende Politikverflechtung auf den verschiedenen Verwaltungsebenen ausgetragen werden und die Mitwirkung der kommunalen Vertretungskörperschaft relativ gering ist. Die Dominanz der Kommunalverwaltungen (insbesondere des Kämmerers) wird also in der Regel durch diese bipolaren Verhandlungen gestärkt, wobei insbesondere die Oppositionsparteien und die Öffentlichkeit häufig nur schwer die Forderungen der Aufsichtsbehörde von den „eigenmächtigen" Empfehlungen der Kommunalverwaltung oder der Regierungsfraktionen unterscheiden können. Zwar handelt es sich bei den drei Untersuchungsgemeinden zu diesem Zeitpunkt noch eher um Extremfälle, weil die besonders schwierige Haushaltssituation die Aufsichtsbehörde zu massiven Eingriffen nötigte. Diese Extremfälle haben aber auch auf die Gemeinden mit etwas günstigerer Haushaltslage einen erheblichen Einfluss, weil sie die Sanktionsinstrumente der Auf-

Bipolare Verhandlungen stärken Kämmerer

sichtsbehörde verdeutlichen, die wie ein Damoklesschwert über allen Gemeinden schweben. So kommt es bereits in vielen nordrhein-westfälischen Gemeinden zu vorweggenommenen Anpassungsleistungen, um den Verwaltungshaushalt noch ausgleichen zu können und die massiven Eingriffe der Aufsichtsbehörde zu vermeiden. Allerdings ist davon auszugehen, dass die Aufsichtsbehörde in den kreisfreien Städten über einen geringeren Einfluss verfügt als in kreisangehörigen Gemeinden. So können kreisfreie Gemeinden beispielsweise über die größere Anzahl „ihrer" Landtagsabgeordneten stärker von oben Druck auf die Aufsichtsbehörden ausüben. Weitere Strategien, den Einfluss der Aufsichtsbehörden zu reduzieren, werden unter dem Gliederungspunkt „Instrumente" abgehandelt.

Aufwärtsspirale bei den Hebesätzen
    Die Hinweise der Aufsichtsbehörde zu den Hebesätzen sind in NRW kein Einzelfall. Zusammen mit den Regierungspräsidien hat die Landesregierung bereits 1996 einen Handlungsrahmen zur Genehmigung von Haushaltssicherungskonzepten erarbeitet, in dem u. a. festgeschrieben wurde, dass bei Gemeinden mit nicht ausgeglichenem Verwaltungshaushalt die Hebesätze der Grundsteuer B und der Gewerbesteuer deutlich über dem Durchschnitt ihrer jeweiligen Gemeindegrößenklasse liegen müssen. Damit hat die Landesregierung eine klassische Aufwärtsspirale für die Hebesätze konstruiert, weil jedes Jahr der Durchschnitt steigt, wenn einzelne Kommunen dazu gezwungen werden, ihre Hebesätze zu erhöhen. Mit steigendem Durchschnitt entsteht dann schnell wieder bei den anderen Gemeinden ein Anpassungsdruck usw.[68]

Insgesamt haben die Hinweise der Aufsichtsbehörden in Verbindung mit der Genehmigung von Haushaltssicherungskonzepten zur stärkeren Ausschöpfung von Konsolidierungseffekten geführt. Während die Haushaltsicherungskonzepte aus einer Effizienzperspektive ausschließlich positiv zu bewerten sind, haben sie eindeutig negative Auswirkungen auf die kommunale Demokratie (Holtkamp 2002a):

Erstens sind die Haushaltsplanberatungen durch die nicht-öffentlichen Verhandlungen zwischen Aufsichtsbehörde und Kämmerer für den Bürger und die überwiegende Mehrzahl der Ratsmitglieder wenig transparent.

Zweitens ist für den Wähler schwer nachzuvollziehen, wem er die Verantwortung dafür geben kann, dass er beispielsweise höhere Steuern zahlen muss. Für ihn ist vollkommen unklar, ob der Kämmerer durch Haushaltsaufstellung, der Rat durch Haushaltsverabschiedung oder doch die Aufsichtsbehörde durch nicht-öffentliche Verhandlungen für Steuererhöhungen die Verantwortung zu tragen hat, zumal sich dafür die Akteure in der Öffentlichkeit gegenseitig den „schwarzen Peter" zuschieben.

Drittens wurden die kommunalen Handlungsspielräume empfindlich durch die Auflagen der Aufsichtsbehörde eingeschränkt. So wurde sogar die immerhin *grundgesetzlich* garantierte Hebesatzautonomie der Gemeinden von den Aufsichtsbehörden ausgehöhlt und den Gemeinden wurden die Hebesätze de facto „in die Feder diktiert". Durch die Reduzierung kommunaler Handlungsspielräu-

---

[68] Erst zehn Jahre später wurde ein Erlass im Januar 2006 entwickelt, der diese Spirale für HSK-Kommunen durch Veränderung des Handlungsrahmens stoppen soll.

me wird es auch immer schwerer, die Bürger adäquat an der Haushaltsplanung zu beteiligen.

In der politikwissenschaftlichen Literatur wird weiterhin die Rolle des Bürgermeisters im Konsolidierungsprozess betont. Insbesondere Gerhard Banner (1984/1989) ging davon aus, dass der direkt gewählte Bürgermeister ein Garant für eine sparsame Haushaltspolitik sei. Dies illustrierte er mit einem Vergleich der kommunalen Haushaltsdefizite in Baden-Württemberg und in NRW, ohne den Einfluss anderer Variablen, die das günstigere Abschneiden von Baden-Württemberg erklären könnten, angemessen zu berücksichtigen. Hinter der Hypothese von Banner stehen zumindest zwei Annahmen. Erstens setzt Banner voraus, dass der Bürgermeister über genügend Machtressourcen verfügt, um sich gegenüber anderen Akteuren durchzusetzen, und zweitens muss der Bürgermeister davon ausgehen, dass der Wähler eine sparsame Haushaltspolitik honorieren wird (Haushaltskonsolidierung als Stimmenmaximierungsstrategie). Ohne hier auf die Feinheiten von Banners Argumentation eingehen zu können (siehe hierzu Holtkamp 2000, 2002a), dürften zwei Hinweise genügen, um zu zeigen, dass das Modell des direkt gewählten Bürgermeisters nicht über eine „eingebaute Spargarantie" verfügt. Erstens sind die Machtressourcen des Bürgermeisters in den Gemeinden sehr unterschiedlich verteilt, allein schon aufgrund unterschiedlicher Regelungen auf der Polity-Ebene (Gemeindeordnungen, Wahlrecht etc.). Zweitens kann keineswegs davon ausgegangen werden, dass eine sparsame Haushaltspolitik in allen Gemeinden von den Wählern honoriert wird. Hier sind insbesondere unterschiedliche Ausprägungen der Variablen „Politische Kultur" und „Gemeindegröße" zu berücksichtigen (siehe weiter unten Ausführungen zur kooperativen Demokratie).

Eine viel beachtete, quantitativ vergleichende Analyse, die damals noch den direkt gewählten Bürgermeister in Baden-Württemberg mit den nicht direkt gewählten Verwaltungschefs in anderen Bundesländern vergleichen konnte, hat die Hypothesen von Banner falsifiziert. Im Kern hat sich gezeigt, dass die Unterschiede in den kommunalen Haushaltsergebnissen der verschiedenen Bundesländer nicht durch die unterschiedlichen Gemeindeordnungen (Direktwahl oder Nichtdirektwahl des Verwaltungschefs) erklärt werden können, wenn man den Einfluss der Kontrollvariablen (u. a. Arbeitslosenquote, Zahl der Sozialhilfeempfänger) herausrechnet (Kunz/Zapf-Schramm 1989: 181ff.). Es handelt sich bei dem Zusammenhang von direkt gewählten Bürgermeistern und positiver Haushaltslage Kunz und Zapf-Schramm zufolge um eine Scheinkorrelation, während als die eigentlich erklärenden Variablen für die Haushaltslage z.B. die Arbeitslosenquote und die Anzahl von Sozialhilfeempfängern ausgemacht werden. Demnach erklären nicht institutionelle, sondern sozio-ökonomische Variablen die variierenden Haushaltsergebnisse der Kommunen[69].

Eine andere Analysefigur, die Gerhard Banner in die kommunale Haushaltspolitik eingeführt hat, findet sich aber durchaus in der kommunalen Praxis wieder. Er unterschied zwischen Steuerungspolitikern und Fachpolitikern. Die Steuerungspolitiker haben die Aufgabe, die Wünsche der Fachpolitiker nach

Thesen von
Gerhard Banner

Falsifizierung von
Banners Thesen

Unterscheidung von
Steuerungs- und
Fachpolitikern

---

[69] Vgl. ähnliche Ergebnisse auch Mohr (1999).

Ausgabenexpansion zu beschränken. Wichtige Fachpolitiker sind insbesondere die Amtsleiter oder Fachbereichsleiter sowie in NRW die Ausschussvorsitzenden. Sie neigen, wenn man den Annahmen der NPÖ folgt, deswegen zur Ausweitung ihrer Fachpolitiken, um sich öffentlich zu profilieren und ihr Budget sowie damit ihre Gestaltungsmöglichkeiten bzw. Aufstiegsmöglichkeiten zu maximieren. Aber auch in diesem Fall ist zu berücksichtigen, dass es sich häufig nicht nur um Eigeninteressen der Akteure handelt, sondern auch um politische Grundüberzeugungen. Je länger sich Ratsmitglieder und Verwaltungsmitarbeiter aufgrund ihrer Spezialisierung mit einem Politikfeld befassen, desto mehr Bedarf sehen sie im Regelfall für politische Steuerung und zusätzliche Angebote.

Verbände unterstützen Ausgabenexpansion Sie werden bei der Ausgabenexpansion häufig von den in ihrem Politikfeld tätigen Verbänden unterstützt, die dadurch, wie am Beispiel der Wohlfahrtsverbände noch zu zeigen ist, auch ihre Angebote ausbauen können. Es fällt auf, dass sich auf kommunaler Ebene kein Verband stark um allgemeine Haushaltsfragen kümmert (vielleicht mit Ausnahme des Bundes der Steuerzahler in wenigen Großstädten) und die Verbände somit auch keine Bündnisse mit den Steuerungspolitikern eingehen. Die Verbände spezialisieren sich auf ausgabenexpansive Forderungen in ihrem Bereich und sind häufig auch nicht in der Lage, den Haushaltsplan einer Gemeinde richtig zu lesen.

In der Haushaltskrise nehmen der Bürgermeister, der Kämmerer und häufig auch die Vorsitzenden der Mehrheitsfraktionen die Rolle der Steuerungspolitiker ein und können somit auch als eine Advocacy-Koalition gedeutet werden, die sich in ihren Organisationen (Verwaltung bzw. in den Fraktionen) gegen die Fachpolitiker durchsetzen muss (Timm-Arnold 2005).

5.1.3 Instrumente

Kommunal gestaltbare Haushaltspositionen Die Skizze der Instrumente folgt im Politikfeld Haushalt nicht der Systematik von Prittwitz, sondern orientiert sich an der Haushaltsplanung. Danach lassen sich die folgenden Einnahmen- und Ausgabenpositionen kommunal beeinflussen[70]:

- Verwaltungshaushalt: die Grundsteuer- und die Gewerbesteuerhebesätze, die Ausgaben für den laufenden Sachaufwand und die Personalausgaben
- Vermögenshaushalt: die Investitionsausgaben im Verbund mit den zweckgebundenen Investitionszuweisungen des Landes und die Einnahmen aus Eigentumsveräußerungen

Hebesatzerhöhungen In vielen Haushaltsreden spielt die Erhöhung der Gewerbesteuereinnahmen durch zusätzliche Industrieansiedlungen eine herausragende Rolle. Dabei wird aber häufig übersehen, dass die Gewerbesteuer zu einer geringeren Schlüsselzuweisung, zu einer höheren Kreisumlage und Gewerbesteuerumlage führt, so dass

---

[70] Ein guter detaillierter Überblick über alle wesentlichen Haushaltspositionen findet sich in Junkernheinrich (1991).

144

insgesamt unter Berücksichtigung der Aufwendungen für Wirtschaftsförderung und Infrastrukturmaßnahmen nur noch begrenzt von Konsolidierungseffekten die Rede sein kann. Demgegenüber kann der kommunal gestaltbare Gewerbesteuerhebesatz schon eher Konsolidierungseffekte erbringen.[71] Die Hebesätze für die Gewerbesteuer variieren in NRW relativ stark, wobei insbesondere die kreisfreien Städte sehr hohe Hebesätze haben und nicht zuletzt auch deswegen über gute Gewerbesteuereinnahmen verfügen. Die plausible Hypothese, dass die Höhe der Hebesätze positiv mit der Attraktivität der Wirtschaftsstandorte korreliert (und somit eher von exogenen Größen abhängt), kann für die Kommunen in NRW nicht bestätigt werden. So liegen beispielsweise drei der fünf Kreise mit den durchschnittlich höchsten Gewerbesteuerhebesätzen im Ruhrgebiet, das trotz aller Fortschritte des Strukturwandels pauschal sicherlich nicht als attraktivster Wirtschaftsstandort in NRW bezeichnet werden kann. Auch für die Grundsteuerhebesätze kann festgestellt werden, dass sie in den Städten mit den größten Haushaltsproblemen in NRW am höchsten sind. Dies kann vor allem darauf zurückgeführt werden, dass die Aufsichtsbehörden bei defizitären Verwaltungshaushalten verstärkt auf eine Erhöhung der Hebesätze hinwirken.

Naßmacher/Naßmacher (1999) weisen zu Recht darauf hin, dass der Kämmerer und die anderen „Steuerungspolitiker" die Erhöhungen der Hebesätze für politisch sehr riskant halten.

Widerstände gegen Hebesatzerhöhungen

> „Kein Kämmerer wird (ohne Not) die Lokalpresse durch die vorgesehene Steuer- und Gebührenfestsetzung zu einer Kampagne gegen seinen Entwurf herausfordern. Angesichts der erheblichen Bedeutung des (gewerbe- und/oder grundsteuerpflichtigen) Mittelstandes (...) für die kommunale Vertretungskörperschaft und der Orientierung der Lokalpresse an den Interessen der örtlichen Honoratioren, die in dieser Frage auch die persönlichen Interessen ihres Verlegers sind, erspart der Kämmerer sich so unnötige und aussichtslose Konfliktsituationen. (...) Die unmittelbare Verbindung zwischen etablierten kommunalen Interessen und Gemeindesteuerpflichtigen wirkt als Einnahmebremse für die Gemeinden" (Naßmacher/Naßmacher 1999: 342).

Dass Gemeinden mit Haushaltssicherungskonzept die Hebesätze dennoch massiv erhöhen, ist in NRW v. a. auf die Einflussnahme der Aufsichtsbehörde zurückzuführen, die offensichtlich über die Androhung von Sanktionen direkte Steuerungsrelevanz erreicht. Damit sind die Hebesätze der Gewerbesteuer und Grundsteuer B in NRW zum Teil sogar eine eher exogene Größe.

---

[71] Aufgrund der Berechnung der Schlüsselzuweisungen und der Kreisumlage auf der Grundlage sog. fiktiver Hebesätze werden Hebesatzerhöhungen nicht im gleichen Maße wie Einnahmesteigerungen durch Veränderung des Betriebsbesatzes abgeschöpft.

Auch ein Vergleich der Entwicklung der Hebesätze für die Grundsteuer B[72] in den Flächenstaaten der alten Bundesrepublik (vgl. Abbildung 36) legt diesen Schluss nahe und lässt vermuten, dass es in anderen Bundesländern[73] nicht zu einer so massiven Einschränkung der Hebesatzautonomie durch die Landesregierungen gekommen ist.

Abbildung 36: Veränderungen der Hebesätze

Veränderung der Hebesätze der Grundsteuer B zwischen 1994 und 2000 in v. H.

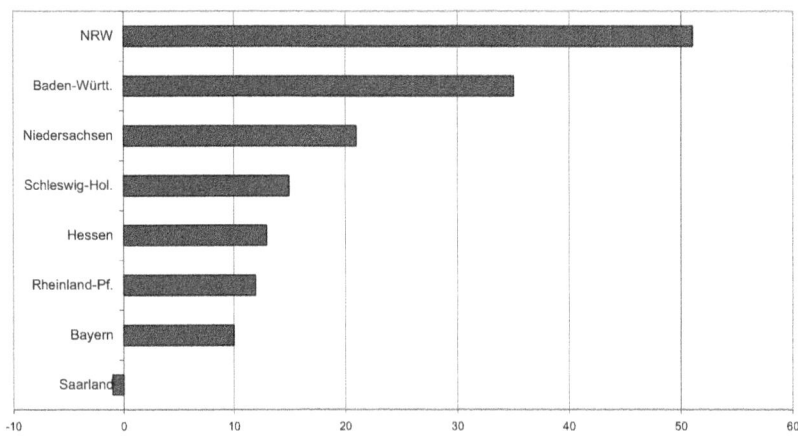

In nordrhein-westfälischen Kommunen über 50.000 Einwohner sind die Hebesätze der Grundsteuer B viel stärker angestiegen als in den anderen Flächenländern der „alten" BRD, so dass NRW mittlerweile durchschnittlich den höchsten Hebesatz der Grundsteuer B aller Flächenländer hat[74].

Insgesamt fällt auf, dass die Gewerbesteuerhebesätze im Vergleich zu den Grundsteuerhebesätzen weniger stark angestiegen sind (Mäding 1998b: 108). Ein Grund dafür mag darin liegen, dass die Interessen der Grundbesitzer nicht so leicht zu organisieren sind wie die Interessen der wenigen großen Gewerbesteuerzahler, zumal die Drohung mit der Exit-Option (Hirschmann 1993) von den Gewerbesteuerzahlern glaubwürdig vertreten werden kann, weil bereits die Abwanderung eines großen Gewerbesteuerzahlers erhebliche Effekte auf dem Arbeitsmarkt und bedingt auch auf den kommunalen Haushalt hat. In diesem Fall scheint also die drohende Exit-Option wirksamer zu sein als die Abwahloption

---

[72] Der Grundsteuer B für Wohn- und Betriebsgrundstücke kommt im Gegensatz zur Grundsteuer A für landwirtschaftliche Betriebe eine recht große Bedeutung für den Kommunalhaushalt zu.

[73] Die neuen Bundesländer wurden nicht in die Analyse miteinbezogen, weil sie nach der Wende von extrem niedrigen Hebesätzen ausgingen, so dass sich fast zwangsläufig höhere Veränderungsraten ergaben.

[74] Daten vgl. die jährlichen Publikationen des Instituts „Finanzen und Steuern"; aktuelle Schriften unter: http://www.ifst.de

der vielen Einwohner, die von der Erhöhung der Grundsteuerhebesätze negativ betroffen sind.

Des Weiteren können kommunale Konsolidierungsstrategien am laufenden Sachaufwand ansetzen. Nicht selten reagieren die Kämmerer als Erstes auf die Haushaltskrise, indem sie eine Haushaltssperre verfügen, die sich v. a. auf den laufenden Sachaufwand bezieht.

Die größten Konsolidierungspotenziale im Verwaltungshaushalt bestehen aber ohne Frage bei den Personalausgaben. Problematisch ist allerdings, dass der Personalstand sich aufgrund rechtlicher und politischer Restriktionen nur langsam abbauen lässt. In erster Linie wird das Personal in den westdeutschen Kommunen durch die natürliche Fluktuation reduziert, indem also eine Stelle beispielsweise nach Renteneintritt eines Mitarbeiters nicht wieder besetzt wird. Oft reicht aber selbst das Abschöpfen dieser Fluktuation nicht aus, um die Personalkosten deutlich zurückzuführen. So macht es für Kommunalpolitiker häufig wenig Sinn, öffentliche Einrichtungen, die sie in einer Finanzkrise als unangemessenen Luxus bewerten, zu schließen. Denn der Zuschussbedarf dieser Einrichtungen wird gerade durch die hohen Personalkosten verursacht, die durch Schließung der Einrichtung nicht einfach wegfallen, weil betriebsbedingte Kündigungen aufgrund massiver Akzeptanzprobleme und kündigungsschutzrechtlicher Probleme bisher in den alten Bundesländern nicht zur gängigen Verwaltungspraxis gehören und so die Mitarbeiter in einem anderen Aufgabenbereich untergebracht werden müssen (Hamer 1997: 355). In den neuen Bundesländern wurde hingegen von betriebsbedingten Kündigungen Gebrauch gemacht, was auch, wie bereits skizziert, zu einer stärkeren Senkung der Personalkosten führte.

Reduzierung der Personalausgaben

In welchem Ausmaß bis Anfang der 90er Jahre in den Kommunen deutliche Personalüberkapazitäten bestanden, kann man allein daran ablesen, dass es vielen Kommunen in den 90er Jahren gelang, bei eher zunehmendem Aufgabenspektrum deutlich Personal abzubauen. So sank die Zahl der Vollzeitbeschäftigten in den Stadtverwaltungen der alten Bundesländer von 1.017.000 im Jahre 1991 auf 793.000 im Jahre 2001. In den neuen Bundesländern war der Personalabbau, wie an den Personalkosten gezeigt, noch dramatischer. Dort wurden die 573.000 Vollzeitbeschäftigten im Jahre 1991 auf 192.000 in 2001 reduziert (Karrenberg/Münstermann 2002: 52). Bei dieser Entwicklung ist aber zu berücksichtigen, dass die Teilzeitbeschäftigung leicht angestiegen ist und dass durch die zunehmende (formelle) Privatisierung die Beschäftigten aus den Stellenplänen herausfallen.

Personalabbau

Kommen wir nun zu den Konsolidierungsmaßnahmen im Vermögenshaushalt. Der Verkauf von städtischem Eigentum hat in den letzten Jahren aus haushaltsrechtlicher Sicht, gerade für die Kommunen mit einem (drohenden) Fehlbetrag im Verwaltungshaushalt, an Bedeutung gewonnen, was darauf verweist, dass hier erhebliche kommunale Konsolidierungspotenziale bestehen können. Die Transferierung dieser Einnahmen des Vermögenshaushalts in den Verwaltungshaushalt ist gemäß § 22 Abs. 3 (GemHVO) zum Zwecke des Haushaltsausgleichs rechtmäßig. Von dieser Möglichkeit können viele Gemeinden Gebrauch machen, um die Höhe der Fehlbeträge, die bei der Genehmigung der Haushaltssicherungskonzepte eine große Rolle spielen kann, zu reduzieren. Problematisch an dieser gängigen Verwaltungspraxis ist langfristig allerdings, dass man bei-

Verkauf von städtischem Eigentum

spielsweise durch den Verkauf von lukrativen Grundstücken in innenstadtnahen Bereichen oder städtischen Einrichtungen auch Gestaltungsoptionen abgibt. Weiterhin ist darauf hinzuweisen, dass der kommunale Bestand an Grundstücken höchst unterschiedlich ist und somit auch der Zeitpunkt des „völligen Ausverkaufs" des Gemeindeeigentums.

Zum Teil zeigen sich hierbei für viele Kommunalpolitiker die Probleme der kameralistischen Haushaltsführung, die keine Gesamtvermögensrechnung enthält (Naßmacher/Naßmacher 1999: 218). Partiell werden unter dem Druck der Haushaltskonsolidierung erstmals genaue Listen über die städtischen Vermögensbestände erstellt, die auch halbwegs realistische Schätzungen der Vermögenswerte beinhalten.

Investitionsein-
schränkungenIn den letzten Jahren haben, wie bereits skizziert, viele Kommunen ihr Investitionsvolumen deutlich zurückgefahren. Das ist ein weiterer Beleg dafür, dass sich die kommunale Haushaltspolitik häufig prozyklisch verhält: In wirtschaftlich guten Zeiten erhalten die Kommunen mehr Steuereinnahmen und erwirtschaften somit einen Überschuss im Verwaltungshaushalt, der im Vermögenshaushalt investiert wird, während in wirtschaftlichen Krisenzeiten aufgrund der sinkenden Steuereinnahmen die Investitionstätigkeit zurückgeht, obwohl die private Wirtschaft gerade in dieser Phase auf öffentliche Investitionen angewiesen ist. Ein weiteres Problem der Investitionseinschränkung zum Zwecke der Haushaltskonsolidierung ist, dass man so langfristig öffentliches Eigentum „kaputt sparen" kann. Werden größere Reparaturen auf die lange Bank geschoben, so kann langfristig der Wert des öffentlichen Eigentums erheblich sinken. Das prozyklische Verhalten der Kommunen verweist aber generell auf die kommunalen Gestaltungsspielräume, wobei allerdings zu berücksichtigen ist, dass einige der quantitativ deutlich ansteigenden Investitionen exogen induziert werden. Hierzu zählen v.a. Investitionen in die Kanalisation in Reaktion auf zunehmende Interventionen der mittleren Aufsichtsbehörde oder der Bau von Kindergärten durch den Rechtsanspruch auf einen Kindergartenplatz.

„Goldene Zügel"Des Weiteren können die Kommunen eine höhere zweckgebundene Investitionszuweisungsquote des Landes akquirieren, indem sie nur noch geförderte Investitionen vornehmen und sich an die Förderrichtlinien halten. Durch diese „goldenen Zügel" werden die kommunalen Handlungsspielräume aber erheblich eingeengt.

Auch wenn in der öffentlichen Debatte kaum jemand mehr in Frage stellt, dass in den Kommunen weiter gespart werden muss, äußern kommunale Vertreter hinter vorgehaltener Hand, dass sie die Sparschraube nicht weiter anziehen werden. Gerade in NRW denken einige Kommunen: „Ist der Ruf erstmal ruiniert, lebt sich's fortan ungeniert." Man hat in den letzten Jahren die meisten Speckpolster abgebaut, weitere finanzielle Einschnitte würden aus dieser Sicht die letzten Reste der kommunalen Selbstverwaltung gefährden, und zwar ohne dass ersichtlich wäre, dass diese radikalen Einschnitte die aufgetürmten Fehlbeträge auch nur ansatzweise abbauen könnten. In dieser Situation wird alle Energie darauf verwendet, sich der aufsichtsbehördlichen Einflussnahme möglichst zu entziehen. Gerade für Kommunen, die in den nächsten Jahrzehnten wahrscheinlich keinen Haushaltsausgleich erwarten können, ist dieser passive Widerstand durchaus rational (Holtkamp 2003; Holtkamp 2006b).

Viele Kommunen wollen in Nordrhein-Westfalen insbesondere die Nicht-genehmigung von Haushaltsicherungskonzepten vermeiden, um den letzten Rest von kommunalen Handlungsspielräumen im Vermögenshaushalt zu erhalten. Häufig ist es illusorisch, den Haushaltsausgleich in der bei Haushaltssicherungskonzepten vorgegebenen Laufzeit durch seriöse Konsolidierungsstrategien zu erreichen. Laufzeitprobleme sind dann in erster Linie Darstellungsprobleme. Die Aufsichtsbehörden sind auch aufgrund der massiven zeitlichen Beanspruchung nicht in der Lage, alle Konsolidierungsansätze sorgfältig zu prüfen. Insbesondere die Veräußerung von Vermögen, das wiederum dem Verwaltungshaushalt zugeführt wird, ist das Einfallstor für fiktive Konsolidierungsansätze. Bei diesen Haushaltspositionen kann sich die Aufsichtsbehörde nicht auf Orientierungsdaten des Landes stützen, so dass prinzipiell fast das ganze Grundvermögen einer Gemeinde für die nächsten Jahre zum Haushaltsausgleich eingestellt werden kann, ohne dass die ernsthafte Absicht bestünde, das letzte Tafelsilber tatsächlich zu „verscherbeln". Ist das ganze Grundvermögen bereits ins Haushaltssicherungskonzept eingestellt, bleiben noch Möglichkeiten der künstlichen Vermögensvermehrung. So wird beispielsweise von einigen Kommunen vorgegeben, dass zukünftig viele neue Bebauungspläne auszuweisen sind und dass der Planwertzuwachs bei den privaten Eigentümern abgeschöpft werden soll. Relativ unkonkrete Pläne reichen aus, diese Einnahmen in die Haushaltssicherungskonzepte einzustellen.

Viele Städte, die – bei aller Phantasie – keinen Haushaltsausgleich mehr darstellen können und damit unter das Nothaushaltsrecht fallen, haben häufig schon vorgesorgt. Freiwillige Leistungen an freie Träger, Stiftungen etc. wurden zum Teil bereits über Leistungsvereinbarungen langfristig abgesichert (Diemert 2005: 429) und Vermögenswerte wurden in private Gesellschaftsformen überführt, damit die Handlungsfähigkeit auch bei einer Nichtgenehmigung erhalten bleibt. Auch durch Public Private Partnerships versucht man, zusätzliches Vermögen am Haushalt und der Aufsichtbehörde im Nothaushaltsrecht vorbei zu mobilisieren (Grehling 2005: 29), selbst wenn man damit tendenziell den Verwaltungshaushalt weiter belastet (Holtkamp 1998). Weiterhin werden die Erlöse von städtischem Vermögen häufig nicht mehr in den Haushalt eingestellt, sondern man versucht, als Gegenleistung Investitionen durch Private außerhalb des Haushaltsplans zu realisieren. Viele Kommunen befinden sich nun seit Jahren schon im Nothaushaltsrecht und die Höhe der Fehlbeträge lässt erkennen, dass ein genehmigtes Haushaltssicherungskonzept nicht mehr erreichbar ist. Problematisch daran ist insbesondere, dass das Nothaushaltsrecht als Konsolidierungsinstrument nur wenig geeignet ist (Diemert 2005: 445), weil es nur wenig effektive Anreize setzt, im Verwaltungshaushalt Einsparungen vorzunehmen (Grehling 2005: 28). Die Eingriffe im Nothaushaltsrecht richten sich vor allem auf den Vermögenshaushalt, während gerade der Verwaltungshaushalt das Kernproblem von Haushaltssicherungskommunen ist. „Lediglich" die Investitionen müssen dauerhaft deutlich reduziert werden, während man den Aufgabenstand im Verwaltungshaushalt weitgehend konservieren kann. Die Kommunen können sich also bedingt im Nothaushaltsrecht einrichten und die Aufsichtsbehörden hatten in NRW bisher kaum Aufsichtsmittel, um diese Kommunen weiter unter Druck zu setzen. Mit der Einführung des beratenden Sparkommissars in der Stadt Waltrop wurde 2006 ein neues Aufsichtsmittel konzipiert, das nun Kommunen im Nothaushaltsrecht effektiv angedroht werden kann (vgl. Kap. 3.2; Holtkamp 2006a).

5.1.4 Politikfeldübergreifende Trends in den 90er Jahren?

5.1.4.1 Ökonomisierung

Konsolidierungs-
druck führt zur
ÖkonomisierungDer Konsolidierungsdruck, der von der Haushaltspolitik ausgeht, hat zu einer Ökonomisierung – wenn auch im unterschiedlichen Maße – in anderen Politikfeldern geführt:

- Viele öffentliche Einrichtungen müssen sich in einen verschärften Wettbewerb mit privaten Anbietern begeben, weil ihre Defizite im Verwaltungshaushalt nicht mehr durch Finanztransfers abgedeckt werden können.
- Gleichzeitig dehnen die Städte ihre wirtschaftliche Betätigung erheblich aus und dringen auf Wettbewerbsmärkte vor, um zusätzliche Einnahmen zu erwirtschaften.
- Um Personal- und Betriebskosten zu senken, kommt es vermehrt zu formeller Privatisierung[75], auch um nicht mehr in so starkem Maße personal- und haushaltsrechtlichen Zwängen zu unterliegen. Darüber hinaus können sich die Fachverwaltungen durch Ausgründungen den Einflüssen der Kämmerei (v. a. Haushaltssperre) und der Aufsichtsbehörden weitgehend entziehen.
- Es kommt in erhöhtem Maße auch zur sog. materiellen Privatisierung (GmbHs etc.). Dies liegt nicht zuletzt auch daran, dass viele Investitionen nicht mehr über den Vermögenshaushalt vorgenommen werden können und die Defizite im Verwaltungshaushalt durch Verkauf von städtischer Infrastruktur kurzfristig gesenkt werden sollen.

Darüber hinaus gehört die Ausgliederung von Betrieben auch zu den Verschleierungstaktiken der Kommunen gegenüber den Aufsichtsbehörden. Die (zum Teil beabsichtigten) Folgen insbesondere von Ausgliederungen auf die Transparenz und die Überprüfbarkeit der kommunalen Haushalte durch die Aufsichtsbehörden fasst Hartmut Beuß vom Innenministerium NRW zutreffend wie folgt zusammen:

> „Die Dimension wird deutlich, wenn man sich vor Augen führt, dass in einer Reihe von Kommunen das Finanzvolumen ausgelagerter Bereiche bereits das Volumen des Kernhaushalts übersteigt (...) Insgesamt droht der Haushalt seine Bedeutung als Informationsgrundlage für den Rat, die Bürgerschaft und auch die Kommunalaufsicht

---

[75] Formelle Privatisierung ist die Ersetzung einer Behörde durch eine juristische Person des Privatrechts (v. a. GmbH). Die Mehrheit der Beteiligungen verbleibt zumeist bei der Kommune. Bei materieller Privatisierung wird demgegenüber eine Aufgabe ganz auf ein privates Unternehmen übertragen.

zu verlieren. Der Blick in den Haushalt ermöglicht nicht mehr annähernd eine Einschätzung der finanzwirtschaftlichen Lage. Da Art und Umfang von Ausgliederungen zudem stark differieren, ist die Vergleichbarkeit kommunaler Haushalte erst recht nicht mehr gewährleistet" (Beuß 2001: 164).

Neben diesen Veränderungen vollzieht sich eine Ökonomisierung der Haushaltsplanungsinstrumente. Um diese Entwicklung angemessen beurteilen zu können, ist eine kurze Skizze der traditionellen kameralistischen Haushaltsführung als „Interpretationsfolie" nötig, wie sie bereits in Kapitel 3.2 erfolgte. Der Verwaltungs- und Vermögenshaushalt ist in zehn Einzelpläne gegliedert, so dass sich beispielsweise im Einzelplan 1 ausschließlich die öffentlichen Haushaltsmittel für den Bereich Sicherheit und Ordnung finden. Die Einzelpläne sind weiter untergliedert in sachbezogene Abschnitte (z. B. 1.3 Feuerschutz) und Unterabschnitte. In den Unterabschnitten werden die Einnahmen und Ausgaben nach einem Gruppierungsplan präsentiert, die sich bei den Ausgaben am Verwendungszweck orientieren. Auch dieser Gruppierungsplan ist noch feiner gegliedert, so dass jede Haushaltsstelle für eine kleine Organisationseinheit den genauen Finanzierungszweck bestimmt. Finanzmittel, die im Rahmen der traditionellen Haushaltsplanung beispielsweise der Feuerwehr für die Anschaffung von Dienst- und Schutzkleidung bereitgestellt werden, können weder bei sich abzeichnenden Engpässen für die Anschaffung eines Feuerlöschers noch für das Durstlöschen beim alljährlichen Feuerwehrfest verwendet werden. Wird das Geld für diesen Verwendungszweck nicht ausgegeben, fließt es am Jahresende an die Kämmerei zurück, nicht selten mit der Folge, dass man nächstes Jahr für diesen Zweck wieder weniger Mittel zugewiesen bekommt. Der im Sinne der Neuen Politischen Ökonomie rationale Verwaltungsmitarbeiter verausgabt das Geld also spätestens im Dezember („Dezemberfieber") relativ unabhängig davon, ob sich die Schutzanzüge mittlerweile in der Feuerwehrwache stapeln oder nicht (vgl. hierzu Niskanen 1971).

Kameralistische Haushaltsführung

Neben dem „Dezemberfieber" werden in der aktuellen Reformdiskussion noch drei weitere Probleme der Kameralistik hervorgehoben (Lüder 2001: 10-11):

Probleme der Kameralistik

- Die kamerale Haushaltsrechnung erfolgt inputorientiert, während die erbrachten Leistungen nicht gemessen werden. Deshalb kann eine effiziente Mittelverwendung im Sinne eines möglichst geringen Mitteleinsatzes zur Erreichung bestimmter Leistungen nicht erwartet werden.
- Das kameralistische Rechnungswesen liefert keine Informationen über nicht zahlungswirksame Ressourcenverbräuche (z. B. Abschreibungen) und es fehlt eine vollständige Vermögensrechnung.
- Es kam nicht zuletzt aufgrund des starren kameralen Haushaltsrechts zu Ausgründungen kommunaler Einrichtungen, die ihr Rechnungswesen auf die kaufmännische Buchführung umgestellt haben. Diese Bilanzen können nur unzureichend in den kameralen Haushalt reintegriert werden, so dass er mit zunehmenden Ausgründungen kein zuverlässiges Abbild der gesamtstädtischen Finanzen mehr geben kann.

Problemlösungen durch das Neue Steuerungsmodell	Im Rahmen des Neuen Steuerungsmodells sollte die kameralistische Haushaltsführung auf eine outputorientierte Steuerung umgestellt werden und den dezentralen Verwaltungseinheiten über Globalbudgets mehr Handlungsspielräume zugewiesen werden. Damit wurde v. a. auf die ersten beiden Probleme der kameralen Haushaltsführung (Inputorientierung und Dezemberfieber) reagiert. Diese Abweichungen von der kameralen Haushaltsführung wurden durch sog. Experimentierklauseln in den Gemeindeordnungen und Gemeindehaushaltsverordnungen der Bundesländer ermöglicht.[76]
Probleme der outputorientierten Steuerung	Auf die Probleme und Potenziale, die sich hierbei im Rahmen einer neuen Arbeitsteilung zwischen Politik und Verwaltung ergeben, wurde bereits im vierten Kapitel eingegangen. Hier sollen mehr die Umsetzungsprobleme der outputorientierten Steuerung und Budgetierung *in* der Verwaltung im Mittelpunkt der Analyse stehen.

Die outputorientierte Steuerung wurde im Gegensatz zur Budgetierung, die sehr schnell Einzug in die kommunale Praxis hielt, bisher in den wenigsten Kommunen umgesetzt. Das liegt nicht nur daran, dass die Politik bisher häufig keine klaren Ziele definiert hat, die die Voraussetzung dafür wären, um zu messen, ob der Output den gesetzten Zielen entspricht. Schon in den 60er und 70er Jahren wurden gerade in den USA outputorientierte Budgetverfahren eingesetzt, die gemäß einiger Evaluationsstudien v. a. aus drei Gründen scheiterten, die in abgeschwächter[77] Form auch für das Neue Steuerungsmodell gelten (Holtkamp 2000c; Naschold/Bogumil 2000: 51):

- Erstens setzt die outputorientierte Steuerung ein viel höheres Informationsniveau der für Haushaltsfragen zuständigen Einheiten voraus als der klassische Inkrementalismus (Wildavsky/Hamman 1968). Im Inkrementalismus orientieren sich die „Haushälter" an der Höhe des Budgets des vorangegangenen Jahres, während sie bei einer outputorientierten Steuerung die Finanzmittel danach verteilen müssten, inwieweit einzelne Programme eine gute Leistung erbracht haben. Letzteres setzt Informationsverarbeitungs- und Zeitkapazitäten voraus, die im jährlich wiederkehrenden Haushaltsberatungsprozess einfach nicht zur Verfügung stehen. Wenn die Haushaltmittel letztlich dennoch wieder nach inkrementalistischen Entscheidungsmustern vergeben werden, führt dies zur Demotivierung der dezentralen Verwal-

---

[76] Einen Überblick über die zwischen den Bundesländern variierenden Experimentierklauseln bietet Rembor (1996).

[77] Das Neue Steuerungsmodell ist weniger auf eine zentrale Detailsteuerung ausgelegt wie die damaligen amerikanischen Budgetierungsverfahren. Insofern könnte man argumentieren, dass die Informationskosten für die zentralen Verwaltungseinheiten nicht so hoch seien und die Fachverwaltungen auch ein Interesse an einer „objektiven" Evaluation hätten, weil sie selbst über die Verteilung ihrer Ressourcen im Rahmen der Globalbudgets entscheiden. Dies würde aber verkennen, dass eine zentrale Steuerung, die sich dann auch am Output zu orientieren hätte, auch weiterhin in erheblichem Maße stattfinden muss. Damit sind auch mit dem NSM erhebliche Informationsverarbeitungsprobleme verbunden, wie auch erste Evaluationsstudien verdeutlichen: „Diese generelle Ausweitung von Geschäftsberichtspapieren erzeugt nach Ansicht des Personalrates vor allem einen Riesenpapierberg. Die Darstellung dessen, was man gemacht hat, kann dazu führen, dass man das eigentliche Handeln einschränken muss, weil dazu die Zeit fehlt. Lesen kann diese Berichte zudem kaum jemand mehr" (Naschold/Bogumil 2000: 203).

tungseinheiten, die in die Umstellung auf eine outputorientierte Steuerung viel Zeit investieren mussten.

- Zweitens müssten die einzelnen Programme bei einer outputorientierten Steuerung unvoreingenommen auf ihre Leistungen hin überprüft werden. Eine regelmäßige externe wissenschaftliche Bewertung kommt hier in der Regel allein schon aus finanziellen Gründen nicht in Frage. Zentrale Ämter wären bei einer Beurteilung überfordert und die Fachverwaltungen folgen bei der Selbstevaluation eher ihren eigenen mikropolitischen Strategien, die nur selten zu einer ungeschminkten Leistungsbilanz beitragen.
- Drittens lassen sich outputorientierte Steuerungskonzepte privater Unternehmen nicht nahtlos auf den öffentlichen Sektor übertragen. Insbesondere die Entwicklung von aussagekräftigen Outputindikatoren fällt in der öffentlichen Verwaltung erheblich schwerer.

Zu der Einführung von Globalbudgets in bundesdeutschen Verwaltungen liegen bisher noch kaum aussagefähige Evaluationsstudien vor. Die Probleme der Budgetierung werden am deutlichsten in der Studie von Katharina Peters herausgearbeitet, die sich mit der Einführung von Globalbudgets für Personal in einer Berliner Behörde beschäftigte. Sie griff dabei nicht nur auf die für Fallstudien üblichen halbstandardisierten Interviews und Dokumentenanalyse zurück, sondern nahm an vielen verwaltungsinternen Sitzungen beobachtend teil. Studie zu Implementationsproblemen von Globalbudgets

Ergebnis dieser Studie war u. a., dass die Einführung des Personalglobalbudgets mit einer ökonomischen Kostenrechnung zwar vormals nicht formalisierte Bereiche abbildbar macht, aber vormals formalisierte Bereiche auch in ihrer Bedeutung schwächt. Damit werden die Budgets eben nicht verbindlich am Anfang des Jahres zugewiesen, sondern die Budgethöhe und die Verteilung von Budgetresten unterliegen einem permanenten Definitions- und Verteilungskampf zwischen der untersuchten Behörde und den übergeordneten Behörden, der ähnlich wie das Dezemberfieber nicht zu einer rationaleren Mittelbewirtschaftung beiträgt. Ein Beispiel dafür war der Umgang mit immer wieder eintretenden Haushaltssperren bei den Personalglobalbudgets: Budgets sind faktisch nicht bindend

> „Von Januar bis März ist noch kein Budget in Kraft getreten. Die Verwaltungen operieren mit einem Nothaushalt, der ihnen nur die notwendigsten Ausgaben erlaubt. Gleich nach Verabschiedung der Globalsummen Anfang März wird ein Stellenbesetzungsstop erlassen. Am Rande einer Dienstbesprechung tauschen zwei Haushaltsfachleute zweier Verwaltungen aus, wieviel Zeit ihnen zwischen Nothaushalt und Stellenbesetzungsstop blieb (‚Wir hatten vier Stunden. Haben immerhin drei Sachen über die Bühne gebracht'...). Dieses Muster zieht sich über das Haushaltjahr hinweg fort: Stellenbesetzungsstop, Ausgabenstops und das Sperren von einzelnen Titeln. Ein Mitarbeiter im Ministerium berichtet, daß die ihm unterstehende Behörde es soweit gebracht habe, mit einem Knopfdruck 1000 Stellenbesetzungen vorzunehmen, die für diesen Zeitpunkt vorprogrammiert waren" (Peters 1999: 16).

Es kam also, wie in vielen Kommunen, angesichts massiver Haushaltsprobleme zu einem Nebeneinander von dezentraler Ressourcenverantwortung und immer wiederkehrenden zentralen Konsolidierungseingriffen, die nicht kalkulierbar waren (vgl. zur Zentralisierung auch Kuhlmann 2006). Dabei hatten die überge- Zentrale Eingriffe trotz Budgetierung ordneten Stellen durch das Nebeneinander von kameraler Haushaltsführung und globalen Budgets sogar mehr Steuerungskompetenzen als vorher.[78] Die zentralen Eingriffe fanden z. T. auch deswegen statt, weil die Haushaltsfachleute der dezentralen Einheiten nicht selber steuernd eingreifen, wenn die Kosten aus dem Ruder laufen. Sie wollen beispielsweise nicht für Beförderungssperren verantwortlich gemacht werden (Peters 1999: 7). Sie warten, ob die Kosten am Ende des Jahres die Budgetgrenze überschreiten, praktizieren solange „business as usual", um dann gegebenenfalls am Ende des Jahres über Nachzahlungen aufgrund vermeintlich exogener Entwicklungen zu verhandeln.

Daran wird auch deutlich, dass für die dezentrale Ressourcenverantwortung in den Fachverwaltungen ein ganz anderer Mitarbeitertypus benötigt wird. Diese Mitarbeiter müssen bereit sein, auch gegen ihre Kollegen wichtige Verteilungsentscheidungen zu treffen und mit den dadurch in ihren Organisationseinheiten entstehenden Konflikten leben können.

Effekte von Budgetierung entsprechen nicht der Intention der Modelle

Peters kommt zu dem ernüchternden Fazit, dass die vollzogenen Veränderungen in der Berliner Verwaltung nicht zu dem erwarteten „großen Bruch" geführt haben, sondern lediglich zu unscheinbaren Handlungsmodifikationen, „die als Effekte zu großen Teilen jenseits der Intention von Reformmodellen liegen" (Peters 1999: 22).

Doppischer Haushalt

Um auch die anderen angesprochenen Probleme kameraler Haushaltsführung zu vermeiden, wird in einigen Bundesländern als nächster Schritt der Budgetierungsverfahren die kaufmännische Buchführung (allerdings weiterhin durchsetzt mit einzelnen kameralen Elementen) eingeführt. So hat das Innenministerium NRW ein Modellprojekt zur Einführung des doppischen Haushalts initiiert. Pilotkommunen sind die Städte Brühl, Düsseldorf, Dortmund, Moers und Münster (Stockel-Veltman 2001: 37 / Budäus 2004). Der doppische Haushalt wird in NRW für das Jahr 2009 allen Kommunen verpflichtend vorgeschrieben. Auch in Niedersachsen, Rheinland-Pfalz und Sachsen-Anhalt wird noch in diesem Jahrzehnt die Doppik in allen Kommunen eingeführt (KPMG 2004). Bislang liegen keine empirischen Untersuchungen vor, die eine Einschätzung dieses Instrumentes ermöglichen würden.

5.1.4.2 Einzug der kooperativen Demokratie

Bürgerhaushalt

In Deutschland war der Einbezug der Bürger in die kommunale Haushaltsplanung lange Zeit ein Tabuthema. Erst Ende der 90er Jahre haben einige wenige Kommunen angefangen, einen sog. Bürgerhaushalt aufzustellen (Holtkamp 2001b). Die Initiative hierfür ging häufig von den direkt zu wählenden Bürgermeistern aus. Kernelemente des Bürgerhaushalts sind erstens eine zielgruppenadäquate Information über den Haushaltsplan und zweitens unterschiedliche Möglichkeiten (Bürgerbefragungen, Bürgerforen etc.) für den Bürger, sich an der

---

[78] Auch in den Kommunen gibt es in der Regel ein Nebeneinander von kameraler Haushaltsführung und Budgetierung, weil sie aufgrund verschiedener Statistikgesetze sowieso dazu gezwungen sind, die Kameralistik fortzuführen.

kommunalen Haushaltsplanung zu beteiligen. In Deutschland wurde der Bürgerhaushalt anfangs v. a. in kleineren Gemeinden erprobt, wie z. B. in Mönchweiler im Schwarzwald (ca. 3.200 Einwohner) und im badischen Blumenberg (10.800 Einwohner). In relativ kurzer Zeit zogen aber auch etwas größere Städte nach (Neustadt an der Weinstraße, Groß-Umstadt und Rheinstetten). Selbst eine Großstadt mit gravierenden Haushaltsproblemen (Mülheim an der Ruhr) beteiligte ihre Bürger Ende der 90er Jahre stärker an der Haushaltsplanung. Im Jahre 2000 wurde der Bürgerhaushalt zusätzlich in einem Pilotprojekt des Innenministeriums NRW in sechs Modellkommunen eingeführt.

Die Motive für die Einführung des Bürgerhaushaltes dürften bei den kommunalen Entscheidungsträgern recht unterschiedlich sein:

Motive der kommunalen Entscheidungsträger

- Man will Akzeptanz für notwendige Konsolidierungsmaßnahmen schaffen.
- Man will die so wahrgenommene „Anspruchinflation" bei den Bürgern eindämmen und die geringen Handlungsspielräume verdeutlichen.
- Bürgermeister wollen den Rat über den Umweg der Bürgerbeteiligung zu einem disziplinierteren Ausgabeverhalten motivieren.
- Man will die Bürger nicht nur an Kleinigkeiten, sondern auch an sehr wichtigen Aufgaben beteiligen, um zu zeigen, dass man die Bürgerbeteiligung Ernst nimmt.

Insgesamt dürfte klar sein, dass eine Beteiligung am ganzen Haushaltsplan aufgrund der Komplexität des Themas illusorisch ist. Lediglich die den Bürger interessierenden Projekte, bei denen auch in den nächsten Jahren eine andere Prioritätensetzung möglich erscheint, stehen deswegen im Vordergrund der Beteiligung. Dies deutet auf eine Dominanz des Vermögenshaushaltes bei der Beteiligung hin, der im Übrigen, wie bereits skizziert, aus denselben Gründen auch im Mittelpunkt der Haushaltsberatung in den Räten steht. Hier könnten sich also erhebliche Konflikte mit dem Rat ergeben, weil die Bürger am besten an den Haushaltspositionen beteiligt werden können, die im Mittelpunkt des politischen Interesses stehen. In zwei Städten gab es bei der Durchführung des Bürgerhaushalts bereits erhebliche Konflikte zwischen dem die Initiative ergreifenden Bürgermeister und dem Stadtrat, weil der Stadtrat zu wenig in die Planungen einbezogen wurde. In beiden Städten haben die Stadtverwaltung und der Stadtrat beim zweiten Anlauf genau darauf geachtet, dass der Stadtrat frühzeitig beteiligt wurde. Es dürfte kein Zufall sein, dass es insbesondere in den größeren Städten (Mülheim und Neustadt) zu erheblichen Konflikten mit dem Stadtrat kam. Die Teilprofessionalisierung der Kommunalpolitik und die höhere Parteipolitisierung in den größeren Städten dürften dazu führen, dass der Bürgerhaushalt seitens der Kommunalpolitik intensiver und z. T. auch argwöhnischer begleitet wird.

Konflikte zwischen Rat und Bürgern

Die Bürger können in sehr unterschiedlichem Maße an der Haushaltsplanung beteiligt werden. Verschiedenste Erfahrungen zeigen, dass die bisherige, rechtlich vorgeschriebene öffentliche Auslegung des Haushalts von fast keinem Bürger genutzt wird und damit eher eine Farce ist (Banner 1998). Inwieweit eine stärkere Bürgerbeteiligung in Frage kommt, dürfte von Gemeinde zu Gemeinde variieren: Auch wenn zum Bürgerhaushalt bislang kaum Ergebnisse wissenschaftlicher Begleitforschung vorliegen, erscheint es u. a. aufgrund von empiri-

Beteiligung abhängig von Gemeindegröße und Haushaltslage

schen Untersuchungen in angrenzenden Bereichen plausibel, dass der Erfolg von intensiver Beteiligung (v. a. Bürgerforen) an der Haushaltsplanung v. a. von den Variablen Gemeindegröße und Haushaltslage abhängt (Eising 2005: 87; Holtkamp 2001b). Die in einigen Bundesländern bestehende Pflicht, bei defizitärem Haushalt Haushaltssicherungskonzepte aufzustellen, führt zu starken Interventionen der Aufsichtbehörde. In diesen Fällen erscheint es ratsam, den Bürger nicht in zeitintensive Beteiligungsverfahren mit einzubeziehen, denn bei Haushaltssicherungskonzepten kommt es in der Regel nicht nur zu einer jahrelangen Entkoppelung von Steuerbelastung und Ausgabenentwicklung, sondern zu einer öffentlich nur schwer zu vermittelnden gegenläufigen Entwicklung. Es steht aufgrund der Genehmigungspolitik der Aufsichtsbehörde bereits fest, dass der Bürger über Jahre mit eher steigenden Grundsteuerhebesätzen bei gleichzeitig zurückzuführenden Ausgaben zu rechnen hat. Zugespitzt ließe sich formulieren, wer mehr bezahlt, bekommt im Gegenzug noch weniger Leistung. Bei diesen restriktiven Rahmenbedingungen ist nicht ersichtlich, dass es im Anschluss an zeitintensive Beteiligungsverfahren zu Beteiligungserfolgen aus Sicht des Bürgers kommt. Es handelt sich hierbei nicht nur um die klassischen Probleme der redistributiven Politik (Czada 1997a: 26), dass also Benachteiligte und Nutznießer einer Politik klar zu erkennen sind und deshalb bei den benachteiligten Gruppen mit Widerständen zu rechnen ist. Hinzu kommt, dass die Begünstigten einer Haushaltskonsolidierungspolitik unter diesen Rahmenbedingungen v. a. zukünftige Steuerzahlergenerationen sind, die noch gar nicht wahlberechtigt sind. Kurzfristig benachteiligt sind fast alle Wahlberechtigten, weil sie mehr Steuern für weniger Leistungen zahlen müssen, während der Nutzen dieser Konsolidierungsmaßnahmen – für viele kaum wahrnehmbar – in der fernen Zukunft liegt. Spätestens bei nichtgenehmigten Haushalten ist der Sinn des Bürgerhaushalts nicht mehr erkennbar. Aufgrund der geringen Bindekraft des Haushalts unter diesen Rahmenbedingungen und der Verlagerung des Haushaltsvollzugs in die bipolaren Verhandlungen mit der Aufsichtsbehörde ist nicht damit zu rechnen, dass Beteiligungsergebnisse umgesetzt werden. Durch Partizipation würden dann bei den Bürgern Erwartungen geweckt, die hinterher systematisch enttäuscht werden. Nach Ansicht der kommunalen Entscheidungsträger besteht diese Gefahr, wie Befragungen in Kommunen mit Bürgerhaushalt zeigen, in allen nordrhein-westfälischen Städten (Köllner 2004: 11).

Stellenwert der Haushaltspolitik abhängig von der Gemeindegröße

Die zweite Variable – Gemeindegröße – ist nicht weniger wichtig für die Frage, ob zeitintensive Beteiligungsverfahren an dem Kommunalhaushalt Erfolg versprechend sind.

Zum Stellenwert der Haushaltspolitik in kleinen und großen Gemeinden liegen bereits vereinzelte empirische Hinweise vor. Im Rahmen eines vom Innenministerium NW geförderten Forschungsprojektes zur Kommunalwahl 1999 wurden zwei Gemeinden in der Größenklasse zwischen 10.000 bis 20.000 Einwohner und zwei kreisfreie Städte im Ruhrgebiet eingehend untersucht (Holtkamp 2002b). Im Rahmen der Analyse des Wahlkampfes in den beiden kreisangehörigen Gemeinden wurde bereits deutlich, dass die Bürgermeisterbewerber in den kreisangehörigen Gemeinden die kommunale Haushaltspolitik persönlich für das wichtigste Thema hielten und auch davon ausgingen, dass der Bürger dieses Thema für sehr wichtig hält. Die Sichtung der Wahlkampfmaterialien ergab, dass die Haushaltspolitik und insbesondere die Steuer- und Abgabenlast stark thematisiert wurde.

In den kreisfreien Städten wurde hingegen von den Kandidaten davon ausgegangen, dass der Wähler die Haushaltspolitik für eher unwichtig hält. Neben der Wahrnehmung der Präferenzen der Bürger durch die Bürgermeisterkandidaten war selbstverständlich auch die in der Bürgerumfrage ermittelte Bürgermeinung von Interesse. Auf die offene Frage nach dem wichtigsten kommunalen Problem gaben die Bürger in den beiden kreisangehörigen Gemeinden doppelt so häufig Antworten, die der Haushaltspolitik zugeordnet wurden, wie in den kreisfreien Gemeinden (kreisangehörig: 6,95 % der Nennungen; kreisfrei: 3,4% der Nennungen). Die Bürger sahen also die Haushaltspolitik in den kreisfreien Städten viel weniger als ein Problem an, obwohl die objektiven Haushaltsprobleme (in Form sich auftürmender Fehlbeträge im Verwaltungshaushalt) in den kreisfreien Städten viel größer waren.

Erklärungsvariablen für das abnehmende Interesse an der Haushaltspolitik mit zunehmender Gemeindegröße sind die abnehmende Identifikation mit der Stadt, der geringere Kenntnisstand bei kommunalpolitischen Fragestellungen und der niedrigere Prozentsatz von Hauseigentümern, die die Steuer- und Abgabenlast deutlicher wahrnehmen als die Mieter. Dieses geringere Interesse in größeren Gemeinden kann erstens dazu führen, dass es schwer ist, Bürger (im Gegensatz zu Verbands- und Parteienvertretern, die häufig zur Ausgabenexpansion neigen) für zeitintensivere Beteiligungsverfahren zu gewinnen. Zweitens könnte die geringe Sensibilität für Haushaltsfragen im Vergleich zu fachpolitischen Forderungen entweder zu einer mangelnden Umsetzung von Beteiligungsergebnissen (mit dementsprechender Demotivation der Bürger) oder zu einer Verschärfung der Haushaltskrise führen.

Ursachen für den geringen Stellenwert in großen Städten

Es wäre also zu erwarten, dass sich zeitintensivere Beteiligungsverfahren (wie Bürgerforen) eher in kleinen Gemeinden mit geringeren Haushaltsproblemen anbieten, während in größeren Städten mit gravierenden Haushaltsproblemen eher weniger anspruchsvolle Beteiligungsinstrumente wie z.B. Bürgerbefragungen angebracht sind oder evtl. sogar auf eine Beteiligung ganz zu verzichten ist.

Differenzierte Beteiligungsangebote nach Gemeindegröße

Insgesamt ist der Bürgerhaushalt sicherlich noch ein eher randständiges Phänomen in der kommunalen Haushaltspolitik in Deutschland. Dies kann nicht nur auf die Haushaltskrise zurückgeführt werden, sondern auch auf traditionelle Vorbehalte in Deutschland, die Bürger an Entscheidungen über finanzielle Fragen zu beteiligen. Hinzu kommt, dass viele Kommunalpolitiker das Budgetrecht als *die* Kernkompetenz ("das Königsrecht") der kommunalen Vertretungskörperschaft ansehen. Wenn man berücksichtigt, dass der Stadtrat, wie im vierten Kapitel skizziert, in den letzten Jahren durch die Reform der Gemeindeordnungen in den meisten Bundesländern (Einführung von Bürgerbegehren und hauptamtlichen Bürgermeistern) bereits in erheblichem Maße Kompetenzen abgeben musste, ist mit einem großen Misstrauen gegenüber dem Bürgerhaushalt zu rechnen. Die öffentlich von Bürgermeistern immer wiederholte Formel, dass man den Stadtrat durch eine Beteiligung der Bürger zu einer disziplinierten Ausgabenpolitik bewegen wolle (Holtkamp 2000d: 87), kann von den Ratsmitgliedern als

Bürgerhaushalt ist noch eher die Ausnahme

bewusste Aushöhlung ihrer Kompetenzen gedeutet werden. Einer erhöhten Akzeptanz des Bürgerhaushaltes dürfte dies sicherlich nicht zuträglich sein.

5.2 Kommunale Sozialpolitik am Beispiel der Jugendpolitik

Analyse des Jugendhilfeausschusses

Aus politikwissenschaftlicher Sicht stellt das Verhältnis der Wohlfahrtsverbände zur Kommunalpolitik und -verwaltung eines der entscheidenden Spezifika kommunaler Jugendpolitik, aber auch der kommunalen Sozialpolitik im Allgemeinen dar und soll nachfolgend im Vordergrund der Analyse stehen. Insbesondere soll dieses Verhältnis durch eine Analyse des Jugendhilfeausschusses verdeutlicht werden, der sich grundlegend von anderen kommunalen Fachausschüssen unterscheidet. Auch bei den zu untersuchenden neuen Trends in den 90ern (Ökonomisierung und Einzug der kooperativen Demokratie) spielt dieses Verhältnis, wie noch zu zeigen sein wird, eine nicht unbedeutende Rolle. Im Vergleich zu den beiden anderen zu analysierenden Politikfeldern liegen zur Jugendpolitik kaum Policy-Studien vor, so dass wir insbesondere bei der Skizze der Akteurskonstellation auch auf eigene praktische Erfahrungen rekurrieren müssen.

5.2.1 Rahmenbedingungen

5.2.1.1 Sozioökonomische Rahmenbedingungen

Entwicklung der Mitarbeiterzahlen der Träger

Die freien Träger dominieren seit Jahrzehnten die Implementation der kommunalen Jugendpolitik. Bereits 1974 beschäftigten sie 142.010 Mitarbeiter in der Jugendhilfe, während die öffentlichen Träger 75.232 Mitarbeiter und die gewerblichen Träger nur 5.432 Mitarbeiter vorhielten[79]. Bis 1998 verdoppelte sich das bei allen Trägertypen beschäftigte Personal, was u. a. auch auf eine verstärkte Teilzeitbeschäftigung zurückzuführen ist (1974: 41.007; 1998: 179.693 Teilzeitbeschäftigte). Die freien Träger hatten aber im Jahre 1998 weiterhin fast zwei Drittel der Beschäftigten in der kommunalen Jugendhilfe, während der prozentuale Anteil der gewerblichen Träger von 1974 (2,4%) sogar noch sank (1,1%). Daran lässt sich bereits ablesen, dass der noch weiter unten zu diskutierende Trend der Ökonomisierung in der Jugendhilfe sicherlich nicht so stark Einzug hielt wie beispielsweise in der Altenpflege durch die Pflegeversicherung.

Wohlfahrtsverbände mit bester Ausstattung

Eine bundesweite Befragung der freien Träger auf Grundlage einer Stichprobe gibt bedingt Aufschluss über die Verteilung der Beschäftigten auf die einzelnen freien Träger[80]. Danach hatten die befragten Wohlfahrtsverbände auf lokaler Ebene im Durchschnitt 42 hauptamtliche Beschäftigte, die Jugendverbände 3 Beschäftigte und die Vereine/Initiativen 12 Beschäftigte. Die durchschnittlichen Gesamteinnahmen lagen bei den Wohlfahrtsverbänden bei 2,2 Mio.

---

[79] Die Statistiken sind den verschiedenen Jahrgängen der folgenden Quelle entnommen: Statistisches Bundesamt: Fachserie 13: Reihe 6.3: Einrichtungen und tätige Personen in der Jugendhilfe, Bonn.
[80] Bei der Befragung wurde allerdings nur eine Rücklaufquote von 13,6% erreicht.

158

DM, bei den Jugendverbänden bei 306.000 DM und bei den Vereinen/Initiativen bei 1 Mio. DM (Weigel et al. 1999: 14). In Westdeutschland waren dieser Befragung zufolge bei den Wohlfahrtsverbänden 29% der Mitarbeiter ehrenamtliche Helfer, bei den Vereinen/Initiativen schon 47% und bei den Jugendverbänden sogar 94%. Während bei 100% der befragten Jugendverbände Ehrenamtliche aktiv waren, galt dies gerade mal für 66% der Vereine/Initiativen und Wohlfahrtsverbände in Westdeutschland. In Ostdeutschland galt dies sogar nur für 48% der befragten Wohlfahrtsverbände, aber für 81% der Vereine/Initiativen und für 100% der Jugendverbände (Santen 1999: 34).

Insgesamt kann man also resümieren, dass die Wohlfahrtsverbände innerhalb der Gruppe der freien Träger sicherlich über die beste Ressourcenausstattung verfügen, einen hohen Professionalisierungsgrad aufweisen und dass Ehrenamtliche im Vergleich zu anderen freien Trägern keine dominante Rolle spielen. Die geringere Bedeutung von Ehrenamtlichen gilt insbesondere für Ostdeutschland, weil die Wohlfahrtsverbände sich dort kaum auf Traditionen und auch nur bedingt auf die entsprechenden soziokulturellen Milieus stützen können.

Dass in dieser Studie ermittelte durchschnittliche Verhältnis von ehrenamtlichen zu hauptamtlichen Mitarbeitern bei Wohlfahrtsverbänden sollte aber nicht darüber hinwegtäuschen, dass die Wohlfahrtsverbände insgesamt mit die meisten Ehrenamtlichen in der Sozialpolitik organisieren dürften. Die Bundesarbeitsgemeinschaft der freien Wohlfahrtspflege schätzt die Zahl der Ehrenamtlichen seit 1977 konstant auf 1,5 Mio., wobei aber Experten davon ausgehen, dass die Zahl der Ehrenamtlichen in Wohlfahrtsverbänden nicht zuletzt aufgrund des Wertewandels in den letzten Jahren abgenommen hat (Santen 1999; Heinze/Strünck 1999; Backhaus-Maul 2000). Abschließend soll in Abbildung 37 ein kurzer Überblick über die unterschiedlichen Profile der Wohlfahrtsverbände gegeben werden.

Ehrenamtliche in Wohlfahrtsverbänden

Abbildung 37: Spitzenverbände der freien Wohlfahrtsverbände

	Gründungsjahr	Gründungsideal	Einrichtungen[81]	Mitarbeiter
Caritasverband	1897	Tätige Nächstenliebe als Ausdruck katholischen Glaubens	24.841 (1996)	463.131 (1996)
Arbeiter- wohlfahrt	1919	Demokratischer So- zialismus; Ideale der Arbeiterbewegung	9.740 (1997)	42.343 (1997)
Deutscher Paritätischer Wohlfahrts- verband	1920	Pluralität, Toleranz und Offenheit	17.742 (1995)	160.000 (1996)
Rotes Kreuz	1921	Grundsätze der inter- nationalen Rotkreuz- bewegung (z. B. Menschlichkeit)	3.696 (1997)	93.431 (1997)
Diakonisches Werk	1848	Erweckungsbewegung („innere Mission") der evangelischen Kirche	30.686 (1996)	401.510 (1996)

Quelle: Klug 1999

5.2.1.2   Rechtliche Rahmenbedingungen

Reichsjugendwohl-
fahrtsgesetz war
lange prägend

Lange Zeit stützten sich die Akteure in der kommunalen Jugendpolitik auf Bestandteile des bereits 1922 verabschiedeten Reichsjugendwohlfahrtsgesetzes. So kommt ein Kommentar des 1991 durch die damalige Regierungskoalition und die SPD-Fraktion verabschiedeten Kinder- und Jugendhilfegesetzes (KJHG) zu folgender einleitenden Bemerkung, die sehr treffend die Probleme der Reform des Jugendhilferechts charakterisiert: „Die Reform des Jugendhilferechts ist die Geschichte einer systematischen Reformverhinderung" (Möller/Nix 1991: 1). Die rechtlichen Rahmenbedingungen und auch die Akteurskonstellationen sind in der kommunalen Jugendpolitik damit stark pfadabhängig.

Geringe Veränderun-
gen durch das Ju-
gendwohlfahrtsgesetz

Das Anfang der 50er Jahre verabschiedete Jugendwohlfahrtsgesetz (JWG) übernahm in vielen Punkten Regelungen des Reichsjugendwohlfahrtsgesetzes, wenn es auch erstmals eine verbindliche Verpflichtung vorschrieb, eigenständige Jugendämter in den Kommunen einzurichten. Bis heute besteht die Pflicht der Einrichtung eines eigenständigen Jugendamtes für Kreise und kreisfreie Städte.

---

[81] Die Angaben über Mitarbeiter und Einrichtungen beziehen sich nicht ausschließlich auf die Jugendhilfe.

Inwiefern kreisangehörige Gemeinden ein eigenständiges Jugendamt einrichten dürfen, ist in den Ausführungsbestimmungen der Länder und in den Gemeindeordnungen unterschiedlich geregelt. In NRW beispielsweise können kreisangehörige Gemeinden über 25.000 Einwohner auf Antrag bei der Landesregierung ein eigenständiges Jugendamt einrichten.

Bereits 1973 wurde ein Diskussionsentwurf für ein neues Jugendhilfegesetz entwickelt, der in zwei erfolglose Referentenentwürfe mündete. 1980 nahm die SPD-Fraktion einen neuen Anlauf, der aber schließlich als „Zustimmungsgesetz" im Bundesrat durch das Votum der CDU/CSU-Mehrheit gestoppt wurde. Auch die liberal-konservative Koalition scheiterte 1984 mit ihrem ersten Anlauf zur Neuordnung des JWG und konnte erst 1991 mit der SPD eine Verständigung über das seither gültige KJHG finden. *Lange Vorgeschichte des KJHG*

Die Bewertung des KJHG fällt relativ ambivalent aus. Einerseits ist das KJHG weiterhin familienzentriert und hat damit aus Sicht einiger Kommentatoren den gesellschaftlichen Entwicklungen in Richtung Auflösung familiärer Strukturen nicht genügend Rechnung getragen (Möller/Nix 1991: 5). Andererseits wird von anderen Autoren darauf hingewiesen, dass es sich beim KJHG durchaus um einen gelungenen Versuch handelt, wesentliche Entwicklungen seit 1922 zu berücksichtigen: *Ambivalente Bewertung des KJHG*

> „Die Intention des KJHG, ein präventives Leistungsgesetz zur Förderung der Entwicklung von Kindern und Jugendlichen darzustellen, unterstreicht einmal mehr den Perspektivenwechsel der Jugendhilfe vom ‚staatlichen Eingriff zur staatlichen Dienstleistung'. Paradigmatisch stehen hierfür Stichworte wie Betroffenenbeteiligung, Jugendhilfeplanung oder das Wunsch- und Wahlrecht zwischen den verschiedenen Anbietern, die insgesamt auf demokratische und partizipative Formen der Leistungserbringung abzielen" (Flösser / Schmidt 1996: 287).

Wie auch immer die Reform des Jugendhilferechts im Detail einzuschätzen ist, besteht Konsens darüber, dass die Kommunen durch das KJHG in erheblichem Maße Handlungsspielräume einbüßten. Neben vielen normierten Pflichtaufgaben wurden individuell einklagbare Rechtsansprüche im Gesetz verankert, die erhebliche finanzielle Belastungen für die Kommunen mit sich brachten und dazu führten, dass viele individuell nicht einklagbare Aufgaben angesichts des eher schrumpfenden Gesamtbudgets im Zuge der Haushaltskrise nur noch begrenzt wahrgenommen werden konnten. *KJHG beschränkt massiv kommunale Handlungsspielräume*

Bezüglich des Verhältnisses der freien Träger zum Jugendamt wurde aber im Vergleich zum RJWG kaum Grundlegendes verändert. Insbesondere wurde den Wohlfahrts- und Jugendverbänden wie im Reichsjugendwohlfahrtsgesetz ein Stimmrecht im Jugendhilfeausschuss (JHA) eingeräumt. Bereits im dritten Jugendbericht der Bundesregierung von 1972 wurde die korporatistische Zusammensetzung des kommunalen Jugendwohlfahrtsausschusses (insbesondere das Stimmrecht der freien Träger) kritisiert und empfohlen, den Jugendwohlfahrtsausschuss analog zu anderen kommunalen Fachausschüssen zu konfigurieren und seine Zusammensetzung somit nicht durch ein Bundesgesetz zu regeln *Stellung der freien Träger kaum reformiert*

161

(BMJFG 1972). Auch nach Verabschiedung des KJHG gab es in jüngster Zeit erfolglose Initiativen den Jugendhilfeausschuss zu reformieren[82]. Die Gründe, die zu diesen Initiativen führten – insbesondere die Probleme dieses korporatistischen Gremiums vor Ort – sollen unter dem Punkt Akteurskonstellationen näher erörtert werden. An dieser Stelle sollen nur die im KJHG geregelten Strukturen des Ausschusses kurz skizziert werden (Münder/Ottenberg 1999).

Zusammensetzung des JHA

Danach setzt sich der Ausschuss aus folgenden zwei Gruppen stimmberechtigter Mitglieder zusammen:

- Drei Fünftel der Stimmen entfallen auf die Mitglieder der Vertretungskörperschaft und auf von ihr zu benennende, in der Jugendhilfe erfahrene Männer und Frauen.
- Zwei Fünftel der Stimmen stehen den anerkannten freien Trägern der Jugendhilfe zu, die für diese Mitglieder auch ein Vorschlagsrecht haben, während die endgültige Auswahl aber durch die kommunale Vertretungskörperschaft vorgenommen wird.

Die Besonderheit dieser Regelungen bringt Ronge deutlich zum Ausdruck:

> „Betrachtet man die Funktion und Rolle des JWA (bzw. JHA) vor dem Hintergrund eines sozusagen konventionellen Kooperationsmodells, bei dem der Staat zwar freien Trägern die autonome Erfüllung von öffentlichen Aufgaben zur gemeinnützigen Erledigung überläßt, diese dabei aber nach eigenen Kriterien und Prioritäten finanziell fördert, so zeigt sich doch eine erhebliche Differenz. Über ihre formelle Beteiligung am JWA/JHA bestimmen die freien Verbände nämlich unmittelbar über die Verausgabung und Verteilung öffentlicher Haushaltsmittel (und somit über einen Teil ihrer Einnahmen) mit" (Ronge 1993: 339).

Zuschüsse ohne Detailsteuerung

Damit ermöglicht die Konstruktion des JHA den freien Trägern trotz der auch im internationalen Vergleich sehr hohen Abhängigkeit von finanzieller Förderung (Zimmer/Priller 2001) doch eine gewisse Autonomie, weil sie aufgrund der Stimmrechte der freien Träger bei dem Beschluss von Förderrichtlinien die sonst häufig vorzufindende Detailsteuerung im Zusammenhang mit Förderprogrammen („goldene Zügel") unterbindet.

Neben den *mindestens* 10 stimmberechtigten Mitgliedern sind (unterschiedlich nach den Ausführungsbestimmungen der Bundesländer) auch nicht stimmberechtigte Mitglieder zu berufen. In NRW sind dies beispielsweise ein Hauptverwaltungsbeamter, der Leiter des Jugendamtes, ein Mitglied eines Jugend-, Familien- oder Vormundschaftsgerichts, ein Vertreter der Arbeitsverwaltung, ein Vertreter der Schulen, ein Vertreter der evangelischen und katholischen Kirche und ein Vertreter der Polizei (zu der Zusammensetzung in anderen Bundesländern, Münder/Ottenberg 1999: 41ff.). Weitere nicht stimmberechtigte Mitglieder können die Kommunen noch über die Jugendamtssatzung bestimmen. In der

---

[82] Insbesondere haben sich die Innenministerkonferenz und zwei kommunale Spitzenverbände dafür eingesetzt, dass der JHA nicht mehr als eigenständiger Pflichtausschuss normiert wird, damit er mit anderen Fachausschüssen zusammengelegt werden kann. Damit stand auch das Stimmrecht der freien Träger zur Disposition. Diese gesetzlichen Neuregelungen sind aber am Widerstand der Jugendministerien und Fachverbände gescheitert (Merchel/Reichmann 2004: 15).

kommunalen Praxis hat der Jugendhilfeausschuss damit häufig mehr Mitglieder als die anderen Fachausschüsse.

Zwei Besonderheiten des KJHG und der Ausführungsbestimmungen sind im Vergleich zum JWG hervorzuheben. Erstens sind die stimmberechtigten Vertreter der freien Träger nicht mehr auf die Wohlfahrts- und Jugendverbände beschränkt, sondern auch Vertreter von Initiativen, die keinem Spitzenverband angehören, können berufen werden. Zweitens wird in den Ausführungsbestimmungen der meisten Bundesländer auf ein paritätisches Geschlechterverhältnis hingewirkt.

Neuregelungen zur Zusammensetzung des JHA

Eine empirische Untersuchung aus Hessen, in der sowohl Jugendamtsleiter als auch einige Mitglieder der Jugendhilfeausschüsse befragt wurden, kommt zu dem Ergebnis, dass beide Neuregelungen in der Praxis nur begrenzt greifen. So gab es in den 14 untersuchten Jugendhilfeausschüssen insgesamt 220 Mitglieder, von denen 132 Männer und 88 Frauen waren (Friedrichs 1998a). In einer neuen Untersuchung der Jugendhilfeausschüsse in NRW ergab sich ein ähnliches Verhältnis zwischen den Geschlechtern. Danach sind 34,5% der JHA-Mitglieder Frauen. Bei den stimmberechtigten Parteienvertretern haben die Frauen aber immerhin einen Anteil von 46%. Damit sind Frauen in den Jugendhilfeausschüssen deutlich stärker vertreten als im Stadtrat[83]. Nach dieser Umfrage waren auch immerhin 36,4% der Vorsitzenden im JHA Frauen (Merchel/Reismann 2004). Ob man diese relativ starke Präsenz auf die Ausführungsbestimmungen oder doch eher auf rollenspezifische Zuschreibungen („Frauen sind zuständig für Familie und Kinder") zurückführen kann, ist schwer zu beurteilen.

Zu der Frage, ob viele nicht in Spitzenverbänden organisierte Initiativen von den Neuregelungen des KJHG profitierten, kommt die hessische Untersuchung zu folgendem Fazit:

„Der Anfang 1991 von den Wohlfahrtsverbänden befürchtete Verlust von Einfluss zugunsten von kleinen Initiativen hat sich weder bundesweit noch in Hessen bewahrheitet. Nur 17 Prozent der Sitze der freien Träger im Jugendhilfeausschuss werden von Initiativen gestellt. Interessanterweise ist der Anteil in den Städten geringer als in den Landkreisen (Städte 13,9%, Landkreise 19,2%), obwohl man vermuten könnte, daß es in den Städten eher mehr Initiativen gibt als auf dem flachen Land. Aber vielleicht sind in den Großstädten die Machtstrukturen gefestigter, die großen Träger haben mehr Einfluß, und für kleine Initiativen und Vereine ist es schwer, dort einzudringen" (Friedrichs 1998b: 4).

In diesem Zitat deutet sich bereits ein Kritikpunkt am Jugendhilfeausschuss an, der weiter unten noch ausführlicher zu behandeln sein wird: der JHA als „geschlossene Gesellschaft". In der nordrhein-westfälischen Untersuchung zeigt sich eine ähnlich geringe Beteiligung von kleineren Initiativen. Insbesondere die

---

[83] So betrug in den 80er Jahren der Anteil der auf die Gesamterhebung des Innenministeriums NRW antwortenden weiblichen Ratsmitglieder in den kreisfreien Städten 12,4%, in den großen kreisangehörigen Städten 15,5% und in den Gemeinden unter 25.000 Einwohnern 9,6% (Innenministerium 1989). Im Jahre 1999 ist in NRW der Frauenanteil an den Ratsmitgliedern aber deutlich höher. In Kommunen über 25.000 Einwohner lag der Frauenanteil nach den Kommunalwahlen 1999 bei 26,2%.

Arbeiterwohlfahrt und die Caritas bzw. die katholische Kirche werden am häufigsten von der kommunalen Vertretungskörperschaft gewählt (Merchel / Reismann 2004: 138). Die Wahl der freien Träger ist dabei stark von Proporzdenken geprägt.

„Ist doch klar, dass die SPD die AWO drinhaben will und die CDU die Caritas!", wie es ein Akteur in einer anderen Untersuchung in NRW treffend ausdrückte (Bußmann et al 2003: 62).

Zweigliedrigkeit des
Jugendamts

Neben dem Stimmrecht für die freien Träger hielt das KJHG auch an einem weiteren Spezifikum des Jugendhilfeausschusses fest – der sog. Zweigliedrigkeit des Jugendamtes. Danach besteht das Jugendamt nicht nur aus der Verwaltung, sondern auch aus dem Jugendhilfeausschuss. Im Alltagsverständnis der Jugendhilfeausschussmitglieder spielt die Zweigliedrigkeit des Jugendamtes aber eine untergeordnete Rolle. Das Jugendamt wird in der Praxis häufig nur der Verwaltung zugeordnet (Münder/Ottenberg 1999: 13). Aus der Zweigliedrigkeit resultieren aber im Vergleich zu anderen Fachausschüssen relativ weitreichende Kompetenzen des JHA (z.B. bei der Aufstellung des Haushaltsplans), so dass diese Regelung indirekt durchaus eine gewisse Praxisrelevanz erlangt.

ubsidiaritätsprinzip

Auch das Subsidiaritätsprinzip ist im KJHG von 1991 weiter fest verankert. Einerseits ist in §3 Abs. 1 geregelt, dass sich die Jugendhilfe durch eine Vielfalt von Trägern und unterschiedlichen Wertorientierungen auszeichnet, in die von kommunaler Seite nicht eingegriffen werden soll. Des Weiteren wird im §4 Abs. 2 festgelegt, dass die öffentliche Jugendhilfe von eigenen Maßnahmen absehen soll, wenn in diesem Bereich bereits Angebote der freien Träger existieren oder rechtzeitig geschaffen werden können.

Durch das Inkrafttreten der Neufassung des § 78 KJHG zum 1. Januar 1999 wurden die zwischen freien und öffentlichen Trägern bestehenden Kooperationsstrukturen aber z. T. neu konfiguriert. In diesem Paragraphen wurden freigemeinnützige und privatgewerbliche Leistungsanbieter gleichgestellt. Ziel der Reform war es, die Trägerlandschaft zu pluralisieren, die Privilegierung der Wohlfahrtsverbände aufzuheben und damit den Wettbewerb zu stärken (Wohlfahrt 2003: 113).

Ein weiteres Beispiel für die Einengung der kommunalen Handlungsspielräume durch bundesstaatliche Leistungsgesetze ist das Schwangeren- und Familiengesetz, indem im Jahre 1992 ein Rechtsanspruch auf Tagesbetreuung für Kinder ab dem vollendeten dritten Lebensjahr bis zum Schuleintritt geschaffen wurde. In den alten Bundesländern entstand hierdurch nicht nur ein erheblicher Investitionsbedarf, sondern auch die laufenden Ausgaben haben sich extrem erhöht. Im Vergleich zu 1992 sind die laufenden Ausgaben für Kindertageseinrichtung der öffentlichen Träger im Jahre 2002 um 117% (bzw. 2 Mrd. Euro) in den alten Bundesländern gestiegen. In Ostdeutschland sinken die Ausgaben in diesem Bereich hingegen um 1,3 Mrd. Euro. Ausgehend von einem hohen Versorgungsniveau wurden dort die Betreuungskapazitäten auch aufgrund des starken Geburtenrückgangs abgebaut. Hinzu kam eine Verlagerung von Aufwendungen hin zu den freien Trägern[84] (Statistisches Bundesamt 2004: 42).

5.2.2 Akteurskonstellationen

Im Folgenden wird die Position der Wohlfahrtsverbände im JHA skizziert, während die Stellung der Jugendverbände weitgehend ausgeblendet wird. Man kann davon ausgehen, dass sie im JHA häufig keine maßgebliche Rolle spielen (höchstens in Kooperation mit den Wohlfahrtsverbänden), weil sie über weit geringere Ressourcen verfügen und sich nicht selten sehr passiv verhalten (Nörber 2001: 18).

Die Wohlfahrtsverbände erfüllen v. a. drei Funktionen in der kommunalen Jugendpolitik:

Funktionen von Wohlfahrtsverbänden

- Sie sind professionelle Dienstleistungsanbieter (Dienstleistungsfunktion).
- Sie organisieren eine große Zahl von ehrenamtlichen Helfern (Engagementgenerierungsfunktion).
- Sie vertreten die Interessen ihrer Klientel und fungieren insofern als ein sozialpolitischer Anwalt (Anwaltsfunktion bzw. advokatorische Interessenvertretung).

In der Praxis ist aber davon auszugehen, dass v. a. die erste Funktion von entscheidender Bedeutung für das Verhältnis von öffentlichen und freien Trägern ist. Zwar wird zunehmend die Relevanz von ehrenamtlichem Engagement für die kommunale Sozialpolitik gesehen, deutlich wird für Kommunalpolitik und -verwaltung aber auch, dass die Wohlfahrtsverbände gerade im Zuge des Wertewandels sowie einer zunehmenden Professionalisierung und Dienstleistungsorientierung immer mehr Probleme bei der Rekrutierung von Ehrenamtlichen haben. Auch die Anwaltsfunktion der Wohlfahrtsverbände ist in den Jugendhilfeausschüssen vor Ort nur selten zu beobachten, es sei denn, sie geht mit der Forderung nach zusätzlicher Förderung einher. Dies kann sicherlich darin begründet liegen, dass ihre Dienstleistungsfunktion im deutlichen Konflikt zur Anwaltsfunktion steht. „Die Inkorporierung der Freien Wohlfahrtspflege in die sozialstaatliche Leistungserbringung hat aber eben auch eine sukzessive Preisgabe verbandspolitischer Autonomie zur Folge" (Backhaus-Maul 2000: 26). Kritik im Interesse der Klientel wird seitens der Wohlfahrtsverbände dementsprechend selten öffentlich vorgetragen, wobei sich in der Praxis doch zeigt, dass sich die Mitarbeiter von Wohlfahrtsverbänden in nichtöffentlichen Verhandlungen mit Verwaltungsmitarbeitern schon über das Trägerinteresse hinausgehend für ihre

Dominanz der Dienstleistungsfunktion

---

[84] In Ostdeutschland (170%) und Westdeutschand (99%) erhöhten sich im Zeitraum von 1992 bis 2002 die Zuschüsse der Kommunen und Länder an die freien Träger für Kindertageseinrichtungen erheblich.

Klientel einsetzen. Aber der öffentliche Widerspruch wird aufgrund der finanziellen Abhängigkeiten und der eher harmonischen Stimmung in vielen Jugendhilfeausschüssen gescheut, zumal die erneute Berufung in den JHA wieder durch die Vertretungskörperschaft vorgenommen wird[85].

Politische
Legitimation der
Verbände

Für die Wohlfahrtsverbände als politische Akteure sind aber die Anwaltsfunktion und die Engagementgenerierungsfunktion weiterhin von zentraler Bedeutung, um in der Öffentlichkeit und in der fachpolitischen Arena als Verhandlungspartner über eine politische Legitimation zu verfügen (Santen 1999: 32). Würden sie lediglich als Dienstleister eingeordnet, die ausschließlich privatwirtschaftliche Interessen verfolgen, wäre ihre de facto immer noch gegebene Vorrangstellung gegenüber privaten Unternehmen kaum zu legitimieren. Auch Kürzungen bei den Zuschüssen können die Wohlfahrtsverbände nicht selten mit dem Hinweis abwehren, dass man damit v. a. die vielen Ehrenamtlichen treffen würde, die sich vorbildlich für das Gemeinwohl einsetzen. Insofern verwundert es auch nicht, dass die Bundesarbeitsgemeinschaft der freien Wohlfahrtspflege, wie bereits skizziert, die Zahl der Ehrenamtlichen offensichtlich systematisch überschätzt, weil diese Zahl auch für die politische Legitimation der Wohlfahrtsverbände steht.

Potentiale des
Korporatismus

Die freien Träger haben durchaus einen großen Einfluss, wenn es um ihre Ausstattung geht. Dies liegt im Wesentlichen an der bereits skizzierten Konstruktion des JHA, die in der Literatur bisher als Korporatismus eingeordnet wurde. Dem Korporatismus werden v. a. folgende allgemeinen Potenziale zugeschrieben, die im Wesentlichen auch für den JHA gelten (Heinze/Voelzkow 1998: 237; vgl. auch Merchel/Reismann 2004: 202f.):

- Zugewinn an Partizipation der relevanten Kräfte und Interessen
- Zusammenführung von Ressourcen und Detailinformationen
- bessere Konzertierung und Abstimmung der einzelnen Maßnahmen
- dadurch höhere Effektivität und Effizienz (Bündelungseffekte)
- erhöhte Legitimation einzelner Maßnahmen
- Einbindung der beteiligten Akteure in konsensfähige, gemeinsame Perspektiven.

Probleme des
Korporatismus

Ein typisches Problem des Korporatismus, die Externalisierung von Kosten auf unbeteiligte Dritte, trifft auch auf den JHA zu. Dieses Problem wird insbesondere auch bei Münder/Ottenberg deutlich angesprochen:

> „Durch die beschränkte Zahl der stimmberechtigten Mitglieder sind die Jugendhilfeausschüsse so etwas wie eine geschlossene Gesellschaft gegenüber denen, die nicht im JHA vertreten sind. Vertreten sind im JHA eher Organisationen, Verbände, Einrichtungen, die länger bestehen, die eher größer denn kleiner sind, die eher etabliert als neuentstanden sind" (Münder/Ottenberg 1999: 78) Und: „Für manchen JHA ist

---

[85] Wer sich als Vertreter der Wohlfahrtsverbände zu kritisch einbringt (insbesondere wenn es nicht um originäre Trägerinteressen geht) und damit in der Regel auch die Ausschusssitzungen verlängert wird, kann schnell als „notorischer Querulant" abgestempelt werden, der von der Vertretungskörperschaft das nächste Mal vielleicht nicht wieder gewählt wird.

166

die Verteilung finanzieller Mittel von so hoher Relevanz, dass er sich fast ausschließlich hierauf konzentriert und so mancher JHA gleicht dem Bild einer ‚geschlossenen Gesellschaft‘, die tunlichst unter sich bleiben will – schon um die Mittel nicht mit anderen teilen zu müssen" (ebd.: 73).

Besonders pikant ist hieran, dass nicht selten die hauptamtlichen Mitarbeiter der Wohlfahrtsverbände, deren Arbeitsplatz durch die öffentliche Jugendhilfe finanziert wird, im JHA über die Verteilung der Mittel mitentscheiden, ohne dass sie für befangen erklärt würden[86] (Holtkamp/Stach 1995: 19; Merchel/Reismann 2004: 205).

Die sonst häufig am Korporatismus kritisierte mangelnde Input-Legitimation, die durch eine höhere Output-Legitimation (v. a. Effizienz und Effektivität) kompensiert werde (Benz 1998), trifft auf den JHA sicherlich nicht in Gänze zu. Die mangelnde Input-Legitimation korporatistischer Gremien wird in der Regel auf die geringe Transparenz der Entscheidungsfindung und Schwierigkeiten bei der Zurechnung der Regierungsverantwortung zurückgeführt. Hier wird aber bereits eine Besonderheit des JHA gegenüber anderen korporatistischen Gremien deutlich. Er tagt in der Regel öffentlich, so dass seine Ergebnisse genauso transparent sind wie bei jedem anderen Ratsausschuss. Input- und
Outputlegitimation

Martin Hülsmann (2001) hat weitere Spezifika des JHA gegenüber anderen korporatistischen Gremien aus einer eher theoretischen Perspektive herausgearbeitet. Er beschreibt den JHA als ein Zusammenspiel unterschiedlicher Elemente der Verhandlungsdemokratie. Er greift damit auf einen von Roland Czada (2000) entwickelten Ansatz zurück, der eher für den Vergleich von Nationalstaaten entwickelt wurde, und unterscheidet drei Formen der Verhandlungsdemokratie: Korporatismus, Vetopositionen und parteipolitische Konkordanz. Verhandlungsdemo-
kratischer Ansatz

Daran anknüpfend beschreibt Hülsmann als eine Besonderheit des korporatistischen JHA die Vetopositionen der Wohlfahrts- und Jugendverbände. Diese hätten zwar nur zwei Fünftel der Stimmen, könnten sich aber jederzeit mit der Opposition verbünden, die nur in diesem Ausschuss die Möglichkeit hätte, die Mehrheitsfraktion zu majorisieren. Dies habe den Interessen der Verbände zum Zeitpunkt der Einführung des damaligen Jugendwohlfahrtsausschusses in der Weimarer Republik entsprochen. Einerseits waren die Verbände damals aufgrund rückläufiger Mitgliederzahlen und Spenden auf eine verstärkte öffentliche Förderung angewiesen, andererseits wollten sie aber nicht ihre Autonomie aufgeben. Die Vetoposition im Jugendwohlfahrtsausschuss ermöglichte es ihnen, wie bereits ausgeführt, sich sehr nachdrücklich für eine verstärkte Förderung einzusetzen und bei der Gestaltung der Förderrichtlinien darauf zu achten, dass keine Detailsteuerung (in Form „goldener Zügel") vorgenommen wurde. Vieles spricht dafür, dass dies im Wesentlichen auch heute noch die Interessen der freien Trä- Vetopositionen

---

[86] Wenn es um allgemeine Beschlüsse zu Organisationen oder Verbänden wie auch die allgemeine Beratung des Haushaltsplanes geht, sind diese Beschäftigten der Wohlfahrtsverbände nicht befangen. Befangenheit im juristischen Sinne liegt lediglich dann vor, wenn es um einen Antrag geht, der eine gezielte Förderung des jeweiligen Verbandes vorsieht (Münder/Ottenberg 1999: 51). In der Praxis wird die Befangenheit aber auch in diesen Fällen z. T. nicht angezeigt und die Betroffenen beraten und stimmen mit.

ger sind, die beispielsweise darin zum Ausdruck kommen, dass auf kommunaler Ebene in der Jugendhilfe auch weiterhin die Pauschalförderung dominiert (Zimmer/Priller 1999; Bogumil et al. 2003). Zudem kommen zu den 2/5 der stimmberechtigten Vertreter der freien Träger noch sog. versteckte Verbandsvertreter. Viele führende Mitarbeiter von Wohlfahrtsverbänden sind gleichzeitig aktive Kommunalpolitiker oder zumindest in die Fraktionsarbeit eingebunden. So kam eine bundesweite Befragung der Jugendhilfeausschüsse zu folgendem interessanten Befund:

> „Hinzu kommt, daß über ein Viertel (27%) der von uns befragten Wohlfahrtsverbände ,versteckte' Mitglieder im Jugendhilfeausschuss haben. Das heißt, diese Personen sind nicht wegen ihrer Zugehörigkeit zu einem Wohlfahrtsverband, sondern als Vertreter einer andere Gruppe, wohl meistens einer Partei im Jugendhilfeausschuss: Für Westdeutschland gilt: wenn ein Wohlfahrtsverband durch ein ,verstecktes' Mitglied vertreten ist, ist er selbst auch mit einem offiziellen Mitglied vertreten" (Seckinger et al. 1998: 163).

Parteipolitische Konkordanz

Die Vetoposition der Verbände im JHA führt nach Ansicht von Hülsmann auch dazu, dass der Parteienwettbewerb, der in vielen anderen kommunalen Gremien stark ausgeprägt ist, hier kaum eine Rolle spielt. Er begründet dies damit, dass die Mehrheiten im JHA im Gegensatz zu anderen Ausschüssen prekär sind und dementsprechend nicht das ritualisierte „Regierungs- und Oppositionsspiel" stattfindet. Es unterbleibe häufig der Versuch parteipolitischer Profilierung, der in einer öffentlichen Ratssitzung spätestens dann unternommen werde, wenn kaum zu erwarten sei, dass andere Mehrheiten durch Sachargumente herzustellen seien. Eine andere Ursache für die eher konkordanzdemokratische Ausrichtung des JHA könne auch darin liegen, dass die Verbandsvertreter sich keiner im Vorfeld einer Sitzung gebildeten Fraktionsmeinung unterwerfen müssten und die Verbandsmeinung bei vielen Themen unklar sei. Dementsprechend dominiere im Gegensatz zu parteipolitischen „Schaufensterreden" ein diskursiver Stil.

Einschränkungen des verhandlungsdemokratischen Ansatzes

Insgesamt kann man festhalten, dass die Anwendung des verhandlungsdemokratischen Ansatzes auf den JHA durchaus fruchtbar ist. Bei dieser Bewertung sind allerdings drei Einschränkungen angebracht.

Letztentscheidungsrecht des Rates

Erstens haben die Wohlfahrtsverbände auch im Verbund mit den Oppositionsfraktionen nur eine bedingte Vetoposition, weil viele Beschlüsse des JHA für den Rat nur empfehlenden Charakter haben. Hiervon ausgenommen sind Kompetenzen, die vom Rat an den Ausschuss delegiert wurden. Dennoch geht häufig auch von den empfehlenden Beschlüssen des JHA eine hohe faktische Bindung aus, weil eine Abweichung von der Beschlusslage des Fachausschusses öffentlich meist nur schwer zu vermitteln ist und Proteste provoziert. Empirische Untersuchungen in Nordrhein-Westfalen kommen zu dem Ergebnis, dass nur von sehr wenigen Jugendämtern darüber berichtet wird, dass in den letzten drei Jahren ein Beschluss des JHA von der kommunalen Vertretungskörperschaft verändert wurde (Merchel / Reismann 2004: 209).

Zweitens liegen bisher für den Bereich der kommunalen Jugendpolitik kaum empirische Policy-Studien vor. Insbesondere zu der Frage, inwieweit konkordante Strukturen im JHA dominieren, gibt es bisher nur wenige empirische Befunde. Eine bundesweite Befragung der öffentlichen und freien Träger in der

Jugendhilfe ergab beispielsweise, dass einige Befragte durchaus einen zu hohen Parteieneinfluss im JHA monierten. Am stärksten wurde dies von den befragten freien Trägern in Westdeutschland bemängelt. 59% von ihnen erteilten der folgenden Aussage eingeschränkte oder volle Zustimmung: „Parteipolitische Interessen dominieren den JHA" (Seckinger et al. 1998). Demgegenüber teilten von Seiten der westdeutschen Jugendämter nur 32% diese Auffassung. In Ostdeutschland wurde der parteipolitische Einfluss sowohl von den freien Trägern (33% Zustimmung zur vorgenannten Aussage) als auch von den Jugendämtern (22%) deutlich geringer eingeschätzt[87].

Insbesondere bei freien Trägern muss man allerdings feststellen, dass sie häufig die politische Kultur in anderen Fachausschüssen nicht kennen und so auch keine Vergleichsgrundlage dafür haben, ob der JHA konkordanter orientiert ist als andere Fachausschüsse. Aus eigenen Erfahrungen können wir prinzipiell die Hypothesen von Hülsmann bestätigen[88]: Im JHA betonen viele Politiker, dass es ihnen nur um das Wohl der Kinder und Jugendlichen in ihrer Stadt gehe und tragen scheinbar eher ihre persönliche als eine Fraktionsmeinung vor. Der in vielen anderen Ausschüssen übliche Anfangssatz „seitens der XY-Fraktion möchte ich erklären" ist im JHA regelrecht verpönt. Kommt es zu einem heftigeren parteipolitischen Disput, wird gleich erklärt, dass man es in der Vergangenheit doch so gehandhabt habe, dass die Parteipolitik nicht in den Ausschuss hereingetragen werde. Parteipolitiker, die aufgrund der prekären Mehrheitsverhältnisse versuchen könnten, die Verbandsvertreter „auf ihre Seite zu ziehen", haben also einen starken Anreiz, sich gerade nicht als Parteipolitiker zu exponieren, sondern sich eher auf einen fachlichen Diskurs einzulassen. Dabei wird allerdings der JHA genauso wie die anderen Fachausschüsse in den Fraktionen stark vorbereitet (Merchel / Reismann 2004: 198), während im Ausschuss suggeriert wird, dass man ausschließlich seine persönlich Meinung mitteile, die stark dem gemeinsamen Verständnis des JHA's als Lobby für Kinder und Jugendlichen folge und nichts mit „parteipolitischen Schablonen" zu tun habe.

Auch eine neue empirische Untersuchung der nordrhein-westfälischen Jugendhilfeausschüsse hebt den gering ausgeprägten Parteienwettbewerb hervor:

> „Der auf Konsens ausgerichtete Charakter des Klimas in den Jugendhilfeausschüssen erscheint so dominant, dass man einerseits ein solches Klima als sachlich, harmonisch und für fachliche Entscheidungen produktiv bewerten kann. Die möglicherweise fachpolitisch inspirierte konsensuale Ausrichtung wird stärker gepflegt als die Neigung, den Jugendhilfeausschuss als politische Arena und zur Abgrenzung gegenüber politischen Konkurrenten zu nutzen. Die parteipolitische Bedeutung scheint in den Strategien der Akteure zurückzustehen hinter der fachpolitischen Perspektive, mit der der Jugendhilfeausschuss betrachtet wird. Andererseits kann aber auch gefragt werden, ob das harmonische Klima nicht durch das Marginalisieren von Konflikten, durch eine zu gering ausgebaute advokatorische Interessenvertre-

---

[87] Insgesamt deuten auch allgemeine empirische Erkenntnisse auf in allen Politikfeldern eher konkordante Konfliktlösungsmuster in Ostdeutschland hin (Pollach et al. 2000).

[88] Ähnlich hierzu auch Kösters, der die im Vergleich zu anderen Fachausschüssen zumindest besseren Chancen betont, im JHA „sachbezogen" zu diskutieren. Kösters führt dies auf die „sechs parteiungebundenen Stimmen aus den Reihen der anerkannten freien Träger" (Kösters 1998: 37) zurück.

tung und durch ein zu gering profiliertes Einbringen von fachpolitischen Anliegen erkauft wird" (Merchel/Reismann 2004: 242f.).

aum Verhandlungen im JHA Drittens kann der Begriff Verhandlungsdemokratie in Bezug auf den JHA zu Missverständnissen führen. Unter Verhandlungen versteht man häufig, dass man sich über Kosten und Nutzen einer Maßnahme für die einzelnen Teilnehmer auseinandersetzt und Kompensationszahlungen oder Koppelgeschäfte vornimmt (Holzinger 1998: 29). Dies trifft für den JHA, in dem eher argumentiert als in diesem Sinne verhandelt wird, in der Regel sicherlich nicht zu. Das liegt v. a. an den folgenden Faktoren:

- Der JHA tagt im Gegensatz zu anderen korporatistischen Gremien öffentlich, so dass derartige Verhandlungen am nächsten Tag – mit allen daraus resultierenden Legitimationsproblemen – in der Lokalpresse stehen könnten.
- Die Anzahl der Ausschussmitglieder ist sehr hoch, wodurch Verhandlungen zusätzlich erschwert werden.
- Für die Wohlfahrtsverbände sitzen häufig nicht die wichtigsten Funktionäre im JHA. Allein diese könnten aber auch eine dementsprechende Verpflichtungsfähigkeit mitbringen.

Verhandlungen laufen eher im Vorfeld der öffentlichen Sitzungen des JHA (z.B. auf den Fraktionssitzungen, an denen häufig auch die von der jeweiligen Fraktion nominierten freien Träger teilnehmen) oder in den sog. Arbeitsgemeinschaften im Rahmen der Jugendhilfeplanung ab – gewissermaßen im Schatten der Vetopositionen der freien Träger im JHA:

„Nicht selten sind die Entscheidungen durch entsprechende Absprachen zwischen den kommunalpolitischen Akteuren und stimmberechtigten Mitgliedern der Träger der freien Jugendhilfe bereits im Vorfeld der JHA-Sitzung gefallen" (Münder/Ottenberg 1999: 76).

Empirische Studie zu Akteurs-konstellationen Am Beispiel der Stadt Münster haben Annette Zimmer und Eckhard Priller empirisch aufgezeigt, dass die Förderung im Bereich der Jugendhilfe eng von der Einflussnahme der Verbände und von Verhandlungen abhängt und weniger von einem öffentlichen bzw. parlamentarischen Diskurs über Bedarf und Ziele. Ihre Interviewpartner schilderten den Förderungsablauf wie folgt: Die Wohlfahrtsverbände definieren den Bedarf, nehmen dann Kontakt mit relevanten Politikern auf und verhandeln nicht-öffentlich über ihre Angebotsformen, während die Verwaltung kaum gefragt wird (Zimmer/Priller 1999: 120).

Akteurs-konstellationen in Ostdeutschland Fraglich ist allerdings, in wieviel Kommunen die Wohlfahrtsverbände eine *derart* starke Stellung gerade gegenüber der weit ausdifferenzierten Kommunalverwaltung haben. Die Ergebnisse von Zimmer/Priller können sicherlich auch auf Besonderheiten der politischen Kultur in Münster zurückgeführt werden. Insbesondere für Ostdeutschland ist zu konstatieren, dass die Wohlfahrtsverbände dort auch aufgrund des Fehlens soziokultureller Milieus und korporatistischer Verhandlungtraditionen (Roth 2001) sicherlich nicht so dominant sind wie beispielsweise in Münster. Eine Untersuchung von gemeinsamen Arbeitskreisen der unterschiedlichen Träger der Jugendhilfe kommt bezogen auf Ost- und West-deutschland zu folgendem Fazit:

> „Die Analyse des Teilnehmerspektrums der Arbeitskreise weist auf einen größeren Trägerpluralismus in Ost- als in Westdeutschland hin: Freie Träger werden stärker in Arbeitskreise einbezogen und ihr Gewicht für die regionale Jugendhilfeszene damit stärker betont. Bemerkenswert in diesem Zusammenhang ist, daß sich dies nicht auf traditionelle Trägerformen wie Wohlfahrts- und Jugendverbände beschränkt, sondern daß in ostdeutschen Arbeitskreisen auch eine Vielzahl von Vereinen, Initiativen und anderen Trägergruppen integriert ist" (Weigel et al. 1999: 21).

Die korporatistischen Schließungstendenzen scheinen also in den neuen Bundes-ländern nicht so ausgeprägt zu sein wie in den alten Bundesländern.

Insgesamt lässt sich resümieren, dass die Wohlfahrtsverbände im Vergleich zu anderen Verbänden in diversen Politikfeldern eine herausgehobene Position innehaben. Die außerordentlich starke Stellung der Wohlfahrtsverbände in der Jugendhilfepolitik basiert im Wesentlichen auf vier Faktoren:

1. Die Wohlfahrtsverbände sind in kommunalpolitische Gremien stark einge-bunden, haben im JHA Stimmrecht und können im Verbund mit der Oppo-sition problemlos die Mehrheitsfraktionen überstimmen (Ronge 1993). Im Vergleich zu anderen korporatistischen bzw. tripartistischen Gremien fehlen weiterhin organisierte Gegeninteressen (z.B. Arbeitgeberverbände kontra Gewerkschaften oder Ärzteverbände kontra Krankenkassen).
2. Zwischen den kommunalpolitischen Fraktionen und den Wohlfahrtsverbän-den bestehen sehr enge Kontakte. Insbesondere treten sie häufig in Perso-nalunion auf. Viele führende Mitarbeiter von Wohlfahrtsverbänden sind gleichzeitig aktive Kommunalpolitiker (Reiser 2004) oder zumindest in die Fraktionsarbeit eingebunden. Den nicht wohlfahrtsverbandlich engagierten Kommunalpolitikern im JHA sind die Vertreter von Wohlfahrtsverbänden aufgrund ihres Fachwissens häufig überlegen.
3. Die Wohlfahrtsverbände verfügen über erhebliche Implementations-ressourcen, von denen die Stadtverwaltungen in einem gewissen Maße ab-hängig sind. Insbesondere halten die Wohlfahrtsverbände teilweise immer noch Angebote vor, die nicht kostendeckend sind und zu erheblichen kom-munalen Belastungen führen würden, wenn sie von den Verbänden z.B. aufgrund einer Umstellung der kommunalen Förderung abgestoßen würden (z.B. Obdachlosenversorgung). Dies kann als „Faustpfand" in nichtöffentli-chen Verhandlungen dienen.
4. Die dominante Stellung der Wohlfahrtsverbände im Implementations-prozess wird auch durch das im KJHG verankerte Subsidiaritätsprinzip ge-fördert.

Diese Dominanz dürfte insbesondere für die Frage der Bezuschussung und För-derung gelten. Sie wird in diesen Fragen von der Fachverwaltung teilweise ge-duldet, weil die Wohlfahrtsverbände im Gegenzug gut gegen die Kürzungspläne der Kämmerei im Jugendbereich mobilisiert werden können. „Ich bin bei Kür-zungen meistens besser weggekommen als meine Kollegen, weil ich notfalls die

Kampftruppe im Ausschuss mobilisieren kann" äußerte beispielsweise ein Jugendamtsleiter in einer Untersuchung nordrhein-westfälischer Jugendhilfeausschüsse (Bußmann et al. 2003: 65).

In anderen Fragen halten sich die Wohlfahrtsverbände eher zurück. Bei gleichzeitig eher geringem parteipolitischem Einfluss dominiert hier tendenziell die Verwaltung (Münder / Ottenberg 1999: 68). Die Initiativen im Bereich des Agendasettings gehen zumeist von der Verwaltung aus, während die Träger nur sehr wenige Anträge im JHA stellen. Allerdings berücksichtigt die Verwaltung bei der Aufstellung der Tagesordnung häufig schon die Interessen der Kommunalpolitik an Themen mit einer großen Breitenwirkung. Politisch nicht so interessante Themen, wie z.B. die sehr kostenintensive Erziehungshilfe, finden sich somit eher selten auf der Tagesordnung (Merchel/Reismann 2004: 232), dafür kann man sehr lange über die Anschaffung eines möglicherweise für Kleinkinder gefährlichen Spielgeräts auf einem Kinderspielplatz debattieren. Im JHA zeigt sich aus unserer Sicht wie in vielen anderen Fachausschüssen, dass das einst von dem Satiriker Parkinson entwickelte Gesetz der Ausschusstätigkeit auch heute noch teilweise aktuell ist (vgl. zur ausgeprägten Detailintervention auch Kap. 4.1): „Die auf einen Tagesordnungspunkt verwendete Zeit ist umgekehrt proportional zur Größe der Summe, um die es geht" (Parkinson 1994: 49). Wie es hierzu kommt, verdeutlicht der Satiriker Parkinson an einem fiktiven Finanzausschuss, der sich, nachdem er im Schnellverfahren eine riesige Investitionssumme verabschiedet hat, nunmehr genussvoll der Anschaffung eines Fahrradständers widmet. „Die große Debatte läuft. Eine Summe von 350 Pfund ist in jedermanns Reichweite. Jeder weiß, wie ein Fahrradunterstand aussieht. Die Diskussion erstreckt sich über die nächsten 45 Minuten und kann möglicherweise zu einer Ersparnis von fünfzig Pfund Sterling führen. Schließlich lehnen sich die Mitglieder befriedigt zurück" (Parkinson 1994: 52).

Hinzu kommt, dass die Lokalpresse komplexere Themen wie die Erziehungshilfe kaum aufnimmt, sondern sich vor allem auf die Angebote der offenen Jugendarbeit und Kinderbetreuung konzentriert. Auffällig ist, dass im Gegensatz zu den bundesweiten Medien in der Lokalpresse kaum über die typischen Problemthemen berichtet wird (Drogen, Kriminalität, Jugendarbeitslosigkeit, sexueller Missbrauch etc.) und dass diese Themen auch in den Jugendhilfeausschüssen eher selten behandelt werden (Straub 2004: 36; Merchel/Reismann 2004: 169f). Gerade für die Lokalpresse ist hier wie in den meisten Politikfeldern eine wenig problembezogene und konfliktscheue Berichterstattung typisch.

5.2.3 Instrumente

Informationelle Instrumente

Psychisch/informationelle Instrumente spielen seit Jahren eine herausragende Rolle in der Jugendpolitik. In den letzten Jahren ist gerade für die Beratungsstellen ein starker Bedeutungszuwachs zu konstatieren. Die Beratungsstellen werden auch in Ostdeutschland überwiegend von freien Trägern betrieben (Schilling 1999). Allein im Bereich der Erziehungsberatung wurden 282.000 junge Menschen im Jahre 2001 registriert, 83% mehr als 1991 (Statistisches Bundesamt 2003: 7). Dies kann u. a. auf die Neuregelungen des KJHG zu Beratungspflichten zurückgeführt werden. Denn auch in diesem Bereich finden sich zum Teil individuell einklagbare Rechte, die die Kommunen stärker zur Leistungsausweitung mit dementsprechenden zusätzlichen Haushaltsbelastungen veranlassen, als lediglich geregelte neue Pflichtaufgaben, die nicht einklagbar sind (Jordan/Sengling 1992: 121). Neu gegenüber dem alten JWG ist weiterhin, dass auch Kindern und Jugendlichen Beteiligungsrechte am Beratungsprozess eingeräumt werden und dass sie auch ohne Kenntnis der Erziehungsberechtigten beraten werden können.

Als Beispiel für rechtlich-politische Instrumente soll im Folgenden die Jugendhilfeplanung vorgestellt werden. Mit der Verabschiedung des KJHG hat jeder öffentliche Träger der Jugendhilfe ab 1991 eine Verpflichtung, Jugendhilfeplanung zu betreiben. Die Jugendhilfeplanung sieht zwingend eine Bestandserhebung, -bewertung und -ermittlung sowie eine daraus abgeleitete Maßnahmenplanung vor. Die freien Träger sind an dieser Planung angemessen zu beteiligen. Die Jugendhilfeplanung ist wie die Jugendhilfe selbst (KJHG §1 Abs. 3 Nr. 4) eine Querschnittsaufgabe, die sich damit nicht nur auf das Jugendamt konzentrieren kann, sondern auch andere Fachbereiche miteinzubeziehen hat. Rechtlich-politische Instrumente

In der Fachliteratur wird die Prozesshaftigkeit der Planung betont. Die Jugendhilfeplanung wird als ein Regelkreis gedeutet, der folgende Schritte enthalten soll (Nikles 1995: 60-66): Zielentwicklung, Bestandsdarstellung und -analyse, Bedarfsanalyse, Bedarfsprognose, Maßnahmenentwicklung, Umsetzungskontrolle und Fortschreibung.

Zum Umsetzungsstand der Jugendhilfeplanung liegen einige empirische Studien vor (Titus 1997 / Seckinger et al. 1998). Sie kommen zu dem Fazit, dass die überwiegende Zahl der Jugendämter in West- und Ostdeutschland mittlerweile eine Jugendhilfeplanung eingeführt haben. Mit zunehmender Gemeindegröße nimmt der Prozentteil der Kommunen ohne Jugendhilfeplanung ab, häufig werden allerdings nur für Teilbereiche Jugendhilfepläne aufgestellt. So wird etwa die Kindergartenbedarfsplanung deutlich häufiger realisiert als beispielsweise Pläne für die Jugendfreizeitstätten, weil es im ersteren Fall die bundesgesetzlich geregelte Garantie auf einen Kindergartenplatz zu realisieren gilt. Jugendhilfeplanung weitgehend umgesetzt

Dass die Jugendhilfeplanung zu einer der Wachstumsbranchen in der kommunalen Jugendpolitik gehört, kann v. a. auf die gesetzliche Verpflichtung im KJHG zurückgeführt werden, „was den Umkehrschluss zuläßt, daß die meisten Kommunen bis heute aus anderen Gründen wohl noch keine Planungsanstrengungen unternommen hätten" (Titus 1997: 48). Diese Verpflichtung hat in nicht wenigen Fällen dazu geführt, dass die Kommunen neues Personal einstellen mussten, und ist somit ein weiteres Beispiel für die exogenen Ursachen der kommunalen Haushaltskrise.

Über die konkreten Umsetzungserfahrungen liegen bisher noch keine politikfeldanalytischen Fallstudien vor. In der Fachliteratur werden v. a. die folgenden Umsetzungsprobleme benannt (Merchel 1996; Seckinger et al. 1998): Umsetzungsprobleme

- Relativ selten findet man in Kommunen ein „planungsfreundliches Klima" (Merchel 1996: 44).

- Die Jugendhilfeplanung ist häufig mit wichtigen Leitungsaufgaben verbunden, während die Jugendhilfeplaner selbst nicht so weit oben in der Hierarchie stehen.
- Die Kooperation mit anderen Ämtern oder Fachbereichen gestaltet sich schwierig.
- Die Umsetzung des Neuen Steuerungsmodells ist nicht in allen Fällen mit der Planungsphilosophie vereinbar, weil letztere stärker die Effektivität und erstere eher die Effizienz in den Vordergrund stellt.

Ursachen für „planungsunfreundliches Klima"

Aus politikwissenschaftlicher Sicht wäre zu fragen, ob es nicht durchaus rationale Gründe für das häufig beklagte „planungsunfreundliche" Klima gibt (Bogumil/Holtkamp 2002a). In Anlehnung an Charles Lindblom (1975), der den Inkrementalismus als rationale Strategie der Verwaltung positiv bewertete, ließe sich fragen, wozu man eine umfassende Planung für den ganzen Bereich der Jugendhilfe braucht, wenn sowieso feststeht, dass bestenfalls graduelle Veränderungen realisierbar sind. Aufgrund der Haushaltskrise sind kaum zusätzliche Finanzmittel zu erwarten, um neue Angebote zu realisieren, und eine Umschichtung der Haushaltsmittel ist aufgrund der Bestandskoalition[89] der freien Träger auch eher unwahrscheinlich. Empirische Studien zeigen darüber hinaus, dass die im JHA vertretenen freien Träger in sog. Arbeitsgemeinschaften auch sehr stark an der Jugendhilfeplanung beteiligt werden, während die häufig eher an Umverteilung interessierten Träger – das sind v. a. Träger, die nicht im JHA vertreten sind und dementsprechend eher gering gefördert werden – auch viel weniger in die Jugendhilfeplanung miteinbezogen werden. Im Ergebnis führt die Bestandsanalyse somit tendenziell zu dem Fazit, dass die bestehenden Angebote alle sehr wichtig sind und weiter bestehen sollen, während neue Angebote zwar sehr wünschenswert, aber nicht finanzierbar sind. Demnach würden also Aufwand und Ertrag der Jugendhilfeplanung in keinem vertretbaren Verhältnis stehen.

Positive Effekte der Jugendhilfeplanung

In der Praxis zeigt sich aber, dass gerade durch die Kommunikation der relevanten Akteure über den Bestand und den Bedarf durchaus kleinere positive Effekte zu erzielen sind. Insbesondere die Bestandserhebung führt nicht selten dazu, dass freie und öffentliche Träger überhaupt erst mal die ganze Angebotspalette zur Kenntnis nehmen und die verschiedenen Hilfeformen besser in der alltäglichen Arbeit miteinander vernetzt werden können. Auch die deutliche Zunahme der Partizipation von Jugendlichen im Rahmen der Jugendhilfeplanung kann bei den Akteuren zu einem Nachdenken über bestehende Angebotsformen führen und eine schrittweise bedarfsgerechtere Ausrichtung der bestehenden Angebote induzieren. Insgesamt kann man von der Jugendhilfeplanung wohl weniger eine grundlegende Veränderung der Angebotspalette, sondern eher eine graduelle Optimierung und eine bessere Vernetzung bestehender Angebotsformen erwarten.

Finanzielle Instrumente

Finanzielle Instrumente setzen in der Jugendhilfe v. a. bei den freien Trägern (Förderung etc.) und weniger bei den Jugendlichen selber an. Finanzielle Anreize zur Verhaltenslenkung von Bürgern, wie sie z.B. über die Gebühren in

---

[89] Vgl. auch Ausführungen zu Bestandskoalitionen in Kap. 5.2.4.1.

174

der Abfallpolitik in nicht unerheblichem Maße angestrebt werden, sind in der Jugendhilfe der Ausnahmefall. Zu diesen Ausnahmen kann man die im Jahre 2000 bundesweit eingeführte Jugendgruppenleitercard zählen. Sie soll bei freien Trägern ehrenamtlich tätigen Jugendlichen, die Jugendgruppen leiten, einige finanzielle Vergünstigungen eröffnen. So fungiert die Card gleichzeitig als Jugendherbergsausweis und in einigen Kommunen bekommen sie bei Veranstaltungen und öffentlichen Einrichtungen eine Ermäßigung des Eintrittspreises (weitere Informationen unter www.juleica.de). Kommunale Steuerungsmöglichkeiten bestehen also darin, die Jugendgruppenleitercard durch Eintrittspreisnachlässe attraktiver zu machen, was allerdings (auch aufgrund der massiven Haushaltskrise) bisher nur wenige Kommunen umsetzen.

Hauptziel der Jugendgruppenleitercard soll insgesamt die Förderung des Ehrenamtes von Jugendlichen sein. Abgesehen davon, dass dadurch lediglich ehrenamtliches Engagement in Verbänden gefördert wird, stellt sich die Frage, ob finanzielle Anreize tatsächlich zu einem verstärkten Engagement führen können. Die Motive für ehrenamtliches Engagement wurden in der Untersuchung des Jugendwerks der deutschen Shell ausführlich analysiert:

Beispiel Jugendgruppenleitercard

> „Gerade die Vorschläge der Erwachsenengeneration, die in letzter Zeit öffentlich zu vernehmen waren, z.B. Entschädigung für ehrenamtliche Tätigkeiten durch Geld oder Freizeit, landen im Urteil der Jugendlichen abgeschlagen auf den letzten Plätzen. Nicht mit materiellen Dingen sind sie zu ködern, sondern durch die Art der Tätigkeit (‚muß Spaß machen'), durch den Verzicht auf ein einengendes langfristiges Engagement (‚muß ich jederzeit wieder schnell aussteigen können') und durch Mitbestimmung über die Dinge, die sie tun wollen (‚muß ich mitbestimmen können, was ich genau tue')" (Jugendwerk der deutschen Shell 1997: 324).

Die Infrastruktursteuerung spielt in der Jugendhilfe eine herausragende Rolle. Insbesondere die Steuerung von Jugendzentren ist eine Aufgabe, die seit Jahrzehnten sehr stark in den Lokalzeitungen diskutiert wird und nicht zuletzt deswegen eine große Aufmerksamkeit der Jugendpolitiker auf sich zieht. Von Anfang an wurde die Einrichtung von Jugendzentren sehr kontrovers diskutiert. In den 70er Jahren entstanden sie häufig aufgrund des Protestes von Jugendlichen, die sich durch etablierte Jugendheime und kommerzielle Diskotheken aus unterschiedlichen Gründen nicht angesprochen fühlten. Es bildete sich eine regelrechte Jugendzentrumsbewegung, die v. a. durch Protest bis hin zu Häuserbesetzungen auf sich aufmerksam machte. Die hierdurch entstandenen selbstverwalteten Jugendzentren hatten aber mit erheblichen Problemen zu kämpfen. Sie hatten einen sehr schlechten öffentlichen Ruf, hatten mit Vandalismus und Drogenkonsum sowie mit Motivationsproblemen bei den ehrenamtlichen Mitarbeitern zu kämpfen (Ganser 1977). Dies führte dazu, dass ein Teil der Jugendzentren geschlossen wurde oder in städtische Trägerschaft überging und somit durchweg von hauptamtlichen Sozialarbeitern geführt wurde. Aber bis heute werden gerade im ländlichen Raum diese Jugendzentren z. T. noch ehrenamtlich geführt, und es entstehen auch immer wieder neue Initiativen (Holp 2001).

Infrastruktursteuerung bei Jugendzentren

In den 80er Jahren wurden verstärkt die sinkenden Besucherzahlen in den überwiegend hauptamtlich geführten Jugendzentren diskutiert, weiterhin begleitet von einigen Problemen der Anfangszeit (Drogenkonsum, Vandalismus, Lärm

Jugendzentren in den 80er Jahren

etc.). Es wurde befürchtet, dass der Jugendarbeit langsam die Jugendlichen ausgehen würden (Ferchhoff et al. 1988). Diese wollten zunehmend anspruchsvollere und eher freizeitorientierte als sozialpädagogisch konzipierte Angebote. Da die Jugendzentren dies überwiegend nicht zu bieten hatten, machten sie zunehmend Gebrauch von der Exit-Option (siehe hierzu allgemein Bogumil et al. 2001).

Jugendarbeit ohne Jugendliche
Besonders anschaulich wird dieser Sachverhalt in einem vor kurzem erschienenen Fachaufsatz geschildert, in dem das Verhalten der Mitarbeiter in den 1980er Jahren aus Sicht der Erfahrungen einer Jugendeinrichtung mit Output- und Kundenorientierung rückblickend beschrieben wird.

> „Bei den Fachkräften im Freizeit-Zentrum wurde die geleistete Arbeit als gesellschaftlich sehr bedeutsam eingeschätzt. Ein Legitimationsbedarf wurde abgelehnt, da er sich nach dem Selbstverständnis aus der gesellschaftlichen Notwendigkeit ableitete (...) In der Praxis stellte sich heraus, daß fast alle durchgeführten Angebote schlecht besucht waren. So waren zum Beispiel beim kommunalen Filmprogramm meist nur 5 bis 10 Besucher, bei Rockveranstaltungen meist nur zwischen 10 bis 30 Besucher anwesend" (Philipp 2000: 114-115).

Jugendzentren in den 90er Jahren
Diese doch eher ernüchternde Bilanz für eine Freizeiteinrichtung, die aus Sicht der Entscheidungsträger alle Jugendlichen der 26.000-Einwohner-Stadt versorgen sollte, führte aber nicht zu einem Umdenken der Mitarbeiter in Richtung mehr Kundenorientierung, sondern nur zu einem „Rechtfertigungsmechanismus" bei den Fachkräften, der die Verantwortung für Misserfolge externalisierte.

> „So zum Beispiel: Problem: Warum kommt keiner zum Konzert? Erklärung: Weil die Presse nichts berichtet hat.
>   Problem: Warum interessieren sich die Jugendlichen nicht für unsere Angebote? Erklärung: Konsumterror, Reizüberflutung" (Philipp 2000: 114).

Erst die Haushaltskrise in den 90er Jahren führte im Verbund mit dem Einzug neuer Steuerungsmodelle in vielen Einrichtungen dazu, dass man stärker mit output- und kundenorientierten Strategien auf die Exit-Option reagierte. Der Druck auf die Jugendzentren, den Zuschussbedarf auch durch Einnahmeerhöhungen zu reduzieren, wurde größer; es galt also neue Kunden zu gewinnen und alte Kunden zu binden. Auch deswegen wurden zunehmend Beteiligungsangebote (z.B. Befragungen) entwickelt, um die Kundenzufriedenheit der Jugendzentrumsbesucher zu steigern (Haid 1999).

5.2.4 Politikfeldübergreifende Trends in den 90er Jahren?

5.2.4.1 Ökonomisierung

Budgetierung in der Jugendhilfe
Bevor nun ausführlich auf die interorganisatorische Dimension der Ökonomisierung eingegangen werden soll, wird kurz ein bereits bei der Skizze der Haushaltspolitik analysierter Aspekt der intraorganisatorischen Ökonomisierung näher betrachtet. Es geht hier um die Frage der Budgetierung. Die Jugendhilfe kann als

einer der Bereiche eingestuft werden, in dem die Instrumente des Neuen Steuerungsmodells schon sehr lange eingesetzt werden. Eine aktuelle Studie des Deutschen Jugendinstituts beschäftigt sich auf der Grundlage einer Befragung der Jugendämter in Deutschland auch mit dem Umsetzungsstand der Budgetierung in der Jugendpolitik (Mamier et al. 2001).

Diese Studie kommt zu dem Ergebnis, dass zwar relativ viele Jugendämter angeben Budgetierung realisiert zu haben, aber dass das entscheidende Charakteristikum der Budgetierung – die Übertragbarkeit des Budgets auf das nächste Jahr zur Vermeidung des „Dezemberfiebers" – nur in relativ wenigen Jugendämtern realisiert wurde. Charakteristisch für die enge Verbindung von Haushaltskonsolidierung und Budgetierung ist, dass Defizite des Vorjahres in deutlich mehr Jugendämtern übertragen werden als Überschüsse. So werden bei 5% der befragten Jugendämter die Überschüsse aus dem Vorjahr in voller Höhe übertragen, während die Defizite immerhin in schon 13% der Fälle ins nächste Jahr übertragen und damit abgedeckt werden müssen. Das Deutsche Jugendinstitut kommt insgesamt eher zu einer ernüchternden Bilanz der Budgetierung:

Kaum richtige Budgets

> „Ein anderes Ergebnis der Vollerhebung ist, daß es eine große Diskrepanz zwischen den theoretischen Konzepten der Verwaltungsmodernisierung und deren Umsetzung in den Alltag des Verwaltungshandelns gibt. Budgets sind keine Budgets, sondern lediglich neue Bezeichnungen für Altbekanntes. Die Haushaltspraxis hat sich in dem überwiegenden Teil der Jugendämter nicht verändert" (Mamier et al. 2001: 47).

Zum Teil sind gedeckelte Budgets für die zentralen Steuerungspolitiker aber gerade im Jugendhilfebereich ein effektives Konsolidierungsinstrument. So wird v.a. die Politik- und Verwaltungsspitze entlastet, weil sie Kürzungen nicht detailliert vornehmen und somit auch nicht präzise über die einzelnen Aufgaben der Fachverwaltungen und nicht-intendierte Folgen von Sparvorschlägen informiert sein muss. Zu berücksichtigen ist hier insbesondere, dass sich der Kampf zwischen Fachverwaltung und zentralen Steuerungspolitikern im Laufe der Jahre gewandelt hat, weil seitens der Fachverwaltung fast jede Leistung mittlerweile als Sparmaßnahme „verkauft" wird, während die Kämmerei diese vermeintlichen Konsolidierungsvorschläge mit sehr hohem Informationsaufwand prüfen muss. Durch Budgetierung werden aber nicht nur die Informationskosten, sondern auch der Widerstand gegen Konsolidierungsmaßnahmen reduziert. Ein Beispiel hierfür ist die Schließung von wenig frequentierten Spielplätzen. Wird dies von der Kämmerei als Konsolidierungsmaßnahme vorgeschlagen, ist mit massiven Protesten der Nutzer und der Fachverwaltungen und Fachpolitiker zu rechnen. Garantiert aber die Kämmerei, dass ein Teil der eingesparten Kosten und insbesondere der Einnahmen aus dem anschließenden Grundstücksverkauf im Fachbereich Jugend verbleiben, dann sind Fachpolitiker häufig selbst bereit, die zu schließenden Spielplätze auszuwählen und dies sogar gemeinsam gegenüber den wenigen Nutzern zu vertreten.

Auch die interorganisatorische Dimension der Ökonomisierung ist in der Jugendpolitik nicht sehr ausgeprägt. In der kommunalen Jugendpolitik hat man bisher im Gegensatz beispielsweise zum Baubereich nur sehr begrenzt einzelne Aufträge ausgeschrieben. In diesem Bereich wurden zwar sehr viele Aufgaben an Dritte (insbesondere an die freien Träger) vergeben, aber nicht aufgrund eines

Kaum Ausschreibung von Aufträgen

transparenten Wettbewerbes, sondern durch nicht-öffentliche Verhandlungen mit zumeist nur einem oder wenigen Bietern. Durch die enge Verzahnung von Kommunalpolitik und Wohlfahrtsverbänden (teilweise Personalidentität von Ratsmitgliedern und Angestellten von Wohlfahrtsverbänden, korporatistische Gremien wie der Jugendhilfeausschuss etc.) kam es u. a. wohl häufig nicht zu einer Vergabe von öffentlichen Leistungen nach Effizienz- und Qualitätskriterien, sondern die Vergabe folgte eher politischen Verteilungsregeln (in haushaltspolitisch guter Lage z.B. „der eine Träger hat doch schon letztes Jahr mehr bekommen, jetzt ist aber ein anderer mal an der Reihe" oder „welcher Träger steht unserer Fraktion nahe").

Ende des Wohlfahrtskartells"?
Allerdings gerät die Förderungspraxis dadurch, dass sie häufig neue Angebote unabhängig vom Bedarf fördert ohne alte Förderungsprogramme zurückzufahren, in den 90er Jahren zunehmend unter Druck. Einerseits führt die Haushaltskrise dazu, dass die Förderungspraxis kaum noch finanzierbar ist. Andererseits hält das Neue Steuerungsmodell Einzug in die Rathäuser, das insbesondere mit dem Instrument des Kontraktmanagements nicht nur binnenorientiert ausgerichtet ist, sondern auch eine Neuorganisation der Außenbeziehungen propagiert. Hinzu kommt noch, dass das Subsidiaritätsprinzip im Zuge der Europäischen Einigung aus wettbewerbsrechtlichen Gründen in Frage gestellt wird und dass das KJHG in seiner Änderung zum 1.1.1999 die Privilegierung der freien Träger gegenüber privatwirtschaftlichen Anbietern zum Teil aufhebt. In der Literatur wird deshalb zunehmend davon ausgegangen, dass das korporatistische „Wohlfahrtskartell" bald der Vergangenheit angehören wird (Stöbe-Blossey 2001: 178).

Darüber hinaus wird darauf hingewiesen, dass die Einführung wettbewerblicher Elemente gerade in der Sozial- und Jugendverwaltung zu einer effizienteren Dienstleistungsproduktion führen könnte, weil durch die Gründung privater Unternehmen zuzüglich zu den vorhandenen freien Trägern viele Anbieter auch aufgrund der geringen Kapitalintensivität von Dienstleistungen auf dem Markt präsent sind und so bei zeitlich befristeten Ausschreibungen mit einem intakten Wettbewerb zu rechnen wäre (im Gegensatz zum noch zu thematisierenden Ver- und Entsorgungsbereich) (Holtkamp 2000c: 326).

Empirische Studien zu Wettbewerbselementen
Bisherige empirische Studien zu Wettbewerbselementen in der kommunalen Sozial- bzw. Jugendpolitik und zur Vergabe von Leistungen an private Anbieter zeigen aber deutlich, dass von einem Ende des Korporatismus keine Rede sein kann. So haben Heinze/Strünck (1996) in einer empirischen Untersuchung in NRW festgestellt, dass die Ausschreibung im Bereich der sozialen Dienste bisher kaum praktiziert wird. Auch in einer Befragung von zehn Jugendämtern in NRW im Jahre 1998/1999 wurde deutlich, dass es sich „bei den privatwirtschaftlich organisierten Angeboten bisher um Einzelfälle handelt" (Esch/Hilbert/Stöbe-Blossey 2001: 533; ähnliche Befunde vgl. auch Merchel/Reismann 2004: 230). Kommt es dennoch zu Ausschreibungen, handelt es sich hierbei teilweise um ein Scheinverfahren, bei dem die „Klienten" der Mehrheitsfraktion den Zuschlag bekommen, obwohl die Ergebnisse der Ausschreibung eine andere Entscheidung nahe gelegt hätten (Bußmann et al. 2003: 93).

Lediglich in einzelnen Segmenten der Jugendhilfe lässt sich nachweisen, dass die Anzahl der privatwirtschaftlichen Träger stark zunimmt. Hierzu gehört insbesondere die Erziehungshilfe, in die verstärkt kleine privatwirtschaftliche Träger eindringen, die nicht zuletzt aufgrund der wenigen Hierarchiestufen häufig günstigere Kostenstrukturen haben (Herzig 1999: 157).

Im Vergleich zu anderen Politikfeldern erweist sich die Jugendpolitik also als relativ „resistent" gegenüber wettbewerblichen und privatwirtschaftlichen Lösungen. Dies lässt sich v. a. auf die engen Kontakte der Wohlfahrtsverbände zur Kommunalpolitik und auf ihre herausgehobene Position im Jugendhilfeausschuss zurückführen. Zwischen den Trägern besteht häufig Einigkeit darüber, dass die bestehenden Fördermaßnahmen für die einzelnen Träger Bestandsschutz genießen. Zwar könnte man als freier Träger durchaus von einer Neuausschreibung bestehender Angebote profitieren, indem man den Zuschlag für Angebote bekommt, die bisher von einem anderen Träger vorgehalten werden. Aber man könnte natürlich auch wichtige Angebote durch Ausschreibung verlieren. Die meisten freien Träger, die im JHA vertreten sind, verfügen aber nicht zuletzt aufgrund der geschilderten korporatistischen Verteilungslogik (Externalisierung von Kosten auf unbeteiligte Dritte) über eine gute Förderausstattung, während bei Ausschreibungen mit einer Umverteilung zu Gunsten von kleineren freien Trägern und privatwirtschaftlichen Anbietern zu rechnen wäre. Dies gilt jedoch beispielsweise für die Erziehungshilfe (v. a. bei den Heimunterbringungen) nur bedingt. Diese wird in wesentlichen Teilen nicht von den lokalen Gliederungen der Wohlfahrtsverbände erbracht, sondern von überregionalen freien Trägern, deren Interessen von den lokalen Vereinigungen nur bedingt im JHA vertreten werden. Hierin könnte sicherlich ein Grund dafür liegen, dass in dieses Marktsegment verstärkt privatwirtschaftliche Träger eindringen.

Auch wegen dieser Bestandskoalitionen und den verhandlungsdemokratischen Strukturen wird die Jugendhilfepolitik generell eher als distributive und weniger als redistributive Politik eingeordnet.

> „Die Verteilung der Ressourcen geschieht weitgehend durch ‚Kuh-Handel' (...) Eine Auseinandersetzung wird in der Jugendhilfe durch Spezialisierung und ‚claims' oftmals vermieden. Die fachpolitische Arbeit erfolgt aufgrund dieser Voraussetzungen – so zumindest die Vermutung – unter im wesentlichen konsensualen Bedingungen, die nur vereinzelt durch offene Verteilungskonflikte oder fachliche Kontroversen gestört wird" (Merchel/Reismann 2004: 110).

Vielfach wurden seit Jahrzehnten im Konsens für die Wohlfahrtsverbände je unterschiedliche Bereiche abgesteckt. Die AWO ist zuständig für Kinder und Alte, die Caritas kümmert sich um die Schuldner und die Diakonie um Jugendliche mit Erziehungsdefiziten. Solche oder ähnliche Absprachen wurden in vielen Kommunen getroffen, wobei dieser Proporz durch die großen Parteien maßgeblich unterstützt wurden, die jeweils darauf achteten, dass „ihr" Träger auch ein ordentliches „Stück vom Kuchen" abbekam. Das kunstvoll errichtete Gleichgewicht zwischen den Trägern, das zwischen allen Akteuren oft zu einer vertrauensvollen Zusammenarbeit geführt hat, wollen auch die Jugendpolitiker und das Jugendamt häufig nicht durch mehr Wettbewerb und Privatisierung gefährden.

Dennoch kommt es in den letzten Jahren tendenziell häufiger zu einem Wettbewerb zwischen den Verbänden (Bußmann et al. 2003: 89f.). Die vor Ort arbeitenden Wohlfahrtsverbände werden auch angesichts ständig sinkender Kir-

[Marginalie:] Verhandlungsdemokratie verhindert Wettbewerbselemente

[Marginalie:] Stärkerer Wettbewerb zwischen den Verbänden

179

chensteuereinnahmen von ihren regionalen und überregionalen Gliederungen immer mehr dazu gezwungen, defizitäre Bereiche entweder durch neue gewinnbringende Angebote abzudecken oder sie gänzlich abzustoßen. Allerdings dürfte sich dieser vermehrte Wettbewerb v. a. auf neue Förderangebote beziehen, während für die alten Angebote tendenziell noch immer ein Bestandskonsens existiert. Aufgrund der Haushaltskrise ist aber damit zu rechnen, dass auch in den nächsten Jahren nur wenige neue Förderangebote seitens der Kommune vorgehalten werden können. Damit werden wettbewerbliche Formen vermutlich auch zukünftig eher langsam in die kommunale Jugendhilfepraxis Einzug halten und sich auf einen nur zögerlich steigenden Anteil am Gesamtbudget der Jugendhilfe beziehen. Dafür spricht auch, dass die sozialpädagogisch geprägte Verwaltung des Jugendamtes wettbewerblichen Formen relativ distanziert gegenüber steht. Dem Eindringen betriebswirtschaftlicher Modelle in die Jugendhilfe wird auch von dieser Seite eine gewisse Skepsis entgegengebracht (Greese 1998: 728), nicht zuletzt, weil man fachliche Standards und die relativ vertrauensvolle Zusammenarbeit mit den Wohlfahrtsverbänden gefährdet sieht. Bei Ausschreibungen wird nach unserer Erfahrung von der Verwaltung des Jugendamts gerne gegen die häufig kostengünstigeren privaten Anbieter eingewendet, dass man mit ihnen noch keine Erfahrungen gesammelt habe, wohingegen sich die Zusammenarbeit mit den Wohlfahrtsverbänden vor Ort über Jahrzehnte bewährt habe. Dass diese Position dazu führt, dass man auch zukünftig keine Erfahrungen mit privaten Anbietern machen kann, wird dabei bereitwillig vernachlässigt.

Neben der Analyse der Hindernisse gegenüber wettbewerblichen Formen, die aus den skizzierten Akteursinteressen resultieren, wäre zu fragen, ob der Wettbewerb im Sozial- und Jugendbereich zu nichtintendierten negativen Nebeneffekten führt, die es auch aus übergeordneter Sicht angezeigt erscheinen lassen, den Wettbewerbsmodellen mit einer gewissen Skepsis zu begegnen. Als ein Beispiel für diese zu erwartenden Nebeneffekte lässt sich eine Verkürzung der gesellschaftlichen Funktionen von Wohlfahrtsverbänden erwarten. Bereits momentan ist die Dienstleistungsfunktion der Wohlfahrtsverbände dominant. Die Einführung wettbewerblicher Formen in der Jugendhilfe würde die Dienstleistungsfunktion zu Ungunsten der Engagementgenerierungs- und Anwaltsfunktion weiter stärken. Die noch stärkere Wettbewerbsorientierung der Wohlfahrtsverbände könnte dazu führen, dass sich die ehrenamtlichen Helfer immer weniger mit ihrem Verband identifizieren können und sich für ein reines Privatunternehmen nicht mehr engagieren wollen, denn, so ließe sich zugespitzt fragen: „Wer arbeitet schon ehrenamtlich für Aldi oder Kaufhof?" Die Anwaltsfunktion könnte dadurch geschwächt werden, dass die Machtposition der Verbände durch den Wettbewerb reduziert wird und die Abhängigkeit von Verwaltung und Mehrheitsfraktion noch größer würde, so dass die Mitarbeiter in den Wohlfahrtsverbänden sich nicht mehr für die nur schwer direkt organisierbaren und kaum konfliktfähigen Interessen ihrer Klientel einsetzen könnten. Die Gefahr, dass die Beziehungen zwischen Wohlfahrtsverbänden und Jugendamt „in der Praxis wie ein Zuliefernetzwerk in der Automobilindustrie organisiert werden, in der die Verwaltung als lokale Organisation die strategische Führung des Netzwerks übernimmt, Preise diktiert und das diskursive Element in der Kooperation all-

180

mählich aushöhlt, steht als Menetekel an der Wand" (Dahme/Wohlfahrt 2000: 331).

5.2.4.2 Kooperativen Demokratie

Seit Anfang der 90er Jahre gibt es in der kommunalen Jugendhilfepolitik einen regelrechten Partizipationsboom zu verzeichnen. Dies kann einerseits auf die durch das KJHG eingeführte bedarfsgerechte Jugendhilfeplanung zurückgeführt werden[90]. Andererseits gehen die kommunalen Entscheidungsträger davon aus, dass seit Anfang der 90er Jahre die Jugendlichen zunehmend politik(er)verdrossener werden.

Partizipationsboom

Die Palette der in der kommunalen Jugendpolitik eingesetzten Beteiligungsinstrumente ist breitgefächert. Am häufigsten werden im Rahmen der Jugendhilfeplanung Befragungen der Jugendlichen eingesetzt, um den Bedarf zu ermitteln (Jordan/Stork 1998: 524). Aber auch dialogorientierte Verfahren wie punktuell ansetzende Kinder- und Jugendforen sowie institutionalisierte Gremien wie Kinder- und Jugendparlamente bzw. Jugendgemeinderäte spielen eine zunehmend wichtige Rolle, wobei der Einsatz von Beteiligungsinstrumenten mit wachsender Gemeindegröße deutlich zunimmt (Zinser 2000). Gründe für diesen positiven Zusammenhang zwischen Gemeindegröße und Einsatz von Beteiligungsinstrumenten könnten darin liegen, dass erstens die kommunalen Entscheidungsträger in kleineren Gemeinden davon ausgehen, dass formelle Beteiligung aufgrund der guten direkten Kontakte zu Jugendlichen nicht nötig ist. Zweitens hat man in kleineren Gemeinden häufig weder die Verwaltungskraft, um eine Beteiligung durch Mitarbeiter aus dem eigenen Hause durchzuführen, noch die Finanzkraft, um die Durchführung von Beteiligungsinstrumenten extern zu vergeben. Drittens ist die Jugendpolitik in kleinen Gemeinden kein ausdifferenziertes Politikfeld und im Wesentlichen auf Kreisebene angesiedelt.

Partizipationsboom stärker in großen Städten

Im Folgenden werden insbesondere die institutionalisierten, dialogorientierten Beteiligungsinstrumente näher analysiert, weil sie empirisch bereits relativ gut erforscht sind und auch quantitativ eine relativ große Bedeutung haben. So gehen Schätzungen davon aus, dass es in Deutschland schon ca. 200 Kinder- und Jugendparlamente bzw. Jugendgemeinderäte auf kommunaler Ebene gibt (Jordan/Stork 1998: 543).

Michael C. Hermann (1996) hat in seiner Dissertation alle zum damaligen Zeitpunkt in Baden-Württemberg existierenden Jugendgemeinderäte (17) unter-

Studie zu Jugend-gemeinderäten

---

[90] Darüber hinaus sprechen weitere rechtliche Regelungen für eine stärkere Beteiligung der Kinder und Jugendlichen. In §8 des KJHG wird so z.B. gefordert, Kinder und Jugendliche an allen sie betreffenden Entscheidungen öffentlicher Träger der Jugendhilfe zu beteiligen. In einigen Gemeindeordnungen werden diese Partizipationsrechte noch ausdrücklich normiert (Hessen, Schleswig-Holstein) und zum Teil mit einer Nachweispflicht für die Kommunen verbunden. In der Gemeindeordnung von Schleswig-Holstein heißt es zu diesem Sachverhalt: „Die Gemeinden haben in geeigneter Form Kinder und Jugendliche an sie betreffenden Belangen zu beteiligen und dies nachzuweisen" (zitiert nach Kuhring 1999: 348).

sucht. Neben einer ausführlichen Dokumentenanalyse hat er die Jugendgemeinderäte auch schriftlich befragt.

Motive kommunaler
Entscheidungsträger

Dabei zeigt sich, dass die Jugendgemeinderäte überwiegend nicht von den Jugendlichen und den Jugendverbänden initiiert wurden, sondern gewissermaßen „top-down" von den kommunalen Entscheidungsträgern. Auffällig ist, dass die Jugendgemeinderäte häufig von der Kommunalpolitik initiiert wurden, ohne dass sich hierbei parteipolitische Muster im Sinne der Parteidifferenzhypothese abgezeichnet hätten (Herrmann 1996: 142f.). Weiterhin wurde der Jugendgemeinderat relativ häufig vom Oberbürgermeister auf den Weg gebracht, der Herrmann zufolge auch im späteren Verlauf einen entscheidenden Einfluss auf den Erfolg bzw. Misserfolg dieser Gremien hat. Durch die Direktwahl hat der Bürgermeister auch einen inhärenten Anreiz, für mehr Bürgerbeteiligung zu plädieren. So setzte er sich in allen untersuchten Gemeinden für die Einrichtung eines Jugendgemeinderats ein. Weitere Motive der kommunalen Entscheidungsträger bestehen insbesondere darin, die Distanz der Jugendlichen zu den politischen Parteien zu verringern und so möglicherweise die Gemeinderäte von Morgen zu rekrutieren.

Einstimmige
Ratsbeschlüsse bei
Einführung

Nach der Initiierungsphase wurde der Jugendgemeinderat in der Regel einstimmig von der kommunalen Vertretungskörperschaft beschlossen. Hermann gibt v. a. den folgenden Grund für dieses Stimmverhalten an:

> „Es liegt deshalb die Vermutung nahe, daß – findet die Frage der Institutionalisierung im Vorfeld mehrheitlich Zustimmung – kommunale Akteure aus Furcht vor Diskreditierung (‚die haben ja nichts für die Jugend übrig') einem gewissen Mehrheitsdruck nachgeben und in der Regel zugunsten der Institutionalisierung stimmen" (Hermann 1996: 150).

Sozialprofil der
Kandidaten

Weiterhin hat Hermann untersucht, wieviele und welche Kandidaten für die Wahl des Jugendgemeinderats antraten, wie hoch die Wahlbeteiligung war und welche Sozialprofile die Mitglieder aufwiesen.

- In der Regel haben die Jugendlichen in Bezug auf den Jugendgemeinderat mit 14 Jahren ein aktives und passives Wahlrecht. Sie werden häufig für zwei Jahre gewählt, wobei die Wahlhandlung in den Gemeinden sehr unterschiedlich organisiert ist. Sie kann z.B. in den gemeindlichen Wahllokalen oder in den Schulen stattfinden oder auch durch Briefwahl erfolgen.
- Im Verhältnis zu den zu vergebenden Sitzen lassen sich in der Regel genügend Jugendliche als Kandidaten aufstellen. Das Verhältnis der Gesamtzahl der zu vergebenden Sitze in Bezug auf die angetretenen Kandidaten beträgt durchschnittlich 1 zu 2,4, wobei die Zahl der Kandidaten von Wahl zu Wahl abnimmt. Insofern kann man aus seiner Sicht von einer Art Strohfeuerwirkung sprechen. Weiterhin konstatiert er, dass auf 10 weibliche Kandidaten im Durchschnitt sechzehn Jungen kamen, wobei dieses Verhältnis von Wahl zu Wahl eine noch stärkere geschlechtsspezifische „Schieflage" aufwies.
- Die durchschnittliche Wahlbeteiligung bei Jugendgemeinderatswahlen liegt bei 52%. Die höchste Wahlbeteiligung konnte bei Jugendgemeinderatswahlen erreicht werden, wenn die Wahlen in der Schule stattfanden (durchschnittliche Wahlbeteiligung von rund 90%).
- Die gewählten Jugendgemeinderäte bieten Hermann zufolge keinen repräsentativen Querschnitt der Gesellschaft. Ähnlich wie bei den Kandidaten

stellt er bei den gewählten Mitgliedern eine klare geschlechtsspezifische Schieflage fest. Des Weiteren sind Jugendliche vom Gymnasium (aufgrund des Wahlrechts ab 14 bis häufig über 20 Jahre) und mit Vätern „aus Schichten höherer beruflicher Bildung" (Hermann 1996: 208) eindeutig überrepräsentiert.

Hermann hat durch die schriftliche Befragung der Jugendgemeinderäte auch versucht zu eruieren, inwieweit die Jugendlichen mit dem Jugendgemeinderat zufrieden sind und ob sie durch ihr Engagement in diesem Gremium ein positiveres Bild von Kommunalpolitik entwickelt haben. Die Zufriedenheit mit diesem Gremium lässt sich beispielsweise daran ablesen, ob die Mitglieder sich eine erneute Kandidatur vorstellen können. Ergebnis der Befragung war, dass ca. 86% wieder kandidieren wollen. Für eine relativ hohe Zufriedenheit spricht auch, dass, wie die Analyse von Protokollen in unterschiedlichen Städten ergeben hat, die überwiegende Zahl der gewählten Jugendgemeinderäte auch zu den Sitzungen regelmäßig erscheinen.

Dies ist sicherlich keine Selbstverständlichkeit, weil aufgrund des gerade bei Jugendlichen zu beobachtenden Wertewandels eher damit gerechnet wurde, dass sie sich nur kurzfristig engagieren sowie an konkreten Projekten arbeiten wollen und den parlamentarischen Ritualen relativ distanziert gegenüberstehen. Schaut man sich die Motive der Jugendlichen für eine erneute Kandidatur an, so wurde am häufigsten die Möglichkeit der Einflussnahme aufgeführt; die Aussage, dass die Mitarbeit Spaß mache, folgte an zweiter Stelle. Letzteres war aufgrund der stark vom formalen Procedere beherrschten Sitzungen nicht zu erwarten. Claudia Zinser (2000) hat anhand der Ergebnisse einer Befragung des Solinger Jugendstadtrates herausgearbeitet, dass aus Sicht der Jugendlichen durchaus genügend Raum für Kreatives und Spaß bleibt. Gut fanden die Mitglieder am Solinger Jugendstadtrat insbesondere den Zusammenhalt, der sich zwischen den Mitgliedern entwickelt hat und die neuen Kontakte, die man geknüpft hat. Ein weiterer Grund für die relative Zufriedenheit mit den Jugendgemeinderäten, der empirisch nur schwer zu erheben ist, könnte darin liegen, dass die Jugendlichen sich durch die Wahl und durch Kontakte beispielsweise zum Oberbürgermeister und zur Lokalpresse deutlich von den anderen abheben. *Zufriedenheit mit Jugendgemeinderäten*

Hermann arbeitet aber auch viele Problemlagen von Jugendgemeinderäten heraus, die zu einer eher geringeren Zufriedenheit führen könnten: *Probleme von Jugendgemeinderäten*

- Trotz guter Anbindung der Jugendgemeinderäte an die kommunalen Entscheidungsträger wird nicht selten seitens der Jugendlichen eine mangelnde Umsetzung ihrer Beschlüsse beklagt. Dies ist vor dem Hintergrund zu bewerten, dass nur in 15% der in Jugendgemeinderäten beratenen Punkte ein kommunalrelevanter Beschluss getroffen wird.
- Die Jugendgemeinderäte werden häufig von Erwachsenen durch die Sitzungsleitung und die Beschlussvorlagen sowie durch die Organisierung des Wahlverfahrens dominiert.

183

- Die Beratungen sind zu stark an parlamentarischen Regeln ausgerichtet. Nach einer Analyse der Protokolle sind 17% der besprochenen Themen eher formalen Fragen zuzuordnen und drei Viertel der Beratungspunkte werden ohne nennenswerte Diskussionen beendet.

Hermann versucht die Wirkung des Jugendgemeinderats auf die Einstellung ihrer Mitglieder zur Kommunalpolitik durch zwei Methoden zu ermitteln. Erstens bittet er die Mitglieder um eine Selbsteinschätzung und zweitens vergleicht er die Einstellung der Mitglieder mit einer Stichprobe von Jugendlichen (sog. Kontrollgruppe), die kein Mitglied im Jugendgemeinderat sind. Die sozialen Schieflagen der Jugendgemeinderatsmitglieder (hinsichtlich Geschlecht, Bildung etc.) hält er bei der Ziehung der Stichprobe konstant.

Positives Bild von Kommunalpolitik

Die befragten Jugendgemeinderatsmitglieder kommen fast zur Hälfte zu der Selbsteinschätzung, dass ihr Bild von Kommunalpolitik sich im Zeitverlauf positiv geändert hat, während 40% unentschieden sind. Bei dem Vergleich der Jugendgemeinderatsmitglieder mit der Kontrollgruppe stellt er fest, dass die Mitglieder wesentlich positivere Einstellungen gegenüber der Kommunalpolitik haben und politischer Partizipation gegenüber aufgeschlossener sind. Hierbei ist allerdings fraglich, was die abhängige und was die unabhängige Variable ist. Haben Jugendliche, die für diese Gremien kandidieren, schon im Vorfeld eine positivere Einstellung als die anderen Jugendlichen oder erwerben sie durch die Teilnahme an diesen Gremien positivere Einstellungen? Hermann kommt zu dem Fazit, dass wohl eher die erstere Erklärung plausibel ist, zumal die Dauer der Mitgliedschaft im Jugendgemeinderat nicht positiv mit positiveren Einstellungen gegenüber der Kommunalpolitik korreliert (Hermann 1996: 289).

> „Es gibt sehr deutliche Hinweise, daß es sich bei den in den Jugendgemeinderat Gewählten idealtypisch um Jugendliche handelt, die sich aufgrund ihrer Vorerfahrungen und ihrer familiären Herkunft im Hinblick auf die Forschungsfrage positiv von der Gesamtpopulation abheben und anschließend während der Zeit ihrer Mitgliedschaft – entweder aufgrund des gegebenen hohen Niveaus positiver Einstellungen oder wegen der Qualität der Partizipationserfahrungen – keine wesentliche Förderung ihrer Einstellung erfahren" (Hermann 1996: 255).

Kein Abbau von Poltik(er)verdrossenheit

Damit würde der Jugendgemeinderat nur sehr begrenzt zum Abbau der Politik(er)verdrossenheit beitragen, weil an ihm nur die teilnehmen, die per se eine positivere Einstellung haben. Dies deckt sich mit allgemeinen Befunden der Partizipationsforschung (Gabriel 1997), wobei die selektive Tendenz bei parlamentsähnlichen Beteiligungsinstrumenten noch ausgeprägter sein dürfte. Allerdings ließe sich argumentieren, dass die Jugendgemeinderäte in Gesprächen mit ihren Wählern sowie allein durch ihr bloßes Vorhandensein als Symbol politischer Beteiligung zu einem Abbau der Politik(er)verdrossenheit bei Jugendlichen beitragen könnten.

Unzufriedenheit mit den Wählern

Mit diesem Verhältnis zwischen Jugendgemeinderäten und ihren Wählern hat sich eine andere Fallstudie beschäftigt (Burdewick 1999). In dieser Studie wurden sowohl die Jugendgemeinderatsmitglieder der Stadt Wittingen interviewt als auch die Jugendlichen der Stadt schriftlich befragt. Die Jugendgemeinderatsmitglieder gaben in den Interviews an, dass sie insbesondere zufrieden sind mit dem, was sie in der Kinder- und Jugendpolitik erreicht haben. Unzufriedenheit äußern sie demgegenüber in Bezug auf ihre Wähler, die sich viel zu wenig für das Jugendparlament interessieren würden. Diese Distanz zwischen Wählern und Gewählten kann man u. a. darauf zurückführen, dass die gewählten Jugendgemeinderäte (wie auch die Schülervertretung) schon als Teil des politischen Systems und als Funktionäre wahrgenommen werden (Tiemann 1997: 336).

Wie die Wähler den Jugendgemeinderat und seine Einflussmöglichkeiten wahrnehmen, fasst Burdewick wie folgt zusammen:

> „Werden Kinder und Jugendliche also ganz allgemein danach gefragt, ob die Interessenvertretung Jugendparlament eine Verbesserung ihrer Situation bringt, stimmen sie mehrheitlich zu, sollen sie sich konkreter zum möglichen Einfluss des Gremiums auf kommunalpolitische Entscheidungen äußern, sind sie schon deutlich skeptischer, und konfrontiert man sie mit dem Vorurteil, dass Kommunalpolitiker sowieso nicht auf Jugendliche und deshalb auch nicht auf ein Jugendparlament hören würden, werden die Zweifel am Einfluss des Parlamentes noch größer" (Brudewick 1999: 418f.).

Insgesamt kommt man auf der Grundlage dieser Studie und der Dissertation von Hermann wohl eher zu dem Fazit, dass Jugendparlamente keinen größeren Beitrag zum Abbau von Politikverdrossenheit leisten können. Weiterhin wird in beiden Studien empfohlen, dass sich die Jugendgemeinderäte öffnen müssen für Nicht- Mitglieder und für stärker projektorientiertes Arbeiten, das den Bedürfnissen der meisten Jugendlichen im Zuge des Wertewandels eher entgegenkommt. Die Hinzuziehung von Nichtmitgliedern in projektorientierten Formen könnte zumindest dafür sorgen, dass eine größere Anzahl von Jugendlichen partizipieren kann und dass die Arbeit des Jugendgemeinderats mit mehr Interesse seitens der Wähler verfolgt wird.

[Marginalie: Projektorientierung als Ausweg]

Abschließend soll nun gefragt werden, in welchem Verhältnis die verschiedenen Beteiligungsformen zu den korporatistischen Strukturen des Jugendhilfeausschusses stehen. In der Literatur wird allgemein davon ausgegangen, dass die Wohlfahrtsverbände neuen Beteiligungsformen nicht sehr aufgeschlossen gegenüberstehen, weil sie in Konkurrenz zu ihrer Anwaltsfunktion treten und damit ihre Legitimation gefährden könnten (Klug 1999: 85). In den vorliegenden empirischen Untersuchungen zu Beteiligungsinstrumenten in der Jugendpolitik finden sich allerdings keine Hinweise darauf, dass die Wohlfahrtsverbände sich gegen eine stärkere Beteiligung von Jugendlichen wenden[91]. Dafür stehen die Jugendverbände und Stadtjugendringe diesen neuen Beteiligungsformen eher distanziert und skeptisch gegenüber, weil sie sie offensichtlich als Konkurrenz erleben

[Marginalie: Korporatismus begrenzt bedingt Jugendbeteiligung]

---

[91] Demgegenüber stehen die Wohlfahrtsverbände neuen Angebotsformen in der Mitgestalterrolle viel kritischer gegenüber, weil sie in Konkurrenz zu ihrer Engagementgenerierungsfunktion treten. So können beispielsweise bei der Etablierung von Freiwilligenzentren erhebliche Probleme auftreten, wenn vorher nicht eine enge Kooperation mit allen am Ort vertretenen Wohlfahrtsverbänden gesucht wurde (Holtkamp 2000c: 307; Klie et al. 1998: 89f.). Nicht selten werden die Freiwilligenzentren von den Wohlfahrtsverbänden als Konkurrenten erlebt – als Konkurrenten um Ehrenamtliche (und damit auch um politische Legitimation) und um begrenzte Fördermittel.

(Hermann 1996: 147; Witte 2000: 303). Dennoch führt die Distanz der Jugend-verbände nicht im gleichen Maße zu einer Verhinderung von neuen Beteili-gungsformen wie der Widerstand der Wohlfahrtsverbände gegen wettbewerbli-che Formen. Dafür sprechen die folgenden Gründe:

- Die Konkurrenz von neuen Beteiligungsformen wird von den Jugendver-bänden sicherlich nicht im gleichen Maße als Existenzbedrohung wahrge-nommen wie der Wettbewerb seitens der Wohlfahrtsverbände.
- Die Jugendverbände haben aufgrund ihrer geringeren Ressourcen-ausstattung im Vergleich zu den Wohlfahrtsverbänden geringere Einfluss-möglichkeiten.
- Die politischen Parteien und die Bürgermeister haben ein stärkeres Eigenin-teresse an der Installierung von Beteiligungsformen als an wettbewerblichen Formen (Stimmenmaximierung).
- Und schließlich ist der Widerstand gegen neue Beteiligungsformen – wie Hermann am Beispiel der einstimmigen Beschlüsse zur Einführung der Ju-gendgemeinderäte darlegt – öffentlich nur schwer vermittelbar.

5.3 Kommunale Umweltpolitik am Beispiel der Abfallpolitik

Standortkonflikte im Mittelpunkt der Analyse

Im Folgenden konzentriert sich die Analyse auf den Siedlungsabfall[92] und die Politik in den entsorgungspflichtigen Körperschaften. In fast allen Flächenlän-dern sind dies nach den Landesabfallgesetzen die Kreise und die kreisfreien Städte (Doose 1983: 496), wobei die kreisangehörigen Gemeinden durchaus Gestaltungskompetenzen haben. Insbesondere die Planung von Abfallentsor-gungsanlagen und die damit einhergehenden massiven Konflikte sollen im Mit-telpunkt der Ausführungen stehen, nicht zuletzt, weil dies das zentrale Thema der kommunalen Abfallpolitik in den 90er Jahren war und hierzu einzelne Poli-cy-Studien vorliegen. Gerade bei der Planung von Abfallentsorgungsanlagen haben auch die kreisangehörigen Gemeinden erhebliche informelle Einflussmög-lichkeiten.

5.3.1 Rahmenbedingungen

5.3.1.1   Sozioökonomische Rahmenbedingungen

Entwicklung der Hausmüllmengen

Seit Ende der 80er Jahre wurde aufgrund der Entwicklung der Hausmüllmengen und Entsorgungskapazitäten verstärkt über den sog. „Entsorgungsnotstand" (z.B. Schmitz 1993) diskutiert. Der Sachverständigenrat für Umweltfragen kam in seinem Sondergutachten 1990 aber zu einer differenzierteren Einschätzung der

---

[92] Geordnet nach der Herkunft umfassen Siedlungsabfälle Abfälle aus privaten Haushalten (Haus-müll, Sperrmüll etc.), Infrastrukturabfälle (Marktabfälle, Parkabfälle etc.), gewerbliche Abfälle und Insertstoffe (Bauschutt, Straßenaufbruch etc.) (Langmann/Schönwasser 1998: 331).

Entsorgungssituation im Hausmüllbereich. Der zu entsorgende Hausmüll und der hausmüllähnliche Abfall blieb demnach in den 80er Jahren relativ konstant bei 30 Mio. t/a. (vgl. auch das Diagramm zu ähnlichen Entwicklungen in Baden-Württemberg, das als einziges Bundesland lange vergleichbare Zeitreihen in der Abfallbilanz ausweist), wobei aber z. T. mit steigenden Mengen beim Hausmüll gerechnet wurde: „Unter ungünstigen Voraussetzungen ist mit einer Steigerung der aus Privathaushalten durch die Müllabfuhr abgefahrenen Hausmüllmengen – ohne Sperrmüll – im Jahre 2000 um 10% zu rechnen" (SRU 1990: 194). Die Entsorgungskapazitäten wurden in dem Bericht des Sachverständigenrates auch nicht durchgehend als rückläufig eingeschätzt. Man ging hingegen von regional sehr stark variierenden Entsorgungskapazitäten aus (SRU 1990: 444). Dies deckte sich im Wesentlichen auch mit der Prognosstudie von 1987, die für den Rhein-Ruhr-Bereich sogar eher mögliche Überkapazitäten problematisierte (Holst/Müller 1987). Dennoch wurde in der überregionalen Presse das Bild eines bundesweiten Entsorgungsnotstandes geprägt, das die kommunalen Entscheidungsprozesse maßgeblich beeinflussen sollte. Daran zeigt sich auch, dass die politischen Entscheidungsträger nicht direkt auf einen durch sozioökonomische Entwicklungen induzierten Problemdruck reagieren, sondern auf die von ihnen wahrgenommene Problemlage. Diese Wahrnehmung hängt von medialen Aufmerksamkeitszyklen, den Ressourcen und den Interessen der relevanten Akteure ab, während die Einschätzung einer Problemlage durch wissenschaftliche Experten häufig eine eher untergeordnete Rolle spielt.

Ende der 90er Jahre kommt der Sachverständigenrat zu der Einschätzung, dass man nicht mehr von aktuellen Abfallentsorgungsengpässen ausgehen könnte. Der Hausmüll und die hausmüllähnlichen Abfälle hätten sich zwischen 1990 und 1996 um ca. 11 Prozent reduziert (SRU 2000: 355, vgl. auch Abbildung 38) und die kommunalen Entsorgungsanlagen hätten seit Jahren massive Auslastungsprobleme (SRU 1998: 183). Auch die rot-grüne Bundesregierung sah keinen Anlass, von einem Entsorgungsnotstand beim Hausmüll auszugehen, weil die Deponiekapazitäten noch zwei Jahrzehnte ausreichen würden (SRU 2000: 385). Die deutliche Entspannung im Bereich der Abfallentsorgung ist v. a. auf die veränderten rechtlichen Rahmenbedingungen zurückzuführen.

Auslastungsprobleme von Müllverbrennungsanlagen

Abbildung 38: Mengenentwicklung von Haus- und Sperrmüll in Baden Württemberg 1984 bis 2003

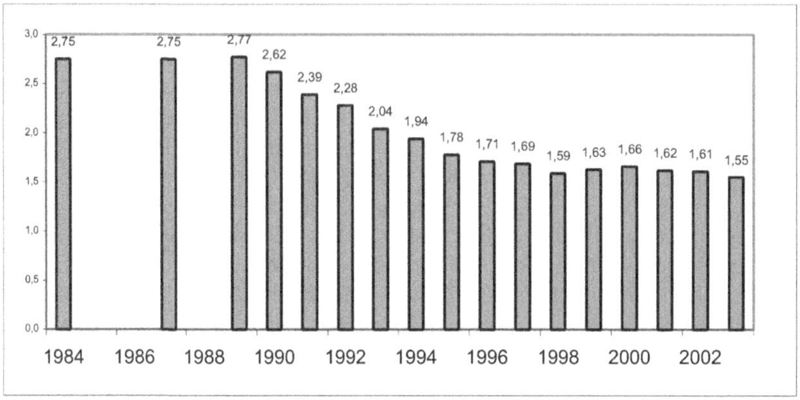

* 1984 und 1987 Daten der Erhebung über die öffentliche Abfallentsorgung der amtlichen Statistik (3-Jahresturnus), 1989 Probelauf der Abfallbilanz, ab 1990 Daten der Abfallbilanz; ohne Wertstoffe, die aus Haus- und Sperrmüll aussortiert wurden; Angaben in Mio t/a.

5.3.1.2   Rechtliche Rahmenbedingungen

Abfallgesetz von 1972

Seit Jahrhunderten ist die Abfallbeseitigung eine Aufgabe der kommunalen Körperschaften. Dieses Politikfeld wurde vom Bund erst im Jahre 1972 besetzt. Die Abfallbeseitigung wurde in diesem Jahr in die konkurrierende Gesetzgebung nach Artikel 74 GG aufgenommen und ein erstes Abfallbeseitigungsgesetz wurde verabschiedet. Der Bund reagierte bei allgemein gestiegenem Umweltbewusstsein auf die steigenden Müllmengen und die vor Ort entstandenen, wenig gesicherten Müllkippen. Diese Entstehungsgeschichte der Abfallgesetzgebung war prägend für das Steuerungsverständnis des Bundes. Die Kommunen waren offensichtlich nicht in der Lage angemessene Umweltstandards zu garantieren, so dass ausschließlich der Bund über regulative Steuerungselemente eine Umweltpolitik gewährleisten konnte, die dem gestiegenen Umweltbewusstsein Rechnung trug. Insbesondere durch den Anschlusszwang für Abfallerzeuger, die Überwachung von Transport und Verbleib des Abfalls sowie durch die Kontrolle der Einhaltung von technischen Standards für Entsorgungsanlagen reagierte der Bund mit dem Abfallgesetz von 1972 auf die „wilden" Müllkippen. Im Jahre 1975 erließ die EG die erste Abfallrahmenrichtlinie, in der u. a. erstmals die Reduzierung der Abfallmengen als Zielsetzung festgeschrieben wurde (Reese 2000: 58).

TA-Siedlungsabfall

Für die Planung von Abfallentsorgungsanlagen ist die 1993 verabschiedete TA-Siedlungsabfall von besonderem Interesse. Sie legte höhere Sicherheitsstandards für Hausmülldeponien fest und bestimmte, dass der abgelagerte Abfall nur noch einen Restorganikanteil von 5% haben dürfe. Nach Auffassung der damaligen Bundesregierung und der Landesregierung NRW bedeutete dies, dass alle Abfälle vor der Deponierung vorzubehandeln seien und dieser Standard nur

188

durch Müllverbrennungsanlagen zu erreichen sei. Die unbehandelte Ablagerung von Abfällen auf Deponien führte demnach zu erheblichen Umweltbelastungen durch Freisetzung von Treibhaus- und Spurengasen und toxische Sickerwässer (Cantner 2001: 86). Als Konzession an einige Bundesländer wurde in der TA-Siedlungsabfall aber eine Überleitungszeit bis zum Jahre 2005 festgeschrieben.

Wissenschaftliche Experten und Politiker nahmen die TA-Siedlungsabfall zum Anlass, auf den nun noch dringenderen Bedarf von zusätzlichen Müllverbrennungsanlagen hinzuweisen. Eine nichtintendierte Folge der TA-Siedlungsabfall war aber, dass die Betreiber von Hausmülldeponien, die die Standards der TA-Siedlungsabfall im Jahre 2005 nur mit erheblichen Investitionen hätten erfüllen können, ihren Deponieraum möglichst schnell voll laufen ließen. Durch niedrige Entsorgungspreise traten sie somit in eine Art „Schmutzkonkurrenz" zu den Müllverbrennungsanlagen. Parallel dazu entwickelte sich die zu entsorgende Hausmüllmenge durch die zunehmende Verwertung infolge bundesstaatlicher Gesetze rückläufig (vgl. hierzu 5.3.4.1 Ökonomisierung). Die Kommunen, die schließlich dem gerade in NRW großen Druck der Landesebene bei der Genehmigung von Abfallwirtschaftskonzepten (siehe Instrumente) nachgaben und neue MVA-Kapazitäten auswiesen, sind zumindest kurz- und mittelfristig die Verlierer. Die Unterauslastung der MVA-Kapazitäten führte bei den „gesetzestreuen" Kommunen zu außerordentlich hohen Kosten, die über die Abfallgebühren an die Bürger weitergegeben werden mussten. Jene Kommunen hingegen, die erfolgreichen aktiven oder passiven Widerstand gegen die Implementierung der TA Siedlungsabfall leisteten, konnten in parallelen Verhandlungen mit mehreren anderen entsorgungspflichtigen Körperschaften wesentlich niedrigere Abfallgebühren für ihre Bürger realisieren (Timmermeister 1998: 173). Im Jahre 2001 beschloss dann das Bundeskabinett gemäß dem rot-grünen Koalitionsvertrag von 1998 und in Abstimmung mit dem Bundesrat eine Verordnung, die die Vorbehandlung des Restmülls auch mit Hilfe von mechanisch-biologischen Verfahren anstelle der Müllverbrennung für zulässig erklärt. Damit wurde der jahrelange „Glaubenskrieg", ob Siedlungsabfälle in Müllverbrennungsanlagen oder in mechanisch-biologischen Anlagen vorbehandelt werden sollen, aus Sicht der rot-grünen Bundesregierung beendet. Darüber hinaus wurde in der Verordnung definitiv auch für bisher erteilte Ausnahmegenehmigungen vorgeschrieben, dass bis spätestens Mai 2005 nur noch durch Müllverbrennungsanlagen oder in mechanisch-biologischen Anlagen vorbehandelte Abfälle auf den Deponien abgelagert werden dürfen. Bei einem kompromisslosen Vollzug dieser Verordnung geht der Sachverständigenrat für Umweltfragen von einem weitgehenden Ende der oben beschriebenen „Schmutzkonkurrenz" in Deutschland aus (SRU 2004: 349). Wenn die Abfälle allerdings erstmal aus der kommunalen Entsorgungspflicht entlassen sind, dann können sie im Zuge des freien Warenverkehrs auch in andere EU-Staaten exportiert werden, die nicht zuletzt aufgrund niedrigerer Umweltstandards oder systematischer Vollzugsdefizite bis zu 85% niedrigere durchschnittliche Entsorgungspreise als in Deutschland haben (SRU 2002: 338). Mit dem Ende der „Schmutzkonkurrenz" in Deutschland prognostizieren einige Experten ab 2005 einen langsam wieder entstehenden Entsorgungsnotstand, weil derzeit nicht genügend Kapazitäten bereit stehen, um alle Deponieabfälle thermisch oder mechanisch-biologisch vorzubehandeln (Rah-

TA-Siedlungsabfall führte zu „Schmutzkonkurrenz"

189

meyer 2004: 6, 19). Damit könnten die seit Mitte der 90er Jahre deutlich abnehmenden Standortkonflikte mittelfristig wieder stärker das Bild der kommunalen Abfallpolitik prägen. Die neue Bundesregierung kommt in einem Bericht im Jahre 2006 zu dem Fazit, dass im Gegensatz zum Hausmüllbereich bei den Gewerbeabfällen nun wieder erhebliche Entsorgungsengpässe (bei der thermischen „Behandlung") zu verzeichnen seien, da diese nach der Umsetzung der TA-Siedlungsabfall nicht mehr in Billigdeponien entsorgt werden können.[93]

Kreislaufwirtschafts- ınd Abfallgesetz von 1996

Im 1996 in Kraft getretenen Kreislaufwirtschafts- und Abfallgesetz wurde für die Abfallpolitik eine neue Zieldefinition vorgenommen. Die Abfallvermeidung geht danach vor Abfallverwertung, und die Abfallverwertung genießt wiederum Vorrang vor der Abfallbeseitigung. Der Begriff Kreislaufwirtschaft soll in diesem Zusammenhang verdeutlichen, dass Abfälle nach Möglichkeit nicht beseitigt, sondern als Rohstoffe im Wirtschaftskreislauf gehalten werden sollen. Die Produzenten sind im Rahmen der Produktverantwortung dazu verpflichtet diese Zielsetzungen umzusetzen. Diese neue Zielhierarchie greift aber in der kommunalen Praxis nur bedingt:

> „Der Gesetzgeber hat es beim Verwertungsvorrang sowie der Regelung über die Produktverantwortung weitgehend bei Bestimmungen mit Appellcharakter belassen und dem Verordnungsgeber auferlegt, Detailregelungen für einzelne Sachbereiche zu treffen. Solche Regelungen gibt es zwar, wie die VerpackV, die AltautoV und die BattV zeigen. An Instrumenten zur Umsetzung der Vermeidungsverpflichtung fehlt es jedoch auch in diesen Verordnungen (...). Der symbolische Charakter der neuen auf eine Kreislaufwirtschaft orientierten Regelungen ist unverkennbar. Positive Wirkungen gehen hiervon freilich kaum aus" (Schink 2000: 138f.).

Weitere Ausführungen zur Verpackungsverordnung von 1991, zum Investitionserleichterungs- und Wohnbaulandgesetz von 1993 und zum 1996 in Kraft getretenen Kreislaufwirtschafts- und Abfallgesetz erfolgen unter dem Punkt „Ökonomisierung".

Ablauf von Planfest- stellungsverfahren

Neben den einzelnen fachlichen Bundes- und Landesgesetzen sind für die Planung der Abfallentsorgungsanlagen noch die einzelnen Verfahrensgesetze von Bedeutung. Bis Anfang der 90er Jahre waren die Abfallentsorgungsanlagen im Rahmen von Planfeststellungsverfahren zu planen. Idealtypisch – nach dem Verfahrensgesetz – umfasst der Ablauf eines Planfeststellungsverfahrens die folgenden Stufen (Pfingsten 1993):

1. Antragstellung des Vorhabensträgers bei der Anhörungsbehörde
2. Einholung von Stellungnahmen von Fachbehörden
3. Einmonatige öffentliche Auslegung des Plans
4. Zweiwöchige Einwendungsfrist für Bürger

---

[93] Vgl. Antwort der Bundesregierung auf die Kleine Anfrage der Abgeordneten Eva Bulling-Schröter et al. zur „Umsetzung der Abfallablagerungsverordnung und der Technischen Anleitung Siedlungsabfall", Drucksache 16/594.

5. Der Erörterungstermin, bei dem die Planfeststellungsbehörde gemeinsam mit den Einwendern, dem Vorhabensträger und anderen Fachbehörden die Einwendungen diskutiert.
6. Die Planfeststellungsbehörde fällt die Entscheidung über den Plan und befindet über nicht erledigte Einwendungen und ggf. über Auflagen (z. B. zusätzliche Filter).

Da das Planfeststellungsverfahren eine Bedarfsprüfung vorsah (also inwieweit aufgrund der zu erwartenden Abfallmengenentwicklung zusätzliche Entsorgungskapazitäten in der jeweiligen entsorgungspflichtigen Körperschaft benötigt werden), war das auf regionaler Ebene stattfindende Planfeststellungsverfahren mit der kommunalen Abfallpolitik eng verklammert. In der Praxis konnte somit an den Kommunen vorbei kein Vorhabensträger eine Abfallentsorgungsanlage bei den regionalen Planfeststellungsbehörden genehmigen lassen, zumal die entsorgungspflichtigen Körperschaften häufig auch selbst die Anlagenbetreiber waren. *(Randnotiz: Stellung der Kommunen im Verfahren)*

Damit lief zum guten Teil vor dem Planfeststellungsverfahren ein kommunalpolitischer Entscheidungsprozess ab, der sich um die Bedarfsfrage, die Standortfrage und grundlegende Fragen der Abfalltechnik zu kümmern hatte, und der im Abschnitt Akteurskonstellationen eingehend geschildert werden soll.

An Planfeststellungsverfahren wurde Anfang der 90er Jahre zunehmend kritisiert, dass sie in einem erheblichen Maße eine zügigere Planung verhindern würden und so indirekt zu den Entsorgungsengpässen beigetragen hätten. In empirischen Studien wurde gezeigt, dass von der Planung bis zur Inbetriebnahme einer Abfallentsorgungsanlage durchschnittlich 10 bis 13 Jahre vergehen. Wenn noch eine verwaltungsgerichtliche Überprüfung des Planfeststellungsbeschlusses hinzukommt, was durchaus nicht selten der Fall war, ist mit einem Zeitraum von 15 bis 20 Jahren zu rechnen (Böhm 1992: 7). Dies war 1993 u. a. der Anlass für die damalige Bundesregierung, durch das „Investitionserleichterungs- und Wohnbaulandgesetz", von dem noch unter dem Punkt Ökonomisierung die Rede sein soll, das bisherige Planfeststellungsverfahren für Abfallentsorgungsanlagen durch eine zügigere Genehmigung nach Bundesimmissionsschutzrecht zu ersetzen. Der lange Planungszeitraum ist auch deswegen so problematisch, weil es außerordentlich schwer ist, die Entwicklung der Abfallmengen und Entsorgungskapazitäten in einer Gebietskörperschaft über mehrere Jahrzehnte hinweg zuverlässig zu prognostizieren. Auch wenn die technischen Experten solche Prognoseleistungen häufig für sich in Anspruch nahmen, ist dies nur möglich, wenn man verschiedene Rahmenbedingungen konstant setzt. Die systemimmanenten Probleme dieser Prognosen haben sich nicht zuletzt daran gezeigt, dass die Experten Anfang der 90er Jahre fast einhellig zumindest regionale Entsorgungsnotstände konstatierten und den Ausbau von MVA-Kapazitäten empfahlen, während nur wenige Jahre später deutliche Überkapazitäten nicht zuletzt aufgrund der skizzierten Abfallgesetzgebung des Bundes (also aufgrund von veränderten rechtlichen Rahmenbedingungen) zu verzeichnen waren. *(Randnotiz: Kritik aus der Effizienzperspektive)*

Die Planfeststellungsverfahren wurden aber nicht nur aus der Effizienz-, sondern auch aus der Partizipationsperspektive kritisiert. Denn der Ablauf von *(Randnotiz: Kritik aus der Partizipationsperspektive)*

Planfeststellungsverfahren in der Praxis führte häufig dazu, dass die traditionelle Bürgerbeteiligung im Verfahren als Farce bezeichnet wurde:

> „Meist nehmen die verschiedenen Beteiligten strategische Positionen ein, die nicht mehr verhandlungsfähig sind:
> - von Seiten der Vorhabensträger wird ein fertiges Konzept vorgelegt, das als nicht mehr veränderungsbedürftig angesehen wird,
> - von Seiten der Zulassungsbehörde wird die Position geteilt, wenn sie – wie üblich – an der Erarbeitung informell maßgeblich mitgewirkt hat,
> - von Seiten der Einwender wird kein Verhandlungsspielraum erkannt und stattdessen auf eine öffentlichkeitswirksame Darstellung der Kritik und auf ein möglicherweise nachfolgendes Gerichtsverfahren [gesetzt, L.H.]" (Gaßner/Holznagel/Lahl 1992: 15).

Bipolare Vorverhandlungen

Die Folge ist, dass es häufig nicht zu einem Interessenausgleich, sondern eher zu einer Konfliktverschärfung kommt (Gans 1993: 9). Eine Ursache hierfür sind die bipolaren Vorverhandlungen zwischen Genehmigungsbehörden und Vorhabensträgern, die schon im Rahmen der Policy-Analyse Ende der 70er Jahre in Deutschland eingehend untersucht wurden (Hucke / Ullmann 1980). Ergebnis dieser Studien war, dass die Unternehmen bereits im Vorfeld von Genehmigungsverfahren an die Behörden herantreten, um eine möglichst rasche Genehmigung zu erreichen und eigene Fehlplanungen zu vermeiden. Auch die Behörden haben ein Interesse an frühen informellen Verhandlungen, um sich einen Überblick über die komplexe Anlagentechnik verschaffen zu können, zusätzliche Umweltforderungen frühzeitig einzubringen und nicht leicht zu handhabende Ermessensspielräume unbestimmter Rechtsbegriffe (z. B. „Stand der Technik") im Konsens mit den Vorhabensträgern ausloten zu können.

Probleme bipolarer Vorverhandlungen

Aus diesen bipolaren Vorverhandlungen ergeben sich nach Hucke und Ullmann mehrere Probleme:

- Sie führen erstens zu einer Unterausschöpfung der gesetzlichen Möglichkeiten gegenüber den Unternehmen, weil Verhandlungen häufig zu gegenseitigen Konzessionen führen.
- Zweitens werden die Planungsbetroffenen von den Verhandlungen ausgeschlossen, während Vorhabensträger und Genehmigungsbehörde erst mit Planungsunterlagen an die Öffentlichkeit gehen, wenn sie häufig in mühsamen Verhandlungen einen Konsens gefunden haben. Darüber hinaus werden auch dann nicht alle relevanten Unterlagen veröffentlicht, sondern die Behörden geben häufig Gutachten nur für den „Hausgebrauch" in Auftrag und andere Informationen werden als schützenswerte Betriebsgeheimnisse deklariert. Den informellen Konsens möchten die Verhandlungspartner im weiteren Genehmigungsverfahren nicht mehr gefährden, mit der Folge, dass die Einwendungen der Betroffenen – bis auf Marginalien – nicht mehr zu einer Veränderung der Planung führen.
- Drittens bewegen sich die bipolaren Vorverhandlungen in einer Grauzone, die im Einzelfall auch als rechtswidrig bezeichnet werden kann.

5.3.2 Akteurskonstellationen

In den Studien zu abfallwirtschaftlichen Standortkonflikten werden die Akteursgruppen häufig unter dem Label „Befürworter" und „Gegner" zusammengefasst. Insbesondere die Gruppe der Gegner lässt sich als Advocacy-Koalition im Sinne von Sabatier deuten. Sie besteht aus den von Standorten direkt betroffenen Anwohnern, den Bürgerinitiativen und den Umweltschutzverbänden. Als gemeinsame Kernüberzeugung dieser Koalition kann man häufig festhalten, dass sie die Abfallvermeidungspotentiale für nicht ausgereizt hält, den Bedarf von zusätzlichen Entsorgungsanlagen in der Regel in Frage stellt und insbesondere der Müllverbrennungstechnologie gegenüber sehr kritisch eingestellt ist. Die Gruppe der Befürworter setzt sich v. a. aus den kommunalen Entscheidungsträgern und den Vorhabensträgern zusammen. Hauber zeigt in seiner empirischen Untersuchung aber (Hauber 1989), dass diese Gruppe bei einem Standortauswahlverfahren weniger geschlossen agiert. Während sie z. T. noch einmütig beschließen, ein Gutachten für die Überprüfung von Standorten im Rahmen der Abfallentsorgungsplanung in Auftrag zu geben, zerfällt dieser Konsens, wenn die ersten Ergebnisse der Standortgutachten an die Öffentlichkeit dringen:

„Bürgerinitiativen werden gegründet. Erste Aktionen seitens der Bürgerinitiativen werden gestartet. Mitglieder werden mobilisiert. Man wirbt um Sympathie. Spätestens jetzt bekommen Politiker kalte Füße (...). Politiker fallen reihenweise um. Eventuell kommt es sogar zu dem Punkt, an dem die Mehrheitsverhältnisse wechseln" (Hauber 1989: 56).

Somit ist die Phalanx der Befürworter in der Regel nicht so geschlossen und sie bröckelt unter dem Druck der Bürgerinitiativen ab. So sind schließlich einzelne Ratsmitglieder oder ganze Fraktionen im Kreistag oder im Stadtrat der kreisfreien Städte gegen die Realisierung der Abfallentsorgungsanlage. Einerseits können dies z.B. einzelne Rats- oder Kreistagsmitglieder jeder Fraktionen sein, deren Wahlbezirk in der Nähe der betroffenen Standorte liegt, zumal diese sich häufig von ablehnenden Beschlusslagen der Bezirksvertretungen oder Räte der Standortgemeinden unter Druck gesetzt fühlen. Die Bürgermeister in den Standortgemeinden gehören ebenfalls eher zu den Gegnern und verstehen sich, wie es Malcher in seiner empirischen Studie über die abfallpolitischen Entscheidungsprozesse in vier baden-württembergischen Landkreisen betont, als „politische und organisatorische Speerspitze des Widerstands" (Malcher 1992: 181). Die Bürgermeister sind im Gegensatz zu Nordrhein-Westfalen in Baden-Württemberg auch im Kreistag stark vertreten (Wehling 2000b) und haben somit einen großen Einfluss auf die Beschlüsse dieses Gremiums.

Oder es sind v. a. die Oppositionsfraktionen in den entsorgungspflichtigen Körperschaften, die den Protest an einzelnen Standorten in Wählerstimmen ummünzen wollen und nicht im selben Maße wie die Mehrheitsfraktionen bestrebt sein müssen, die Entsorgungssicherheit gegenüber den Aufsichtsbehörden nachzuweisen.

Interessanterweise spielen bei diesen Akteurskonstellationen die Parteiprogramme bei den konkreten Standortkonflikten eine eher untergeordnete Rolle. Auf Grundlage der häufig im Rahmen der Politikfeldanalyse untersuchten Par-

Befürworter- und
Gegner-Koalitionen

Konflikte zwischen
den kommunalen
Entscheidungsträgern

Parteiendifferenz-
hypothese nicht
bestätigt

193

teiendifferenzhypothese („Do parties matter?") hätte man beispielsweise annehmen können, dass sich die Grünen aufgrund der Ähnlichkeit ihrer Programmatik mit den Kernüberzeugungen der Gegner dieser Gruppe *immer* anschließen. Wiedemann et al. stellen in ihrer empirischen Untersuchung hingegen Folgendes fest: „Unabhängig von der politischen Couleur schwingt sich die jeweilige Opposition zum Interessenvertreter der Betroffenen auf, um die Politik der Regierungspartei und -koalition zu diskreditieren" (Wiedemann et al. 1991: 44). Auch die Grünen haben Wiedemann et al. zufolge in der Regierungsfunktion häufig die Realisierung von Entsorgungsanlagen (allerdings nicht von Müllverbrennungsanlagen) vorangetrieben, um die Entsorgungssicherheit garantieren zu können und um ihren Koalitionspartner Genüge zu tun.

Insgesamt kann man für die Kommunalpolitiker resümieren, dass die Abfallpolitik an Bedeutung gewonnen hat. Während man bis Ende der 70er Jahre von einer geringen kommunalpolitischen Aufmerksamkeit bei abfallpolitischen Fragestellungen ausgehen konnte (Müller 1980: 69), steht das Thema Anfang der 90er Jahre ganz oben auf der kommunalpolitischen Agenda (Malcher 1992: 183).

Einfluss des RP Eine wichtige Sonderrolle spielen bei abfallwirtschaftlichen Standortkonflikten noch die Regierungspräsidien, deren enge Kooperation mit den privaten Vorhabensträgern im Rahmen von Planfeststellungsverfahren bereits hervorgehoben wurde. Lamping (1998) hat in seiner Analyse abfallpolitischer Akteurskonstellationen u. a. auch die Verhandlungen zwischen dem RP und den Städten Hannover und Münster zur Umsetzung der TA-Siedlungsabfall untersucht. Im Hannoveraner Fall wurde die Stadt von der Bezirksregierung dadurch unter Druck gesetzt, dass sie die Genehmigung eines Bauabschnitts einer vollständig „planfestgestellten" Deponie davon abhängig machte, dass die Stadt ein Abfallbehandlungskonzept vorlegen sollte, in dem sie die thermische Behandlung des Abfalls ab 2005 gewährleistet. Die Bezirksregierung strebte also ein Koppelgeschäft an. Die Stadt Hannover leitete ein Widerspruchsverfahren gegen die Anordnungen der Bezirksregierung ein und versuchte die gegenüber der TA-Siedlungsabfall kritisch eingestellte rot-grüne Landesregierung zu mobilisieren. Der Drohung mit der Nichtgenehmigung des Bauabschnitts seitens des RP konnte die Stadt gelassen entgegensehen, da sie im Gegensatz zu vielen anderen Städten noch über genügend Deponieraum verfügte. 1996 bekam die Stadt Hannover als erste Stadt bundesweit die Genehmigung, bis zum Jahr 2020 unverbrannten Abfall (lediglich biologisch-mechanisch vorbehandelt) auf einer Deponie abzulagern. Auch die Stadt Münster wurde vom RP massiv unter Druck gesetzt, die TA-Siedlungsabfall und den sog. Matthiesen-Erlass[94] umzusetzen. Die thermische Behandlung wurde ab der Jahrtausendwende unter Androhung einer Ersatzvornahme seitens der Aufsichtsbehörde verfügt. Die Verfügung wurde zwei Monate später in letzter Instanz vom Oberverwaltungsgericht Münster zurückgewiesen. Das Gerichtsurteil, der Ausgang der Landtagswahl 1995 und die Berufung des langjährigen Oberbürgermeisters der Stadt Münster zum Regierungs-

---

[94] In diesem Erlass der Landesregierung NRW wurde darauf hingewirkt, dass die TA-Siedlungsabfall bereits flächendeckend im Jahre 1999 in den Abfallwirtschaftskonzepten implementiert werden sollte.

präsidenten haben die Frontstellung zwischen RP und Kommune aufgelöst. Die Kommunen nutzten also ihre Implementationsspielräume in erheblichem Maße. Dies führt bei Lamping zu der euphorischen Einschätzung, dass die dezentralen Einheiten nicht etwa zu einer Gefährdung abfallpolitischer Zielsetzungen beitragen, wie es noch Grundtenor der Abfallgesetzgebung von 1972 war, sondern selbst zum Motor der Abfallpolitik werden können. „Die Dezentralität in der Abfallentsorgung erzeugt geradezu einen fruchtbaren Innovationswettbewerb, eine Konkurrenz der Ideen, die sich in vielfältigen Problemlösungsansätzen zeigt" (Lamping/Plaß 1998: 133).

Dennoch ist das Verhalten der beiden Städte gegenüber der Aufsichtsbehörde sicherlich nicht als typisch anzusehen. Die Mehrzahl der entsorgungspflichtigen Körperschaften hat entweder versucht die Vorgaben der TA-Siedlungsabfall zu erfüllen oder auf Verzögerungstaktiken gesetzt. Der offene Widerstand der beiden Städte gegen die aufsichtsbehördlichen Maßnahmen muss vor dem Hintergrund der günstigen Ausgangslage der Städte (hinreichende Entsorgungskapazitäten) und der parteipolitischen Zusammensetzung der Stadträte (rot-grüne Mehrheiten) bewertet werden. Grundsätzlich bestätigt Lamping die Auffassung von Wiedemann et al. 1991, dass die Parteiprogrammatik eine eher untergeordnete Rolle in der kommunalen Abfallpolitik spielt:

Konfrontative Strategien eher die Ausnahme

„Ein parteipolitischer Determinismus im Sinne einer prognostizierbaren Orientierung der einzelnen Parteien auf je spezifische policy-Optionen läßt sich dagegen kaum bzw. nur als Tendenz herausarbeiten" (Lamping 1998: 220). Bei der Umsetzung der TA-Siedlungsabfall hebt er aber hervor, dass die Grünen – unabhängig davon, ob sie in der Regierung oder in der Opposition sind – sich massiv gegen Müllverbrennungsanlagen und für sog. „kalte" Verfahren einsetzen. Seit dem die Grünen Anfang der 80er Jahre in die Räte einzogen, gehörten sie aufgrund der Dioxin-Problematik zu den entschiedensten Gegnern der Müllverbrennung (Osthorst 2002: 102).

Parteiendifferenz-hypothese bei Müll-verbrennung bestätigt

Neuere Untersuchungen gehen mittlerweile auch nicht mehr von einem dezentralen Innovationswettbewerb in der kommunalen Abfallpolitik aus, sondern heben deutlich hervor, dass die kommunalen Handlungsspielräume in diesem Politikfeld insbesondere durch die damalige konservativ-liberale Bundesregierung und durch die dadurch forcierte Ökonomisierung der Abfallpolitik ganz erheblich eingeengt wurden (Osthorst 2002: 191).

Im Vergleich zu den kommunalen Entscheidungsträgern treten betroffene Anwohner, Bürgerinitiativen und Umweltschutzverbände relativ[95] geschlossen auf, wobei die Verbände zum Teil eine Sonderstellung haben. Sie argumentieren

Rolle der Umweltverbände

---

[95] Malcher (1992) stellt in seiner Analyse abfallpolitischer Entscheidungsprozesse in vier Landkreisen aber fest, dass ein gemeinsames Vorgehen von Bürgerinitiativen und Umweltverbänden keineswegs selbstverständlich ist und von diversen Begleitumständen abhängt. „Ein zentrales Problem für einen Umweltverband wie den BUND, der die Müllverbrennung als Entsorgungsverfahren grundsätzlich ablehnt, ist die Frage, inwieweit dieser ,verfahrensbezogene Widerstand' mit dem ,Standortwiderstand' gekoppelt wird. Die untersuchten Entscheidungsprozesse zeigen hier sehr unterschiedliche Ergebnisse. Dabei spielte offensichtlich die Ausrichtung der Bürgerinitiative (...) eine erhebliche Rolle" (Malcher 1992: 183).

in der Regel auf einer sehr sachlichen Ebene und verstehen sich als wissenschaftliche Unterstützer der Bürgerinitiativen.

> „Zwar ist auch ihr Engagement durch eine fundamentale Kritik an der bestehenden Entsorgungspolitik motiviert, sie können sich aber nur begrenzt auf die jeweiligen Konfliktkonstellationen vor Ort einlassen, wenn sie als wissenschaftliche ‚objektive' Gutachter von der Gegenseite anerkannt werden (bzw. bleiben) wollen." (Wiedemann et al. 1991: 42f.).

Rolle der Bürgerinitiativen

Die ohne Frage interessantesten Akteure bei abfallwirtschaftlichen Standortkonflikten sind die Bürgerinitiativen. Sie steigen wie „der Phönix aus der Asche", werden in der Regel nur von ehrenamtlichen Mitarbeitern getragen und haben dennoch häufig einen erheblichen Einfluss auf die Ergebnisse der kommunalen Abfallpolitik. Über die genaue Zusammensetzung von Bürgerinitiativen bei abfallwirtschaftlichen Standortkonflikten liegen keine aktuellen Zahlen vor. Insgesamt dürfte für sie aber auch der allgemeine Befund zu Bürgerinitiativen gelten, dass sie neben einem breiten Unterstützerfeld nur eine kleine Gruppe von Aktiven haben, die einen deutlichen Mittelschichtbias aufweist. Es bleibt aber festzuhalten, dass diese Befunde im Wesentlichen auf Studien aus den 70er Jahren basieren, während es danach kaum noch Studien über Bürgerinitiativen gab (Saretzki 2001: 192). Während sich die politikwissenschaftliche Forschung seit Mitte der 80er Jahre kaum noch mit der Rolle von Bürgerinitiativen im kommunalen Entscheidungsprozess beschäftigt hat, wird in den vereinzelt noch vorgelegten Studien eine stetig steigende Zahl von Bürgerinitiativen konstatiert (Schneider-Wilkes 2001: 7). In jüngster Zeit scheint die Attraktivität von Bürgerinitiativen weiter zu steigen. Gaben in den Allbus-Befragungen 1995 noch 13% der Westdeutschen und 11% der Ostdeutschen an, schon mal in einer Bürgerinitiative mitgearbeitet zu haben, waren es im Jahre 2000 schon 24% in Westdeutschland und 26% in Ostdeutschland (Niedermayer 2001: 217).

Sankt-Florians-Prinzip

Der schnelle Zuwachs an Unterstützern bei der Gründung von Bürgerinitiativen ist zunächst auf eine allgemeine Entwicklung zurückzuführen, die kein Spezifikum der kommunalen Abfallpolitik ist. In der Kommunalpolitik hat man es zunehmend mit Bürgern zu tun, die nicht hinnehmen wollen, dass ihr direktes persönliches Umfeld verändert wird, selbst wenn es zum Vorteil der ganzen Stadt wäre. Dieses Phänomen wird als Sankt-Florians-Prinzip (bzw. „Nimby"-Prinzip[96]) bezeichnet: Relativ unabhängig vom Nutzen oder der Bedrohung, die von einer Infrastrukturmaßnahme ausgehen, entzündet sich der Protest häufig daran, dass die Maßnahme direkt an dem Vorgarten des betroffenen Bürgers angrenzt und nicht ein paar Kilometer weiter entfernt durchgeführt wird (Holtkamp/Stach 1995; Fischer 1993). Es geht dabei also nicht nur um den Protest gegen großtechnische Anlagen, sondern auch gegen Spielplätze, Skaterrampen, Asylbewerberheime etc. Dabei sieht die persönliche Nutzenbilanz der protestierenden Anwohner dieser Maßnahme in der Regel positiv aus, weil sie ihre persönlichen Kosten bei der Realisierung dieser Maßnahmen höher gewichten als

---

[96] Nimby ist die Abkürzung für „not in my backyard".

den Nutzen, der allen Bürgern zufließt. Durch den von Helmut Klages beschriebenen Wertewandel können weder autoritäre noch ausschließlich moralisch begründete Normen (z.B. Appelle an das Gemeinwohl) die Mehrzahl der Bürger davon abbringen, sich für eine individuell positive Nutzenbilanz einzusetzen (Klages 1993).

Der Protest der Bürger gegen eine Müllverbrennungsanlage speist sich aber nicht nur aus dem skizzierten Sankt-Florians-Prinzip, sondern wird von politikfeldspezifischen Legitimationsproblemen überlagert, so dass im Bereich der Abfallwirtschaft (mit Ausnahme der lokal kaum beeinflussbaren Atomwirtschaft) in der kommunalen Praxis wohl die stärksten Standortkonflikte auftreten. Es lassen sich v. a. drei Legitimationsprobleme hervorheben (Holtkamp/Stach 1995: 15; Zilleßen et al. 1993): *(Randnotiz: Politikfeldspezifische Legitimationsprobleme)*

- Erstens ergibt sich aus der naturwissenschaftlichen Diskussion der letzten Jahre, dass der Eingriff in komplexe Ökosysteme und auch in großtechnische Systeme zu verschiedenen nicht intendierten Handlungsfolgen führen kann, die wiederum äußerst schwer zu kalkulierende Auswirkungen haben. Daraus folgt, dass die Legitimationskraft gerade der Natur- und Ingenieurwissenschaft abnimmt. Wenn der Öffentlichkeit deutlich wird, dass man zu jedem Gutachten ein fundiertes Gegengutachten erstellen kann, das ausgehend von anderen Forschungsentscheidungen (Untersuchungsrahmen, Indikatorenauswahl etc.) nicht selten zu den entgegengesetzten Urteilen kommt, hat das Auswirkungen auf den *Glauben* an wissenschaftliche Aussagen. *(Randnotiz: Abnehmende Legitimationskraft der Wissenschaft)*

- Zweitens greifen die traditionellen Legitimationsmuster der repräsentativen Demokratie in der Umweltpolitik nur bedingt. Die Legitimation der Demokratie lebt entscheidend davon, dass die Verlierer einer Wahl darauf hinarbeiten können, beim nächsten Mal wieder eine Mehrheit der Wählerstimmen zu organisieren, um dann andere Akzente in der Regierungspolitik setzen zu können. Wenn Minderheiten aber potenziell das Gefühl haben, dass man dann nur noch bedingt andere Prioritäten setzen kann, weil die Politik der Mehrheit das Leben von Minderheiten (z. B. nicht seltene Argumentationsfigur: Dioxinbelastungen in der Muttermilch durch Müllverbrennungsanlagen) gefährdet, geht von der Demokratie keine große Legitimationskraft mehr aus (Guggenberg / Offe 1984). *(Randnotiz: Grenzen der Mehrheitsdemokratie)*

- Drittens werden die Bürger in der Regel nur pro forma an den für sie sehr wichtigen Entscheidungen beteiligt. So geht aufgrund der skizzierten engen Kooperation von Behörden und Vorhabensträgern von den formalen Beteiligungsverfahren im Rahmen des Planfeststellungsverfahrens keine legitimierende Wirkung aus. Auch die kommunalen Entscheidungsträger erschweren es in der Regel dem Bürger, sich an der Planung von Entsorgungsanlagen zu beteiligen. Wichtige Informationen werden von den Entscheidungsträgern so lange wie möglich zurückgehalten und protestierende Bürger werden diskreditiert. Die übliche Informationspolitik der kommunalen Entscheidungsträger bei abfallwirtschaftlichen Standortentscheidungen schildert Hauber nach der Auswertung verschiedener Fallstudien sehr plastisch: „Standortvorschläge werden als Geheimnisse gehütet wie der Schatz der Bank von England. Da aber unvermeidlicherweise immer etwas durch- *(Randnotiz: Geringe Transparenz)* sickert, gibt dies natürlich Gerüchten freien Lauf. Dementis klingen halbherzig, denn oft ist eben tatsächlich etwas dran, oder man will nicht mit den harten Fakten herausrücken, um dies zu belegen. Dabei stimuliert nichts mehr die Phantasie der Menschen als halbdunkle Informationen" (Hauber 1989: 54).

Hinzu kommen grundlegende Überzeugungen und normative Orientierungen von Bürgerinitiativen, wobei diese wohl noch deutlich stärker bei den Umweltverbänden ausgeprägt sein dürften. Danach kann man Bürgerinitiativen eher dem für die bundesdeutsche Abfallpolitik beschriebenen kulturkritischen Abfalldiskurs zuordnen.

Das Abfallproblem ist aus Perspektive dieses Diskurses äußerst bedrohlich, weil die Abfallbeseitigung im Normalbetrieb eine prinzipielle Gefährdung von Umwelt und Gesundheit bedeutet und der Ressourcenverbrauch ein nicht mehr verantwortbares Niveau erreicht hat. Eine Lösung des Problems ist nur von langfristigen Veränderungen des Konsumentenverhaltens und der Produktionsformen zu erwarten. Dem konkurrierenden strukturkonservativen Diskurs fühlen sich eher die kommunalen Entscheidungsträger (zumal in der Regierungsverantwortung) verbunden. Abfall wird in diesem Diskurs als unvermeidliche Begleiterscheinung des Wohlstands gedeutet, der durch entsprechende großtechnische Lösungen (vorzugsweise durch Müllverbrennung) sicher entsorgt und verwertet werden kann (Osthorst 2002 / Keller 1998). Der strukturkonservative Diskurs war, wie der geschichtliche Rückblick in Kapitel 2 gezeigt hat, bis Ende 60er absolut dominant, und die am Wirtschaftswachstum orientierte „one-best-way-Ideologie" wurde vor Ort erst durch die Entstehung der Bürgerinitiativen in Frage gestellt.

Konfrontative Strategien von Bürgerinitiativen

Die Strategien der Bürgerinitiativen bei abfallwirtschaftlichen Standortkonflikten sind durchweg ähnlich. Zunächst üben sie durch Proteste Druck auf die kommunalen Entscheidungsträger aus und versuchen anschließend das Planfeststellungsverfahren durch viele Einwendungen zu verzögern, um dann vor das Verwaltungsgericht zu ziehen. Auch wenn sich die Bürgerinitiativen zum Teil ein beträchtliches Expertenwissen aneignen und sich an der einen oder anderen Stelle konstruktiv einbringen, nicht zuletzt um sich als „Gegenexperten" zu profilieren, liegt der Schwerpunkt zumindest in der Außendarstellung auf emotionalisierenden, stark vereinfachenden, konfrontativen Kampagnen. Prittwitz verdeutlicht diese Strategie anhand eines abfallwirtschaftlichen Konfliktes im Saarland. Dort war beim Erörterungstermin vom „Holocaust an der Saar" die Rede, und der damalige Ministerpräsident Lafontaine wurde als Schreibtischtäter bezeichnet. „Verstärkt wurden diese Symbole von Kriminalität, Völkermord und Feindschaft durch Bilder von verbrannten Kindern aus dem Vietnamkrieg, die bei dieser Gelegenheit gezeigt wurden und die die Gefährlichkeit von Dioxin symbolisieren sollten" (Prittwitz 1992: 23).

Polarisierende Symbolik

Prittwitz sieht dies u. a. als eine Strategie an, um sich überhaupt Zutritt zur politischen Arena zu verschaffen, also von den etablierten Akteuren wahrgenommen zu werden und selbst einen Akteursstatus zu erlangen. Diese polarisierende Symbolik ist am besten dazu geeignet, um in den Medien präsent zu sein, viele Bürger zu mobilisieren und die z. T. heterogenen Interessen der Gegner (z.

B. Sankt-Florians-Prinzip oder grundlegende Wende in der Abfallpolitik) durch ein starkes „Wir-Gefühl" zu integrieren (oder zu überdecken), das von einer deutlichen Abgrenzung von den Befürwortern lebt. Wiedemann (1993) weist darauf hin, dass die Polarisierung auch bewusst zur Entmachtung der Experten eingesetzt wird. Erstens kann im Gegensatz zu Diskussionen über technische Spezialfragen jeder Bürger an einer Debatte über „schlecht" und „gut" teilnehmen, und zweitens entziehen sich diese moralischen Kategorien einer ingenieurwissenschaftlichen Beurteilung. Zum Teil ist diese Strategie aber nur eine Antwort auf den Versuch von kommunalen Entscheidungsträgern, sich hinter ingenieurwissenschaftlichen Gutachten zu „verschanzen" und politische Wertentscheidungen als technische Sachzwänge zu vermitteln (Hauber 1989). Zur Einschränkung dieser Sichtweise ist darauf hinzuweisen, dass es sich bei der polarisierenden Symbolik der Bürgerinitiativen nicht ausschließlich um eine rationale Rekrutierungsstrategie handelt. Gerade die aktiven Mitarbeiter in den Bürgerinitiativen sind häufig von der von ihnen verwendeten Symbolik am stärksten überzeugt; und dies auch deshalb, weil sie sehr hautnah die Ausgrenzung und die Desinformation seitens der Befürworter erlebt haben.

Insgesamt fällt bei der Analyse von abfallwirtschaftlichen Standortkonflikten auf, dass die ehrenamtlichen Akteure (Bürgerinitiativen und Ratsmitglieder) einen im Vergleich auch zu anderen Politikfeldern starken Einfluss haben. Dies sollte aber nicht darüber hinwegtäuschen, dass das politische Alltagsgeschäft in der Abfallpolitik eindeutig von der Kommunalverwaltung (z. T. im Verbund mit ingenieurwissenschaftlichen Experten) dominiert wird (Lamping 1998: 225).

Starker Einfluss von Bürgerinitiativen

5.3.3 Instrumente

Die kommunale Abfallpolitik zeichnet sich durch eine außerordentliche Vielfalt der Instrumente aus, die im starken Maße miteinander zusammenhängen.

Psychisch/informationelle Instrumente werden v. a. im Rahmen der Abfallberatung eingesetzt. Die Abfallberatung gehört spätestens seit Anfang der 90er Jahre zum Standardrepertoire der kommunalen Abfallpolitik. So ergab eine Umfrage des Verbands kommunale Abfallwirtschaft und Straßenreinigung unter seinen 439 Mitgliedsorganisationen im Jahre 1991, dass in 97% der Kreise und kreisfreien Städte sowie in 74% der kreisangehörigen Gemeinden Maßnahmen der Abfallberatung durchgeführt wurden (Heidelbach et al. 1993). Nur wenige Jahre später wurde im Kreislaufwirtschafts- und Abfallgesetz auf Bundesebene die Abfallberatungspflicht der entsorgungspflichtigen Körperschaften festgeschrieben (Landesumweltamt NRW 1998: 3). Die Abfallberatung ist sowohl für die Verwertung als auch für die Vermeidung der Abfälle wichtig. Neben der üblichen „Einbahnstraßenkommunikation" im Rahmen der Öffentlichkeitsarbeit sind die Übergänge zwischen Beratung und Formen kooperativer Demokratie z. T. fließend. So entwickelt Mathies auf der Grundlage verschiedener empirischer Studien ein „Prozessmodell zur Steuerung partizipativer Intervention", in dem die Mitarbeiter, beispielsweise eines Altenheims, bereits bei der Entwicklung von Abfallberatungsstrategien mit einbezogen werden und die Implementation dieser Strategien selber vornehmen. Die eingebundenen Mitarbeiter haben

Informationelle Instrumente

gleichzeitig Vorbild- und Multiplikatorenfunktionen in den Stationen und sollen die Abfallvermeidung und -verwertung „vorleben". „Wer Maßnahmen (...) mit entwickelt, setzt sich damit der Erwartung (bzw. dem Druck) aus, dass er oder sie diese Maßnahmen auch selbst umsetzt" (Matthies 2000: 90). Des Weiteren übt er durch sein eigenes Handeln wiederum sozialen Druck auf die nicht beteiligten Mitarbeiter aus, und die aktive Gestaltung von Abfallvermeidungskonzepten führt auch zu einer höheren Identifikation mit diesen Maßnahmen.

Rechtlich-politische Instrumente

Die regulative Steuerung in der kommunalen Abfallpolitik erfolgt im Wesentlichen über die sog. Abfallsatzungen. Sie enthalten Regelungen zu folgenden Bereichen (Schuster 1991):

- Träger der Abfallentsorgung
- Umfang der Abfallentsorgung (Regelung über den Ausschluss bestimmter Abfälle)
- Abfallverwertung
- Anschluss- und Benutzungszwang
- Anzahl und Größe der Abfallbehälter
- Sammlung und Transport
- Abfallentsorgungsanlagen
- Gebühren

Damit enthält das wesentliche regulative Steuerungsinstrument auch schon Angaben über die finanziellen Instrumente und die Infrastruktur, die im Folgenden dennoch gesondert analysiert werden.

Anschluss- und Benutzerzwang

In den letzten Jahren ist der kommunal gestaltbare Anschluss- und Benutzungszwang kontrovers diskutiert worden. Insbesondere ging es um die Frage, inwieweit ein Anschluss- und Benutzungszwang für die sog. Biotonne besteht, auch wenn man Eigenkompostierer ist. Diese Frage hat massive Auswirkungen für die Höhe der zu erhebenden Gebühren für Biotonnen und die damit verbundene Akzeptanz, wie noch bei den finanziellen Instrumenten zu zeigen sein wird. Im Jahre 1998 stellte das Oberverwaltungsgericht Münster in seinem wegweisenden Urteil zu Biotonnen fest, dass Eigenkompostierer nicht dem Anschluss- und Benutzungszwang unterliegen.

Abfallwirtschaftskonzepte

Des Weiteren sind in einigen Bundesländern die Kommunen und Kreise verpflichtet ein Abfallwirtschaftskonzept aufzustellen (Holst 1991: 182). In Abfallwirtschaftskonzepten ist in NRW u. a. der Nachweis mehrjähriger Entsorgungssicherheit zu erbringen. Das Abfallwirtschaftskonzept ist der oberen Abfallwirtschaftsbehörde zur Genehmigung vorzulegen.

Finanzielle Instrumente

In der kommunalen Abfallpolitik haben finanzielle Instrumente eine herausragende Rolle. Im Mittelpunkt steht hierbei die Abfallgebührensatzung, die regelmäßig als Annexsatzung zur Abfallsatzung erlassen wird. Zwei Prinzipien des Kommunalabgabengesetzes sind für die Erhebung der Abfallgebühren zentral: Das Kostendeckungsprinzip und das Äquivalenzprinzip (Queitsch 1996: 144). Die Gebühren dürfen danach erstens nicht die Kosten für die Abfallbeseitigung überschreiten. Dabei variieren die ansatzfähigen Kosten von Bundesland zu Bundesland. Neben den Kosten für die Entsorgung der angelieferten Siedlungsabfälle gehen z. T. auch die Kosten für die Beseitigung von illegal abgelagerten

Abfällen, die Kosten für die Abfallberatung und für die Aufstellung und Unterhaltung von Straßenpapierkörben etc. in die Gebührenrechnung mit ein (SRU 1998: 191).

Die Höhe der Abfallgebühren variiert sehr stark in den jeweiligen Bundesländern. In Nordrhein-Westfalen zahlte ein vierköpfige Familie in Kreuztal im Kreis Siegen-Wittgenstein mit 189 DM im Jahre 2000 die geringste Gebühr, während sie in Voerde im Kreis Wesel mit 970 DM am meisten bezahlen musste (BdSt NRW 2000). Diese Unterschiede gehen im Wesentlichen auf die variierenden Entsorgungskosten in den Kreisen zurück. Im Kreis Wesel kostet die Entsorgung in der unterausgelasteten MVA 791 DM pro Tonne, im Kreis Siegen-Wittgenstein hingegen nur 96 DM. Insgesamt wird hieran auch deutlich, dass zurückgehende Abfallmengen durch Abfallvermeidung paradoxerweise häufig nicht zu einer finanziellen Entlastung der Bürger führen, weil die Entsorgungspreise pro Tonne durch unterausgelastete MVAs steigen. Vor allem deshalb haben sich in den 90er Jahren die Müllgebühren in der Bundesrepublik durchschnittlich mehr als verdoppelt (Rahmeyer 2004: 25). *(Starke Varianz von Abfallgebühren)*

Das Äquivalenzprinzip in der Gebührenpolitik besagt, dass zwischen der Abfallgebühr und der erbrachten Abfallentsorgungsleistung kein offensichtliches Missverhältnis bestehen darf. Dies bezieht sich auch auf das Verhältnis der Gebührenzahler untereinander, so dass die unterschiedliche Inanspruchnahme der kommunalen Infrastruktur auch zu differenzierten Gebühren führen muss. Auf den ersten Blick leistet damit das Äquivalenzprinzip durch seine Nähe zum Verursacherprinzip einen Beitrag zur Realisierung der Abfallvermeidungs- und -verwertungspostulate im Bundes- und Landesrecht. Derjenige, der mehr Abfall oder kostenträchtigere Abfallfraktionen produziert, muss auch mehr zahlen. In Verbindung mit einer sehr regen Rechtssprechung führt das Äquivalenzprinzip häufig aber dazu, dass die vorrangige Abfallvermeidung und -verwertung nicht gewährleistet werden kann. *(Äquivalenzprinzip)*

So ist beispielsweise ein progressiver Gebührenmaßstab, bei dem die Gebühren mit steigender Gefäßgröße überproportional wachsen, kaum mit dem Äquivalenzprinzip vereinbar (Queitsch 1996: 147). Das Äquivalenzprinzip hat auch zu erheblichen Problemen bei der Einführung der Biotonne geführt. Da – wie bereits ausgeführt wurde – Eigenkompostierer nicht dem Anschlusszwang unterlagen, konnten sie aufgrund des Äquivalenzprinzips nicht im vollen Umfang zur Finanzierung der Biotonne über die allgemeinen Abfallgebühren herangezogen werden. Die vom Oberverwaltungsgericht Münster 1998 beanstandete Quersubventionierung war allerdings die einzige Möglichkeit, um die Sammlung von Abfällen in der Biotonne gegenüber der Entsorgung in der Restmülltonne deutlich zu verbilligen. Durch das neue Landesabfallgesetz in NRW und durch ein kürzlich ergangenes Urteil des Bundesverwaltungsgerichtes kann nun aber eine begrenzte Quersubventionierung vorgenommen werden (Schwarzmann 1999: 8; BVerwG 11C7.00 vom 20.12.00). *(Quersubventionierung)*

Insgesamt sind die kommunalen Handlungsspielräume bei der Erhebung der Abfallgebühren aufgrund der zahlreichen bundes- und landesrechtlichen Regelungen nicht nur außerordentlich gering, sondern es besteht auch eine große Rechtsunsicherheit aufgrund der regen und stetig variierenden Rechtssprechung. Kommunale Handlungsspielräume bestehen insbesondere bei der Festlegung *(Geringe Handlungsspielräume und große Rechtsunsicherheit)* eines degressiven oder linearen Gebührenmaßstabs. Der lineare Gebührenmaßstab führt dabei sicherlich zu einer verstärkten Abfallvermeidung und -verwertung, weil damit die größeren Müllgefäße für den Bürger teurer werden als bei einem degressiven Gebührenmaßstab. Allerdings ergeben sich bei einem linearen Gebührenmaßstab, wie eine Evaluationsstudie in unterschiedlichen Kreisen und Städten ergab, u. a. die folgenden Probleme (Gallenkemper 1996: 44):

- bei zu erwartender Tendenz zu kleineren Müllgefäßen höhere Kosten bei der Abfallsammlung
- geringer Anreiz zur Vermeidung kleiner, aber schwerer Abfälle
- deutliche Erhöhung der Sperrmüllmengen

Finanzielle nstrumente erfordern regulative Steuerung

Darüber hinaus können Gebühren, die hohe Anreize zur Vermeidung von Abfällen schaffen, auch zur Zunahme wilder Müllkippen führen. Ein Umfrage des nordrhein-westfälischen Städte- und Gemeindebundes im Jahre 1995 unter seinen Mitgliedskommunen ergab, dass 50% der Gemeinden, die mit starken Vermeidungsanreizen bei den Abfallgebührenmaßstäben arbeiten, einen Rückgang des Restmüllaufkommens beobachteten. Gleichzeitig registrierten aber auch 42% der Kommunen eine Zunahme verbotswidriger Abfallablagerungen und 35% eine zunehmende Ablagerung von Hausmüll in Straßenpapierkörben (Queitsch 1996). Selbstverständlich können die Kommunen dagegen vorgehen und in ihrer Abfallsatzung hohe Strafen festschreiben. Dennoch ergeben sich hier, wie bei den meisten regulativen Instrumenten, erhebliche Vollzugsprobleme. An diesem Beispiel wird auch deutlich, dass der verstärkte Einsatz von finanziellen Instrumenten häufig nicht zu einem Abbau regulativer Steuerung führt, wie dies nicht selten in den parteipolitischen Auseinandersetzungen suggeriert wird. Um die erwünschten Lenkungseffekte von marktwirtschaftlichen Instrumenten sicherzustellen, bedarf es häufig eines Ausbaus der regulativen Steuerung bzw. vorhandener Vollzugskapazitäten.

Kommunale Verpackungssteuer gescheitert

Neben den Abfallgebühren gibt es mit der kommunalen Verpackungssteuer ein weiteres finanzielles Instrument, das den Kommunen zur Verfügung stand. Die Stadt Kassel führte 1991 als erste diese Verpackungssteuer ein und erhob sie für Einwegdosen, Einweggeschirr etc. im gastronomischen Bereich. Sie betrug für Einwegdosen pro Stück 40 Pfennig und für Einweggeschirr 50 Pfennig. Nachdem diese Praxis vom Bundesverwaltungsgericht 1996 für rechtmäßig erklärt wurde, wurde sie zunehmend von größeren Städten mit Fastfoodketten imitiert und führte häufig zu einem Verzicht von Einwegverpackungen in diesem Bereich. Die kommunale Verpackungssteuer hatte in erster Linie also ökologische Lenkungseffekte, während sie aufgrund erheblichen Verwaltungsaufwands weniger zur Haushaltskonsolidierung beitrug. Im Jahre 1998 zog u. a. McDonalds gegen die Kasseler Regelungen vor das Bundesverfassungsgericht, das die kommunale Verpackungsteuer abschließend für nicht verfassungskonform erklärte und somit zu ihrer bundesweiten Abschaffung führte. So musste in über 50 Städten die mittlerweile eingeführte Verpackungssteuer wieder zurückgenommen werden. Die Verpackungssteuer war v. a. in rot-grünen Großstädten eingeführt worden (Osthorst 2002), was wiederum ein Hinweis für die Geltungskraft der Parteiendifferenzhypothese in der kommunalen Abfallpolitik ist, wobei es den Parteien aufgrund der rechtlichen Rahmenbedingungen zunehmend schwer fällt, die unterschiedlichen Parteiprogramme tatsächlich zu realisieren.

Das Bundesverfassungsgericht sah kein Problem darin, dass die Stadt Kassel eine neue Steuer mit Lenkungseffekten eingeführt habe (gemeindliches Steuerfindungsrecht), sondern darin, dass diese Steuer in diesem Fall der Abfallgesetzgebung zuwider laufe. Im Abfallrecht ist u. a. das Kooperationsprinzip festgeschrieben:

> „Dieses Prinzip begründet eine kollektive Verantwortung verschiedener Gruppen in eigenständiger Aufgabenteilung und Verhaltensabstimmung das vorgegebene und gemeinsam definierte Ziel zu erreichen. Es ist vor allem zur Vermeidung und Verwertung von Abfällen aus Verpackungen umgesetzt worden und kam insbesondere in § 14 Abfallgesetz – dem Kernstück des Abfallgesetzes von 1986 – zum Ausdruck (...) Der Gesetzgeber verzichtet hier gänzlich auf ordnungsrechtliche Regelungen, um den kooperativen Gestaltungsraum nicht einzuengen" (BVerfG 1998: 3).

Das Bundesverfassungsgericht ging in seiner Urteilsbegründung davon aus, dass die kommunale Verpackungssteuer gegen dieses Kooperationsprinzip verstoßen würde. Verschiedentlich wurde bemängelt, dass das Bundesverfassungsgericht, das Kooperationsprinzip in seinem Urteil zu eng gefasst habe. Das Kooperationsprinzip würde nicht nur vollkommen freiwillige Agreements implizieren, sondern auch die Förderung der Kooperationsbereitschaft durch das Androhen regulativer oder finanzieller Steuerung (Reese 2001: 14) – also das, was Scharpf (2000) aus politikwissenschaftlicher Sicht als Verhandeln im Schatten der Hierarchie und des Mehrheitsprinzips bezeichnet. Dies verdeutlicht auch der nordrhein-westfälische Städte- und Gemeindebund in seiner Reaktion auf das Bundesverfassungsgerichtsurteil:

> „Insbesondere sei es den Städten und Gemeinden vor dem Hintergrund der Ankündigung einer Verpackungssteuer in vielen Fällen gelungen, mit den betroffenen Unternehmen freiwillige Vereinbarungen zu treffen, um die Abfallvermeidung zu fördern. Ohne den Druck der rechtlichen Möglichkeit einer Verpackungssteuer seien diese freiwilligen Vereinbarungen nunmehr in Frage gestellt" (NWStGb 1998: 1f.).

Eng mit den finanziellen Instrumenten hängt die städtische Infrastruktur zusammen. In den letzten Jahren wurden insbesondere zwei kommunal gestaltbare Instrumente sehr kontrovers diskutiert. Es handelt sich hier einerseits um die Größe der Abfallbehälter und andererseits um sog. Verwiegesysteme. Bei den Erörterungen zu den Abfallgebühren wurde bereits skizziert, dass kleinere Mülltonnen die Abfallabfuhr verteuern. Im Rahmen einer quantitativen Analyse der Abfallbilanzen der entsorgungspflichtigen Körperschaften in Baden-Württemberg wurde aber festgestellt, dass kleinere Mülltonnen in der Tat zu insgesamt geringeren Abfallmengen führen. Zwar wären die unterschiedlichen Abfallmengen zu einem großen Teil auf bevölkerungs- und siedlungsstrukturelle Daten zurückzuführen (Martens/Thomas 1996: 247, siehe auch Finger 1998). Dennoch ließ sich auch ein positiver Zusammenhang zwischen dem variierenden Behältervolumen und der Abfallmenge nachweisen. Keine statistisch signifikan-

Unterschiedliche Positionen zum Kooperationsprinzip

Infrastruktursteuerung

203

ten Zusammenhänge ergaben sich hingegen bei variierenden Formen der Abfall-
beratungen und der Höhe der Gebühren (Martens/Thomas 1996: 255). Dass
kleinere Tonnen zu einer stärkeren Abfallvermeidung und -verwertung beitragen,
verwundert nicht. Über den Anschluss- und Benutzerzwang sind die Haushalte
verpflichtet, eine Restmülltonne vorzuhalten, die in der Regel mindestens einmal
in 14 Tagen zu leeren ist. Die Haushalte müssen damit ein festes Kontingent
(also bei einer Mindestgröße von 60l mindestens 30l pro Woche) abnehmen, die
der Verbraucher dann häufig auch füllen will.

Verwiegesystem

Aber nicht nur mit kleineren Tonnen kann man dieses Problem lösen, sondern auch mit dem sog. Verwiegesystem. Danach muss man nur für das Gewicht
seines Mülls bezahlen, dass vor Ort ermittelt wird. Der entscheidende Vorteil des
Verwiegesystems ist, dass die Kosten exakt nach dem Verursacherprinzip umge-
legt werden können und so optimale Vermeidungs- und Verwertungsanreize
entstehen.

Starke Vermeidungsanreize über die Gebührensatzung zu schaffen kann a-
ber auch immer bedeuten, dass ein Anreiz zur illegalen Ablagerung von Abfällen
entsteht, zumal die nicht unerheblichen Kosten des Verwiegesystems (Anschaf-
fungskosten und Personalaufwand) zu durchschnittlich steigenden Abfallgebühren führen (Gallenkemper 1996: 89; Koch/Maywald 1999: 31).

Geringe Steuerungs-
potentiale der
Kommunen

Bei Zusammenschau der vorhandenen Instrumente kann man feststellen,
dass die Kommunen nur wenig Möglichkeiten haben, die entstehenden Abfallmengen zu steuern. Neben den vielen kommunal kaum zu steuernden sozioökonomischen Variablen (Bevölkerungsdichte, Haushaltsstruktur etc.), die die
Abfallströme stark beeinflussen, ist hier v. a. auf die starke Reglementierung
dieses Politikfelds durch die übergeordneten föderalen Ebenen und die Rechtssprechung hinzuweisen.

5.3.4 Politikfeldübergreifende Trends in den 90er Jahren?

5.3.4.1   Ökonomisierung

Ein stärkerer Einzug privatwirtschaftlicher Elemente in die kommunale Abfallpolitik lässt sich durch drei neue bundesrechtliche Regelungen in den 90er Jahren verzeichnen:

- die Verpackungsverordnung von 1991,
- das Investitionserleichterungs- und Wohnbaulandgesetz von 1993
- und das 1996 in Kraft getretene Kreislaufwirtschafts- und Abfallgesetz.

Verpackungs-
verordnung

Die 1991 in Kraft getretene Verpackungsverordnung führte u. a. dazu, dass die
Kommunen keine Kontrolle mehr über die Verwertungswege haben. Des Weiteren wurden die Möglichkeiten einer unabhängigen Abfallberatung z. T. eingeschränkt. Das Duale System Deutschland (DSD) schloss mit den entsorgungspflichtigen Körperschaften Verträge ab, die u. a. häufig Entgelte für die Öffentlichkeitsarbeit vorsahen, sofern sich die Kommunen an bestimmte Vorgaben des
DSD hielten (Bünemann / Rachut 1993: 57). Lamping zeigt in seiner Hannove-

raner Fallstudie, dass diese Regelungen zu erheblichen Konflikten führen konnten (Lamping 1998: 129). Die Stadt Hannover setzte den Schwerpunkt ihrer Abfallberatung eindeutig auf die Abfallvermeidung und das Werben für Mehrwegsysteme bei gleichzeitiger Abwertung von Einwegverpackungen. Das DSD stornierte daraufhin fallweise das für die Öffentlichkeitsarbeit bereitgestellte Geld mit der Folge, dass der städtische Abfallwirtschaftsbetrieb z. T. eigene Kampagnen finanzierte, die noch stärker gegen das DSD gerichtet waren, wie z. B. der Slogan „Was Jens aus Wülfel gar nicht mag, ist Plastikmüll am Sahnequark". Auch hier ist davon auszugehen, dass die Stadt Hannover einen Sonderweg ging, während die Mehrzahl der Kommunen die Abfallberatung eher im Sinne des DSD betrieb, zumal sie die vertraglich fixierten Sammel- und Sortierquoten erreichen mussten.

Im Zuge der Verpackungsverordnung und der daraus resultierenden Gewinnaussichten kam es zu massiven Konzentrationsprozessen in der Abfallwirtschaft. Die Anzahl der jährlich angezeigten Zusammenschlüsse hatte sich in der Abfallwirtschaft von 30 im Jahre 1989 auf 120 im Jahre 1993 erhöht. Insbesondere die Energieversorgungsunternehmen (EVUs) hatten mit erheblichen Kapitalrückstellungen im Rücken einen großen Anteil an den Konzentrationsprozessen. Allein die RWE war an mehr als einem Drittel der zwischen 1990 und 1993 angezeigten Zusammenschlüsse beteiligt (Bundestagsdrucksache 12/8409: 16). Die Beratungsgesellschaft Cyclos kommt in einer Recherche für Greenpeace zu folgendem Fazit:

Konzentrationsprozesse in der Abfallwirtschaft

> „Die Monopolisierung im Entsorgungsbereich hat durch die Verpackungsverordnung sprunghaft zugenommen. Diese wurde durch die Vorgabe, daß in jedem Gebiet nur ein System anerkannt wird, gesetzlich vorgezeichnet. Die Entsorgungsverträge im Dualen System sind im Hinblick auf ihre lange Laufzeit und die erforderlichen Investitionen nicht geeignet, Wettbewerb zu ermöglichen (...) Die EVU's sind dabei, ebenso wie sie sich den Versorgungsbereich gebietsweise gesichert haben, auch den Entsorgungsbereich untereinander aufzuteilen" (Cyclos 1993: 37).

Auch in den folgenden Jahren setzten sich die Konzentrationsprozesse in der Entsorgungswirtschaft fort. Auslöser der Konzentrationsprozesse waren aber nicht mehr zu erwartende hohe Gewinnzuwächse, sondern die rückläufigen Abfallmengen. Die führenden Entsorgungsunternehmen kauften weiterhin kleinere Unternehmen auf, um sich die notwendigen Mengenströme zur Auslastung ihrer kapitalintensiven Anlagen zu sichern (Urbanek/Schneider 1998: 3).

Im Zusammenhang mit dem Investitionserleichterungs- und Wohnbaulandgesetz von 1993 wurde eine weitere Beschneidung kommunaler Planungsinstrumente zu Gunsten des freien Spiels der Marktkräfte befürchtet. Danach werden die Abfallentsorgungsanlagen nunmehr nach dem Bundesimmissionsschutzrecht und nicht mehr nach dem Planfeststellungsrecht genehmigt. Das hat zur Folge, dass der Bedarf in der jeweiligen Region nicht mehr nachgewiesen werden muss und der Anlagenbetreiber bei Einhaltung der Immissionsstandards ein Recht auf Genehmigung hat. Dennoch zeigt sich bei der Implementation des Gesetzes, dass

Investitionserleichterungs- und Wohnungsbaulandgesetz

die Landesbehörden in der Genehmigungspraxis die Bedarfsfrage berücksichtigen, so dass die kommunalen Planungsinstrumente (insbesondere die Abfallwirtschaftskonzepte) weiterhin maßgeblich sind.[97]

Kreislaufwirtschafts- und Abfallgesetz

Das 1996 in Kraft getretene Kreislaufwirtschafts- und Abfallgesetz hat zu einer Beschneidung kommunaler Planungskompetenzen insbesondere hinsichtlich des Gewerbeabfalls geführt. Gewerbeabfälle müssen danach nur noch dann an die öffentlich-rechtlichen Entsorgungsträger angeliefert werden, wenn es sich um Abfälle zur Beseitigung handelt. Hauptsächlich die gewerblichen Abfallbesitzer profitieren dabei davon, dass sie die Abfälle zur Verwertung kostenminimierend beim günstigsten Anbieter entsorgen können und hier nicht wie bei Abfällen zur Beseitigung auf eine öffentlich-rechtliche Entsorgung vor Ort verpflichtet werden (Tomerius 1999: 26).

Definitionskämpfe um Verwertungsbegriff

In der Folgezeit ist ein Definitionskampf darum entbrannt, was nun Gewerbeabfälle zur Beseitigung oder zur Verwertung seien. Die Landesregierungen haben häufig versucht in ihren Landesabfallgesetzen möglichst viele Abfälle als zu beseitigende zu deklarieren, um eine optimale Auslastung für die kommunale Entsorgungsinfrastruktur zu gewährleisten. Dem entgegen wird in der europäischen Abfall-Rahmen-Richtlinie und durch die Rechtsauffassung der EU-Kommission eine weitere Auslegung des Verwertungsbegriffs vorgenommen, die sich auch zunehmend durchsetzt (Reese 2000: 60).

Die Probleme, die sich daraus für die öffentlich-rechtlichen Entsorgungsträger ergeben, skizziert Cantner aus wirtschaftswissenschaftlicher Sicht: Das gebührenrechtliche Kostendeckungsprinzip „gewährt kaum Möglichkeiten für preisliche Wettbewerbsstrategien. Hierdurch entfaltet sich eine verhängnisvolle Eigendynamik. Die Umlage von Leerkosten bedingt steigende Gebührensätze, wodurch sich die Grenznachfrager bei rationalem Verhalten veranlasst sehen, preisgünstigere alternative Entsorgungsmöglichkeiten wahrzunehmen. Dies induziert bei den staatlichen Entsorgern weitere Kapazitätsüberschüsse und damit verbundene Leerkosten- und Gebührensteigerungen. Die Newcomer im Entsorgungsbereich haben somit leichtes Spiel, insbesondere wenn es sich um Anbieter mit angestammten Geschäftsbereichen in anderen Monopolmärkten (z. B. dem Energieversorgungssektor) und mit entsprechender Kapitalbasis handelt" (Cantner 2001: 110).

Dumpingpreise

In der Praxis werden so Gewerbeabfälle vermehrt entweder der sog. energetischen Verwertung (z.B. Ersatzbrennstoffe für Zementwerke) oder anderen öffentlichen Deponien zugeführt. Im letzteren Fall werden die Gewerbeabfälle erst mal pro forma als zur Verwertung seitens der Betriebe bestimmt, und werden somit der Entsorgungspflicht in der jeweiligen Standortkommune entzogen.

---

[97] Überregional bekannt geworden ist der Fall der Firma Waste Management, die in Gütersloh nach rückläufigen Abfallmengen gegen den Willen des Kreistages im Jahre 1994 eine Genehmigung der MVA erwirken wollte. „Das rief das Landesumweltministerium auf den Plan. Obwohl der Landesumweltminister die Stoßrichtung des InvWog [Investitionserleichterungs- und Wohnungsbaulandgesetz, L.H.] teilte und dem Gesetz wesentlich zur Durchsetzung verholfen hatte, reagierte er nun scheinbar gegenteilig, um die Unterauslastung der Bielefelder Anlage und damit einen drastischen Kostenanstieg in Gütersloh und Bielefeld zu vermeiden und örtlichen Widerständen der Verbrennungsgegner auszuweichen. Die zuständige Landesbehörde bündelte eine Reihe von Versagensgründen, um eine Genehmigung der Anlage verweigern zu können" (Timmermeister 1998: 201).

Damit können sie dann in andere Regionen exportieren werden, um sie in sog. Billigdeponien zu entsorgen (Lahl et al. 1998; Tomerius 1999: 27). Diese Billigdeponien waren im Wesentlichen durch die TA-Siedlungsabfall entstanden, die für einen Überleitungszeitraum (bis zum Jahre 2005) die Verfüllung von Deponien mit geringeren Umweltstandards gewährt. Dementsprechend versuchen die Betreiber, wie bereits skizziert, die Deponie mit Dumpingpreisen zu verfüllen, bevor sie sie schließen müssen. Die Unternehmen konnten so in den letzten Jahren ihre Entsorgungskosten erheblich minimieren, während die Privathaushalte diese Ausfälle über höhere Müllgebühren zu tragen haben[98]. Die Bürger haben so in erheblichem Maße die verbilligte Entsorgung von Gewerbeabfällen subventioniert (SRU 2002: 337). Besonders in einigen Großstädten kam es 1996 zu einem Einbruch der an die öffentlichen Entsorgungsanlagen angelieferten gewerblichen Abfälle, wie die folgende Abbildung zeigt. Demgegenüber kam es z.B. in einigen besonders preisgünstigen thüringischen Landkreisen zu einem deutlich erhöhten Aufkommen an angelieferten Gewerbeabfällen, das vielfach über den Volumina der in Kommunen mit „normalen Deponiepreisen" angelieferten Mengen lag (SRU 2002: 335).

Abbildung 39: Entwicklung der gewerblichen Abfallanlieferungen in ausgewählten Großstädten

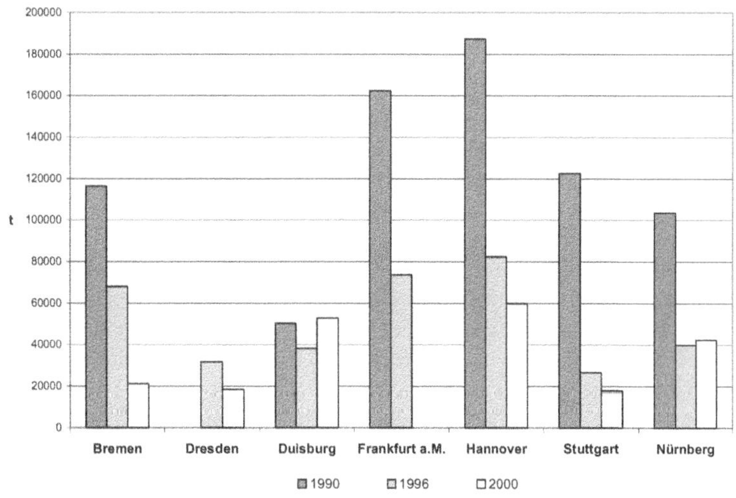

Quelle: Osthorst 2002

Auf diesen erheblichen Kompetenzverlust im Rahmen des Kreislaufwirtschafts- und Abfallgesetzes reagieren die Kommunen zum Teil mit einer Intensivierung

---

[98] Vgl. auch die Antwort der Bundesregierung auf die Kleine Anfrage der Abgeordneten Eva Bulling-Schröter et al. zur „Umsetzung der Abfallablagerungsverordnung und der Technischen Anleitung Siedlungsabfall", Drucksache 16/594.

der betrieblichen Abfallberatung und eher informellem Verwaltungshandeln, wie z.B. dem Abschluss öffentlich-rechtlicher Verträge (Tomerius 1999).

Die rot-grüne Bundesregierung hat darüber hinaus zum 1. Januar 2003 eine neue Gewerbeabfallverordnung erlassen. In ihr werden u. a. die nachzuweisenden Verwertungsquoten für einzelne Abfallsegmente vorgeschrieben.

> „Die Vorschriften sollen gewährleisten, dass zumindest die wesentlichen verwertbaren Fraktionen auch tatsächlich einer hochwertigen Verwertung zugeführt werden. Sie sollen außerdem verhindern, dass unverwertbare Abfälle mit verwertbaren Abfällen vermischt, als Abfall zur Verwertung deklariert und anschließend aus dem Zuständigkeitsbereich des örtlichen Entsorgungsträgers zu billigen Deponien oder Verbrennungsanlagen verbracht werden. Dadurch soll zugleich die Anlagenauslastung und Kalkulationsbasis der öffentlichen Entsorgungsträger verbessert werden" (SRU 2004: 346).

Bisher wurden die Bestimmungen der Verordnungen allerdings kaum umgesetzt. Vielmehr scheinen sich die Vollzugsbehörden und Wirtschaftsunternehmen häufig darauf geeinigt zu haben, alles „beim Alten zu belassen". Behördliche Kontrolle und Vollzug dieser sehr aufwändig zu überprüfenden Detailregelungen in den Betrieben findet bisher kaum statt, auch weil kein neues Personal für den Vollzug eingestellt wurde. Insgesamt resümiert der Sachverständigenrat für Umweltfragen, dass die Bestimmungen der Verordnung „im ersten Jahr ihrer Geltung kaum praxisrelevant geworden sind" (SRU 2004: 349).

Organisationsformen bei den öffentlichen Entsorgungsträgern

Nicht zuletzt aufgrund der durch die Bundesgesetzgebung eingeleiteten Konzentrationsprozesse haben sich auch die Organisationsformen bei den öffentlich rechtlichen Entsorgungsträgern zum Teil in Richtung privatrechtlicher Organisationsformen v. a. mit Beteiligung von Energieversorgungsunternehmen (Wohlfahrt/Zühlke 1999: 33) verändert. So ergab eine Erhebung aus dem Jahre 1995 bei 435 öffentlich-rechtlichen Entsorgungsträgern, dass insbesondere die Kapitalgesellschaft zur dominierenden Organisationsform in den neuen Bundesländern geworden ist. Während in den neuen Bundesländern in ca. 70 Prozent der Fälle die Leistungen durch Kapitalgesellschaften erbracht werden, dominieren in den alten Bundesländern noch die öffentlich-rechtlichen Organisationsformen mit 52 Prozent (zitiert nach Tomerius 1999: 155). Seit Mitte der 90er Jahre konnte zumindest auf Basis vergleichender Fallstudien nachgewiesen werden, dass die Kommunen nun auch deutlich mehr mit privaten Unternehmen kooperieren, um die aufgrund der Bundespolitik bestehenden erheblichen wirtschaftlichen Risiken verstärkt mit privatem Kapital abzusichern (Osthorst 2002: 193). Die Einführung der Verpackungsverordnung und des Kreislaufwirtschaftsgesetzes haben zu einer erheblichen Unterauslastung gerade neuerer Anlagen mit hohen Standards geführt, mit der Folge, dass die Kommunen zunehmend private Partner „ins Boot holen". Die konservativ-liberale Bundesregierung hat damit über Umwege ihr Ziel der zunehmenden Privatisierung der kommunalen Abfallpolitik teilweise erreicht, ohne, wie bei einer absichtsvollen zentral gesteuerten Privatisierungspolitik wie beispielsweise unter Thatcher, zu tief in die im Grundgesetz garantierte kommunale Selbstverwaltung eingreifen zu müssen. Allerdings haben nicht alle Kommunen die formelle und materielle Privatisierung in gleichem Maße umgesetzt. Von der CSU, CDU und FDP wurde diese Entwicklung in den Kommunen deutlich stärker forciert als von rot-grünen Mehrheiten (Osthorst 2001: 25). Die SPD steht einer Privatisierung wegen der Auswirkungen auf die Arbeitnehmer aufgrund ihrer Beziehungen zu Gewerkschaften relativ kritisch gegenüber. Bündnis 90 / Die Grünen sind häufig Gegner von Privatisierungsbestrebungen in der Abfallpolitik, weil sie Steuerungsverluste insbesondere in Bezug auf die Durchsetzung des Vermeidungs- und Verwertungspostulats befürchten[99]. Die Privatisierung wird in den Kommunen gegen den Widerstand der Gewerkschaften und Personalräte häufig relativ problemlos durchgesetzt. Dabei wird die Zustimmung der Personalräte zur Privatisierung in der Regel durch Zugeständnisse für die alten Beschäftigten (Ausschluss betriebsbedingter Kündigungen, Weitergeltung der bestehenden Tarifverträge bei der Überleitung des Personals etc.) erreicht (Osthorst 2001: 26, 71). Lediglich durch die Unterstützung von Bürgerbegehren und -entscheiden ist es ver.di relativ häufig in NRW gelungen, die Privatisierung der städtischen Infrastruktur zu verhindern (Bogumil/Holtkamp 2002a). Im Jahre 2000 und 2001 fanden immerhin 58% aller Bürgerbegehren in NRW zu diesem Thema statt. Diese Bürgerbegehren wurden häufig von führenden SPD-Politikern im Verbund mit ver.di - Funktionären gegen konservativ-liberale Mehrheiten initiiert (Deppe 2002). Dabei waren nicht nur erfolgreiche Bürgerentscheide in Großstädten wie Düsseldorf und Hamm zu verzeichnen. Häufig genügte bereits die Einleitung eines Bürgerbegehrens, um die Mehrheitsfraktionen von Privatisierungsplänen abzubringen (vgl. allgemein Kap. 4.2).

Mit dem Parteispenden- und Korruptionsskandal in Köln, in den insbesondere ein starker Oligopolist der Entsorgungsbranche – die Firma Trienekens – verstrickt war, wurde ein weiteres gravierendes Problem bei der Privatisierung der städtischen Infrastruktur sehr deutlich. Es geht hierbei um sehr hohe Beträge und Branchen, in denen „kleinere Aufmerksamkeiten" für Politiker nicht selten sind.

Korruption und Ökonomisierung

Der anlässlich des Kölner Skandals beim Innenministerium NRW gegründete Untersuchungsstab „Antikorruption" kommt in seinem unveröffentlichten Abschlussbericht zu dem Fazit, dass in Vergabeverfahren im Zusammenhang mit Müllverbrennungsanlagen auch in anderen Städten eine enge Verflechtung zwischen Ratsmitgliedern und Entsorgungswirtschaft zu konstatieren sei. Diese festgestellten Abhängigkeiten seien isoliert betrachtet nicht zu beanstanden, aber in ihrem Zusammenwirken äußerst bedenklich:

Kölscher Klüngel – kein Einzelfall

- „Ratsmitglieder stehen in einem Arbeitnehmerverhältnis zu einem Bewerber eines öffentlichen Auftrages.
- Ratsmitglieder werden nach Beendigung der politischen Karriere durch den privaten Vertragspartner der Kommune weiter beschäftigt.

---

[99] Lediglich in einer von sieben Fallstudien konnte Osthorst zeigen, dass Privatisierungsbestrebungen von Bündnis 90 / Die Grünen ausgingen. In Frankfurt/M. drängte der grüne Umweltdezernent Tom Koenigs auf einen Verkauf von Geschäftsanteilen an die Firma Rethmann. Das mag auch daran liegen, dass er zugleich das Amt des Stadtkämmerers wahrnahm und zusätzliche kurzfristige Einnahmen aus Vermögenserlösen in dieser Funktion sehr erstrebenswert sind (Osthorst 2001: 72).

- Ratsmitglieder stehen in ihrem Hauptberuf in einem Auftragsverhältnis zu einem Bewerber eines öffentlichen Auftrages (...)
- Es bestehen Beraterverträge zwischen privatem Investor und Mandatsträgern bzw. arrivierten Politikern ohne Mandat, deren fachlicher Hintergrund zumindest fragwürdig erscheint" (Innenministerium NRW 2003: 44).

In Einzelfällen ergaben sich aus Sicht des Untersuchungsstabes Indizien dafür, dass diese flächendeckenden Netzwerke von den privaten Vorhabensträgern bewusst aufgebaut wurden (ebd.: 47). Vieles spricht dafür, dass gerade die Kommunalpolitik für Korruption zunehmend empfänglich werden könnte (Holtkamp/Munier 2002):

Wahlkampfspenden Parteien erhalten bekanntlich keine kommunale Wahlkampfrückerstattung. Es gibt aber viele Anhaltspunkte dafür, dass der finanzielle Aufwand in Wahlkämpfen in den letzten Jahrzehnten erheblich gestiegen ist (auch durch die Einführung der Direktwahl). Aber nicht nur die kommunalen Parteien, sondern gerade auch die führenden Kommunalpolitiker in den Großstädten sind chronisch unterfinanziert. Durch verschiedene wissenschaftliche Untersuchungen bei den Mandatsträgern ist hinlänglich bekannt, dass der zeitliche Aufwand des Ratsmandates bei führenden Kommunalpolitikern in den Großstädten dazu führt, dass Kommunalpolitik fast zum Full-Time-Job wird (zuletzt Gehne/Holtkamp 2005). Im Prinzip gibt es für die dauerhafte finanzielle Absicherung dieser kommunalen Berufspolitiker vier Optionen: der öffentliche Dienst, kommunale Versorgungsposten in städtischen Gesellschaften, die Beschäftigung bei einem privaten Unternehmen, das sich von der Freistellung auch Gegenleistungen versprechen kann und die Gruppe der Selbstständigen, die bei derart hohen zeitlichen Belastungen anderen Formen der „kommunalen Vorteilsgewährung" gegenüber aufgeschlossen sein könnten.

5.3.4.2   Einzug der kooperativen Demokratie

Lange Verfahren durch zu viel Bürgerbeteiligung? Die Zuspitzung der Entsorgungsprobleme Anfang der 90er Jahre führte auch zu einer kontroversen Debatte über die Probleme und die Potenziale von Bürgerbeteiligung bei abfallwirtschaftlichen Planungsvorhaben. Die damalige Bundesregierung machte u. a. die Bürgerbeteiligung für die langen Planfeststellungsverfahren verantwortlich und baute die Beteiligungsrechte bei abfallwirtschaftlichen Planungsvorhaben im Zuge des „Investitionserleichterungs- und Wohnungsbaulandgesetzes" ab (Troja 1997: 318). Die Behauptung, dass eine wesentliche Ursache für die Dauer von Genehmigungsverfahren die Öffentlichkeitsbeteiligung im Rahmen des Verfahrens sei, konnte bisher empirisch nicht belegt werden. Ursachen für die langen Verfahren liegen vielmehr „bei der Schaffung neuer, komplizierter Vorschriften, unzulänglicher Vorbereitung der Antragsunterlagen, vor allem aber auch verwaltungsinternen Koordinationsproblemen" (Steinberg 2000: 69).

Lange Verfahren durch zu wenig Bürgerbeteiligung? Im Gegensatz zur Position der damaligen Bundesregierung wurde nicht zuletzt aus dem grün-alternativen Lager die Forderung laut, die Bürgerbeteiligung auszubauen, um dadurch die Planungsverfahren zu beschleunigen (zu den Vorteilen von umweltpolitischen Verhandlungslösungen aus politikwissenschaftlicher Sicht: Holzinger 1998). Argumentativ wurde das damit unterfüttert, dass die traditionellen Planfeststellungsverfahren nicht zur Konsensfindung und Akzeptanzsteigerung beitragen und die Verfahrensbeteiligten so mit Zeitspielstrategien im Planfeststellungsverfahren und durch anschließende Klagen vor Gericht (Gaßner/Holznagel/Lahl 1992: 80) die Realisierungszeiten von Abfallentsorgungsanlagen verlängern würden. Der höhere Zeitbedarf für konsensuale Verhandlungen im Vorfeld der Entscheidungsfindung würde also durch eine zügigere Implementation überkompensiert. Dementsprechend wurden Mediationsverfahren häufig gerade in Städten mit rot-grünen Koalitionen initiiert (Holtkamp/Stach 1995: 76; Osthorst 2001: 119), wobei den grünen Umweltdezernenten hierbei eine nicht unwichtige Rolle zukam. Die privaten Anbieter von Mediationsleistungen kamen ebenfalls nicht selten aus dem grün-alternativen Bereich (Gans 1994: 44).

Als Beteiligungsverfahren wurde das in den USA schon vielfach erfolgreich Mediationsverfahren angewandte Mediationsverfahren empfohlen. Ein unparteiischer Mediator versucht hierbei, unterschiedliche Konfliktparteien an einen Tisch zu bringen und im Rahmen eines Diskussionsprozesses eine einvernehmliche Lösung zu erarbeiten. An Mediationsverfahren nehmen häufig ausschließlich Verbände teil, so dass sie prinzipiell nicht jedem Bürger offen stehen. Ziel ist es, möglichst *viele* betroffene Interessengruppen an diesem Verfahren zu beteiligen und die nicht so organisationsstarken Interessen (Bürgerinitiativen, Umweltverbände etc.) bei Bedarf zu fördern, um einen von allen akzeptierten Konsens zu erzielen. Bei der Frage, wie viele Interessengruppen zu beteiligen sind, handelt es sich um ein grundlegendes Problem der kooperativen Demokratie. Wenn nur wenige Interessengruppen beteiligt werden, ergeben sich Probleme, wie sie bei den Jugendhilfeausschüssen und den kriminalpräventiven Räten geschildert wurden. Benz fasst diese Probleme bei der Bestimmung der Anzahl der Verhandlungspartner aus einer allgemeineren Perspektive wie folgt zusammen:

„Sowohl Korruption als auch unkontrollierte Innovationen können verhindert werden, wenn ein möglichst umfangreicher Kreis von Interessen direkt in Kooperationsprozesse eingebunden wird. Je enger der Kreis der unmittelbar an Entscheidungen Beteiligten gezogen wird, desto eher droht das Verhandlungssystem sich gegenüber anderen gesellschaftlichen Interessen zu verselbstständigen, desto wahrscheinlicher kommt es auch zur Verschiebung von Kosten bzw. negativen Wirkungen einer Einigung auf ‚Dritte‘(...)" [Andererseits gilt: L. H.] „Mit zunehmender Zahl involvierter Akteure wird eine Einigung komplizierter; die wechselseitig auszutauschenden Leistungen, die erforderlich sind, um alle Interessen zu befriedigen, werden umfangreicher; der Bereich möglicher Koppelgeschäfte wird enger. Genauso setzen effektive Verständigungsprozesse oft eine Reduzierung der Beteiligtenzahl voraus, weil nur so die notwendige Kommunikationsintensität und Vertrauensbasis zu erreichen ist. Je mehr Kooperationspartner am Verhandlungstisch sitzen, desto stärker wird Kommunikation routinisiert und restringiert. Gerade innovative Kooperationsergebnisse sind nach aller Erfahrung fast nur in exklusiven Verhandlungen zu erzielen" (Benz 1994: 319).

Eines der ersten Mediationsverfahren in Deutschland zu einem abfallwirtschaftlichen Planungskonflikt wurde von Psychologen und Politikwissenschaftlern des Mediationsverfahren
im Kreis Neuss

211

Wissenschaftszentrums Berlin (WZB) im Rahmen eines groß angelegten Forschungsvorhabens sehr intensiv untersucht (Holtkamp/Stach 1995: 57ff.). Es handelte sich um das Abfallwirtschaftskonzept im Kreis Neuss. Dies war bereits im September 1991 durch den Kreistag beschlossen worden und wies einen zusätzlichen Verbrennungsbedarf aus. Im Vorfeld dieses Beschlusses kam es bereits zu Verhandlungen mit der kreisangehörigen Stadt Grevenbroich über mögliche Standorte der projektierten Müllverbrennungsanlage, mit der Folge, dass sich nach diversen Gerüchten eine Bürgerinitiative gegen den MVA-Standort gründete. Parallel hierzu wurde im August 1991 mit dem WZB eine Vereinbarung seitens des Kreises geschlossen, um ein Mediationsverfahren durchzuführen. In der Vereinbarung wurde das Ziel des Mediationsverfahrens festgeschrieben: „Das Mediationsverfahren richtet sich auf Planungsverfahren im Rahmen des Abfallwirtschaftskonzeptes, insbesondere zur Errichtung einer Restmüllverbrennungsanlage im Kreis Neuss".

Mediationsverfahren
führte zu keinem
Konsens

Im März 1992 fand der erste nichtöffentliche Mediationsarbeitskreis statt, an dem rund dreißig Organisationen teilnahmen. Nachdem durch den Mediationsarbeitskreis allein sieben Gutachten vergeben wurden und Expertenhearings stattgefunden hatten, kam es im August 1993 zur neunten und letzten Sitzung des Mediationsarbeitskreises. Die Verwaltung trug vor, dass sie an der Müllverbrennungsanlage am Standort Grevenbroich festhalten würde, während die Grünen, die Bürgerinitiativen und Umweltschutzverbände auf ihrer Forderung nach einer biologisch-mechanischen Anlage beharrten.

Im September 1993 verabschiedete der Kreistag mehrheitlich die Standortsicherung für eine thermische Restabfallbehandlungsanlage in Grevenbroich.

Keine
Konfliktdeeskalation

Nach 1½ Jahren Verhandlungen, die bei allen Beteiligten erhebliche Ressourcen gebunden hatten, konnte also in den grundlegenden Fragen keine Einigung erzielt werden. Auch trug das Mediationsverfahren nicht zur Konfliktdeeskalation bei.

> „Unmittelbar nach der Mediation und den Entscheidungen des Kreistages verschlechterte sich das politische Klima erheblich. Es fanden einige Veranstaltungen der Bürgerinitiativen und auch einige durch Medien organisierte öffentliche Diskussionsveranstaltungen statt, bei denen heftige Vorwürfe geäußert wurden und harte Angriffe erfolgten. Mitglieder der Verwaltung und der Parteien wurden einerseits von Besuchern beschimpft, andererseits kam es aber auch zu persönlichen Beleidigungen zwischen Teilnehmern der Mediation" (Holzinger/Weidner 1997: 32f.).

Verfahrensbeschleunigung ist nicht ein Gut an sich

Dennoch tat sich das WZB in der Folgezeit schwer mit einer klaren Bewertung des Mediationsverfahrens. So wurden die durch das Mediationsverfahren entstandenen zeitlichen Verzögerungen nicht negativ bewertet, weil sich zwischenzeitlich aufgrund rückläufiger Abfallentwicklungen zeigte, dass man im Kreis Neuss auf den Bau einer MVA verzichten konnte und Verträge mit anderen entsorgungspflichtigen Körperschaften zur Entsorgung der Neusser Abfälle schließen konnte. Die Verzögerung durch das Mediationsverfahren habe es ermöglicht, auf diese Entwicklungen noch eingehen zu können. Dies verweist zu Recht darauf, dass die Verfahrensbeschleunigung nicht ein Gut an sich ist, das per se zu besseren Politikergebnissen führt (Benz 2000: 217). Allerdings haben viele andere entsorgungspflichtige Körperschaften durch stetiges Vertagen der Problematik denselben Effekt weit günstiger erreicht, so dass dies sicherlich nicht als eine spezifische Leistung des Mediationsverfahrens angesehen werden kann.

Wiedemann schrieb bereits 1993, dass sich die erste Mediationseuphorie in Deutschland gelegt habe.

> „Die weitgespannten Hoffnungen auf die Problembearbeitungskapazitäten von Mediationsverfahren – so scheint es – weichen einem vorsichtigeren Bild. Manches ist gelungen, anderes blieb Ideologie, die sich in der Praxis nicht bestätigte" (Wiedemann 1993: 2).

Dissens bei Standortkonflikten

Als Ideologie in diesem Sinne erwies sich insbesondere die Verfahrensbeschleunigung durch Bürgerbeteiligung. Während von Ende der 80er bis Mitte der 90er Jahre Mediationsverfahren in der bundesdeutschen Politik v. a. bei abfallwirtschaftlichen Standortkonflikten eingesetzt wurden (Übersicht in Jeglitza / Hoyer 1998), sind danach keine weiteren Mediationsverfahren in diesem Bereich überregional bekannt geworden. Ein Grund hierfür liegt sicherlich in den negativen Erfahrungen mit Mediationsverfahren in der bundesdeutschen Abfallpolitik, die kaum zu einer konsensualen Festlegung von Standorten beigetragen haben (Franz 2000). Außerdem verringerte sich der Handlungsdruck durch die seit Mitte der 90er Jahre rückläufigen Abfallmengen, so dass in vielen entsorgungspflichtigen Körperschaften von der Planung zusätzlicher Standorte für Abfallentsorgungsanlagen Abstand genommen werden konnte.

Ursachen für den Dissens

Im Zeitablauf kann man insbesondere vier Problembereiche identifizieren, die bei Mediationsverfahren bei abfallwirtschaftlichen Standortkonflikten in Deutschland immer wieder aufgetreten sind und zu dieser eher negativen Erfolgsbilanz geführt haben (Holtkamp/Stach 1995; Holtkamp 1996; Jansen 1997):

Konfliktgeladene Vorgeschichte

- Meist kommt es vor dem Einsatz von Mediationsverfahren zu erheblichen Konflikten, die auf die Verhandlungsphase negativ ausstrahlen und durchweg zu einer feindseligen Interaktionsorientierung führen[100]. In der Regel sind dem Mediationseinsatz Versuche der kommunalen Entscheidungsträger vorausgegangen, die Standorte von Abfallentsorgungsanlagen durch eine restriktive Informationspolitik und „Überrumpelungsstrategien" durchzusetzen. Erst wenn sie merken, dass diese aufgrund massiver Proteste in den betroffenen Standortgemeinden nicht durchsetzbar sind, nehmen sie mit Mediationsverfahren einen neuen Anlauf. Aber selbst wenn die formalen Entscheidungsträger eine frühzeitige Bürgerbeteiligung präferieren würden, ist es zumindest aus zwei Gründen fraglich, ob sich die konfliktgeladene Vorgeschichte von Mediationsverfahren vermeiden ließe. Erstens interessieren

---

[100] Die feindselige Interaktionsorientierung der Verhandlungspartner kann die Präferenzen so weit verzerren, dass nicht mehr der eigene Nutzen im Vordergrund steht, sondern der Schaden des Gegners. Wichtig ist, dass „man es dem Gegner mal wieder ordentlich gezeigt hat" und nicht – spieltheoretisch gesprochen – die eigene Auszahlung. Scharpf schildert die möglichen Konsequenzen einer feindseligen Interaktionsorientierung anhand des Extremfalls von Bürgerkriegsparteien eindrücklich: „Obwohl die Parteien eines Bürgerkriegs glauben mögen, daß das einzig Wichtige sei, die andere Seite zu besiegen, haben sie immer noch ihre Toten zu beklagen und müssen in den Städten leben, die sie zerstört haben" (Scharpf 2000: 156).

sich die Bürger für eine Abfallwirtschaftsplanung, die keine konkreten Standorte benennt, nur wenig, und es haben sich vor Ort noch keine Bürgerinitiativen gebildet, mit denen man verhandeln könnte (Reinert/Sinnig 1997; Herbold/Wienken 1993: 119). So könnte man bei einer frühzeitigen Beteiligung lediglich auf die überregionalen Umweltschutzverbände zurückgreifen, wobei kaum damit zu rechnen wäre, dass von einem Konsens mit diesen Gruppen eine viel größere Akzeptanz in den später von den Abfallentsorgungsanlagen betroffenen Standortgemeinden ausgehen würde. Zweitens sind die konfrontativen Strategien der Bürgerinitiativen eine Voraussetzung für die Mobilisierung vieler Bürger. Ohne diese Mobilisierung verfügen die Bürgerinitiativen kaum über das notwendige Sanktionspotenzial, um in der Mediationsphase als Verhandlungspartner dauerhaft ernst genommen zu werden. Damit haben gerade die Bürgerinitiativen ein vitales Eigeninteresse an einer konfliktgeladenen Vorgeschichte von Mediationsverfahren.

- Mediationsverfahren setzen genauso wie die alten korporatistischen Modelle implizit einen hierarchischen Aufbau der verhandelnden Organisationen voraus. Die Verhandlungsteilnehmer müssen im gewissen Maße über ein Verpflichtungspotenzial verfügen, damit sie nicht nur gegenseitig Informationen austauschen, sondern auch konsensuale Lösungsstrategien ausloten können. Insbesondere Bürgerinitiativenvertreter – bedingt auch Fraktionsvertreter – sind aber in der Praxis mit einem imperativen Mandat ausgestattet und jeder Zeit abberufbar. Kompromisse müssen also in einem mehrstufigen Lernprozess erreicht werden, weil sich die Bürgerinitiativenvertreter immer wieder mit ihrer Basis verständigen müssen (Benz 1994: 316; allgemeiner zu diesem Problem der Verhandlungsdemokratien Scharpf 2000: 311). Dies verlängert nicht nur den Verhandlungsprozess in erheblichem Maße, sondern kann durch das prozedural bedingt defensive Verhalten der Bürgerinitiativenvertreter („... das muss ich erst mal in meiner Gruppe diskutieren...") konsensuales Problemlösen gänzlich unterbinden. Darüber hinaus ist zu berücksichtigen, dass die Nichtöffentlichkeit von Mediationsverfahren es der Basis erschwert ihre Vertreter zu kontrollieren, was zum Teil ein erhebliches Misstrauen provoziert und die defensive Haltung der Bürgerinitiativenvertreter noch verstärken kann.

Standortkonflikte als Nullsummenspiel
- Aus Sicht der Bürgerinitiativen sind abfallwirtschaftliche Standortkonflikte häufig Nullsummenspiele, die nicht in Win-Win-Situationen transformiert werden können. Das heißt, entweder verhindert eine Bürgerinitiative die Müllverbrennungsanlage in ihrer Standortgemeinde und sie gehört damit aus ihrer Sicht zu den Gewinnern oder die formalen Entscheidungsträger setzen den Standort auf ihre Kosten durch. Kleine Veränderungen an der Müllverbrennungsanlage (z.B. Einbau zusätzlicher Filter) werden an dieser Wahrnehmung nichts Grundsätzliches ändern[101]. Verhandlungspakete und Koppelgeschäfte kommen (z. B. MVA-Standort gegen Abfallwirtschafts-

---

[101] Anders fällt die Bewertung durch die Bürgerinitiativen aus, wenn die Müllverbrennungsanlage bereits im Betrieb ist. Hier kann die Veränderung technischer Rahmendaten in kooperativen Verfahren durchaus zur Akzeptanzsteigerung beitragen (Holtkamp/Stach 1995: 69).

konzept mit einem klaren Abfallvermeidungsschwerpunkt) für die meisten Bürgerinitiativen ebenfalls nicht in Frage, weil die Standortfrage absolut dominant ist. Darüber hinaus werden in Mediationsverfahren viele, sehr unterschiedliche Interessengruppen beteiligt, was Benz zufolge, wie bereits weiter oben erwähnt, die Möglichkeit erschwert, von allen akzeptierte Paketlösungen zu finden. Finanzielle Kompensationsleistungen für die von der Planung negativ betroffenen Anwohner werden in Deutschland schließlich von allen Akteuren eher skeptisch beurteilt bzw. können noch zur Konfliktverschärfung beitragen. „Gerade in der Bundesrepublik kollidieren pekuniäre Entschädigungen mit bestehenden Normen und Wertvorstellungen, was mit der – etwa gegenüber den Vereinigten Staaten – relativ geringen gesellschaftlichen Akzeptanz der Preis- und Marktmechanismen im Umweltbereich zusammenhängt" (Karpe 1999: 204). Hieran zeigt sich wieder, wie wichtig es im Rahmen der Policy-Analyse ist, nicht nur die Interessen der Akteure, sondern auch die Wertvorstellungen zu berücksichtigen. Variierende Wertvorstellungen[102] sind neben institutionellen Rahmenbedingungen eine der wichtigsten Erklärungsvariablen dafür, dass man positive Erfahrungen mit bestimmten Verfahren im Ausland nicht einfach auf die Bundesrepublik übertragen kann. Im Neusser Verfahren haben die Teilnehmer bereits frühzeitig die geringen Verhandlungsspielräume antizipiert. So ergab die Befragung der Teilnehmer während des Mediationsverfahrens u. a. die folgenden Befunde: „Die Antwort auf die Frage, welche Ziele die eigene Organisation in der Mediation verfolge, waren für uns recht überraschend. Die genannten Ziele waren sehr vage. Klare Zielvorstellungen schienen die Teilnehmer nicht zu haben. An ein konkretes Verhandeln im Detail über den Konfliktgegenstand schien kaum eine teilnehmende Gruppe zu denken. (...) Lediglich drei im Mediationsverfahren nicht vertretene oder kaum sichtbare Gruppierungen glaubten an die Möglichkeit eines Konsenses. Alle anderen verneinten diese Möglichkeit oder äußerten sich nicht eindeutig. Als Grund wurde regelmäßig angegeben, daß man zwar jetzt ganz gut miteinander reden könne und auch Annäherungen erzielt würden, daß sich aber an der Frage der Müllverbrennung ‚die Geister scheiden' würden. ‚Das ist eine Glaubensfrage' war häufig die Antwort" (Holzinger/Weidner 1997: 19). Die massiven Probleme und Interessendivergenzen bei abfallwirtschaft-

---

[102] Dies bezieht sich im Fall von Mediationsverfahren nicht nur auf die Akzeptanz von Kompensationszahlungen, sondern auch auf Koppelgeschäfte. So hat Lehmbruch bereits festgestellt, dass die politische Kultur in Deutschland zu einer geringeren Akzeptanz von Koppelgeschäften führt. „In der politischen Kultur Deutschlands oder Frankreichs besteht eine starke Erwartung, daß die Akteure Streitfragen jeweils nach sachrationalen Gesichtspunkten behandeln; die Normen des Systems lassen dort eine Paketbildung zwischen sachlich nicht zusammengehörenden Fragen nicht zu." (Lehmbruch 1967: 45). Dennoch kommt es in Deutschland nicht selten zu Koppelgeschäften, beispielsweise in bipolaren Verhandlungen im Rahmen von Planfeststellungsverfahren. Diese Koppelgeschäfte werden dann aber nicht-öffentlich zwischen sehr wenigen Akteuren, die in der Regel bereits lange kooperieren, ausgehandelt. Sie geraten damit nur selten an die bundesdeutsche Öffentlichkeit, die sachrationale Lösungen präferiert. Diese „Vertraulichkeit" ist in Mediationsverfahren aufgrund der Anzahl der Akteure, der nicht vorhandenen jahrzehntelangen Kooperationstradition und der konfliktgeladenen Vorgeschichte unmittelbar im Vorfeld der Verfahren nicht zu erwarten, worin ein weiterer Grund liegen mag, dass Verhandlungspakte in der BRD in diesen Verfahren nicht zu erzielen waren.

lichen Standortkonflikten in Mediationsverfahren lassen insgesamt erwarten, dass die Bürgerinitiativen nicht zur Verfahrensbeschleunigung beitragen, sondern dass sie eher auf Zeitspielstrategien setzen, bei denen die Verhandlungen bei aussichtsloser Perspektiven in die Länge gezogen werden (z.B. immer neue Gutachten einfordern).

Institutionelle Einbettung von Mediationsverfahren

■ Die Ergebnisse des Mediationsverfahrens sind nicht verbindlich, so dass die Akteure, auch nachdem ein Konsens gefunden wurde, versuchen können, ihre Position einseitig durchzusetzen. Nach dem Mediationsverfahren können die Ergebnisse noch bei der politischen Beschlussfassung durch Stadtrat oder Kreistag, im anschließenden Planfeststellungs- oder Genehmigungsverfahren oder abschließend in möglichen Gerichtsverfahren verändert werden. Dies kann dazu führen, dass die einzelnen Verfahrensbeteiligten im Vorfeld nur wenig Mühe darauf verwenden, einen Kompromiss zu finden, der immer auch ein Abrücken von Maximalpositionen beinhaltet. Besonders problematisch ist in diesem Zusammenhang das geringe Verpflichtungspotenzial der Bürgerinitiativenvertreter. Denn selbst wenn man mit ihnen einen zufriedenstellenden Konsens gefunden hat, ist es nicht unwahrscheinlich, dass in der Implementationsphase einzelne Initiativmitglieder ausscheren. Ein klagender Anwohner reicht aus, um den mühsam errungenen Konsens zu torpedieren (Arnold 1990: 313).

Plan-Schlichtungsverfahren als Ausweg?

Das Mediationskonzept wurde u. a. aufgrund der geschilderten Probleme weiterentwickelt. Angelehnt an die Konfliktregelungsmechanismen der Tarifautonomie wurde das sog. Plan-Schlichtungsverfahren entwickelt (Fürst 1999), in dem nach der Diskussion mit den relevanten Akteuren am Ende ein Schlichterspruch steht, der von den Akteuren zu akzeptieren ist. Der Stadtrat verpflichtet sich dazu, im Anschluss an den Schlichterspruch in jedem Fall einen Beschluss zu treffen und dabei die Ergebnisse des Schlichtungsverfahrens zu berücksichtigen. Mit dieser Verfahrensmodifikation will man insbesondere den Zeitspielstrategien der Bürgerinitiativen vorbeugen, die nicht selten den Status quo (also die Nullvariante) durch endlose Verhandlungen, an deren Ende kein Beschluss steht, aufrechterhalten wollen. Dadurch, dass zum Schluss auf jeden Fall ein Ratsbeschluss gefällt wird, soll der Anreiz für diese Gruppen erhöht werden, sich konstruktiv in die Verhandlungen einzubringen. Bisher liegen zu Plan-Schlichtungsverfahren in Deutschland keine wissenschaftlich aufbereiteten Ergebnisse vor. Inwieweit das Schlichtungsverfahren auch zu höheren Erfolgsquoten bei der Standortsuche für abfallwirtschaftliche Planungsvorhaben beitragen kann, ist aufgrund der massiven Akzeptanzprobleme in Deutschland äußerst fraglich. Insbesondere ist zu berücksichtigen, dass es dem Stadtrat jederzeit möglich ist, von einer Beschlussfassung Abstand zu nehmen, wenn er sieht, dass der Schlichterspruch nicht zur Akzeptanzsteigerung beigetragen hat. Diese Option kann bereits im Vorfeld auf die Kompromissbereitschaft der Bürgerinitiativen negativ ausstrahlen. Weiterhin kann der „Schlichterspruch" der Kommunalpolitik immer noch durch Planfeststellungs- oder Gerichtsbeschluss aufgehoben werden.

Grundproblem kooperativer Demokratie

Dies verdeutlicht ein Grundproblem der kooperativen Demokratie. Einerseits ist der im Zuge der Krise regulativer Politiken nicht mehr handlungsfähige Staat Ausgangspunkt von Überlegungen, die zu einem verstärkten Einsatz ko-

operativer Demokratieelemente führen. Anderseits aber ist gerade der handlungsfähige Staat, der glaubhaft mit dem Damoklesschwert einseitiger hierarchischer
Koordination drohen kann, nicht selten die Voraussetzung für eine funktionsfä-
hige kooperative Demokratie oder auch für freiwillige Vereinbarungen mit der
Industrie, wie am Beispiel der kommunalen Verpackungssteuer gezeigt wurde.

5.4 Zusammenfassung

Abschließend soll eine Zusammenfassung der Ergebnisse nach vier Gliederungs-
punkten erfolgen: rechtliche Rahmenbedingungen, Akteurskonstellationen, Ökonomisierung und kooperative Demokratie.

5.4.1 Rechtliche Rahmenbedingungen

Als einheitlicher Trend lässt sich in allen drei Politikfeldern verzeichnen, dass
die rechtlichen Rahmenbedingungen zunehmend die Handlungsautonomie der
Kommunen einengen. Einerseits werden von den Landtagen und vom Bundestag
immer neue Leistungsgesetze verabschiedet (KJHG, Abfallgesetze etc.), die
fachlich höhere Standards setzen. Andererseits werden auch von den Verwaltungen der höheren föderalen Ebenen höhere Standards eingeführt (Handlungsrah-
men zu Haushaltssicherungskonzepten, Matthiesen-Erlass etc.). Neben der direkten Einschränkung der kommunalen Selbstverwaltung führen diese zusätzlichen
Leistungsgesetze (z.B. einklagbares Recht auf einen Kindergartenplatz) und die
Veränderungen im Steuerrecht zu einer indirekten Einschränkung durch zusätzliche kommunale Haushaltsbelastungen.

Starke Regulierung

Im Zuge der Haushaltskrise erfahren die Kommunen eine Beschneidung ihrer Kompetenzen prinzipiell auf drei Wegen (Holtkamp 2000c):

Haushaltskrise

- Erstens müssen sie gerade Einsparungen bei denjenigen freiwilligen Aufgaben im Verwaltungs- und Vermögenshaushalt vornehmen, bei denen sie
prinzipiell die größten Handlungsspielräume haben.
- Zweitens müssen sie sich häufig den in bipolaren Verhandlungen geäußer-
ten Forderungen der Aufsichtsbehörde (insbesondere bezüglich der Höhe
der Hebesätze und der Kreditlinie) beugen.
- Und drittens müssen sie ihre Investitionen nach den Förderprogrammen des
Landes ausrichten, um diese überhaupt finanzieren zu können (Pohlan 1996:
163).

Darüber hinaus können die Handlungsspielräume der Kommunen dadurch eingeengt werden, dass Akteurskonstellationen durch Landes- und Bundesgesetze so
konfiguriert werden, dass Reformen nur schwer durchsetzbar sind. Die im KJHG
weiterhin normierte Vetoposition der Wohlfahrtsverbände im JHA ist hierfür ein
treffendes Beispiel. Hinzu kommt noch eine Einengung der Kompetenzen durch
die geltende Rechtsprechung, die v. a. in der kommunalen Abfallpolitik gravierende Auswirkungen hat.

Des Weiteren geht der Kompetenzenzuwachs der EU in vielen Bereichen zu Lasten der kommunalen Handlungsspielräume und forciert bedingt die zunehmende Privatisierung von Ver- und Entsorgungsleistungen, die wiederum einen indirekten Steuerungsverlust für die Kommunen induziert.

Diese Tendenzen sind nicht nur vor dem Hintergrund des im Grundgesetz garantierten Selbstverwaltungsrechts der Gemeinden problematisch, sondern auch aus politikwissenschaftlicher Sicht bedenklich. Die kommunale Selbstverwaltung erfüllt drei wichtige Funktionen für das gesamte politische System, die eine dementsprechende Handlungsautonomie voraussetzen: Die Rede ist hier von der Integrations-, Innovations- und Optimierungsfunktion (Holtkamp 2001a):

Erstens ist die kommunale Ebene den Problemen der Bürger am nächsten[103] und am besten dazu geeignet, den Bürger kontinuierlich an der Politik zu beteiligen sowie politisches Personal für höhere föderale Ebenen zu rekrutieren. Angesichts der bestehenden Politik(er)verdrossenheit und Skepsis gegenüber einer ausschließlich repräsentativen Demokratie ist eine weitere Schwächung der kommunalen Selbstverwaltung kaum zu verantworten. Weiterhin nimmt mit der Globalisierung der Weltmärkte und der Kompetenzverlagerung in Richtung Europäische Union das Bedürfnis vieler Bürger zu, sich in einem überschaubaren politischen Bereich zu engagieren, mit dem man sich identifizieren kann. Nur auf kommunaler Ebene fanden gerade in den 90er Jahren eine umfangreiche Ausweitung der Bürgerbeteiligung und eine stärkere Ausrichtung der Verwaltung an den Interessen des Bürgers statt.

Zweitens ist die kommunale Selbstverwaltung als „Experimentierbaustelle" von zentraler Bedeutung (Andersen 1998b; Hesse 1986). Hierauf hat insbesondere Lamping am Beispiel des unterschiedlichen Vollzugs der TA-Siedlungsabfall durch die Kommunen hingewiesen. Auch bei der kommunalen Verwaltungsreform zeigt sich wieder, dass viele Kommunen eher auf gesellschaftliche Veränderungen und Probleme reagieren können als Bund und Land, sofern diese ihnen die Spielräume dafür gewähren. In den Kommunen werden derzeit viele Instrumente erprobt, von deren Erfolgen bzw. Misserfolgen Bund und Länder lernen können.

Drittens kann die Kommune dadurch, dass sie näher an den Problemen der Bürger ist, in vielen Politikfeldern angemessenere Lösungen für den Bürger finden als die Bundes- oder Landesebene. Weiterhin ist es prinzipiell auf der kommunalen Ebene wegen der Überschaubarkeit der Problemlagen eher möglich, dass die verschiedenen gesellschaftlichen Interessen relativ zügig gebündelt werden. Im Gegensatz zu den häufig unkoordinierten Fachpolitiken auf Bundes- oder Landesebene kann hier eher eine querschnittsorientierte Steuerung angestrebt werden (Grunow 1999). Die Jugendhilfeplanung ist für diesen Steuerungsanspruch ein anschauliches Beispiel.

Bei der Skizze der drei Politikfelder wurde aber auch deutlich, dass die Kommunen einige Aufgaben nicht befriedigend lösen können und somit eine Intervention höherer föderaler Ebenen angezeigt ist. Ein gutes Beispiel hierfür

---

[103] Ausführlicher zum Begriff der „Nähe" der kommunalen Ebene in Bezug auf den Bürger vgl. Andersen (1998a: 17f.)

sind die wilden Müllkippen bis Anfang der 70er Jahre. Zwar haben einige Kommunen gerade beim Umweltschutz Innovationen hervorgebracht und zu hohen Umweltstandards beigetragen. Häufig werden diese innovativen Lösungen aber von der Mehrzahl der Kommunen nicht imitiert, so dass bestimmte Mindeststandards auf höheren föderalen Ebenen festgelegt werden müssen. Dies gilt für das Beispiel der Müllkippen im besonderen Maße, weil es auf die Probleme externer Effekte aufmerksam macht. Kommunalpolitische Maßnahmen in einer Gemeinde haben häufig auch Auswirkungen auf andere angrenzende Gemeinden, die dann von diesen kaum zu beeinflussen sind, zumal die Bereitschaft zu interkommunaler Kooperation in der Regel nicht sehr ausgeprägt ist.

Ein weiteres Problem, das die Intervention höherer föderaler Ebenen gerechtfertigt erscheinen lässt, besteht darin, dass die Kommunen aufgrund ihrer Nähe zu den Bürgern häufig nicht fähig sind, für die Allgemeinheit wichtige politische Maßnahmen gegen gut organisierte Minderheiten durchzusetzen. Damit sind sowohl die Möglichkeiten redistributiver Politik, wie am Beispiel des JHA gezeigt, als auch einer vorsorgenden Infrastrukturpolitik, wie am Beispiel des Sankt-Florians-Prinzip verdeutlicht, sehr stark limitiert. Dies gilt in besonderem Maße für Infrastrukturvorhaben, von denen mehrere Kommunen betroffen sind („Kirchturmsdenken"). »Kirchturmsdenken«

Hinzu kommt, dass es teilweise nicht effizient ist, wenn jede Kommune eine eigene Infrastruktur vorhält und somit Skaleneffekte nicht genutzt werden. Die Nichtauslastung vieler Müllverbrennungsanlagen mit v. a. regionalem Einzugsbereich und die damit einhergehenden Gebührenbelastungen sind hierfür ein anschauliches Beispiel. Skaleneffekte

Darüber hinaus zeigt die Analyse kommunaler Haushaltsdaten, dass die Haushaltslage stark abhängig ist von der Sozialstruktur der jeweiligen Gemeinden. Durch eine starke Kommunalisierung von Einnahmen, die konsequenterweise mit einem Abbau von interkommunalen Ausgleichszahlungen (Schlüsselzuweisungen etc.) einhergehen müsste, würden gerade die Städte, die aufgrund einer ungünstigen Sozialstruktur eine aktive Sozialpolitik vorantreiben müssten, handlungsunfähig. Dies würde zu einer noch stärkeren Polarisierung zwischen armen und reichen Städten führen und der im Grundgesetz verankerten „Herstellung gleichwertiger Lebensverhältnisse" zuwiderlaufen. Gleichwertige Lebensverhältnisse

Abbildung 40: Argumente für und gegen eine Ausweitung kommunaler Handlungsspielräume

Pro	Kontra
• Integrationsfunktion	• Garantie von Mindeststandards
• Innovationsfunktion	• Garantie von gleichwertigen Lebensverhältnissen
• Optimierungsfunktion	• Externe Effekte
	• Realisierung von städteübergreifenden Infrastrukturvorhaben („Kirchturmsdenken")
	• Skaleneffekte

Neben diesen sachlichen Gründen, die zumindest teilweise für relativ enge rechtliche Rahmenbedingungen sprechen, sind auch die Interessen der Akteure auf Bundes- und Landesebene zu berücksichtigen.

Motive für Aufgabenüberwälzung

Aus Sicht der Neuen Politischen Ökonomie ist es wenig verwunderlich, dass Bund und Land – unabhängig von der parteipolitischen Zusammensetzung der jeweiligen Regierungen – den Aufbau zusätzlicher Standards, die Überwälzung von Aufgaben und die nicht bedarfsgerechten Finanzzuweisungen fortsetzen. Einerseits können die Fachverwaltungen auf Bundes- und Landesebene ihren Verantwortungsbereich dadurch weiter ausbauen, wobei sie sowohl von vielen Interessengruppen mit wirtschaftlichen Eigeninteressen unterstützt werden als auch von kommunalen Fachverwaltungen, die sich über die Standardsetzung gegen Eingriffe der Kämmerei immunisieren wollen (sog. „vertikale Fachbrüderschaften"). Andererseits können sich die Bundes- und Landtagsabgeordneten gegenüber dem Wähler durch den Ausbau von staatlichen Leistungen profilieren und die Kosten dafür auf die Kommunen abwälzen. Es ist davon auszugehen, dass dem Wähler in der Regel der persönliche Nutzen dieser „Wahlgeschenke" eher präsent ist als die Probleme, die dadurch für das hochkomplexe Finanzbeziehungssystem zwischen Bund, Ländern und Gemeinden induziert werden (Holtkamp 2001a).

Gemeinden als Verlierer im föderalen Verteilungskampf

Die derzeitig sehr eingeschränkte Handlungsautonomie der Gemeinden lässt sich also auch auf einen stetigen Verteilungskampf zwischen den verschiedenen föderalen Ebenen zurückführen, in dem die übergeordneten Ebenen aufgrund ihrer weitergehenden Kompetenzen ihre Interessen häufig auf Kosten der Gemeinden durchsetzen konnten (Rosenfeld 1989).

5.4.2 Akteurskonstellationen

Bipolare Aushandlungsprozesse

Zu den rechtlichen Rahmenbedingungen lässt sich festhalten, dass sie die kommunalen Handlungsspielräume zwar in erheblichem Maße einengen, aber nicht immer klare Grenzen kommunalen Handelns vorgeben. Am Beispiel der Abfallpolitik und der Haushaltspolitik wurde deutlich, dass die Kommunalverwaltungen in den bipolaren Aushandlungsprozessen mit der Aufsichtsbehörde durchaus Gestaltungsspielräume haben und sich durch „Verschleierungsaktionen" teilweise dem Einfluss der Aufsichtsbehörden entziehen können. Diese Gestaltungsoptionen, die für den Rat und die Öffentlichkeit in der Regel nicht transparent sind, stärken die Position der Verwaltung gegenüber dem Rat. Am Beispiel des Vollzugs der TA-Siedlungsabfall wurde auch deutlich, dass sogar die Parteiprogrammatiken bei der Implementation auf kommunaler Ebene eine entscheidende Rolle spielen können. Die rot-grünen Stadtregierungen tendierten in diesen Fallbeispielen zu einer offenen Konfrontation mit der Aufsichtsbehörde und konnten die Parteiprogrammatik der Grünen – Verzicht auf Müllverbrennungsanlagen bei gleichzeitiger Präferenz für sog. kalte Verfahren – durchsetzen, obwohl dies ganz offensichtlich dem Bundesgesetz und auch verschiedenen Erlassen der Landes-regierung widersprach[104].

In allen drei Politikfeldern ist die Kommunalverwaltung bzw. der Bürger-meister der dominante Akteur, wie sich anhand der allgemeinen Studien, die zu kommunalen Entscheidungsstrukturen vorliegen (Naßmacher/Naßmacher 1999), bereits vermuten ließ. Der Rat orientiert sich im Wesentlichen an den Vorlagen der Kommunalverwaltung, so dass diese nicht nur die Implementationsphase, sondern auch die Agendagestaltung dominiert. Dabei ist allerdings zu berück-sichtigen, dass die Mehrheitsfraktionen durch Patronage und enge Kooperationen häufig im Vorfeld an den Verwaltungsvorlagen partizipieren bzw. dass die von ihnen bekannten programmatischen Aussagen bereits ohne große Abstimmung bei der Vorlagenerstellung berücksichtigt werden. Die starke Stellung der Ver-waltung bei der Agendagestaltung und auch bei der Politikformulierung ist prin-zipiell dann gefährdet, wenn der Rat durch öffentlichen Druck oder Einfluss gut organisierter Verbände dazu aufgefordert wird, Stellung zu beziehen. Unter Druck neigen die Mehrheitsfraktionen aber auch in diesem Fall zuerst dazu, wie am Beispiel von Standortentscheidungen und Haushaltssicherungskonzepten gezeigt wurde, der Position der Verwaltung zu folgen und dies zur Legitimati-onsentlastung als den einzig gangbaren Weg (Sachzwänge) darzustellen. Vor allem bei stärkerem und länger anhaltendem Druck, der in der Regel durch die starke Betroffenheit von gut organisierbaren Minderheiten ausgelöst wird, kann es häufiger zu einer Abweichung zwischen Verwaltung und Rat kommen, bei der sich der Rat aufgrund seiner größeren formalen Kompetenzen dann eher durch-setzen kann. Insgesamt kann man resümieren, dass die Verwaltung das Alltags-geschäft dominiert und lediglich bei krisenhaften Zuspitzungen an Durchset-zungsvermögen einbüßt. Dieses Problem antizipiert die Verwaltung in der Regel, indem sie derart strittige Punkte, wenn es sich vermeiden lässt, erst gar nicht auf die lokale Agenda setzt, so dass sich der inkrementalistische Politikstil auf kom-munaler Ebene z. T. auch aus den Konfliktvermeidungsstrategien der Verwal-tung ergibt.

Der Grad des Parteienwettbewerbs ist in den Politikfeldern durchaus unter-schiedlich. Die Haushaltspolitik ist zumindest in nordrhein-westfälischen Kom-munen von einem sehr starken Parteienwettbewerb geprägt, der bei den Haus-haltsreden bereits ähnlich ritualisiert wird wie im Bundestag. In der Abfallpolitik kommt es im Gegensatz zur Jugendpolitik zumindest bei Standortentscheidungen auch zu einem ausgeprägten Parteienwettbewerb. In der Jugendpolitik führt ge-rade die Vetoposition der freien Träger zumindest in der öffentlichen Auseinan-dersetzung zu eher konkordanzdemokratischen Konfliktregulierungsmustern.

Der Parteienwettbewerb in einzelnen Politikfeldern führt in der Kommunal-politik auch dazu, dass die Oppositionsfraktionen relativ unabhängig von der Parteiprogrammatik sehr schnell die Positionen von gut organisierten Minderhei-ten übernehmen. Sie beziehen damit häufig als Erste Stellung gegen redistributi-

Dominanz der Kom-munalverwaltung

Unterschiedliche Intensität des Parteienwettbewerbs

---

[104] An diesem Beispiel wird auch deutlich, dass wichtige Vorentscheider in den Mehrheitsfraktionen häufig in gewissem Maße an den bipolaren Verhandlungen partizipieren, ohne dass aber der Rat als Ganzes Einfluss nehmen könnte.

ve Maßnahmen und Infrastrukturpolitik, weil sie davon ausgehen, dass die davon negativ betroffenen Minderheiten aufgrund der Präferenzenintensität wahlentscheidend sind. Diese Maßnahmen haben häufig einen höheren Einfluss auf ihre Wahlentscheidung und auf die von ihnen im persönlichen Umfeld mobilisierten Wähler als auf das Verhalten derjenigen Wähler, die möglicherweise geringfügig profitieren. Wenn die Oppositionsfraktionen diese Positionen nicht aufnehmen, weil sie bestimmte wichtige Entscheidungen mit den Mehrheitsfraktionen im Konsens treffen wollen, müssen sie auf kommunaler Ebene schnell mit zusätzlicher Konkurrenz in Form von Wählergemeinschaften etc. rechnen, zumal mittlerweile in vielen Bundesländern die 5-Prozenthürde bei den Kommunalwahlen aufgehoben wurde.

Die Mehrheitsfraktionen werden in der Regel die Position der Opposition antizipieren oder später übernehmen. Dies gilt jedoch nicht, wenn sie in bipolaren Verhandlungen mit der Aufsichtsbehörde zu diesen „unangenehmen" Maßnahmen gezwungen werden, weil sie sonst beispielsweise ihr Haushaltssicherungs- oder Abfallwirtschaftskonzept nicht genehmigt bekommen, wofür primär sie und nicht die Opposition die Verantwortung gegenüber dem Wähler übernehmen müssten.

Parteiendifferenz ist relativ gering ausgeprägt

Bei der grundlegenden Frage, welchen Einfluss die Parteiprogrammatik auf das Regierungshandeln hat, ergaben sich in der kommunalen Abfallpolitik und in der Haushaltspolitik vereinzelte Befunde, dass das Parteiprogramm tatsächlich „einen Unterschied macht". Gerade für die Abfallpolitik wurde deutlich, dass Bündnis 90 / Die Grünen in rot-grünen Koalitionen bemüht waren, deutlich andere Prioritäten hinsichtlich Müllverbrennungsanlagen, der kommunalen Verpackungssteuer und der bei Standortkonflikten praktizierten Beteiligungsverfahren zu setzen. Dennoch ist gerade aufgrund der detaillierteren rechtlichen Rahmenbedingungen und der starken Dominanz der Verwaltung auf kommunaler Ebene ein deutlich geringerer Einfluss der Parteiprogrammatik auf das Regierungshandeln zu erwarten als auf höheren föderalen Ebenen. Darüber hinaus dürfte sich die Parteidifferenz auf kommunaler Ebene seit den 90er Jahren durch die zunehmende Privatisierung der kommunalen Infrastruktur und den damit einhergehenden Steuerungsverlusten, durch noch detailliertere Fachgesetze z.B. in der Abfall- und Jugendhilfepolitik und durch die sich zunehmend verschärfende Haushaltskrise weiter verringert haben.

Stark variierender Einfluss der Verbände

Der Einfluss der Verbände bzw. Initiativen variiert stark von Politikfeld zu Politikfeld. Den größten Einfluss haben die Verbände – nicht zuletzt aufgrund der rechtlichen Rahmenbedingungen – wohl in der Jugendpolitik. Aber auch in der Abfallpolitik haben sie einen erheblichen Einfluss, wenn es ihnen gelingt, die Bürger und die Öffentlichkeit zu mobilisieren. Umweltverbände und Bürgerinitiativen verfügen im Gegensatz zu den Wohlfahrtsverbänden aber nur über begrenzte Ressourcen und stützen sich im Wesentlichen auf ehrenamtliche Mitarbeiter. Sie können häufig lediglich im konkreten Konfliktfall über öffentliche Mobilisierung Einfluss nehmen und sind dementsprechend im Gegensatz zu den Wohlfahrtsverbänden häufig nicht dauerhaft ein wichtiger „Spieler" in der jeweiligen fachpolitischen Arena. In der Haushaltspolitik verfügen die Verbände nur über einen sehr geringen Einfluss. Sie können sich zwar im Verbund mit anderen Fachpolitikern bei einzelnen finanziellen Forderungen durchsetzen, gestalten aber in der Regel die wesentlichen Grundlinien der Haushaltspolitik nicht mit, auch weil sie daran häufig kein ausgeprägtes Interesse haben.

Die bisher beschriebenen rechtlichen Rahmenbedingungen (polity) und Akteurskonstellationen (politics) haben, wie im Folgenden zu zeigen sein wird, bedingt auch Auswirkungen auf die Ökonomisierung und die kooperative Demokratie (policy).

5.4.3 Ökonomisierung

Die Ergebnispräsentation der Analyse der drei Politikfelder zu den Punkten Ökonomisierung und kooperative Demokratie fokussiert sich im Folgenden auf drei Fragen:

- Gibt es in den 90er Jahren einen politikfeldübergreifenden Trend in Richtung Ökonomisierung und kooperative Demokratie zu verzeichnen?
- Was sind die Ursachen für die Ökonomisierung und den Einzug der kooperativen Demokratie?
- Welche Probleme treten bei diesen Trends im Zusammenhang mit den oben skizzierten rechtlichen Rahmenbedingungen und Akteurskonstellationen auf?

Die Ökonomisierung der interorganisatorischen Beziehungen findet in den beschriebenen Politikfeldern im unterschiedlichen Maße statt. Insbesondere in der Jugendpolitik hat sich dieser Trend nur sehr bedingt durchgesetzt.

Zur Erklärung des Privatisierungsstands gibt es in Anlehnung an Schneider / Tenbücken (2004) vor allem drei Ansätze, die bei der folgenden kurzen Ursachenanalyse miteinander kombiniert werden sollen: die kommunalen Rahmenbedingungen („Müssen"), akteurszentrierte Ansätze („Wollen") und institutionelle Ansätze („Können"). *Ursachen der Ökonomisierung*

Zu den kommunalen Rahmenbedingungen gehören erstens die Auswirkungen der Europäischen Union. Die positive Integration, die eine aktive Politikharmonisierung über die Entscheidungsstrukturen der EU impliziert, kann, wie beispielsweise die durch EU-Verordnungen induzierte Liberalisierung des deutschen Strommarkts zeigt, direkt Wettbewerbs- und Privatisierungspolitiken in den Kommunen auslösen. In den hier untersuchten Politikfeldern kann aber nur ein marginaler Einfluss durch Gesetze und Verordnungen der EU konstatiert werden. Anders hingegen sieht es bei der negativen Integration aus, unter der indirekt wirkende Angleichungsmechanismen des zunehmend freien EU-Binnenmarktes verstanden werden. Gerade bei den als zur Verwertung deklarierten Gewerbeabfällen stehen die Entsorgungsanlagen in Deutschland in einem harten Wettbewerb mit deutlich billigeren europäischen Nachbarländern. Die Folge ist häufig eine Unterauslastung der deutschen Entsorgungskapazitäten, was wiederum dazu geführt hat, dass zunehmend private Kapitalgeber zur Risikoabsicherung miteinbezogen wurden. Dieser Prozess wurde maßgeblich forciert durch die damalige konservativ-liberale Bundesregierung, die den öffentlichen Entsorgungsanlagen mit hohen Standards den Abfall durch ein ganzes Bündel *„Müssen"* von Gesetzesmaßnahmen entzog. Auch in der kommunalen Jugendhilfe kann man konstatieren, dass der Bundesgesetzgeber eine stärkere Liberalisierung bzw. Privatisierung forcieren wollte. So wurden im Kinder- und Jugendhilfegesetz die privaten und freien Träger weitgehend gleichgestellt, wobei die Kontrolle dieses Postulats allerdings nur sehr begrenzt möglich ist und der Vollzug somit weitgehend von den kommunalen Akteurskonstellationen abhängt. Dieses Beispiel zeigt auch deutlich, dass bei kommunalen Rahmenbedingungen nur in begrenztem Maße von „Müssen" die Rede sein kann, weil die Akteure vor Ort immer wieder Mittel und Wege finden, sich partiell dem exogenen regulativen und ökonomischen Druck zu entziehen. Den größten Erklärungsbeitrag für die zunehmende Privatisierung dürfte die v. a. durch die rechtlichen Rahmenbedingungen induzierte kommunale Haushaltskrise leisten. Insbesondere durch Vermögenveräußerungen sollen den defizitären kommunalen Verwaltungshaushalten Einnahmen zugeführt werden.

„Wollen"   Allerdings dient insbesondere die formelle Privatisierung auch Akteurstrategien in der kommunalen Haushaltspolitik, womit die akteurszentrierten Ansätze angesprochen wären. Formelle Privatisierung bzw. zumindest Betriebsformen, die außerhalb des kameralen Haushalts geführt werden, werden häufig von Fachpolitikern präferiert, um sich der Kontrolle der Aufsichtsbehörde oder der Haushaltssperre der Kämmerei zu entziehen. Weiterhin ist in Anknüpfung an die Parteidifferenzhypothese zu konstatieren, dass liberal-konservative Mehrheitsfraktionen eher eine Privatisierung einleiten als rot-grüne Mehrheitsfraktionen, die aufgrund der Sicherung von sozialen Standards für die Beschäftigten und Gewährleistung von hohen ökologischen Standards der Privatisierung in ihrer Parteiprogrammatik eher ablehnend gegenüber stehen (Machura 2001). Wesentlichen Einfluss auf die Privatisierung haben weiterhin private Großunternehmen. In der Abfallpolitik haben insbesondere die Stromversorgungsunternehmen und einige multinationale Unternehmen starken Einfluss ausgeübt, um sich an der öffentlichen Entsorgungsinfrastruktur beteiligen zu können. Sie können dabei häufig auf langjährige Netzwerke mit den kommunalen Entscheidungsträgern zurückgreifen und haben in einzelnen Fällen wohl auch durch direkte Formen der Korruption Einfluss auf die kommunalen Entscheidungsprozesse ausgeübt. Die chronische Unterfinanzierung der lokalen Parteien und der ehrenamtlichen Kommunalpolitik haben diese Einflussnahme erheblich begünstigt. In der kommunalen Jugendhilfe hat man es hingegen in der Regel eher mit kleineren Unternehmen zu tun, die kaum in wichtige kommunale Entscheidungsnetzwerke integriert sind. Hierin dürfte ein Grund für die gering ausgeprägten Privatisierungsbestrebungen in der kommunalen Jugendhilfe liegen.

„Können"   Allerdings hängen die Privatisierungsbestrebungen vor Ort nicht nur von dem „Wollen" der kommunalen Akteure ab, sondern auch davon, ob sie ihre Entscheidungen gegen institutionelle Vetopositionen in der Kommunalpolitik durchsetzen können. Während die Personalvertretung, die beispielsweise der formellen Privatisierung zustimmen muss, häufig durch Zugeständnisse an die Beschäftigten (Ausschluss betriebsbedingter Kündigungen, Geltung der Tarifverträge bei der Überleitung des Verwaltungspersonals in private Organisationsformen) eingebunden werden kann, stellen Bürgerbegehren und Bürgerentscheide häufig eine viel höhere Hürde für die kommunalen Entscheidungsträger dar. Die

Gewerkschaften und Umweltverbände im Verbund mit den Oppositionsfraktionen (vor allem SPD und Bündnis 90 / Die Grünen) haben gerade in NRW in den letzten Jahren die Bürger erfolgreich gegen die Privatisierungspläne konservativ-liberaler Stadtregierungen mobilisiert (Bogumil/Holtkamp 2002a). Die Parteidifferenz beim Policy-Output wurde maßgeblich durch diese Vetoposition verringert. Als besonders hartnäckige institutionelle Vetoposition erweist sich das Stimmrecht der Wohlfahrtsverbände im Jugendhilfeausschuss und die dadurch verfestigten korporatistischen Strukturen. Hierin dürfte auch der entscheidende Grund liegen, warum bisher kaum Privatisierungstrends in der kommunalen Jugendhilfe zu verzeichnen sind.

Die Probleme der Ökonomisierung variieren z. T. von Politikfeld zu Politikfeld. Inwieweit durch eine Privatisierung eine effizientere Leistungsproduktion erreicht wird, hängt davon ab, ob es in dem jeweiligen Marksegment einen intakten Wettbewerb gibt. Der Wettbewerb ist beispielsweise bei kapitalintensiven Dienstleistungen und den damit häufig einhergehenden langen Vertragslaufzeiten sowie personellen Verflechtungen zwischen kommunalen Entscheidungsträgern und Stromversorgungsunternehmen stark eingeschränkt, wie dies am Beispiel der Abfallpolitik skizziert wurde.

Auf ein Grundproblem der Ökonomisierung von interorganisatorischen im Vergleich zu intraorganisatorischen Beziehungen macht König aufmerksam. Während er den Einzug betriebswirtschaftlicher Elemente in den Binnenbereich für relativ unproblematisch hält, geht es bei der Ökonomisierung interorganisatorischer Beziehungen um die Allokation öffentlicher Güter, die noch andere Kriterien (z.B. Umweltschutz) zu berücksichtigen habe (König 2000: 57). Insbesondere geben die Vertretungskörperschaften durch die Privatisierung – häufig in einem eher schleichenden Prozess – Gestaltungskompetenzen ab bzw. werden durch veränderte rechtliche Rahmenbedingungen, die eine Privatisierung der öffentlichen Dienstleistungsproduktion forcieren, beschränkt (vgl. auch Kap. 4.2).

5.4.4 Kooperative Demokratie

In allen drei Politikfeldern lässt sich in den 90er Jahren ein verstärkter Einsatz von dialogorientierten Verfahren in der Auftraggeberrolle konstatieren. Am stärksten gilt dies sicherlich für die Jugendpolitik. In der Abfallpolitik wurden dialogorientierte Verfahren v. a. im Zusammenhang mit Standortkonflikten eingesetzt. Seitdem sich Ende der 90er Jahre keine gravierenden Entsorgungsengpässe mehr abzeichnen und die geringe Erfolgsquote von Mediationsverfahren zusehends bekannter wurde, nimmt der Einsatz von kooperativen Verfahren aber wieder stark ab. In der Haushaltspolitik gibt es bisher nur wenige Kommunen, die dialogorientierte Beteiligungsverfahren eingesetzt haben. Auch wenn die sog. Bürgerhaushalte bisher keine große quantitative Bedeutung haben, ist ihre Realisierung seit den 90er Jahren – wenn auch nur in einigen Kommunen – bemerkenswert, weil sie traditionellen Einstellungen in Deutschland, die eine Beteiligung der Bürger an der Haushaltsplanung für sehr bedenklich halten, zuwider laufen.

Ursachen für den
Einsatz der koopera-
tiven Demokratie

Der verstärkte Einsatz von dialogorientierten Verfahren kann auf zwei Ursachenbündel zurückgeführt werden. Einerseits haben sich die rechtlichen Rahmenbedingungen gravierend verändert, andererseits haben sich die Einstellungen der Bürger zu den kommunalen Entscheidungsträgern grundlegend gewandelt. Diese beiden Faktoren deutet auch Roth an:

> „Zu mehr Bürgerbeteiligung kommt es dann, wenn die ‚oben' [also die kommunalen Entscheidungsträger aufgrund veränderter Rahmenbedingungen, L. H.] nicht mehr so weiter können, und die ‚unten' nicht mehr so weiter wollen" (Roth 2000: 43f.).

Die rechtlichen Rahmenbedingungen haben erstens durch Fachgesetze direkt Einfluss auf eine stärkere Bürgerbeteiligung in einigen Politikfeldern genommen. Hier ist insbesondere auf die Jugendpolitik und diverse Regelungen im KJHG und in einigen Gemeindeordnungen zu verweisen. Entscheidender war aber wohl ein indirekter Effekt der rechtlichen Rahmenbedingungen, der durch die Gemeindeordnungsreform in vielen Bundesländern politikfeldübergreifend einsetzte. Insbesondere durch den direktgewählten Bürgermeister ist ein Promoter für Bürgerbeteiligung entstanden, wie wir bereits in Kap. 4.3.1 dargelegt haben. Er fördert die Bürgerbeteiligung u. a. aus zwei Motiven:

Erstens glaubt er damit Bürgernähe vermitteln zu können, die, wie Untersuchungen aus NRW zeigen (Holtkamp 2002b), für den Bürger ein entscheidendes Kriterium für die Wahlentscheidung ist. Zweitens kann er durch die Inszenierung von Bürgerbeteiligung und die „Produktion" ihm entgegenkommender Beteiligungsergebnisse den Rat unter Druck setzen (Bogumil/Holtkamp 2002c).

Die veränderte Einstellung der Bürger zu den kommunalen Entscheidungsträgern hat auf zwei Pfaden zu einer verstärkten Bürgerbeteiligung beigetragen. Die Politik(er)verdrossenheit hat dazu geführt, dass es für die Fraktionen sehr schwer ist, neue Ratsmitglieder zu rekrutieren und dass der alltägliche Kontakt der Kommunalpolitiker mit den Bürgern sich zusehends schwieriger gestaltet. Ratsmitglieder fühlen sich ungerecht behandelt, weil sie ihr Mandat in der Regel nur ehrenamtlichen ausüben und im Gegensatz zu Bundes- und Landespolitikern kaum über Privilegien verfügen. Dies führt insgesamt dazu, dass zumindest einige Ratsmitglieder der Bürgerbeteiligung nicht mehr so ablehnend gegenüberstehen wie in den 80er Jahren. Die dialogorientierte Demokratie wird von ihnen in allen Politikfeldern als Chance gesehen, um mit den Bürgern wieder ins Gespräch zu kommen. Dies gilt für die Jugendpolitik aber im besonderen Maße, weil die Jugendlichen sicherlich die größte Distanz zur traditionellen Parteipolitik aufweisen und die Parteien und ihre Nachwuchsorganisationen folglich in diesem Bereich die größten Rekrutierungsprobleme haben (Wiesendahl 2006). Des Weiteren wollen sie die Jugendlichen an „ihre" Stadt binden, nicht zuletzt, weil sie für die zukünftige Gestaltung der Stadt eine entscheidende Rolle spielen.

Zweitens führen u. a. die veränderten Einstellungen zu den kommunalen Entscheidungsträgern dazu, dass die Bürger verstärkt eine Beteiligung einfordern und viele Entscheidungen der Kommunalpolitik nicht mehr akzeptieren, dagegen protestieren und vor Gericht ziehen. Dieser Trend setzte zwar sicherlich schon Anfang der 70er Jahre im Zuge des Wertewandels ein, hat sich aber in den 90er

Jahren im Zuge der steigenden Politik(er)verdrossenheit noch entscheidend verschärft.

Die Akzeptanz kommunaler Entscheidungen wird so zu einem knappen Gut, zumal die Bürger zum Teil über Vetopositionen verfügen, um diese Entscheidungen rückgängig zu machen. Viele raumbezogene kommunalpolitische Entscheidungen können nur in Kooperation mit den Bürgern implementiert werden. Dieser Trend schlägt in den Politikfeldern am stärksten durch, in denen die Infrastruktur eines der wichtigsten Instrumente ist (Abfallpolitik, bedingt aber auch Jugendpolitik).

Der Einsatz von Beteiligungsinstrumenten unterliegt je nach Politikfeld auch einem parteipolitischen Einfluss. Während in der Jugendpolitik keine Einflüsse der Parteiprogrammatiken auf die Initiierung von Jugendgemeinderäten festgestellt wurden, führte insbesondere die Beteiligung der Grünen in Mehrheitskoalitionen zu einem häufigeren Einsatz von Mediationsverfahren in der Abfallpolitik (bis Mitte der 90er Jahre). Für die Affinität der Grünen zu Beteiligungsverfahren in der Umweltpolitik sprechen mehrere Gründe. So sind sie selber aus der Umweltbewegung entstanden und haben in diesem Segment immer noch viele Stammwähler, so dass sie besonders sensibel auf die Ansprüche dieser Gruppen reagieren, sich aber häufig aufgrund von Koalitionsabsprachen und unter dem Druck der Aufsichtsbehörden zu Positionen gezwungen sehen, die diesen Gruppen nur schwer zu vermitteln sind. Bürgerbeteiligung dient in diesem Bereich also einerseits der Legitimationsentlastung. Andererseits kann durch die Beteiligung von Umweltgruppen und Bürgerinitiativen die ursprüngliche programmatische Position der Grünen gestärkt werden. Bürgerbeteiligung wird von Parteien also häufig dann forciert, wenn man damit mögliche Bündnispartner in die politische Arena bringt, die die Parteipositionen unterstützen. Ein weiterer Beleg für diese These ist, dass die Grünen in anderen Bereichen den Beteiligungsverfahren durchaus distanziert gegenüberstehen. So werden partizipative Stadtmarketingprozesse häufig viel kritischer gesehen, weil der hier dominierende Einzelhandel nur selten die Leitlinien grüner Verkehrspolitik (insbesondere zu Parkplätzen im Innenstadtbereich) teilt. *Parteiendifferenz bei Beteiligung*

Im Wesentlichen ergeben sich aus den skizzierten rechtlichen Rahmenbedingungen und Akteurskonstellationen zwei grundlegende Probleme für die kooperative Demokratie (vgl. zu weiteren Problemen Kap. 4.4). *Probleme kooperativer Demokratie*

Problematisch an dem zunehmenden Einsatz der kooperativen Demokratie ist erstens, dass sie aufgrund des starken Ressourceneinsatzes zu sehr hohen Erwartungen der Bürger an die Umsetzung von Beteiligungsergebnissen führen. Dabei ist davon auszugehen, dass die Chancen für die Umsetzung von Beteiligungsergebnissen im Vergleich zu den 80er Jahren deutlich geringer sind. Die durch die restriktiveren rechtlichen Rahmenbedingungen reduzierten finanziellen und rechtlichen Handlungsspielräume der Kommunen in den 90er Jahren sowie der durch die Ökonomisierung induzierte Steuerungsverlust lassen erhebliche Umsetzungsdefizite erwarten, die zu Enttäuschungen führen können. Sollte sich die Schere zwischen sinkenden Handlungsspielräumen und dem steigenden Einsatz von zeitintensiven kooperativen Verfahren weiter öffnen, könnte Bürgerbeteiligung die Politiker(ver)drossenheit eher forcieren als abbauen. *Umsetzungsdefizite*

Diese geringeren kommunalen Handlungsspielräume im Verbund mit der starken Stellung des Bürgermeisters im Zuge der GO-Reform haben auch zu einem Kompetenzverlust des Rates geführt. Daraus ergibt sich das zweite Grundproblem, dass dieser Kompetenzverlust des Rates zwar teilweise der Anlass dafür ist, dass auch Ratsmitglieder die Bürger stärker beteiligen wollen, was aber gleichzeitig auch die Quelle verschiedener Beteiligungsprobleme ist.

Insbesondere die Mehrheitsfraktionen und der Bürgermeister wollen den Bürgern durch Beteiligung z. T. die restriktiven Rahmenbedingungen und vermeintliche Sachzwänge verdeutlichen. Ob dies allerdings gelingt, ist äußerst fraglich, weil eine Bürgerbeteiligung unter diesen Vorzeichen schnell zur Demotivation engagementbereiter Bürger führt. Hinzu kommt, dass die rechtlichen Rahmenbedingungen nicht selten durch bipolare Verhandlungen zwischen Kommunalverwaltung und Aufsichtsbehörde Einfluss auf die Politikergebnisse haben. Diese bipolaren Verhandlungen sind nichtöffentlich und selbst für die meisten Ratsmitglieder nicht nachvollziehbar, haben aber einen großen Einfluss auf die Gestaltungsoptionen. In der Praxis dürfte es äußerst schwer sein, den Bürgern zu vermitteln, dass viele Beteiligungsergebnisse in der Haushalts- oder in der Abfallpolitik nicht umgesetzt werden können, weil die Aufsichtsbehörde mündlich verschiedene Auflagen geäußert hat, zumal die Opposition in diesen Fällen häufig darüber spekulieren kann, ob man nicht bessere Ergebnisse hätte aushandeln können.

Weiterhin erhoffen die kommunalen Entscheidungsträger durch eine Beteiligung der Bürger wieder größere Handlungsspielräume zu erlangen. Erstens wollen sie den Bürger als Koproduzenten gerade auch durch eine Beteiligung in der Auftraggeberrolle gewinnen, um zusammen mit ihm möglichst frühzeitig im Zuge der Prävention (wie im Beispiel der Abfallberatung) kommunale Probleme in den Griff zu bekommen. Zweitens soll die Beteiligung zum Abbau von Widerstand insbesondere gegen Infrastrukturmaßnahmen beitragen. Erfolgreiche Konfliktlösung beispielsweise im Rahmen von Mediationsverfahren setzt aber u. a. voraus, dass die kommunalen Entscheidungsträger glaubhaft mit einseitiger hierarchischer Koordination drohen können, was angesichts des beschriebenen Kompetenzverlustes der kommunalen Vertretungskörperschaft eher unwahrscheinlich ist.

Der Kompetenzverlust des Rates führt darüber hinaus dazu, dass er in den Bereichen, in denen noch bedingte Gestaltungsspielräume bestehen, Bürgerbeteiligung verstärkt als Konkurrenz wahrnehmen könnte. Dies gilt sicherlich für die Haushaltspolitik und hier insbesondere für den Vermögenshaushalt. Darin liegt auch einer der Gründe, warum die kooperative Demokratie bisher nur bedingt in die kommunale Haushaltspolitik Einzug hielt[105].

Abschließend soll die in der Überschrift zu diesem Buchkapitel umrissene Themenstellung „Kommunale Politikfelder zwischen Kontinuität und Wandel" aufgenommen werden. Insgesamt lässt sich resümieren, dass sich in den unter-

---

[105] In der Haushaltspolitik wird Beteiligung aus Sicht des Rates auch deswegen als Nullsummenspiel gedeutet, weil die Bürger hier im Gegensatz zur Abfallpolitik kaum über Vetopositionen verfügen. In der Abfallpolitik zielen Kommunalpolitiker mit dem Einsatz von Beteiligungsverfahren u. a. darauf ab, die Vetopositionen der Bürger abzubauen.

suchten Politikfeldern z. T. ein deutlicher Wandel vollzogen hat, wie u. a. an dem Einzug der kooperativen Demokratie und der Ökonomisierung deutlich wurde. Auf den ersten Blick steht dies im Widerspruch zu der Aussage, dass auf kommunaler Ebene ein inkrementalistischer Politikstil dominiert und große Veränderungen somit kaum zu erwarten sind. Analysiert man aber die Faktoren, die zu diesem Wandel in den Politikfeldern geführt haben, kann man feststellen, dass diese Veränderungsprozesse ursprünglich nur bedingt von den kommunalen Entscheidungsträgern selbst eingeleitet wurden, sondern zum großen Teil auf veränderte gesellschaftliche und rechtliche Rahmenbedingungen zurückzuführen sind. Die rechtlichen Rahmenbedingungen haben v. a. auf drei Wegen zu den skizzierten Veränderungen geführt:

- direkte Einflussnahme durch die Fachgesetzgebung auf die kommunalen Politikergebnisse,
- indirekter Einfluss durch die u. a. dadurch induzierte Haushaltskrise
- und indirekter Einfluss durch die Neukonfiguration der kommunalen Akteurskonstellationen (v. a. GO-Reform).

Literaturverzeichnis

Albayrak, Dilek/ Grimmer, Klaus/ Kneissler, Thomas 2003: Kommunalverwaltungen in den neuen Ländern. Befunde, Folgerungen, Wege, aus der Reihe: Modernisierung des öffentlichen Sektors, Band 21, Berlin.

Albrecht, Hans-Jörg 2002: Kriminologische Erfahrungen und kriminalpräventive Räte, in: Prätorius, Rainer (Hg.): Wachsam und kooperativ? Der lokale Staat als Sicherheitsproduzent, Baden-Baden: 22-40.

Alemann, Ulrich von/ Heinze, Rolf G./ Wehrhöfer, Ulrich 1999: Gemeinwohl und Bürgergesellschaft. Analyse. Diskussion. Praxis, Opladen.

Alexander, Jeffrey C. 1994: Modernisation theory after 'The' transition, in: Zeitschrift für Soziologie 3/ 1994: 165ff.

Ambrosius, Gerold 1994: Privatisierungen in historischer Perspektive: Zum Verhältnis von öffentlicher und privater Produktion, in: Staatswissenschaften und Staatspraxis 4/ 1994: 415-438.

Ambrosius, Gerold 2003: Das Verhältnis von Staat und Wirtschaft in historischer Perspektive – vornehmlich im Hinblick auf die kommunale Ebene, in: Harms/ Reichard 2003: 29-46.

Andersen, Uwe (Hg.) 1998: Kommunalpolitik in Nordrhein-Westfalen im Umbruch, Köln/ Stuttgart/ Berlin.

Andersen, Uwe 1998a: Kommunalpolitik im Umbruch, in: ders. (Hg.), Kommunalpolitik in Nordrhein-Westfalen im Umbruch, Köln 1998: 9-45.

Andersen, Uwe 1998b: Kommunalpolitik als Experimentierfeld für Reformen - eine Einführung, in: Politische Bildung 1/ 1998: 5-17.

Andersen, Uwe 1998c: Die kommunale Verfassungsrevolution – die neue nordrhein-westfälische Gemeindeordnung, in: ders. (Hg.): Kommunalpolitik in Nordrhein-Westfalen im Umbruch, Köln: 46-66.

Andersen, Uwe 2000: Wahlen auf kommunaler Ebene – eigenständig? in: Politische Bildung 3/ 2000: 76-93.

Andersen, Uwe/ Bovermann, Rainer (Hg.) 2002: Im Westen was Neues. Kommunalwahl 1999 in NRW, Opladen.

Arbeitstelle Kinder- und Jugendhilfestatistik: Fachlicher Kommentar zu Ergebnissen der amtlichen Kinder- und Jugendhilfestatistik – Institutionelle Beratung, Download aus dem Internet: http://www.akj-stat.fb12uni-dortmund.de/Jugen_Bundes.htm

Arnim, Hans Herbert von (Hg.) 1999: Demokratie vor neuen Herausforderungen, Berlin.

Arnim, Hans Herbert von 2000: Vom schönen Schein der Demokratie. Politik ohne Verantwortung – am Volk vorbei, München.

Arnold, Peter 1990: Diskussionsbeitrag, in: Hoffmann-Riem, Wolfgang/ Schmidt-Aßmann, Eberhard: Konfliktbewältigung durch Verhandlung Bd. 1: 317-319.

Arzbacher, Klaus 1980: Bürger und Eliten in der Kommunalpolitik, Stuttgart.

Backhaus-Maul, Holger 2000: Wohlfahrtsverbände als korporative Akteure, in: APuZ 26-27/ 2000: 22-30.

Baldersheim, Harald/ Illner, Michal/ Wollmann, Hellmut (Hg.) 2003: Local Democracy in Post-Communist Europe, Wiesbaden.

Bals, Hansjürgen/ Hack, Hans/ Reichhard, Christoph 2004: Neues kommunales Finanz- und Produktionsmanagement. Erfolgreich steuern und budgetieren, aus der Reihe: Die neue Kommunalverwaltung, Band 10, Heidelberg, München, Berlin.

Baltsch, Barbara 1999: Mehr Ratssitze für Frauen aber kaum Spitzenpositionen, in: Städte- und Gemeinderat 12/ 1999: 20.

Banner, Gerhard 1972: Politische Willensbildung und Führung in Großstädten der Oberstadtdirektor-Verfassung, in: Grauhan (Hg.) 1972: 162-180.

Banner, Gerhard 1982: Zur politisch-adminstrativen Steuerung in der Kommune, in: AfK 1/ 1982: 26-47.

Banner, Gerhard 1984: Kommunale Steuerung zwischen Gemeindeordnung und Parteipolitik, in: Die Öffentliche Verwaltung 9/ 1984: 364-372.

Banner, Gerhard 1989: Kommunalverfassungen und Selbstverwaltungsleistungen, in: Schimanke, Dieter (Hg.): Stadtdirektor oder Bürgermeister, Basel: 37-61.

Banner, Gerhard 1991: Von der Behörde zum Dienstleistungsunternehmen. Die Kommunen brauchen ein neues Steuerungsmodell, in: VOP 1/ 1991: 6-11.

Banner, Gerhard 1993: Der Carl Bertelsmann-Preis 1993: Anregungen für die kommunale Verwaltungsreform in Deutschland, in: Bertelsmann Stiftung 1993: 147-170.

Banner, Gerhard 1994: Neue Trends im kommunalen Management, in: VOP 1/ 1994: 5-12.

Banner, Gerhard 1995a: Parteibuchkarriere in der Kommunalverwaltung. Ein Auslaufmodell, in: Kreyher, Volker/ Böhret, Carl (Hg.): Gesellschaft im Übergang: Problemaufrisse und Antizipationen, Baden-Baden: 235-240.

Banner, Gerhard 1995b Kommunale Verwaltungsmodernisierung und die Kommunalpolitiker, in: Reichard/ Wollmann 1996: 141-151.

Banner, Gerhard 1997a: Das Demokratie und Effizienzpotential des Neuen Steuerungsmodells ausschöpfen!, in: Bogumil/ Kißler 1997: 125-138.

Banner, Gerhard 1997b: Kommunale Verwaltungsmodernisierung, politische Steuerung und der „Faktor Staat", in: Naschold et al. 1997: 341-350.

Banner, Gerhard 1998: Von der Ordnungskommune zur Dienstleistungs- und Bürgerkommune, in: Der Bürger im Staat 4/ 19 98: 179-186.

Banner, Gerhard 1999: Die drei Demokratien der Bürgerkommune, in: Arnim, H.H. (Hg.): Adäquate Institutionen – Voraussetzungen für eine „gute" und bürgernahe Politik, Speyer: 133-162.

Banner, Gerhard/ Reichard, Christoph (Hg.) 1993: Kommunale Managementkonzepte in Europa. Anregungen für die Deutsche Reformdiskussion, Stuttgart.

Bartscher, Matthias 1998: Partizipation von Kindern in der Kommunalpolitik, Freiburg.

Bäuerle, Siegfried 1998: Bürgermeister. Zur Charakteristik einer interessanten Berufsgruppe. Eine empirische Untersuchung, in: Roth 1998: 61-101.

Becker, Heide et al 2002: Drei Jahre Programm Soziale Stadt – eine ermutigende Zwischenbilanz. download aus dem Internet: http://www.sozialestadt.de/veroeffentlichungen/arbeitspapiere.

Beilharz, Günter 1981: Politische Partizipation im Rahmen des § 21 der GO von Baden-Württemberg, Tübingen (zugleich Dissertation Universität Tübingen).

Bellers, Jürgen/ Frey, Rainer/ Rosenthal, Claudius 2000: Einführung in die Kommunalpolitik, Oldenburg.

Bendix, Reinhard 1964: Nation-Building and Citizenship, New York.

Benz, Arthur 1994: Kooperative Verwaltung: Funktionen, Voraussetzungen und Folgen, Habil.-Schr., Baden-Baden.

Benz, Arthur 1997a: Kooperativer Staat? Gesellschaftliche Einflußnahme auf staatliche Steuerung, in: Klein/ Schmalz-Bruns 1997: 88-113.

Benz, Arthur 1997b: Von der Konfrontation zur Differenzierung und Integration – Zur neueren Theorieentwicklung in der Politikwissenschaft, in: Benz/ Seibel 1997: 9-32.

Benz, Arthur 1998a: Regionalisierung als Gemeinschaftsaufgabe von Staat und Kommunen, in: Benz/ Holtmann 1998: 101-126.

Benz, Arthur 1998b: Postparlamentarische Demokratie? Demokratische Legitimation im kooperativen Staat, in: Greven, Michael (Hg.): Demokratie – Eine Kultur des Westens? 201-222.

Benz, Arthur 2000: Anmerkungen zur Diskussion über Verhandlungsdemokratien, in: Holtmann, Everhard/ Voelzkow, Helmut (Hg.): Zwischen Wettbewerbs- und Verhandlungsdemokratie, Wiesbaden: 215-221.

Benz, Arthur 2001: Der moderne Staat, Oldenburg.

Benz, Arthur/ Seibel, Wolfgang 1997 (Hg.): Theorieentwicklung in der Politikwissenschaft – eine Zwischenbilanz, Baden-Baden.

Benzler, Susanne/ Heinelt, Hubert 1991: Stadt und Arbeitslosigkeit. Örtliche Arbeitsmarktpolitik im Vergleich, Opladen.

Berg, Frank/ Nagelschmidt, Martin/ Wollmann, Hellmut 1996: Kommunaler Institutionenwandel: Regionale Fallstudien zum ostdeutschen Transformationsprozess, Opladen.

Berger, Giovanna 1979: Die ehrenamtliche Tätigkeit in der Sozialarbeit – Motive, Tendenzen, Probleme – dargestellt am Beispiel des „Elberfelder Systems", Frankfurt/ M.

Bertelsmann Stiftung (Hg.) 1993: Carl Bertelsmann-Preis. Demokratie und Effizienz in der Kommunalverwaltung, Band 1, Dokumentationsband zur internationalen Recherche, Gütersloh.

Beuß, Hartmut 2001: ‚Konzern Stadt' – Organisationsvielfalt oder Erosionsprozess der Kommunalverwaltung? in: Innenministerium NRW (Hg.): Forum Kommunalaufsicht, Düsseldorf: 159-171.

Birke, Adolf/ Brechtken, Magnus (Hg.) 1996: Kommunale Selbstverwaltung. Local Self Government. Geschichte und Gegenwart im deusch-britischen Vergleich, München.

Blanke, Bernhard/ Evers, Adalbert/ Wollmann, Hellmut 1986 (Hg.): Die Zweite Stadt. Neue Formen lokaler Arbeits- und Sozialpolitik, Leviathan Sonderheft 7, Opladen.

Blanke, Bernhard 1991 (Hg.): Staat und Stadt. Systematische, vergleichende und problemorientierte Analysen "dezentraler" Politik. Sonderheft 22 der PVS, Opladen.

Blanke, Bernhard/ Benzler, Susanne 1991: Horizonte der Lokalen Politikforschung. Einleitung, in: Blanke 1991: 9-34.

Bleyer, Burkhard 1999: Standort- und Flächentrends bei Einzelhandelsgroßprojekten, in: Raumforschung und Raumordnung 2/3/ 1999: 132-142

BMU (Hg.) 1993: Konferenz der Vereinten Nationen für Umwelt und Entwicklung im Juni 1992 in Rio de Janeiro, Dokumente Agenda 21, Bonn.

Böhm, Hans Reiner 1992: Einführung, in: Institut für Wasserversorgung, Abwasserbeseitigung und Raumplanung der Technischen Hochschule Darmstadt (Hg.): Realisierung von Entsorgungsanlagen, Schriftenreihe WAR 61, Darmstadt: 5-13.

Böhret, Carl/ Hill, Hermann/ Klages, Helmut (Hg.) 1994: Staat und Verwaltung im Dialog mit der Zukunft, Schriftenreihe der Deutschen Sektion des Internationalen Instituts für Verwaltungswissenschaften Bd. 21, Baden-Baden.

Bogumil, Jörg 1999a: Alle Politik ist lokal. Kommunales Handeln in der modernen Bürgergesellschaft, in: Alemann, Ulrich von/ Heinze, Rolf G./ Wehrhöfer, Ulrich (Hg.) 1999: Bürgergesellschaft und Gemeinwohl. Analyse, Diskussion, Kritik, Opladen: 159-169.

Bogumil, Jörg 1999b: Auf dem Weg zur Bürgerkommune? Der Bürger als Auftraggeber, Mitgestalter und Kunde, in: Kubicek, Herbert et al. (Hg.) 1999: Multimedia @ Verwaltung. Jahrbuch Telekommunikation und Gesellschaft 1999, Heidelberg: 51-61.

Bogumil, Jörg 2001: Modernisierung lokaler Politik – Kommunale Entscheidungsprozesse im Spannungsfeld zwischen Parteienwettbewerb, Verhandlungszwängen und Ökonomisierung, Baden-Baden.

Bogumil, Jörg (Hg.) 2002: Kommunale Entscheidungsprozesse im Wandel – Theoretische und empirische Analysen, Opladen.

Bogumil, Jörg 2002a: Kooperative Demokratie – Formen, Potenziale und Grenzen, in: Haus, Michael (Hg.): Bürgergesellschaft, soziales Kapital und lokale Politik, Opladen: 151-166.

Bogumil, Jörg 2002b: Im Spannungsfeld zwischen Parteienwettbewerb, Verhandlungszwängen und Ökonomisierung - Der Wandel kommunaler Entscheidungsprozesse am Beispiel Nordrhein-Westfalens, in: DfK II/2002: 105-123.

Bogumil, Jörg 2002c: Die Umgestaltung des Verhältnisses zwischen Rat und Verwaltung – das Grundproblem der Verwaltungsmodernisierung, in: Verwaltungsarchiv 1/2002: 129-148.

Bogumil, Jörg 2004: Ökonomisierung der Verwaltung. Konzepte; Praxis, Auswirkungen und Probleme einer effizienzorientierten Verwaltungsmodernisierung, in: PVS Sonderheft 34: 209-231.

Bogumil, Jörg/ Heinelt, Hubert 2005 (Hg.): Bürgermeister in Deutschland. Politikwissenschaftliche Studien zu direkt gewählten Bürgermeistern, Wiesbaden.

Bogumil, Jörg/ Holtkamp, Lars 1999a: Auf dem Weg zur lokalen Bürgerschaft? Initiatoren, Erfolgsfaktoren und Instrumente bürgerschaftlichen Engagements in Deutschland, in: Bogumil, Jörg/ Vogel, Hans Josef (Hg.): Bürgerschaftliches Engagement in der kommunalen Praxis, Netzwerk Kommunen der Zukunft, Köln: 109-127.

Bogumil, Jörg/ Holtkamp, Lars 1999b: Der Bürger als Auftraggeber, Kunde und Mitgestalter, in: Bogumil, Jörg/ Vogel, Hans Josef (Hg.): Bürgerschaftliches Engagement in der kommunalen Praxis, Netzwerk Kommunen der Zukunft, Köln: 13-18.

Bogumil, Jörg/ Holtkamp, Lars 1999c: Bürgerschaftliches Engagement als Herausforderung für die lokale Demokratie, in: perspektiven ds 4/ 1999: 17-29.

Bogumil, Jörg/ Holtkamp, Lars 2001a: Die Neugestaltung des kommunalen Kräftedreiecks – Grundlegende Konzeption zur Bürgerkommune, in: VOP 4/ 2001: 10-12.

Bogumil, Jörg/ Holtkamp, Lars 2001b: Kommunale Verwaltungsmodernisierung und bürgerschaftliches Engagement, in: Heinze, Rolf G./ Olk, Thomas (Hg.): Bürgerengagement in Deutschland: Bestandsaufnahme und Perspektiven, Opladen: 549-567.

Bogumil, Jörg/ Holtkamp, Lars 2002a: Liberalisierung und Privatisierung kommunaler Aufgaben - Auswirkungen auf das kommunale Entscheidungssystem, in: Libbe, Jens/ Tomerius, Stephan/ Trapp, Jan-Hendrick (Hg.) Liberalisierung und Privatisierung öffentlicher Aufgabenerfüllung - Soziale und umweltpolitische Perspektiven im Zeichen des Wettbewerbs, Berlin: 71-91.

Bogumil, Jörg/ Holtkamp, Lars 2002b: Entscheidungs- und Implementationsprobleme bei Sozialraumbudgets aus politikwissenschaftlicher Sicht", Bundesministerium für Familie, Senioren, Frauen und Jugend; download http://www.eundc.de/download/ex_bogumil.pdf

Bogumil, Jörg/ Holtkamp, Lars 2002c: Die Bürgerkommune als Zusammenspiel von repräsentativer, direkter und kooperativer Demokratie. Erste Ergebnisse einer explorativen Studie, in: Polis Nr. 55/ 2002 (Arbeitspapiere aus der Politikwissenschaft an der Fern-Universität Hagen).

Bogumil, Jörg/ Holtkamp, Lars 2004a: Bürgerkommune unter Konsolidierungsdruck? Eine empirische Analyse von Erklärungsfaktoren zum Implementationsstand der Bürgerkommune, in: DZK 1/ 2004: 103-125.

Bogumil, Jörg / Holtkamp, Lars 2004b: Local Governance und gesellschaftliche Integration, in: Lange, Stefan / Schimank, Uwe (Hg.): Governance und gesellschaftliche Integration, Wiesbaden: 147-166

Bogumil, Jörg / Holtkamp, Lars 2005: Die Machtposition der Bürgermeister im Vergleich zwischen Baden-Württemberg und NRW, in: Bogumil, Jörg / Heinelt, Hubert (Hg.):

Bürgermeister in Deutschland – Politikwissenschaftliche Studien zu direkt gewählten Bürgermeistern, Wiesbaden: 33-85.

Bogumil, Jörg/ Holtkamp, Lars/ Kißler, Leo 2001: Verwaltung auf Augenhöhe – Strategie und Praxis kundenorientierter Dienstleistungspolitik, Schriftenreihe Modernisierung des öffentlichen Sektors Bd. 19, Berlin.

Bogumil, Jörg/ Holtkamp, Lars/ Schwarz, Gudrun 2003: Das Reformmodell Bürgerkommune – Leistungen – Grenzen – Perspektiven, Schriftenreihe Modernisierung des öffentlichen Sektors Bd. 22, Berlin.

Bogumil, Jörg/Jann, Werner, 2005: Verwaltung und Verwaltungswissenschaft in Deutschland. Einführung in die Verwaltungswissenschaft (Reihe „Grundwissen Politik"), Wiesbaden.

Bogumil, Jörg/ Kißler, Leo 1995: Vom Untertan zum Kunden? Möglichkeiten und Grenzen von Kundenorientierung in der Kommunalverwaltung, (Modernisierung des öffentlichen Sektors, Band 8, 2. unveränderte Auflage 1998), Berlin.

Bogumil, Jörg/ Kißler, Leo 1997 (Hg.): Verwaltungsmodernisierung und lokale Demokratie. Risiken und Chancen eines Neuen Steuerungsmodells für die lokale Demokratie, Baden-Baden.

Bogumil, Jörg/ Kißler, Leo 1998b (Hg.): Stillstand auf der „Baustelle"? Barrieren der kommunalen Verwaltungsmodernisierung und Schritte zu ihrer Überwindung, Baden-Baden.

Bogumil, Jörg/ Klie, Thomas/ Holtkamp, Lars/ Roß, Paul-Stefan 2003: Öffentliche Förderung von Organisationen des Dritten Sektors im Sozial- und Kulturbereich, in: Enquete-Kommission „Zukunft des Bürgerschaftlichen Engagements": Politik des bürgerschaftlichen Engagements in den Bundesländern, Opladen: 155-244.

Bogumil, Jörg/ Kuhlmann, Sabine 2004: Zehn Jahre kommunale Verwaltungsmodernisierung - Ansätze einer Wirkungsanalyse, in: Jann, Werner et al.: Status-Report Verwaltungsreform - Eine Zwischenbilanz nach 10 Jahren, Berlin: 51-64

Bogumil, Jörg/ Schmid, Josef 2001: Politik in Organisationen. Organisationstheoretische Ansätze und praxisbezogene Anwendungsbeispiele. Reihe Grundwissen Politik, Band 31, Opladen.

Bogumil, Jörg/ Vogel, Hans-Josef (Hg.) 1999: Bürgerschaftliches Engagement in der kommunaler Praxis - Initiatoren, Erfolgsfaktoren und Instrumente, Köln.

Bovenschulte, Andreas/ Buß, Annette 1996: Plebizitäre Bürgermeisterverfassungen. Der Umbruch im Kommunalverfassungsrecht, Baden-Baden.

Bovermann, Rainer 1999: Die reformierte Kommunalverfassung in Nordrhein-Westfalen – Welchen Unterschied machen institutionelle Arrangements in der Kommunalpolitik? Habil-Schr., Bochum.

Brand, Karl-Werner/Fürst, Volker 2002: Sondierungsstudie – Voraussetzungen und Probleme einer Politik der Nachhaltigkeit – Eine Exploration des Forschungsfelds; in: Brand, Karl-Werner (Hg.): Politik der Nachhaltigkeit. Berlin: 15-109

Brandel, Rolf/ Rusche, Sarah/ Stöbe-Blossey, Sybille/ Wohlfahrt, Norbert 1998: Verwaltungsmodernisierung und die Entwicklung der kommunalpolitischen Arbeit. Ergebnisse einer Befragung. Projektbericht des Institutes für Arbeit und Technik. Gelsenkirchen.

Brandel, Rolf/ Stöbe-Blossey, Sybille/ Wohlfahrt, Norbert 1999: Verwalten oder Gestalten. Ratsmitglieder im Neuen Steuerungsmodell. Berlin.

Braun, Dietmar 1998: Theorien rationalen Handelns in der Politikwissenschaft, Kurs Nr. 3917 der Fernuniversität Hagen, Hagen.

Bremeier, W./ Weber, Michael: 1996: Beteiligungsmanagement – Das Modell „Leipzig". in: VOP, Heft 5/ 1996: 34-38.

Brinckmann, Hans 1994: Strategien für eine effektivere und effizientere Verwaltung, in: Naschold, Frieder/ Pröhl, Marga (Hg.) 1994: Produktivität öffentlicher Dienstleistungen, Gütersloh: 167-243.

Brühl, Hasso/ von Kodolitsch, Paul 1993: Die Verantwortung des Bürgers für seine Stadt. Reflexionen über eine verhaltensbeeinflußende Kommunalpolitik, in: Archiv für Kommunalwissenschaften I/93: 47-70.

Budäus, Dietrich 1989: Die Bedeutung der Betriebswirtschaftslehre zur Erforschung kommunaler Verwaltungen, in: Hesse, Joachim Jens (Hg.): Kommunalwissenschaften in der Bundesrepublik, Baden-Baden: 231-246.

Budäus, Dietrich 1994: Public Management. Konzepte und Verfahren zur Modernisierung öffentlicher Verwaltungen, (Modernisierung des öffentlichen Sektors Band 2), Berlin.

Budäus, Dietrich 2004: Modernisierung des öffentlichen Haushalts- und Rechnungswesens, in: Jann, Werner et al. (Hg.): Status-Report Verwaltungsreform – Eine Zwischenbilanz nach zehn Jahren, Modernisierung des öffentlichen Sektors Bd. 24: 75-86.

Budäus, Dietrich/ Eichhorn, Peter (Hg.) 1997: Public Private Partnership. Neue Formen öffentlicher Aufgabenerfüllung, Baden-Baden.

Bullmann, Udo 1991: Kommunale Strategien gegen Massenarbeitslosigkeit. Ein Einstieg in die sozialökologische Erneuerung, Opladen.

Bünemann, Agnes/ Rachut, Gunda 1993: Der grüne Punkt – Eine Versuchung der Wirtschaft, Karlsruhe.

Bund der Steuerzahler NRW 2000: Gebührenvergleich 2000 – Neunter Belastungsvergleich für Abfall- und Abwassergebühren in Nordrhein-Westfalen, aus dem Internet, http://www.steuerzahler-nrw.de/geb00.htm

Bundesministerium der Finanzen 2000: Bund-Länder Finanzbeziehungen auf der Grundlage der geltenden Finanzverfassungsordnung, Berlin, Download, http://www.bundesfinanzministerium.de/fach/abteilungen/foefinpo/BLF2000.pdf

Bundesministerium für Familie, Senioren, Frauen und Gesundheit 1996: Ehrenamtliche Tätigkeit und ihre Bedeutung für die Gesellschaft, Bonn.

Bundesministerium für Jugend, Familie und Gesundheit 1972: Dritter Jugendbericht, Bonn.

Bundestagsdrucksache 12/ 8409 1994: Entwicklungen der bundesdeutschen Entsorgungswirtschaft, Bonn.

Bundesverfassungsgericht 1998: Zur Verfassungsmäßigkeit von Lenkungssteuern, aus dem Internet, http://www.jura.uni-sb.de/Entscheidungen/pressem98/BVerG/lenksteu.html.

Bundesverwaltungsgericht 2000: Heranziehung von „Eigenkompostierern" zu den Kosten der Biotonne, aus dem Internet, http://www.bverwg.de/presse/2000/pr-2000-49.htm

Burdewick, Ingrid 1999: Jugendparlamente gegen „Politikverdrossenheit"? – Ein Beteiligungsmodell unter der Lupe, in: Theorie und Praxis der Sozialen Praxis 11/ 1999: 415-420.

Buß, Annette 2002: Das Machtgefüge in der heutigen Kommunalverfassung: zur Machtverteilung zwischen Vertretungskörperschaft und Hauptverwaltungsorgan bei Urwahl der Bürgermeister, Baden-Baden.

Bußmann, Frank Erwin 1998: Dorfbewohner und Kommunalpolitik - Eine vergleichende Untersuchung in 14 Dörfern der Bundesrepublik Deutschland unter besonderer Berücksichtigung der länderspezifischen Gemeindeordnungen und der Verwaltungsstrukturen, Bonn.

Bußmann, Ulrike/ Esch, Karin/ Stöbe-Blossey, Sybille 2003: Neue Steuerungsmodelle - Frischer Wind im Jugendhilfeausschuss? Opladen.

Cantner, Jochen 2001: Marktbesonderheiten der Siedlungsabfallwirtschaft – Zur aktuellen Frage der Privatisierung der öffentlichen Abfallentsorgung, in: ZfU 1/ 2001: 83-120.

Cyclos 1993: Konzentration in der Abfallentsorgung durch neue Tendenzen in der Abfallpolitik – Schwerpunkt Energieversorgungsunternehmen, Recherche im Auftrag von Greenpeace, Osnabrück, unveröffentlichtes Manuskript.

Czada, Roland 1997a: Angewandte Politikfeldanalyse. Die Politik der deutschen Vereinigung und ihre Folgen, Fernstudienkurs Nr. 3912, Hagen.

Czada, Roland 1997b: Vertretung und Verhandlung. Aspekte politischer Konfliktregelung in Mehrebenensystemen, in: Benz/ Seibel 1997: 237-260.

Czada, Roland 1998: Neuere Entwicklungen der Politikfeldanalyse, in: Alemann, Ulrich von / Czada, Roland: Kongreßbeiträge zur politischen Soziologie, Politischen Ökonomie und Politikfeldanalyse, in: polis Heft Nr. 39: 47-65.

Czada, Roland 2000: Dimensionen der Verhandlungsdemokratie – Konkordanz, Korporatismus, Politikverflechtung, polis Heft Nr. 46, Arbeitspapiere aus der FernUniversität Hagen, Hagen.

Czada, Roland/ Schmidt, Manfred G. (Hg.) 1993: Verhandlungsdemokratie, Interessenvermittlung, Regierbarkeit, Wiesbaden.

Däsner, Christian 1996: Die Verfassung des Landes Nordrhein-Westfalen. Kommentar, Köln.

Dahme, Heinz-Jürgen/ Wohlfahrt, Norbert 2000: Auf dem Weg zu einer neuen Ordnungsstruktur im Sozial- und Gesundheitssektor, in: Neue Praxis 4/ 2000: 317-334.

Damkowski, Wulf / Precht, Claus 1995: Public Management. Neuere Steuerungskonzepte für den öffentlichen Sektor, Stuttgart.

Dangschat, Jens S. 1999: Wie überlebt die „soziale" Stadt? Stadtplanung und Stadtentwicklung vor neuen Herausforderungen, in: Dietz, Berthold et al. (Hg.): Handbuch der kommunalen Sozialpolitik. Opladen: 31-44.

Dauwe, Elisabeth et al. 1995: Kommunalpolitik – Leitfaden für die Praxis, Opladen.

de Haan, Gerhard/ Kuckartz, Udo/ Rheingans-Heintze, Anke 2000: Bürgerbeteiligung in Lokale Agenda 21-Initiativen. Analysen zu Kommunikations- und Organisationsformen, Opladen.

Denters, Bas / Rose, Lawrence E. 2005 (Hg): Comparing Local Governance – Trends and Developments, New York.

Deppe, Frank 2002: Direkte Demokratie II – Eine Bestandsaufnahme von Bürgerbegehren und Bürgerentscheiden auf kommunaler Ebene seit 1990, Konrad-Adenauer-Stiftung Arbeitspapier Nr. 90, Sankt Augustin.

Derlien, Hans-Ulrich 1994: Kommunalverfassungen zwischen Reform und Revolution, in: Gabriel, Oscar W./ Voigt, Rüdiger (Hg.): Kommunalwissenschaftliche Analysen, Bochum: 47-78.

Derlien, Hans-Ulrich/ Gürtler, Christoph/ Holler, Wolfgang/ Schreiner, Hermann Josef 1976: Kommunalverfassung und kommunales Entscheidungssystem, Meisenheim am Glan.

Derlien, Hans Ulrich/ von Queis, Dyprand 1986: Kommunalpolitik im geplanten Wandel. Auswirkungen der Gebietsreform auf das kommunale Entscheidungssystem, Baden-Baden.

Deutscher Städtetag 1998: DST Umfrage zum Stand der Verwaltungsmodernisierung in den unmittelbaren Mitgliedsstädten – Auswertung und Ergebnisse, Manuskript, Köln.

Deutscher Städtetag 2001: Steuerverluste, Haushaltsdefizite und ein Verfall der Investitionen prägen die städtischen Finanzen, Mitteilungen 3/ 2001: 25-27.

Dieckmann, Jochen 1998: Kommunalpolitische Dimensionen des Bürgerengagements, in: Der Städtetag 2/ 1998: 84-89.

Diemert, Dörte 2005: Das Haushaltssicherungskonzept – Verfassungs- und haushaltsrechtliche Grundlagen in NRW, Stuttgart.

Dienel, Peter C. 1978: Die Planungszelle. Eine Alternative zur Establishment-Demokratie, Opladen (4. Auflage 1997).

DiGaetano, Alan / Strom, Elizabeth 2003: Comparative Urban Governance – An Integrated Approach, in: Urban Affairs Review 3/ 2003: 356-395.

Dingeldey, Irene 1997: Bürgerschaftliches Engagement als „neue" Form der Solidarität; in: Gegenwartskunde 2/ 1997: 175-188.

Dobrindt, Ruth 1998: Bürgerbeteiligung im Prozeß der lokalen Agenda 21 – Anspruch und Wirklichkeit, Diplomarbeit, Bonn

Doose, Ulrich 1983: Abfallbeseitigung, in: Püttner, Günter (Hg.): Handbuch der kommunalen Wissenschaft und Praxis, Band 4, Berlin: 490-499.

Edelman, Murray 1990: Politik als Ritual – Die symbolische Funktion staatlicher Institutionen und politischen Handelns, Frankfurt.

Egner, Björn / Heinelt, Hubert 2005: Sozialprofil und Handlungsorientierung von Bürgermeistern in Deutschland, in: Bogumil/Heinelt 2005: 148-192

Eisfeld, Dieter 1973: Die Stadt der Stadtbewohner. Neue Formen städtischer Demokratie, Stuttgart.

Eising, Ursula 2005: Möglichkeiten und Grenzen von Bürgerbeteiligung in der Kooperativen Demokratie – Eine kritische Bestandsaufnahme des Bürgerhaushaltes, unveröffentlichte Magisterarbeit, Konstanz.

Ellwein, Thomas 1971: Parteien und kommunale Öffentlichkeit, in: AfK I/ 1971: 11-25.

Ellwein, Thomas 1997: Perspektiven der kommunalen Selbstverwaltung in Deutschland, in: AfK I/ 1997: 1-20.

Ellwein, Thomas/ Hesse, Joachim Jens (Hg.) 1985: Verwaltungsvereinfachung und Verwaltungspolitik, Baden-Baden.

Ellwein, Thomas/ Zoll, Ralf 1982: Wertheim – Politik und Machtstruktur einer deutschen Stadt, München.

Engeli, Christian 1981: Neuanfänge der Selbstverwaltung nach 1945, in: Püttner, Günter (Hg.): Handbuch der kommunalen Wissenschaft und Praxis, Berlin: 114-132.

Engeli, Christian 1985: Volksbegehren und Volksentscheid im Kommunalverfassungsrecht der Weimarer Zeit, in: Archiv für Sozialgeschichte; Bd. 25/ 1985: 299-331.

Enquete Kommission 2002: Bürgerschaftliches Engagement und Zivilgesellschaft, Deutscher Bundestag (Hg.), aus der Reihe: Zukunft des Bürgerschaftlichen Engagements, Band 1, Opladen.

Enquete Kommission 2004: Zukunft der Städte. Bericht der Enquetekommission des Landtags von Nordrhein-Westfalen, Landtagsdrucksache, Nr. 13/ 5500, Düsseldorf.

Esch, Karin/ Hilbert, Josef/ Stöbe-Blossey, Sybille 2001: Der aktivierende Staat – Konzepte, Potentiale und Entwicklungstrends am Beispiel der Jugendhilfe, in: Heinze, Rolf G./ Olk, Thomas (Hg.): Bürgerengagement in Deutschland – Bestandsaufnahmen und Perspektiven, Opladen: 519-547.

Evers, Adalbert/ Olk, Thomas (Hg.) 1996: Wohlfahrtspluralismus. Vom Wohlfahrtsstaat zur Wohlfahrtsgesellschaft, Opladen.

Evers, Adalbert/ Olk, Thomas 1996a: Wohlfahrtspluralismus - Analytische und normativpolitische Dimensionen eines Leitbegriffs, in: Evers/ Olk 1996: 9-60.

Evers, Adalbert/ Rauch, Ulrich/ Stitz, Uta 2002: Von öffentlichen Einrichtungen zu sozialen Unternehmen - Hybride Organisationsformen im Bereich sozialer Dienstleistungen, aus der Reihe: Modernisierung des öffentlichen Sektors, Sonderband 16, Berlin.

Färber, Gisela/ Wild, Peter 2005: Auswege aus dem finanzpolitischen Elend der Kommunen? in: Eildienst Landkreistag NRW 7-8/ 2005.

Ferchhoff, W./ Sander, U./ Vollbrecht, R. 1988: Jugendarbeit ohne Jugendliche? deutsche Jugend 7-8/ 1988: 315-322.

Fietkau, Hans-Joachim/ Weidner, Helmut 1994: Umweltmediation: Das Mediationsverfahren zum Abfallwirtschaftskonzept im Kreis Neuss, WZB, Schriften zu Mediationsverfahren im Umweltschutz Nr. 6, Berlin.

Finger, Axel 1998: Abfallwirtschaft als Aufgabe der Stadt- und Landkreise – Eine Untersuchung für Baden-Württemberg, Institut für Regionalwissenschaft an der Universität Karlsruhe, IfR-Diskussionspapier Nr. 30, Karlsruhe.

Fischer, Frank 1993: Bürger, Experten und Politik nach dem „Nimby"-Prinzip: Ein Plädoyer für die partizipatorische Policy-Analyse, in: Heritier, Adrienne (Hg.): Policy-Analyse – Kritik und Neuorientierung, PVS Sonderheft 24/ 1993, Opladen: 451-470.

Flösser, Gaby/ Schmidt, Mathias 1996: Von der Subsidiaritätspolitik zur partnerschaftlichen Zusammenarbeit – Chancen für neue Kooperationsstrategien im Feld der Jugendhilfe, in: Rauschenbach, Thomas et al. (Hg.): Von der Wertgemeinschaft zum Dienstleistungsunternehmen: Jugend- und Wohlfahrtsverbände im Umbruch, Frankfurt: 274-293.

Forsthoff, Ernst 1933: Der totale Staat, Hamburg.

Forsthoff, Ernst 1950: Lehrbuch des Verwaltungsrechts – Erster Band, erste Auflage, München.

Franz, Georg 2000: Umweltmediation in der Abfallpolitik, in: Müll und Abfall 12/ 2000: 726-733.

Friedrichs, Jürgen (Hg.) 1988: Soziologische Stadtforschung. Sonderheft der Kölner Zeitschrift für Soziologie und Sozialpsychologie. Opladen.

Friedrichs, Dirk 1998a: Empirische Felduntersuchung der Jugendhilfeausschüsse in Hessen, Download aus dem Internet: http://www.ifis-consult.de/html/body_jha4.html

Friedrichs, Dirk 1998b: Der Jugendhilfeausschuss – ein hessischer Überblick, Download aus dem Internet: http://www.ifis-ffm.de/html/jha5.html

Frischmuth, Birgit/ von Kodolitsch, Paul 1998: Veränderungen im Kräftedreieck zwischen Bürgern, Rat und Verwaltung, download aus dem Internet http://www.difu.de/25Jahre/papiere/ Stabilitaet.html.

Fücks, Ralf/ Schiller-Dickhut, Reiner 2001: Vorwort, in: Holtkamp, Lars: Bürgerbeteiligung in Städten und Gemeinden, zweite Auflage, Berlin: 7-8.

Fürst, Dietrich 1975: Kommunale Entscheidungsprozesse: ein Beitrag zur Selektivität politisch-administrativer Prozesse, Baden-Baden.

Fürst, Dietrich 1999: Management von Flächennutzungskonflikten in der Bauleitplanung durch Plan-Schlichtungsverfahren? in: Friedrichs, Jürgen/ Hollaender, Kirsten (Hg.): Anwendungen Stadtökologischer Forschung, Reihe ‚Stadtökologie', Band 7, Berlin.

Gabriel, Oscar W., 1981: Organisierte Interessen in der Kommunalpolitik, in: Sociologia Internationalis 19, 195-212.

Gabriel, Oscar W. (Hg.) 1983a: Bürgerbeteiligung und kommunale Demokratie, München.

Gabriel, Oscar W. 1983b: Gesellschaftliche Modernisierung, politische Beteiligung und kommunale Demokratie. Strukturen, Bedingungen und Folgen bürgerschaftlicher Beteiligung an der kommunalen und nationalen Politik, in: ders. 1983: 57-104.

Gabriel, Oscar W. 1983c: Von der Ein-Punkt-Aktion zur sozialen Bewegung? Bürgerinitiativen und Kommunalpolitik, in: ders. 1983: 271-304.

Gabriel, Oscar W. 1989 (Hg.): Kommunale Demokratie zwischen Politik und Verwaltung, München.

Gabriel, Oscar W. 1991: Das lokale Parteiensystem zwischen Wettbewerbs- und Konsensdemokratie, in: Oberndörfer, Dieter/ Schmitt, Karl (Hg.): Parteien und regionale politische Tradition in der Bundesrepublik Deutschland, Berlin: 371-396.

Gabriel, Oscar W. 1997: Das Plebizit auf dem Vormarsch in den Kommunen: Bürgerentscheide als Konkurrenz zu den lokalen Parteien und als Motor der politischen Aktivitäten, in: Ders./ Knemeyer, Franz-Ludwig/ Strohmeyer, Klaus-Peter 1997: Neue Formen politischer Partizipation – Bürgerbegehren und Bürgerentscheid, Bonn (Interne Studien der Konrad-Adenauer-Stiftung Nr. 136), 63-125.

Gabriel, Oscar W. 1999: Kommunale Selbstverwaltung in Deutschland, in: Ellwein, Thomas/ Holtmann, Everhard (Hg.): 50 Jahre Bundesrepublik Deutschland – Rahmenbedingungen – Entwicklungen – Perspektiven, Opladen: 154-167.

Gabriel, Oscar W. 2002: Die Bürgergemeinde als neues Leitbild der Kommunalpolitik - Anspruch und Wirklichkeit, in: Schuster, Wolfgang/ Murawski, Klaus-Peter (Hg.): Die regierbare Stadt, Stuttgart: 139-169.

Gabriel, Oscar W./ Brettschneider, Frank/ Kunz, Volker 1993: Responsivität bundesdeutscher Kommunalpolitiker, in: PVS 1/ 1993: 29-46.

Gabriel, Oscar W./ Brettschneider, Frank/ Vetter, Angelika (Hg.) 1997: Politische Kultur und Wahlverhalten in einer Großstadt, Opladen.

Gabriel, Oscar / Eisenmann, Susanne 2005: Local Government in the German federal system, in: Denters, Bas / Rose, Lawrence E. (Hg): Comparing Local Governance – Trends and Developments, New York: 120-138.

Gabriel, Oscar W./ Hoffmann-Martinot, Vincent/ Savitch, Hank (Hg.) 2000: Urban Democracy, Opladen.

Gabriel, Oscar W./ Kunz, Volker/ Zapf-Schramm, Volker 1994: Parteiideologien und Problemverarbeitung in der kommunalen Infrastrukturpolitik, in: Gabriel, Oscar W./ Voigt, Rüdiger (Hg.): Kommunalwissenschaftliche Analysen, Bochum: 79-103.

Gallenkemper, Bernhard et al. 1996: Gebührensystem und Abfuhrrythmen in der kommunalen Abfallwirtschaft – Erfahrungen und Handlungsempfehlungen, Berlin.

Gans, Brigitte 1994: Mediation – Ein Weg des Umgangs mit Konflikten in der räumlichen Planung? Schriftenreihe zur ökologischen Kommunikation 3, Ökom.

Ganser, Bernd 1977: Jugendzentrum in Selbstverwaltung, Tübingen.

Gaßner, Hartmut/ Holznagel, Bernd/ Lahl, Uwe 1992: Mediation: Verhandlungen als Mittel der Konsensfindung bei Umweltstreitigkeiten, Bonn.

Gehne, David H. 2000: Sozialstruktur und Profile der Kandidatinnen und Kandidaten bei der ersten Direktwahl der Bürgermeister/ innen in Nordrhein-Westfalen. Ergebnisse einer landesweiten schriftlichen Befragung aller Bürgermeisterkandidatinnen und – kandidaten in NRW 1999, Diplomarbeit, Ruhr-Universität-Bochum.

Gehne, David/ Holtkamp, Lars 2002: Wahlkampf: Nicht ohne meine Partei? Andersen, Uwe/ Bovermann, Rainer (Hg.): Kommunalwahl 1999 in NRW – Im Westen was Neues, Opladen: 89-113.

Gehne, David/ Holtkamp, Lars 2005: Fraktionsvorsitzende und Bürgermeister in NRW und Baden-Württemberg, in: Bogumil, Jörg/ Heinelt, Hubert (Hg.): Bürgermeister in Deutschland – Politikwissenschaftliche Studien zu direkt gewählten Bürgermeistern, Wiesbaden: 81-141.

Gessenharter, Wolfgang 1996: Warum neue Beteiligungsmodelle auf kommunaler Ebene? in: APuZ 50/ 1996: 1-12.

Gerstlberger, Wolfgang 1999: Public-Private-Partnerships und Stadtentwicklung – Öffentlich-private Projektgesellschaften zwischen Erweiterung und Aushöhlung kommunaler Handlungsfähigkeit, München.

Gerstlberger, Wolfgang/ Grimmer, Klaus/ Wind, Martin 1999: Innovationen und Stolperstein in der Verwaltungsmodernisierung, Berlin.

Giddens, Anthony 1999: Der dritte Weg. Die Erneuerung der sozialen Demokratie, Frankfurt.

Gisevius, Wolfgang 1999: Der neue Bürgermeister. Vermittler zwischen Bürgern und Verwaltung, aus der Reihe: Politik im Taschenbuch, Band 25, Bonn.

Gneist, Rudolf von 1879: Der Rechtsstaat und die Verwaltungsgerichte in Deutschland, Berlin.

Grabow, Busso 2005: Public Private Partnership Projekte, Eine aktuelle Bestandsaufnahme, Studie des Deutschen Instituts für Urbanistik im Auftrag des Bundesministeriums für Verkehr, Bau- und Wohnungswesen, Berlin.

Grande, Edgar/ Prätorius, Rainer (Hg.): Modernisierung des Staates? (Staatslehre und politische Verwaltung, Band 1), Baden-Baden.

Grauhan, Rolf-Richard 1969: Modelle politischer Verwaltungsführung, in: PVS 2-3/ 1969: 269-284.

Grauhan, Rolf-Richard 1970: Politische Verwaltung. Auswahl und Stellung der Oberbürgermeister als Verwaltungschefs deutscher Großstädte, Freiburg.

Grauhan, Rolf-Richard 1971: Der politische Willensbildungsprozeß in der Großstadt, in: Der Bürger im Staat 3/ 1971: 106-111.

Grauhan, Rolf-Richard 1972 (Hg.): Großstadt-Politik. Texte zur Analyse und Kritik lokaler Demokratie, Gütersloh.

Grauhan, Rolf-Richard 1972a: Der politische Willensbildungsprozeß in der Großstadt, in: Ders. 1972: 145-161.

Grauhan, Rolf-Richard 1975 (Hg.): Lokale Politikforschung, Bd. 1 und Bd. 2, Frankfurt/ New York.

Greese, Dieter 1998: Kommunale Kinder- und Jugendpolitik, in: Wollmann, Hellmut/ Roth, Roland 1998: Kommunalpolitik – Politisches Handeln in den Gemeinden, Opladen, zweite erweiterte Auflage: 717-731.

Grehling, Annekathrin 2005: Das Nothaushaltsrecht der Kommune – zwischen Recht und Alltag, in: Der Gemeindehaushalt 2/ 2005: 25-31.

Greifenhagen, Sylvia/ Neller, Katja 2005: Praxis ohne Theorie? Wissenschaftliche Diskurse zum Bund Länder Programm "Stadtteile mit besonderem Entwicklungsbedarf - die Soziale Stadt", Wiesbaden.

Gründler, Raimund/ Lückemeier, Peter 1999: Zur kommunalen Direktwahl. Erfahrungen aus Baden-Württemberg und Hessen, Arbeitshilfe Nr. 5 der Konrad-Adenauer-Stiftung, Sankt Augustin.

Grunow, Dieter 1999: Wie bleibt Kommunalpolitik steuerungsfähig? in: Grüne Alternative in den Räten (Hg.): Kommunalpolitik am Scheideweg, Tagungsreader, Düsseldorf 1999: 3-8.

Grunow, Dieter/ Pamme, Hildegard 2000: Städte und Gemeinden aus verfassungsgeschichtlicher Perspektive, in: Bellers, Jürgen/ Frey, Rainer/ Rosenthal, Claudius (Hg.): Einführung in die Kommunalpolitik, München: 45-70.

Grunow, Dieter/ Wollmann, Hellmut (Hg.) 1998: Lokale Verwaltungsreform in Aktion. Fortschritte und Fallstricke, Basel.

Grupp, Klaus/ Ronellenfitsch, Michael (Hg.) 1995. Kommunale Selbstverwaltung in Deutschland und Europa, Berlin.

Guggenberg, Bernd/ Offe, Claus 1984: An den Grenzen der Mehrheitsdemokratie – Politik und Soziologie der Mehrheitsregel, Opladen.

Gunst, Dietrich 1990: Gebietsreform, Bürgerwille und Demokratie, in: AfK 2/ 1990: 189-209.

Haid, Margot 1999: Kundinnenorientierung und Kundinnenpfad in der Offenen Jugendarbeit, in: deutsche Jugend 9/ 1999: 369-375.

Hamer, Wolfgang 1997: Abschied von der betriebsbedingten Kündigung im öffentlichen Dienst? in: Der Personalrat 8/ 1997: 355-360.

Hatzfeld, U. 1996: Die Probleme des Handels sind die Probleme der Städte; in: Ministerium für Stadtentwicklung, Kultur und Sport (Hg.): Handel in der Stadt - Handeln in der Stadt, Düsseldorf: 31-90.

Hauber, Günter 1989: Abfall – Ingenieur – Bürger: gemeinsam das Müllproblem lösen, Karlsruhe.

Haus, Michael (Hg.) 2002: Bürgergesellschaft, soziales Kapital und lokale Politik. Theoretische Analysen und empirische Befunde, (Reihe Stadtforschung aktuell Band 86) Opladen.

Haus, Michael 2005: Einleitung: Lokale Institutionenpolitik in Deutschland zwischen strategischen Entscheidungen und kulturellen Deutungsprozessen, in: Haus, Michael (Hg.): Institutionenwandel lokaler Politik in Deutschland, Wiesbaden: 7-54.

Haus, Michael / Heinelt, Hubert 2005: Neue Formen des Regierens auf lokaler Ebene, in: Haus, Michael et al.(Hg.): Partizipation und Führung in der lokalen Politik, Baden-Baden: 15-75.

Haus, Wolfgang 1956: Staatskommissare und Selbstverwaltung 1930-1993, in: Der Städtetag 3/ 1956: 96ff.

Häußermann, Hartmut 1991a: Lokale Politik und Zentralstaat. Ist auf kommunaler Ebene eine "alternative Politik" möglich? in: Heinelt/ Wollmann 1991, 52-91.

Häußermann, Hartmut 1991b: Die Bedeutung "lokaler Politik" - neue Forschung zu einem alten Thema, in: Blanke 1991, 35-50.

Häußermann, Hartmut/ Läzer, Katrin-Luise/ Wurtzbacher, Jens 2006: Das dichte Netz der dünnen Fäden - Politische Integration und Repräsentation in der fragmentierten Stadt, Wiesbaden, i. E.

Hauschild, Christoph 1991: Die Modernisierung des öffentlichen Dienstes im internationalen Vergleich, in: Verwaltungsarchiv 1/ 1991: 81-109.

Heidelbach, Thomas et al. 1993: Werbung gegen Müll – Handbuch für gutes Umweltmarketing, Verband kommunale Abfallwirtschaft und Straßenreinigung e. V., Essen.

Heffter, Heinrich 1950: Die deutsche Selbstverwaltung im 19. Jahrhundert. Geschichte der Ideen und Institutionen, Stuttgart.

Heinelt, Hubert 1991a: Die Beschäftigungskrise und arbeitsmarkt- und sozialpolitische Aktivitäten in den Städten, in: Heinelt/ Wollmann 1991, 257-281.

Heinelt, Hubert 1991b: Lokale Arbeitsmarktpolitik in einem sich wandelnden Wohlfahrtsstaat, in: Blanke 1991, 113-125.

Heinelt, Hubert 1993: Policy und Politics. Überlegungen zum Verhältnis von Politikinhalten und Politikprozessen, in: Héritier 1993: 307-327.

Heinelt, Hubert (Hg.) 1997a: Modernisierung der Kommunalpolitik. Neue Wege zur Ressourcenmobilisierung. Opladen.

Heinelt, Hubert 1997b: Neuere Debatten zur Modernisierung der Kommunalpolitik - Ein Überblick, in: Heinelt 1997a: 12-28.

Heinelt, Hubert 2000: Nachhaltige Entwicklung durch „Agenda 21"-Prozesse. Politikwissenschaftliche Fragen und Überlegungen zur Debatte, in: Heinelt/ Mühlich 2000: 51-66.

Heinelt, Hubert/ Mühlich, Eberhard (Hg.) 2000: Lokale „Agenda 21"-Prozesse, Erklärungsansätze, Konzepte und Ergebnisse, Opladen.

Heinelt, Hubert/ Wollmann, Hellmut 1991 (Hg.): Brennpunkt Stadt. Stadtpolitik und lokale Politikforschung in den 80er und 90er Jahren, Basel.

Heinz, Rainer 1999: Kommunales Management. Überlegungen zu einem KGSt-Ansatz, Stuttgart.

Heinze, Rolf G./ Olk, Thomas 2001 (Hg.): Bürgerengagement in Deutschland: Bestandsaufnahme und Perspektiven, Opladen.

Heinze, Rolf G./ Schmid, Josef/ Strünck, Christoph 1997: Zur politischen Ökonomie der sozialen Dienstleistungspolitik – Der Wandel der Wohlfahrtsverbände und die Konjunkturen der Theoriebildung, in: Kölner Zeitschrift für Soziologie und Sozialpsychologie 2/ 1997, download http://www.uni-tuebingen.de/pol/schpoesd.htm

Heinze, Rolf G./ Strünk, Christoph 1996: Kontraktmanagement im Windschatten des „Wohlfahrtsmix", in: Evers, Adalbert/ Olk, Thomas (Hg.): Wohlfahrtspluralismus, Opladen: 294-319.

Heinze, Rolf G./ Strünck, Christoph 1999: Das soziale Ehrenamt in der Krise – Wege aus dem Dilemma, in: Theorie und Praxis der Sozialen Arbeit 5/ 99: 163-168.

Heinze, Rolf G./ Voelzkow, Helmut 1998: Verbände und „Neokorporatismus", in: Wollmann, Hellmut/ Roth, Roland (Hg.): Kommunalpolitik – Politisches Handeln in den Gemeinden, Bonn: 227-239.

Held, Friedrich Wilhelm 1995: Zur Rolle der Länder bei der Bewältigung der kommunalen Finanzprobleme - Erfahrungen mit Haushaltskonsolidierungskonzepten in Nordrhein-Westfalen, in: Frischmuth, Birgit (Hg.): Sparstrategien, Difu-Materialien 14/ 95, Berlin: 58-68.

Helmer-Denzel, Andrea 2002: Global Play im Ruhrgebiet – Die Erstellung handelsergänzender Dienstleistungen im Einzelhandel am Beispiel eines Urban Entertainment Centers und von Innenstädten, Diss, Bochum.

Hendler, Reinhard 1984: Selbstverwaltung als Ordnungsprinzip – Zur politischen Willensbildung und Entscheidung im demokratischen Verfassungsstaat der Industriegesellschaft, Köln.

Hendriks, Frank/ Tops, Pieter 1999: Between Democracy and Efficiency: Trends in Local Government Reform in the Netherlands and Germany, in: Public Administration 1/ 1999: 133-153.

Henneke, Hans-Günter 1996 (Hg.): Aktuelle Entwicklungen der inneren Kommunalverfassung, Stuttgart.

Henneke, Hans-Günter 1999: Das Verhältnis von Politik und Verwaltung in den Kommunalverfassungen der deutschen Länder. Miteinander oder Gegeneinander? in: Verwaltung und Management 3/ 1999: 132-136.

Herbold, Ralf/ Wienken, Ralf 1993: Experimentelle Technikgestaltung und offene Planung – Strategien zur sozialen Bewältigung von Unsicherheit am Beispiel der Abfallbeseitigung, Bielefeld.

Héritier, Adrienne 1993: Policy-Analyse. Elemente der Kritik und Perspektiven der Neuorientierung, in: Heritier, Adrienne (Hg.): Policy-Analyse – Kritik und Neuorientierung, PVS Sonderheft 24/ 93, Opladen: 9-38.

Herlemann, Beatrix 1977: Kommunalpolitik der KPD im Ruhrgebiet 1924-1933, Dissertation an der Abteilung Geschichtswissenschaft der Ruhr-Universität Bochum, Wuppertal.

Herrmann, Heike 2002a: Bürgerforen – Ein lokalpolitisches Experiment der Sozialen Stadt, Opladen.

Herrmann, Heike 2002b: Initiierte Bürgerforen – Bürgerbeteiligung im Rahmen sozialer Stadtentwicklung in Hamburg, in: Haus, Michael (Hg.): Bürgergesellschaft, soziales Kapital und lokale Politik, Opladen: 211-229.

Hermann, Michael 1996: Jugendgemeinderäte in Baden-Württemberg – Eine interdisziplinäre Evaluation, Pfaffenweiler.

Hermann, Michael 1997: Institutionalisierte Jugendparlamente, in: Palentien, Christian/ Hurrelmann, Klaus (Hg.): Jugend und Politik, Neuwied: 315-334.

Hermanns, Klaus 2000: Die Lokale Agenda 21. Herausforderung für die Kommunalpolitik, in: APuZ 10-11/ 2000: 3-12.

Herzfeld, Hans 1957: Demokratie und Selbstverwaltung in der Weimarer Epoche, Stuttgart.

Herzig, Bernd 1999: Merkmale von neugegründeten Trägern in der Erziehungshilfe am Beispiel Niedersachsens, in: Weigel, Nicole et al. (Hg.): Freien Trägern auf der Spur – Analysen zu Strukturen und Handlungsfeldern der Jugendhilfe, Opladen: 145-158.

Hesse, Joachim Jens 1982a: Bürger und Parteien auf lokaler Ebene; in: Raschke, Joachim (Hg.) Bürger und Parteien, Opladen: 235-248.

Hesse, Joachim Jens (Hg.) 1982b: Stadtpolitik, in: Ders. 1982 a; 431-446.

Hesse, Joachim Jens 1982c: Politikwissenschaft und Verwaltungswissenschaft. Sonderheft Nr. 18 der PVS, Opladen.

Hesse, Jens Joachim 1986 (Hg.): Erneuerung der Politik ‚von unten'? Stadtpolitik und kommunale Selbstverwaltung im Umbruch, Opladen.

Hesse, Joachim Jens 1989 (Hg.): Kommunalwissenschaften in der Bundesrepublik, Baden-Baden.

Hirschmann, Albert O. 1993: Entwicklung, Markt und Moral, Frankfurt.

Hoffmann-Riem, Wolfgang (Hg.) 1979: Bürgernahe Verwaltung? Analysen über das Verhältnis von Bürger und Verwaltung, Neuwied.

Hofmann, Harald 1997: Wirksames Mittel gegen Politikverdrossenheit – Bürgerbegehren in NRW, in: Städte und Gemeindebund 12/ 1997: 338-342.

Hofmann, Wolfgang 1974: Zwischen Rathaus und Reichskanzlei, Stuttgart.

Hollbach-Grömig, Beate/ Grabow, Busso/ Birk, Florian/ Leppa, Gerold 2005: Stadtmarketing – Bestandsaufnahme und Entwicklungstrends, Difu – Aktuelle Informationen, Berlin

Holp, Achim 2001: Analyse der Situation selbstverwalteter Jugendzentren im Regierungsbezirk Stuttgart, Diplomarbeit, download aus dem Internet: www.dv-juze.de/Hauptseiteteil2.html

Holst, Mathias/ Müller, Klaus 1987: Raumordnung und Abfallbeseitigung, Basel.

Holst, Mathias 1991: Planungsverfahren für Umweltfachpläne, Umweltbundesamt Berichte 1/ 91, Berlin.

Holtkamp, Lars 1996: Mediation in der Umweltpolitik; in: Blätter für deutsche und internationale Politik 3/ 1996: 363-365.

Holtkamp, Lars 1998: Kommunale Haushaltspolitik; in: Andersen, Uwe (Hg.): Kommunalpolitik in Nordrhein-Westfalen im Umbruch, Landeszentrale für politische Bildung, Düsseldorf: 234-254.

Holtkamp, Lars 2000a: Fünf Jahre Bürgerbegehren in NRW. Zur Erfolglosigkeit verurteilt?, in: GAR Rundbrief 1/ 2000: 19-21.

Holtkamp, Lars 2000b: Kommunale Haushaltspolitik bei defizitären Verwaltungshaushalten, in: Der Gemeindehaushalt 7/ 2000, 159-161.

Holtkamp, Lars 2000c: Kommunale Haushaltspolitik in NRW – Haushaltslage – Konsolidierungspotentiale - Sparstrategien, Diss., Opladen.

Holtkamp, Lars 2000d: Bürgerbeteiligung in Städten und Gemeinden – Ein Praxisleitfaden für die Bürgerkommune, Berlin.

Holtkamp, Lars 2000e: Mediation – eine überschätzte Methode, in: GAR-Rundbrief 3/ 2000: 21-22.

Holtkamp, Lars 2001a: Kommunale Beteiligung an Entscheidungsprozessen der Bundesländer, in: Zeitschrift für Parlamentsfragen 1/ 2001: 19-32.

Holtkamp, Lars 2001b: Der Bürgerhaushalt – Ein Konzept für Klein und Groß und Arm und Reich? in: Der Gemeindehaushalt 5/ 2001: 104-107.

Holtkamp, Lars 2001c: Bürgerkommune 2000 - Vereinbarkeit von Legitimation, Effizienz und Effektivität? in: Gegenwartskunde 1/ 2001: 67-78.

Holtkamp, Lars 2002a: Kommunale Haushaltspolitik in den 90er Jahren – Der Wandel von polity, politics und policy, in: Bogumil, Jörg (Hg.): Kommunale Entscheidungsprozesse im Wandel, Opladen: 55-73.

Holtkamp, Lars 2002b: Das Verhältnis von Bürgern und Bürgermeistern, in: Andersen, Uwe/ Bovermann, Rainer (Hg.): Kommunalwahl 1999 in NRW – Im Westen was Neues, Opladen: 235-253.

Holtkamp, Lars 2002c: Das Leitbild der Bürgerkommune und die Interessenlage der kommunalen Entscheidungsträger, in: Haus, Michael (Hg.): Bürgergesellschaft, soziales Kapital und lokale Politik, Opladen: 129-147.

Holtkamp, Lars 2003: Parteien in der Kommunalpolitik – Konkordanz- und Konkurrenz-demokratien im Bundesländervergleich, polis-Heft 58/ 03, FernUniversität Hagen, Hagen.

Holtkamp, Lars 2004: Wozu noch Parteien in den Rathäusern? Risiken und Nebenwir-kungen einer kommunalen Parteipolitisierung, in: Alternative Kommunalpolitik 6/ 2004: 54-58.

Holtkamp, Lars 2005a: Reform der Kommunalverfassungen in den alten Bundesländern - eine Ursachenanalyse, in: Bogumil, Jörg / Heinelt, Hubert (Hg.): Bürgermeister in Deutschland – Politikwissenschaftliche Studien zu direkt gewählten Bürgermeistern, Wiesbaden: 13-32.

Holtkamp, Lars 2005b: Neue Formen kommunaler Bürgerbeteiligung - Netzwerkeuphorie und Beteiligungsrealität, in: Oebbecke, Janbernd (Hg.): Nicht-normative Steuerung in dezentralen Systemen, Stuttgart: 15-34.

Holtkamp, Lars 2006a: Der beratende Sparkommissar gemäß § 124 GO NRW, in: Der Gemeindehaushalt 2/ 2006: 41-43. downloadbar: www.sparkommissar-waltrop.de.

Holtkamp, Lars 2006b: Kommunale Haushaltspolitik - Strategische Konsolidierung, Durchwursteln oder verdeckter Widerstand, in: Planungsrundschau 13/ 2006. i. E. downloadbar: www.sparkommissar-waltrop.de.

Holtkamp, Lars 2006c: Parteien in der kommunalen Demokratie, Habil-Schr., Hagen. i. E.

Holtkamp. Lars 2007: Local Governance, in: Benz, Arthur / Lütz, Susanne / Schimank, Uwe / Simonis, Georg (Hg.): Handbuch Governance, Wiesbaden, i. E.

Holtkamp, Lars / Bogumil, Jörg / Kißler, Leo 2006: Kooperative Demokratie – Das politi-sche Potential von Bürgerengagement, Frankfurt.

Holtkamp, Lars/ Gehne, David H. 2002: Bürgermeisterkandidaten zwischen Verwal-tungsprofis, Parteisoldaten und Schützenkönigen, in: Andersen, Uwe / Bovermann, Rainer (Hg.): Kommunalwahl 1999 in NRW – Im Westen was Neues, Opladen: 55-88

Holtkamp, Lars/ Munier, Gerald 2002: Klüngel, Korruption&Kommune – Ausmaß, Ursa-chen und Prävention kommunaler Korruption, in: Munier, Gerald (Hg.): Kriminalität und Sicherheit, Berlin: 185-201.

Holtkamp, Lars/ Schubert, Klaus 1993: Mediationsverfahren – Erfolgsbedingungen und Restriktionen in der deutschen Abfallpolitik, in: Gegenwartskunde 4/ 1993: 421-432.

Holtkamp, Lars/ Stach, Birgit 1995: Friede, Freude, Eierkuchen? Mediationsverfahren in der Umweltpolitik, Marburg.

Holtmann, Everhard 1989: Politik und Nichtpolitik – Lokale Erscheinungsformen Politi-scher Kultur im frühen Nachkriegsdeutschland – Das Beispiel Unna und Kamen, Opladen.

Holtmann, Everhard 1992: Politisierung der Kommunalpolitik und Wandlungen im loka-len Parteiensystem, in: APuZ 22-23/ 1992: 13-22.

Holtmann, Everhard 1996: Zwischen Repräsentation und Plebizit: Bürger und Parteien in der Kommunalpolitik, in: Rüther 1996: 201-222.

Holtmann, Everhard 1998: Parteien in der lokalen Politik, in: Wollmann, Hellmut/ Roth, Roland (Hg.) 1998: Kommunalpolitik – Politisches Handeln in der Gemeinde, zwei-te erweiterte Auflage, Opladen: 208-226.

Holtmann, Everhard 1999: Das Volk als örtlich aktivierte Bürgerschaft. Zur Praxis kom-munaler Sachplebizite, in: AfK 2/ 1999: 187-211.

Holtmann, Everhard 2004: Haben politische Parteien in der Kommunalpolitik noch eine Zukunft – Zur Vereinbarkeit parteienstaatlicher Konkurrenzdemokratie und kom-munaler Selbstverwaltung, in: Die Zukunftsfähigkeit der Stadt in Vergangenheit und Gegenwart, Erlanger Forschungen, Sonderreihe Band 10: 225-245.

Holtmann, Everhard 2006: Kommunalpolitik, Wiesbaden, i. E.

Holzinger, Katharina 1998: Die Leistungsfähigkeit umweltpolitischer Problemlösungen, download aus dem Internet: www.mpp-rdg.de/ pdf-dat/ leistung.pdf

Holzinger, Katharina/ Weidner, Helmut 1997: Das Neusser Mediationsverfahren im politischen Umfeld, WZB, Schriften zu Mediationsverfahren im Umweltschutz Nr. 17, Berlin.

Horn, Hans-Detlef 1993: Staat und Gesellschaft in der Verwaltung des Pluralismus, in: Die Verwaltung 4/ 1993: 545-573.

Hucke, Jochen/ Ullmann, Arieh 1980: Konfliktregelung zwischen Industriebetrieb und Vollzugsbehörde bei der Durchsetzung regulativer Politik, in: Mayntz, Renate (Hg.): Implementation politischer Programme, Königstein: 105-126.

Hülsmann, Martin 2001: Die Entstehung verhandlungsdemokratischer Arrangements am Beispiel des Reichsjugendwohlfahrtsgesetzes der Weimarer Republik, Bochum, unveröffentlichte Diplomarbeit.

ILS 2000: Analyse der Umsetzung des integrierten Handlungsprogramms für Stadtteile mit besonderem Entwicklungsbedarf, Dortmund.

Innenminister des Landes NRW 1989: Umfrage zu den Bedingungen der Kommunalpolitik in Nordrhein-Westfalen, Düsseldorf.

Innenminister des Landes NRW 1991: Änderung des §62 Abs. 3 GO NW - Haushaltssicherungskonzepte - Runderlaß des Innenministeriums vom 29.7.91; in: Ministerialblatt für das Land Nordrhein-Westfalen 62/ 91: 1190 f.

Innenminister des Landes NRW 1999: Bügerbegehren und Bürgerentscheid in NRW, August 1994-Oktober 1999, Düsseldorf.

Institut für Organisationskommunikation (IFOK) 1999: Was heißt hier Agenda? Analysen – Erfahrungen – Beispiele, Dettelbach.

Internationaler Rat für kommunale Umweltinitiativen (ICLEI) 1998: Handbuch Lokale Agenda 21. Wege zur nachhaltigen Entwicklung in den Kommunen, Bonn.

Jann, Werner 1984: Verwaltung im politischen Prozeß, in: Verwaltungsrundschau 2/ 1984: 37-43.

Jann, Werner 1998: Politik und Verwaltung im funktionalen Staat, in: Jann, Werner/ König, Klaus/ Landfried, Christine/ Wordelmann, Peter (Hg.): Politik und Verwaltung auf dem Weg in die transindustrielle Gesellschaft. Festschrift zum 65 Geburtstag von Carl Böhret, Baden-Baden: 253-282.

Jansen, Dorothea 1997: Mediationsverfahren in der Umweltpolitik, in: PVS 2/ 1997: 274-297.

Jarren, Ottfried 1998: Lokale Medien und kommunale Politik, in: Wollmann, Hellmut/ Roth, Roland (Hg.): Kommunalpolitik, Opladen: 274-289.

Jeglitz, Matthias/ Hoyer, Carsten 1998: Deutsche Verfahren alternativer Konfliktlösung bei Umweltstreitigkeiten, in: Zilleßen, Horst (Hg.): Mediation – Kooperatives Konfliktmanagement in der Umweltpolitik, Opladen: 137-183.

John, Peter 2001: Local Governance in Western Europe, London.

Jordan, Erwin/ Sengling, Dieter 1992: Jugendhilfe – Einführung in die Geschichte und Handlungsfelder, Organisationsformen und gesellschaftlichen Problemlagen, zweite überarbeitete Auflage, Weinheim.

Jordan, Erwin/ Stork, Remi 1998: Beteiligung in der Jugendhilfeplanung, in: Jordan, Erwin/ Schone, Reinhold (Hg.): Handbuch Jugendhilfeplanung, Münster: 510-549.

Jugendwerk der deutschen Shell (Hg.) 1997: Jugend `97 - Zukunftsperspektiven - Gesellschaftliches Engagement - Politische Orientierungen, Opladen.

Junkernheinrich, Martin 1991: Gemeindefinanzen - Theoretische und methodische Grundlagen ihrer Analyse, Berlin.

Jung, Otmar 2001: Mehr direkte Demokratie wagen, in: Jung, Otmar/ Knemeyer, Franz-Ludwig (Hg.): Im Blickpunkt: Direkte Demokratie, München: 13-72.

Jung, Otmar/ Knemeyer, Franz- Ludwig 2001: Im Blickpunkt: Direkte Demokratie, München.

Jungfer, Klaus 2005: Die Stadt in der Krise – Ein Manifest für starke Kommunen, München.

Kahnert, Rainer / Rudowski, Katrin 1999: Stadtmarketing in Nordrhein-Westfalen – Bilanzen und Perspektiven, MASSKS NRW, Düsseldorf.

Kannen, Irmtraud 1996: Und das soll Demokratie gewesen sein? Konflikte und Harmonie im Gemeinderat am Beispiel der Stadt Cloppenburg , Oldenburg, http://docserver.bis.uni.oldenburg.de/Publikationen/bisverlag/kanund96/kanund96.html.

Karl, Fred 1995: Seniorenbüros und Seniorengenossenschaften - eine Zwischenbilanz, in: Theorie und Praxis der sozialen Arbeit 10/ 1995: 370-373.

Karpe, Jan 1999: Mediation für standortbezogene Umweltkonflikte, in: Zeitschrift für Umweltpolitik & Umweltrecht 2/ 1999: 189-213.

Karrenberg, Hans 2006: Aktuelle Finanzlage der Städte – Rückblick auf 2005 und Prognose für 2006, unveröffentlichtes Ms.

Karrenberg, Hanns/ Münstermann, Engelbert 1997: Gemeindefinanzbericht 1997. Städtische Finanzen '97 - auf Mastrich-Kurs, in: der städtetag 3/ 1997: 129-209.

Karrenberg, Hanns/ Münstermann, Engelbert 1998: Kommunale Finanzen, in: Wollmann, Hellmut/ Roth, Roland (Hg.): Kommunalpolitik – Politisches Handeln in der Gemeinde, zweite erweiterte Auflage, Opladen: 437-460.

Karrenberg, Hanns/ Münstermann, Engelbert 2002: Städtische Finanzen: Kollaps oder Reformen! Der Städtetag 4/ 2002, Köln.

Karrenberg, Hanns/ Münstermann, Engelbert 2004: Stadtfinanzen: Rekorddefizite und Verfall der Investitionen, Der Städtetag 1/ 2004, Köln.

Kempf, Thomas/ von Kodolitsch, Paul/ Naßmacher, Hiltrud 1989: Die Arbeitssituation von Ratsmitgliedern. Verbesserungsmöglichkeiten durch Fortbildung, Organisation der Fraktionsarbeit und Einrichtung von Stadtteilvertretungen, Berlin.

Kersting, Norbert 2004: Die Zukunft der lokalen Demokratie – Modernisierungs- und Reformmodelle, Frankfurt.

Kevenhörster, Paul (Hg.) 1977: Lokale Politik und exekutiver Führerschaft, Meisenheim.

Kirchgässner, Gebhard 1999: Rationale Ignoranten als Stimmbürger? Zur Rolle der Informationsübermittlung in der Demokratie, in: Anselm, Elisabeth et al. 1999: Die neue Ordnung des Politischen, Frankfurt/ New York: 177-186.

Kißler, Leo 1997: „Kundenorientierung" der Kommunalverwaltung – eine dritte Säule der lokalen Demokratie?, in: Bogumil/ Kißler 1997: 95-112.

Kißler, Leo/ Bogumil, Jörg/ Wiechmann, Elke (Hg.) 1993: Anders verwalten. Erfahrungen und Perspektiven kommunaler Gestaltungsprojekte, Marburg.

Kißler, Leo/ Bogumil, Jörg/ Wiechmann, Elke 1994: Das kleine Rathaus. Kundenorientierung und Produktivitätssteigerung durch den Bürgerladen Hagen. Baden-Baden.

Kißler, Leo/ Bogumil, Jörg/ Greifenstein, Ralph/ Wiechmann, Elke 1997: Moderne Zeiten im Rathaus? Reform der Kommunalverwaltungen auf dem Prüfstand der Praxis, (Modernisierung des öffentlichen Sektors, Sonderband 8), Berlin.

Kißler, Leo/ Greifenstein, Ralph/ Wiechmann, Elke 2003: Kommunale Bündnisse für Arbeit. Neue Perspektiven für die Zukunft der Arbeit in den Städten, aus der Reihe: Modernisierung des öffentlichen Sektors, Sonderband 20, Berlin.

Kißler, Leo/ Wiechmann, Elke (Hg.) 1999: Gleichstellungspolitik und kommunale Verwaltungsreform, Baden-Baden.

Kistler, Ernst/ Noll, Heinz-Herbert/ Priller, Eckart (Hg.) 1999: Perspektiven gesellschaftlichen Zusammenhalts. Empirische Befunde, Praxiserfahrungen, Meßkonzepte, Berlin.

Kitschelt, Herbert 1996: Demokratietheorie und Veränderungen politischer Beteiligungsformen. Zum institutionellen Design postindustrieller Gesellschaften, in; Forschungsjournal NSB 2/ 1996: 17-29.

Klages, Helmut 1993: Häutungen der Demokratie, Zürich.

Klages, Helmut 1998: Engagement und Engagementpotential in Deutschland . Erkenntnisse der empirischen Forschung; in: APuZ 38/ 1998: 29-38.

Klages, Helmut 1999: Zerfällt das Volk? Von den Schwierigkeiten der modernen Gesellschaft mit Gemeinschaft und Demokratie, in: Klages/ Gensicke 19: 1-20.

Klages, Helmut/ Gensicke, Thomas 1999: Wertewandel und Bürgerschaftliches Engagement an der Schwelle zum 21. Jahrhundert, Speyerer Forschungsberichte 193, Speyer.

Klein, Ansgar/ Schmalz-Bruns, Rainer (Hg.) 1997: Politische Beteiligung und Bürgerengagement in Deutschland, Schriftenreihe der Bundeszentrale für politische Bildung, Band 347, Bonn.

Klein, Ansgar/ Schmalz-Bruns, Rainer 1997a: Herausforderungen der Demokratie. Möglichkeiten und Grenzen der Demokratisierung, in: Dies. 1997: 7-39.

Kleinfeld, Ralf 1996: Kommunalpolitik - Eine problemorientierte Einführung, Opladen.

Kleinfeld, Ralf/ Nendza, Achim 1996: Die Reform der deutschen Gemeindeverfassungen unter besonderer Berücksichtigung der Entwicklung in Nordrhein-Westfalen und in den neuen Bundesländern, in: Kleinfeld 1996: 73-154.

Klieve, Lars Martin/ Stibi, Axel 2001: Rat versus Ober(Bürgermeister) – Ein Fall „kommunaler Kohabitation", in: Verwaltungsrundschau 1/ 2001: 16-19.

Klug, Wolfgang 1999: Wohlfahrtsverbände zwischen Beharrung, Aufbruch und Neuorientierung, in: AfK 1/ 1999: 71-88.

Knemeyer, Franz-Ludwig 1997: Bürgerbeteiligung und Kommunalpolitik, Landsberg am Lech (2. Erweiterte Auflage).

Knemeyer, Franz-Ludwig 1998: Gemeindeverfassungen, in: Wollmann/ Roth 1998: 104-123.

Knemeyer, Franz-Ludwig 2000: Kommunale Selbstverwaltung neu denken, in: Deutsches Verwaltungsblatt 17/ 2000: 876-882.

Koch, Bruno/ Maywald, Jochen 1999: Probleme beim Wiegen und Identifizieren von Müll, in: Städte- und Gemeinderat: 31-32.

Kodolitsch, Paul von 1988: Blütenträume und Realität: Bilanz der Entwicklung, in: Bundesforschungsanstalt für Landeskunde und Raumordnung (Hg.): Bürgerbeteiligung, Bürgermitwirkung, Bürgerselbsthilfe, Bonn: 9-14.

Kodolitsch, Paul von 1996: Die Zusammenarbeit von Rat und Verwaltung - Herausforderungen durch das Neue Steuerungsmodell, in: Reichard/ Wollmann: 169-182.

Kodolitsch, Paul von 2000: Miteinander oder Gegeneinander? Zum schwierigen Verhältnis von Rat und Verwaltung, in: AfK II/ 2000.

Kodolitsch, Paul von 2002: Die Debatten um Bürger und Kommunalverwaltung – eine „endlose Geschichte", in: DfK II/ 2002: 7-22.

Köllner, Angela 2004: Wenn BürgerInnen haushalten, in: Forum Kommunalpolitik 5/ 2004: 10-11.

König, Klaus 1995: Prozedurale Rationalität. - Zur kontraktiven Aufgabenpolitik der achtziger Jahre -, in: Verwaltungs-Archiv 1/ 1995: 1-31.

König, Klaus/ Siedentopf, Heinrich (Hg.) 1997: Öffentliche Verwaltung in Deutschland, Baden-Baden.

König, Klaus/ Beck, Joachim 1997: Modernisierung von Staat und Verwaltung. Zum Neuen Öffentlichen Management, Baden-Baden.

Köstering, Heinz 1983: Das Verhältnis zwischen Gemeinde- und Kreisaufgaben einschließlich der Funktionalreform; in: Püttner, Günter (Hg.): Handbuch der kommunalen Wissenschaft und Praxis, Band 3., Berlin.

Kösters, Jens 2005: Der Bürgerentscheid in Nordrhein-Westfalen – Politische Ausgestaltung und Rechtssetzung der Gemeinden, Frankfurt.

Kösters, Winfried 1998: Der Jugendhilfeausschuß als jugendpolitisches Leitungsgremium aus der Sicht eines Vorsitzenden des Jugendhilfeausschusses, in: Verein für Kommunalwissenschaften (Hg.): Jugendhilfeausschuss und kommunale Jugendpolitik, Berlin: 24-41.

Köttgen, Arnold 1968: Die Krise der kommunalen Selbstverwaltung, Stuttgart (erstmals veröffentlicht 1931).

Kommunale Gemeinschaftsstelle (KGSt) 1993: Das neue Steuerungsmodell. Begründungen. Konturen. Umsetzungen, KGSt-Bericht Nr. 5/93, Köln.

Kommunale Gemeinschaftsstelle (KGSt) 1998: Kontraktmanagement. Steuerung über Zielvereinbarungen. KGSt-Bericht Nr. 4/98, Köln.

Korte, Hermann 1986: Stadtsoziologie. Forschungsprobleme und Forschungsergebnisse der 70er Jahre, Darmstadt.

Kost, Andreas (Hg.) 2005: Direkte Demokratie in den deutschen Ländern. Eine Einführung, Wiesbaden.

Kost, Andreas/ Wehling, Hans-Georg (Hg.) 2003: Kommunalpolitik in den deutschen Ländern. Eine Einführung, Opladen.

KPMG 2004: Haushaltskonsolidierung und Doppik, unveröffentlichtes Ms.

Krebsbach, August 1957: Die Preußische Städteordnung von 1808. Textausgabe mit Einführung, Stuttgart.

Krautzberger, Michael / Richter, Birgit 2002: „Die soziale Stadt" – Neuorientierung in der Stadtentwicklungspolitik und in der Sozialarbeit, in: Theorie und Praxis der Sozialen Arbeit 1/2002: 36-41.

Kropp, Sabine 2004: Modernisierung des Staates in Deutschland: Konturen einer endlosen Debatte, in: PVS 3/ 2004: 416-439.

Kuhlmann, Sabine 2003: Rechtsstaatliches Verwaltungshandeln in Ostdeutschland. Eine Studie zum Gesetzesvollzug in der lokalen Bauverwaltung, Opladen

Kuhlmann, Sabine 2004a: Evaluation lokaler Verwaltungspolitik: Umsetzung und Wirksamkeit des Neuen Steuerungsmodells in den deutschen Kommunen, in: PVS 3/ 2004: 370-394.

Kuhlmann, Sabine 2004b: Leistungsfähigkeit der Kommunalverwaltung in Ostdeutschland. Ansätze zur Evaluation des Rechts- und Institutionentransfers am Beispiel der lokalen Baubehörden. Deutsche Zeitschrift für Kommunalwissenschaft II/04: 85-115.

Kuhlmann, Sabine 2005a: Die Stellung der Bezirke in europäischen Hauptstädten: Berlin und Paris im Vergleich, in: Landes- und Kommunalverwaltung, i.E.

Kuhlmann, Sabine 2005b: Selbstevaluation durch Leistungsvergleiche in deutschen Kommunen, in: Zeitschrift für Evaluation 1/ 2005: 7-28 (download unter: www.degeval.de/ ak_ver/ index.htm).

Kuhlmann, Sabine 2006: Hat das „Neue Steuerungsmodell" versagt? Lehren aus der „Ökonomisierung" von Politik und Verwaltung, in Verwaltung und Management 3/06, i.E.

Kuhlmann, Sabine/ Bogumil, Jörg/ Wollmann, Hellmut (Hg.) 2004: Leistungsmessung und -vergleich in Politik und Verwaltung. Konzepte und Praxis, Wiesbaden.

Kuhlmann, Sabine/ Wegrich, Kai/ Wollmann, Hellmut 2000: Kommunale Rechtsanwendung im Umbruch und Wandel. Implementation des Städtebaurechts in Ost- und Westdeutschland, Opladen.

Kuhring, Heidi 1999: Kriterien gelingender Partizipation von Kindern und Jugendlichen, in: Soziale Arbeit 9/ 1999: 346-350.

Kunz, Volker 2000: Parteien und kommunale Haushaltspolitik im Städtevergleich, Opladen.

Kunz, Volker/ Gabriel, Oscar W. 2000: Soziale Integration und politische Partizipation - Das Konzept des Sozialkapitals; in: Druwe, Ulrich et al. (Hg.): Kontext, Akteur und strategische Interaktion, Opladen: 47-74.

Kunz, Volker/ Zapf-Schramm, Thomas 1989: Ergebnisse der Haushaltsentscheidungsprozesse in den kreisfreien Städten der Bundesrepublik, in: Schimanke, Dieter (Hg.): Stadtdirektor oder Bürgermeister, Basel:161-189.

Lackner, Stefanie 1996: Willensbildungsprozesse im Rahmen von Bürgerentscheiden: Forschungsansätze und –perspektiven, Diplomarbeit, Marburg.

Lackner, Stefanie 1999: Willensbildungsprozesse im Rahmen von Bürgerentscheiden, in: Schiller, Theo (Hg.): Direkte Demokratie in Theorie und kommunaler Praxis, Frankfurt: 69-113.

Lahl, Uwe/ Weiter, Christian/ Zeschmar-Lahl, Barbara 1998: Die Zeche zahlt der Bürger – Immer mehr Gewerbeabfälle landen auf Billigdeponien oder als Ersatzbrennstoff in Industrieanlagen, in: Müllmagazin 1/ 1998: 36-43.

Lamnek, Siegfried 1989: Qualitative Sozialforschung. Band 2. Methoden und Techniken, München.

Lamping, Wolfram 1998: Kommunale Abfallpolitik – Ökologischer Strukturwandel und politisches Lernen, Diss, Download aus dem Internet: http://webdoc.sub.gwdg.de/ebook/lf/1999/lamping/246957999.pdf.

Lamping, Wolfram/ Plaß, Stefan 1998: Abfallpolitik zwischen Bund, Ländern und Gemeinden, in: Gegenwartskunde 1/ 1998: 103-136.

Landeskriminalamt Baden-Württemberg (Hg.) 1996: Kommunale Kriminalprävention. Eine Chance für mehr Sicherheit, Stuttgart.

Landesumweltamt Nordrhein-Westfalen 1998: Kommunale Abfallvermeidungs- und –Verwertungsmaßnahmen in NRW, Essen.

Langmann, Andreas/ Schönwasser, Stefan 1998: Umweltpolitik in den Kommunen – das Beispiel Abfallpolitik, in: Andersen, Uwe (Hg.): Kommunalpolitik in Nordrhein-Westfalen im Umbruch, Köln: 327-344.

Lehmbruch, Gerhard 1967: Proporzdemokratie – Politisches System und politische Kultur in der Schweiz und in Österreich, Tübingen.

Lehmbruch, Gerhard 1972: Der Januskopf der Ortsparteien. Kommunalpolitik und das kommunale Parteisystem, in: Der Bürger im Staat 1/72: 3-8.

Lehmbruch, Gerhard 1987: Administrative Interessenvermittlung, in: Windhoff-Heritier (Hg.) 1987: 11-43.

Lehmbruch, Gerhard 1998: Parteienwettbewerb im Bundesstaat. Regelsysteme und Spannungslagen im Institutionengefüge der Bundesrepublik Deutschland, (2. Erweiterte Auflage, erste Auflage 1976), Opladen.

Lemmermann, Marc 2000: Die Reform der niedersächsischen Kommunalverfassung, Frankfurt.

Libbe, Jens/ Tomerius, Stephan/ Trapp, Jan (Hg.) 2002: Liberalisierung und Privatisierung öffentlicher Aufgabenbereiche in Kommunen. Soziale und ökologische Problemlagen und Chancen für eine nachhaltige Entwicklung, Berlin (Reihe „Difu-Beiträge zur Stadtforschung").

Liebl, Karlhans 2002: Lokale Kriminalpolitik – Fragen nach Auftrag und Legitimität, in: Prätorius, Rainer (Hg.): Wachsam und kooperativ? Der lokale Staat als Sicherheitsproduzent, Baden-Baden: 132-144.

Lindblom, Charles E. 1975: Inkrementalismus: die Lehre vom „Sich-Durchwursteln", in: Narr, Wolf-Dieter/ Offe, Claus (Hg.): Wohlfahrtsstaat und Massenloyalität, Köln: 161-177.

Lindblom, Charles E. 1983: Jenseits von Markt und Staat - Eine Kritik der politischen und ökonomischen Systeme, Frankfurt.

249

Lingk, Anne-Kathrin 1997: Die neue Kommunalverfassung in Nordrhein-Westfalen. Kurzbericht zu Teil I, Münster, Manuskript.

Löffler, Berthold 2004: Kommunales Wahlverhalten, in: Eilfort, Michael (Hg.): Parteien in Baden-Württemberg, Stuttgart: 244-253.

Lorenz, Sabine/ Wollmann, Hellmut 1998: Kommunales Dienstrecht und Personal, in: Wollmann, Hellmut/ Roth, Roland (Hg.): Kommunalpolitik. Politisches Handeln in den Gemeinden, Bonn: 50-66.

Lüder, Klaus 1996: Triumpf des Marktes im öffentlichen Sektor? Einige Anmerkungen zur aktuellen Verwaltungsreformdiskussion, in: DÖV 3/96: 93-100.

Lüder, Klaus 2001: Neues öffentliches Haushalts- und Rechnungswesen, Modernisierung des öffentlichen Sektors Bd. 18, Berlin.

Luhmann, Niklas 1969: Komplexität und Demokratie, in: PVS 3/ 1969: 315-325.

Luthardt, Wolfgang/ Waschkuhn, Arno 1997: Plebizitäre Komponenten in der repräsentativen Demokratie. Entwicklungsstand und Perspektiven, in: Klein/ Schmalz-Bruns 1997: 59-87.

Mabileau, Albert 1996: Kommunalpolitik und –verwaltung in Frankreich, Basel.

Machura, Stefan 2001: Privatisierung kommunaler Einrichtungen – Ideen und Interessen, in: Verwaltungsrundschau 1/ 2001: 1-5.

Mäding, Heinrich 1991: Finanzielle Restriktionen kommunalen Handelns, in: Heinelt/ Wollmann 1991: 92-108.

Mäding, Heinrich 1996: Bedingungen einer erfolgreichen Konsolidierungspolitik der Kommunen, in: AfK 1/ 1996: 81-95.

Mäding, Heinrich 1998a: Perspektiven für ein Europa der Regionen. Manuskript, Berlin.

Mäding, Heinrich 1998b: Kommunale Haushaltskonsolidierung in Deutschland – die 80er und die 90er Jahre im Vergleich, in: Mäding, Heinrich/ Voigt, Rüdiger (Hg.): Kommunalfinanzen im Umbruch, Opladen: 97-117.

Maier, Konrad 1999: Soziale Arbeit im System der Wohlfahrtsverbände, in: Klie, Thomas/ Maier, Konrad/ Meysen, Thomas (Hg.): Verwaltungswissenschaft – Eine Einführung für soziale Berufe, Freiburg: 177-218.

Malcher, Johann 1992: Der Landrat im kommunalen Konfliktfeld Abfallentsorgung, Diss., Berlin.

Mamier, Jasmin/ Seckinger, Mike/ Pluto, Liane/ van Santen, Eric/ Zink, Gabriela 2001: Organisatorische Einbettung von Jugendhilfeaufgaben in der Kommunalverwaltung, vorläufiger Bericht, München, Ms.

Martens, Bernd/ Thomas, Jürgen 1996: Einflussfaktoren des Abfallaufkommens aus Privathaushalten in Baden-Württemberg, in: ZfU 2/ 1996: 243-259.

Mattar, Michael 1983: Formen politischer Beteiligung in den Gemeindeordnungen der Bundesländer, in: Gabriel 1983: 105-125.

Mattenklodt, Herbert-Fritz 1981: Territoriale Gliederung – Gemeinden und Kreise vor und nach der Gebietsreform, in: Püttner, Günter (Hg.): Handbuch der kommunalen Wissenschaft und Praxis, Berlin: 154-182.

Matthies, Ellen 2000: Partizipative Interventionsplanung – Überlegungen zu einer Weiterentwicklung der Psychologie im Umweltschutz, in: Umweltpsychologie 2/ 2000: 84-99.

Mayntz, Renate 1971 (Hg.): Bürokratische Organisation, Köln.

Mayntz, Renate 1985: Soziologie der öffentlichen Verwaltung, Heidelberg.

Mayntz, Renate 1987: Politische Steuerung und gesellschaftliche Steuerungsprobleme. Anmerkungen zu einem theoretischen Paradigma, in: Jahrbuch der Staats- und Verwaltungswissenschaft: 89ff.

Mayntz, Renate 1993: Policy-Netzwerke und die Logik von Verhandlungssystemen, in: Héritier 1993, 39-56.

Mayntz, Renate/ Scharpf, Fritz W. (Hg.) 1995: Gesellschaftliche Selbstregelung und politische Steuerung, Frankfurt/ New York.

Mayntz, Renate/ Scharpf, Fritz W. 1995a: Der Ansatz des akteurzentrierten Institutionalismus, in: Dies. 1995: 39-72.

Mayntz, Renate/ Scharpf, Fritz W. 1995b: Steuerung und Selbstorganisation in staatsnahen Sektoren, in: Dies. 9-38.

Merchel, Joachim 1996: Situation der Jugendhilfeplanung unter Berücksichtigung der freien Träger in Nordrhein-Westfalen, in: Landschaftsverband Westfalen-Lippe (Hg.): Forum Jugendhilfeplanung, Münster.

Merchel, Joachim/ Reismann, Hendrik 2004: Der Jugendhilfeausschuss – Eine Untersuchung über seine fachliche und jugendhilfepolitische Bedeutung am Beispiel NRW, Weinheim.

Mielke, Gerd/ Eith, Ulrich 1994: Honoratioren oder Parteisoldaten? Eine Untersuchung der Gemeinderatskandidaten bei der Kommunalwahl 1989 in Freiburg, Bochum.

Mittendorf, Volker/ Rehmet, Frank 2002: Bürgerbegehren und Bürgerentscheide: Wirkungsaspekte auf kommunale Willensbildungs- und Entscheidungsvorbereitungsprozesse in Deutschland und der Schweiz, in: Bogumil 2002: 219-238.

Möckli, Silvano 1994: Direkte Demokratie. Ein Vergleich der Einrichtungen und Verfahren in der Schweiz und Kalifornien unter Berücksichtigung von Frankreich, Italien, Dänemark, Irland, Österreich, Liechtenstein und Australien, Bern, Stuttgart, Wien.

Möller, Winfried/ Nix, Christoph (Hg.) 1991: Kurzkommentar zum Kinder- und Jugendhilfegesetz, Weinheim.

Mohr, Matthias 1999: Der Einfluß der Kommunalverfassung auf die Kommunalverschuldung, Marburg.

Müller, Axel 1980: Handlungsrationalitäten bei der Politikimplementation auf kommunaler Ebene, in: Mayntz, Renate (Hg.): Implementation politischer Programme, Königstein: 59-81.

Münder, Johannes/ Ottenberg, Peter 1999: Der Jugendhilfeausschuss, Münster.

Naschold, Frieder 1968: Demokratie und Komplexität. Thesen und Illustrationen zur Theoriediskussion in der Politikwissenschaft, in: PVS 4/ 1968: 494-518.

Naschold, Frieder/ Bogumil, Jörg 2000: Modernisierung des Staates. New Public Management in deutscher und internationaler Perspektive, 2. vollständig aktualisierte und stark erweiterte Auflage (Grundwissen Politik, Band 22), Opladen.

Naschold, Frieder/ Oppen, Maria/ Wegener, Alexander (Hg.) 1997: Innovative Kommunen. Internationale Trends und deutsche Erfahrungen, Stuttgart/ Berlin/ Köln.

Naschold, Frieder/ Oppen, Maria/ Wegener, Alexander 1998: Kommunale Spitzeninnovationen. Konzepte, Umsetzung, Wirkungen in internationaler Perspektive (Modernisierung des öffentlichen Sektors Band 12), Berlin.

Naschold, Frieder/ Jann, Werner/ Reichard, Christoph 1999: Innovation, Effektivität, Nachhaltigkeit. Internationale Erfahrungen zentralstaatlicher Verwaltungsreform (Modernisierung des öffentlichen Sektors Band 16), Berlin.

Naßmacher, Hiltrud 1989a: Die Aufgaben, die Organisation und die Arbeitsweise der kommunalen Vertretungskörperschaft, in: Gabriel 1989: 179-196.

Naßmacher, Hiltrud 1989b: Kommunale Entscheidungsstrukturen, in: Schimanke 1989: 62-84.

Naßmacher, Hiltrud 1997: Keine Erneuerung der Demokratie „von unten". Zur Bedeutung direktdemokratischer Beteiligungsverfahren, in: Zparl 3/ 1997: 445-460.

Naßmacher, Hiltrud/ Naßmacher, Karl-Heinz 1999: Kommunalpolitik in Deutschland, Opladen.

Naßmacher, Karl-Heinz 1998: Einflußfaktoren in der kommunalpolitischen Willensbildung, in: Andersen (Hg.) 1998: 121-141.

Neckel, Sighard 1995: Die ostdeutsche Doxa der Demokratie, in: Kölner Zeitschrift für Soziologie und Sozialpsychologie 4/ 1995: 658-680.

Neumann, Ulf 2000: ‚Hoffentlich nicht nur Pillepalle‘ – Über das schwierige Verhältnis Jugendlicher zur Politik und die Lösungsversuche durch partizipative Instrumente, in: Wendt, Peter-Ulrich et al. 2000: Managementkonzepte in der modernen Jugendarbeit, Marburg: 26-40.

Newiger-Addy, Griet 2002: Politik und Verwaltung in brandenburgischen Kommunen, Berlin.

Niedermayer, Oskar 2001: Bürger und Politik – Politische Orientierungen und Verhaltensweisen der Deutschen, Opladen.

Nienaber, Georg 2004: Direkt gewählte Bürgermeister in Nordrhein-Westfalen, Münster

Nienaber, Georg / Winter, Torben 2003: Wie parlamentarisiert ist die Kommunalpolitik? Neue kommunalwissenschaftliche Analyse, in: Frey, Rainer / Munk, Nicole (Hg.): Politik und Verwaltung, Aachen: 85-102.

Nierhaus, Michael (Hg.) 1996: Kommunale Selbstverwaltung. Europäische und nationale Aspekte, Berlin.

Nikles, Bruno 1995: Planungsverantwortung und Planung in der Jugendhilfe, Stuttgart.

Noakes, Jeremy 1996: Die kommunale Selbstverwaltung im Dritten Reich, in: Birke/ Brechtken 1996: 65-82.

Nörber, Martin 2001: Interessenvertretung der Jugendverbände in Jugendhilfeausschüssen und Jugendringen auf Stadt- und Kreisebene, in: Deutsche Jugend 1/ 2001: 13-21.

Nörber, Martin/ Sturzenhecker, Bendikt 1999: Jenseits der ‚Krise‘ des Ehrenamtes, in: Sturzenhecker, Benedict (Hg.) 1999: Freiwillige fördern – Ansätze und Arbeitshilfen für einen neuen Umgang mit Freiwilligen in der Kinder- und Jugendarbeit, Weinheim: 9-16.

Nordrhein-Westfälischer Städte- und Gemeindebund 1998: Bundesverfassungsgericht – Kommunale Verpackungssteuer verfassungswidrig – Kommunale Handlungsspielräume zur Müllvermeidung werden eingeengt, aus dem Internet, http://www.nsgb.de/infos/verpack.htm

NWStGb 1998: KommunalGlossar – Große/ mittlere kreisangehörige Stadt; download aus dem Internet, http://www.nwstgb.de/data/KommGlossar/Glossar003.htm

Oebbecke, Janbernd 1996: Die unterfinanzierte Kommunalverwaltung, in: Die Verwaltung 3/ 1996: 323-339.

Oels, Angela 2000: ‚Let’s get together and feel alright!’ Eine kritische Untersuchung von ‘Agenda 21’-Prozessen in England und Deutschland, in: Heinelt, Hubert / Mühlich, Eberhard (Hg.): Lokale Agenda 21 Prozesse, Opladen: 182-200.

Oppen, Maria 1999: BürgerInnen als MitgestalterInnen aus internationaler Perspektive: Das Beteiligungsmodell der Stadt Hämeenlinna, in: Bogumil/ Vogel 1999: 86-106.

Osner, Andreas 1997: Schlanke Verwaltung - Magere Zeiten für die Politik? - über die tatsächlichen Chancen einer neuen politischen Steuerung in der Stadt Detmold, in: SGK-Argumente: Politische Steuerung der Kommunen. Die Rolle der Politik im Neuen Steuerungsmodell: 7-24.

Osner, Andreas 2001: Kommunale Organisations-, Haushalts- und Politikreform. Ökonomische Effizienz und politische Steuerung, Berlin (zugleich Dissertation an der Wirtschaftswissenschaftlichen Fakultät der Universität Würzburg).

Osterland, Martin 1996: Kommunale Demokratie in den neuen Bundesländern, in: APuZ 50/ 1996: 41-46.

Osthorst, Winfried 2001: Die De-Komunalisierung der Abfallwirtschaft in den Städten – Sieben Fallstudien, Arbeitspapier Nr. 40, Download aus dem Internet, http://www.zwe.uni-bremen.de/data/ap40.pdf

Osthorst, Winfried 2002: Abfall als Ware – Vom Entsorgungsnotstand zur Liberalisierung der Abfallentsorgung, Diss., unveröffentlichtes Ms., Bremen.

Osthorst, Winfried/ Prigge, Rolf 2003: Die Großstadt als Bürgerkommune. Eine Fallstudie über die Entwicklung des zivilgesellschaftlichen Engagements und der kommunalen Demokratie in der Freien Hansestadt Bremen, aus der PraxisReihe: VerwaltungsReform, Band 7, Bremen.

Ott, Yvonne 1994: Der Parlamentscharakter der Gemeindevertretung – Eine rechtsvergleichende Untersuchung der Qualität staatlicher und gemeindlicher Vertretungskörperschaften, Baden-Baden.

Parkinson, C. Northcote (1994): Parkinsons neues Gesetz, Hamburg.

Paust, Andreas 1999: Bürgerbegehren und Bürgerentscheid. Direkte Demokratie in der Kommune untersucht am Beispiel von zwei Bürgerentscheiden im nordrheinwestfälischen Neuss, Dissertation, Hagen (veröffentlicht unter dem Titel: Direkte Demokratie in der Kommune. Zur Theorie und Empirie von Bürgerbegehren und Bürgerentscheid, Bonn 1999).

Perrow, Charles 1987: Normale Katastrophen. Die unvermeidlichen Risiken der Großtechnik. Frankfurt a.M.

Peters, Katharina 1999: Wenn die Reform ins Spiel kommt: Über das inneradministrative Verhandeln von Berliner Globalsummen, WZB-papers FS II 99-505, Berlin.

Petzina, Dietmar 1996: Veränderte Staatlichkeit und kommunale Handlungsspielräume – historische Erfahrungen in Deutschland im Bereich der Finanzpolitik, in: Grimm, Dieter (Hg.): Staatsaufgaben, Baden-Baden: 233-260.

Pfingsten, Karin 1993: Konflikte um die Abfallwirtschaft: Erscheinungsformen, Hintergründe und Bewältigungsstrategien, WZB, Schriften zu Mediationsverfahren im Umweltschutz Nr. 4, Berlin.

Pfizer, Theodor/ Wehling, Hans-Georg (Hg.) 2000: Kommunalpolitik in Baden-Württemberg, 3. Auflage, Stuttgart.

Philipp, Reiner 2000: Der ‚steinige‘ Weg. Entwicklung einer outputorientierten Steuerung am Beispiel eines kommunalen Freizeitzentrums, in: Wendt, Peter-Ulrich et al. (Hg.): Managementkonzepte in der modernen Jugendarbeit, Marburg: 112-128.

Pohlan, Jörg 1996: Finanzen der Städte – Eine Analyse der mittelfristigen Entwicklungsunterschiede, Berlin.

Pollach, Günter/ Wischermann, Jörg/ Zeuner, Bodo 2000: Ein nachhaltig anderes Parteiensystem – Profile und Beziehungen von Parteien in ostdeutschen Kommunen, Opladen.

Pollitt, Christopher/Bouckaert, Geert, 2000: Public Management Reform. A Comparative Analysis. Oxford.

Poppenberg, Annika 1999: Chancen und Risiken der lokalen Agenda 21 für die kommunale Demokratie, GMD Report 88, Sankt-Augustin.

Porter, Michael 1990: The Competitive Advantage of Nations, New York.

Preuß, Hugo 1906: Die Entwicklung des deutschen Städtewesens. Bd. 1, Leipzig.

Prigge, Rolf/ Prange, Martin/ Zapatka, Monika 2001: Gemeinden in der Großstadt. Demokratie und Verwaltung in den Bezirken 17 deutscher Großstädte unter besonderer Berücksichtigung der Stadtstaaten, aus der PraxisReihe: VerwaltungsReform, Band 6, Bremen, Boston.

Prittwitz, Volker von 1992: Symbolische Umweltpolitik – Eine Sachstands- und Literaturstudie unter besonderer Berücksichtigung des Klimaschutzes, der Kernenergie und Abfallpolitik, MUT der KFA Jülich, Arbeiten zur Risikokommunikation Heft 34, Jülich.

Prittwitz, Volker von 1994: Politikanalyse, Opladen.

Pütter, Norbert 2002a: Präventionsräte und Sicherheitspartnerschaften – eine Zwischenbilanz, in: Munier, Gerald (Hg.): Kriminalität und Sicherheit, Berlin: 41-51.

Pütter, Norbert 2002b: Kommunal Politik als Kriminalpolitik – Über die Verwandlung des Politischen in der Präventionsgesellschaft, in: Prätorius, Rainer (Hg.): Wachsam und kooperativ? Der lokale Staat als Sicherheitsproduzent, Baden-Baden: 64-79.

Püttner, Günter 1998: Kommunale Betriebe und Mixed Economy, in: Wollmann, Hellmut/ Roth, Roland (Hg.): Kommunalpolitik – Politisches Handeln in den Gemeinden, Bonn: 541-551.

Probst, Klemens 1994: Regionale Selbstverwaltung: die bayerischen Bezirke als Modell für ein bürgernahes Europa, München.

Queitsch, Peter 1996: Kommunale Abfallgebührenerhebung unter Berücksichtigung der aktuellen abgabenrechtlichen Rechtssprechung, in: Stadt und Gemeinde 4/ 1996: 142-153.

Rahmeyer, Fritz 2004: Abfallwirtschaft zwischen Entsorgungsnotstand und Überkapazitäten, Volkswirtschaftliche Diskussionsreihe Beitrag Nr. 266, Augsburg.

Rauch, Paul 1979: Ausmaß und Auswirkungen der Gebietsreform auf Gemeindebestand, Gemeindegröße und Wohnbevölkerung, in: Zeitschrift für Bevölkerungswissenschaft 2/ 1979: 147-181.

Rebentisch, Dieter 1981: Die Selbstverwaltung in der Weimarer Zeit, in: Püttner, Günter (Hg.): Handbuch der kommunalen Wissenschaft und Praxis, Band 1: 71-85.

Reese, Moritz 2000: Entwicklungslinien des Abfallrechts, in: Zeitschrift für Umweltrecht Sonderheft/ 2000: 57-61.

Reese, Moritz 2001: Das Kooperationsprinzip im Abfallrecht, in: Zeitschrift für Umweltrecht 1/ 2001: 14-19.

Rehmet, Frank/ Weber, Tim/ Pavlovic, Dragan 1999: Bürgerbegehren und Bürgerentscheide in Bayern, Hessen und Schleswig-Holstein, in: Schiller 1999: 117-164.

Rehn, Erich/ Cronauge, Ulrich 1996: Gemeindeordnung für das Land Nordrhein - Westfalen - Kommentar, Loseblatt-Ausgabe, Ergänzungsstand Januar 1996.

Reichard, Christoph 1987: Betriebswirtschaftslehre der öffentlichen Verwaltung, 2. Auflage Berlin, New York.

Reichard, Christoph 1992: Kommunales Management im internationalen Vergleich, in: Der Städtetag 12/ 1992: 846 – 848.

Reichard, Christoph 1994: Umdenken im Rathaus. Neue Steuerungsmodelle in der deutschen Kommunalverwaltung, (Modernisierung des öffentlichen Sektors Band 3), Berlin.

Reichard, Christoph 1998: Aus- und Fortbildung in der Kommunalverwaltung, in: Wollmann/ Roth 1998: 512-530.

Reichard, Christoph/ König, Herbert 1982: Zur Effizienz der öffentlichen Verwaltung, in: Hesse (Hg.) 1982, S 205-221.

Reichard, Christoph/ Wollmann, Hellmut (Hg.) 1996: Kommunalverwaltungen im Modernisierungsschub? Basel.

Reinert, Adrian/ Sinnig, Heidi 1997: Mobilisierung der Kompetenz der Bürgerinnen und Bürger - Das Bürgergutachten Üstra zum öffentlichen Nahverkehr in Hannover, in: Stiftung Mitarbeit (Hg.): Bürgerbeteiligung und Demokratie vor Ort, Bonn: 143 - 152.

Reiser, Marion 2004: Zwischen Ehrenamt und Berufspolitik: Professionalisierung der Kommunalpolitik in deutschen Großstädten, unveröffentlichte Diss., Göttingen

Rembor, Peter-Ralph 1996: Überblick über vorhandene Experimentierklauseln, in: Hill, Hermann/ Klages, Helmut (Hg.): Jenseits der Experimentierklausel, Stuttgart: 219-235.

Renn, Otwin et al. 1999: Bürger planen ein regionales Abfallkonzept, download aus dem Internet, http://www.afta-bw.de

Ressmann, Wolfgang 1999: Der Bürger soll es richten - Bürgerorientierung verändert politisches Zusammenspiel, in: Die Neue Verwaltung 1/ 1999: 29-32.

Reulecke, Jürgen 1985: Geschichte der Urbanisierung in Deutschland, Frankfurt a.M.

Reulecke, Jürgen 1989: Bildungsbürgertum und Kommunalpolitik im 19. Jahrhundert, in: Kocka, Jürgen (Hg.): Bildungsbürgertum im 19. Jahrhundert. Teil IV, Stuttgart: 122-145.

Reulecke, Jürgen 1996: Selbstverwaltung in Deutschland im 19 Jahrhundert. Ein Überblick, in: Birke/ Brechtken 1996: 25-37.

Robert, Rüdiger 2004: Reform der Kommunalfinanzen zwischen ‚Flickschusterei' und ‚großem Wurf', in: Robert, Rüdiger/ Kevenhörster, Paul (Hg.): Kommunen in Not, Münster: 35-73.

Robert, Rüdiger/ Schäfer, Wolfgang 2004: Eingliederungshilfe – Aufgabenwahrnehmung unter dem Vorzeichen kommunaler Finanznot, in: Robert, Rüdiger/ Kevenhörster, Paul (Hg.): Kommunen in Not, Münster: 179-195.

Röber, Manfred 1996: Über einige Mißverständnisse in der verwaltungswissenschaftlichen Modernisierungsdebatte: ein Zwischenruf, in: Reichard/ Wollmann 1996: 98-111.

Röber, Manfred 2005: Wandel der Verwaltung zwischen Erneuerungselan und Reformmüdigkeit; in: Blanke, Bernhard et al. (Hg.): Handbuch zur Verwaltungsreform, dritte Auflage, Wiesbaden: 473-481.

Rösler, Cornelia (Hg.) 1996: Lokale Agenda 21. Dokumentation eines Erfahrungsaustauschs, Deutsches Institut für Urbanistik, Berlin.

Rösler, Cornelia (Hg.) 1997: Städte auf dem Weg zur Lokalen Agenda 21. Dokumentation des 2. Erfahrungsaustauschs, Deutsches Institut für Urbanistik, Berlin.

Rösler, Cornelia (Hg.) 1999, Lokale Agenda 21 auf Erfolgskurs. Dokumentation des 4. Erfahrungsaustauschs, Deutsches Institut für Urbanistik, Berlin.

Rösler, Cornelia 2000: Lokale Agenda 21 in deutschen Städten, in: Heinelt/ Mühlich 2000: 13-28.

Ronge, Volker 1993: Die Verflechtung von Staat und Drittem Sektor auf kommunaler Ebene, in: Voigt, Rüdiger (Hg.): Abschied vom Staat – Rückkehr zum Staat? Baden-Baden: 333-350.

Ronge, Volker 1994: Der Zeitaspekt ehrenamtlichen Engagements in der Kommunalpolitik, in: Zparl 2/94: 267-282.

Rosenfeld, Martin 1989: Hat die Dezentralisierung öffentlicher Aufgabenerfüllung eine Chance? in: AfK 1/ 1989: 28-44.

Roth, Norbert (Hg.) 1998: Position und Situation der Bürgermeister in Baden-Württemberg, Stuttgart.

Roth, Roland 1997: Die Kommune als Ort der Bürgerbeteiligung, in: Klein/ Schmalz-Bruns 1997: 404-447.

Roth, Roland 2000: Bürgerschaftliches Engagement – Formen, Bedingungen, Perspektiven, in: Zimmer, Annette/ Nährlich, Stefan (Hg.): Engagierte Bürgergesellschaft – Traditionen und Perspektiven, Opladen: 25-48.

Roth, Roland 2001: Besonderheiten des Bürgerschaftlichen Engagements in den neuen Bundesländern, in: APuZ 39-40/ 2001: 15-22.

Roth, Roland/ Wollmann, Hellmut (Hg.) 1993: Kommunalpolitik. Politisches Handeln in den Gemeinden, in: Schriftenreihe der Bundeszentrale für politische Bildung Bd. 320, Bonn.

Rotteck, K. von 1843: Gemeindeverfassung, in: Rotteck, K. von/ Welcker, K. (Hg.): Staats-Lexicon oder Encyclopädie der Staatswissenschaft, Bd. 6, Altona: 428-435.

Rudzio, Wolfgang 1967: Die Neuordnung des Kommunalwesens in der Britischen Zone, Stuttgart.

Rudolph, Hedwig / Potz, Petra / Bahn, Christopher 2005: Metropolen handeln – Einzelhandel zwischen Internationalisierung und lokaler Regulierung, Wiesbaden.

Rüther, Günther (Hg.) 1996: Repräsentative oder plebizitäre Demokratie – eine Alternative? Grundlagen, Vergleiche, Perspektiven, Baden-Baden.

Sack, Detlef 2002: Lokale Netzwerke im Stress. Güterverkehrszentren zwischen Kombiniertem Verkehr und Standortkonkurrenz, Berlin.

Sack, Detlef 2003: Gratwanderung zwischen Beteiligung und Finanzengpässen. Ein Überblick über die deutsche PPP-Entwicklung, verf. Manuskript

Sack, Detlef 2005: Staat, Markt und Partnerschaft? in: Haus, Michael (Hg.): Institutionenwandel lokaler Politik in Deutschland, Wiesbaden: 132-154.

Sager, Fritz 2002: Vom Verwalten des Urbanen Raums. Institutionelle Bedingungen von Politikkoordination am Beispiel der Raum- und Verkehrsplanung in städtischen Gebieten, aus der Reihe: Berner Studien zu Politikwissenschaft, Band 11, Bern.

Saldern, Adelheid von 1998: Rückblicke. Zur Geschichte der kommunalen Selbstverwaltung in Deutschland, in: Wollmann/ Roth 1998: 23-36.

Santen, Eric van 1999: Ehrenamtliches Engagement im Wandel – Bedeutung und Folgen für freie Träger der Kinder- und Jugendhilfe, in: Weigel, Nicole et al. (Hg.): Freien Trägern auf der Spur – Analysen zu Strukturen und Handlungsfeldern der Jugendhilfe, Opladen: 27-52.

Saretzki, Thomas 2001: Entstehung, Verlauf und Wirkung von Technologiekonflikten – Die Rolle von Bürgerinitiativen, sozialen Bewegungen und politischen Parteien, in: Simonis, Georg et al. (Hg.): Politik und Technik, PVS-Sonderheft 31/ 2000: 185-210.

Sachße, Christoph/ Tennstedt, Florian 1998: Geschichten der Armenfürsorge in Deutschland, Band 1, zweite Auflage, Stuttgart.

Schäfer, Rudolf/ Stricker, Hans Joachim 1989: Die Aufgaben der Gemeinden und ihre Entwicklung, in: Gabriel (Hg.) 1989: 35-58.

Schäfer, Thomas 1998: Die deutsche kommunale Selbstverwaltung in der Europäischen Union, Stuttgart.

Scharpf, Fritz W./ Reissert, B./ Schnabel, F. 1976: Politikverflechtung. Theorie und Empirie des kooperativen Föderalismus in der Bundesrepublik, Kronberg.

Scharpf, Fritz W. 1970: Demokratietheorie zwischen Utopie und Anpassung, Konstanzer Universitätsreden, Konstanz.

Scharpf, Fritz W. 1993: Versuch über Demokratie im verhandelnden Staat, in: Czada/ Schmidt 1993: 25-49.

Scharpf, Fritz W. 1999: Regieren in Europa. Effektiv und demokratisch?, Frankfurt/ New York.

Scharpf, Fritz W. 2000: Interaktionsformen – Akteurszentrierter Institutionalismus in der Politikforschung, Opladen.

Schedler, Kuno 1996: Zur Vereinbarkeit von wirkungsorientierter Verwaltungsführung und Demokratie, in: Swiss Political Science Review 1/96: 155-165.

Schefold, Diana/ Neumann, Maja 1996: Entwicklungstendenzen der Kommunalverfassung in Deutschland. Demokratisierung und Dezentralisierung?, Basel.

Scheuner, Ulrich 1962: Gemeindeverfassung und kommunale Aufgabenstellung in der Gegenwart, in: AfK 2/ 1962: 149-178.

Schildknecht, Rolf 1992: Total Quality Management. Konzeption und State of the Art, Frankfurt a.M./ New York.

Schiller, Theo 1999 (Hg.): Direkte Demokratie in Theorie und kommunaler Praxis, Frankfurt.

Schiller, Theo/ Mittendorf, Volker/ Rehmet Frank 1998: Bürgerbegehren und Bürgerentscheide in Hessen. Eine Zwischenbilanz nach fünfjähriger Praxis, hek. Manuskript, Marburg.

Schilling, Herbert 1999: Strukturen der Erziehungs- und Familienberatung in den neuen Bundesländern, in: Weigel, Nicole et al (Hg.): Freien Trägern auf der Spur – Analysen zu Strukturen und Handlungsfeldern der Jugendhilfe, Opladen: 27-52.

Schimanke, Dieter (Hg.) 1989: Stadtdirektor oder Bürgermeister. Beiträge zu einer aktuellen Kontroverse, Basel/ Boston/ Berlin.

Schink, Alexander 2000: Elemente symbolischer Umweltpolitik im Abfallrecht, in: Hansjürgens, Bernd/ Lübbe-Wolf, Gertrude (Hg.): Symbolische Umweltpolitik, Frankfurt: 102-143.

Schleer, Manfred 2003: Kommunalpolitik in Sachsen. Bürger, Politiker und Verwaltungen in Gemeinden, Städten und Landkreisen, Dresden.

Schliesky, Ute 1998. Unmittelbar-demokratische Elemente in den Kommunalverfassungen Deutschlands, in: AfK II/ 1998: 308-335.

Schmalz-Bruns, Rainer 1995: Reflexive Demokratie. Die demokratische Transformation moderner Demokratie, Baden-Baden.

Schmidt, Manfred G. 1995: Policy-Analyse, in: Mohr, Arno (Hg.): Grundzüge der Politikwissenschaft, München: 567-605.

Schmidt, Manfred G. 1997: Komplexität und Demokratie. Ergebnisse älterer und neuerer Debatten, in: Klein/ Schmalz-Bruns 1997: 41-59.

Schmidt, Manfred G. 2000: Demokratietheorie, Opladen.

Schmidt-Jortzig, Edzard/ Makswit, Jürgen 1991: Handbuch des kommunalen Finanz- und Haushaltsrechts, Münster.

Schmidt-Eichstaedt, Gerd 1975: Staatsverwaltung und Selbstverwaltung bei Rudolf von Gneist, in: Die Verwaltung 3/ 1975: 345-362.

Schmidt-Eichstaedt, Gerd 1985: Die Machtverteilung zwischen der Gemeindevertretung und dem Hauptverwaltungsbeamten im Vergleich der deutschen Kommunalverfassungssysteme, in: AfK I/ 1985: 20-35.

Schmidt-Eichstaedt, Gerd 2001: Gebiets- und Funktionalreform in den neuen Ländern, in: Derlien, Hans-Ulrich (Hg.): Zehn Jahre Verwaltungsaufbau Ost – eine Evaluation, Baden-Baden: 77-99.

Schmitz, Gottfried 1993: Abfallentsorgungsnotstände in der Bundesrepublik Deutschland, in: Akademie für Raumforschung und Landesplanung: Aspekte einer raum- und umweltverträglichen Abfallentsorgung, Hannover: 53-70.

Schneider, Herbert 1997a: Stadtentwicklung als politischer Prozeß. Stadtentwicklungsstrategien in Heidelberg, Wuppertal, Dresden und Trier, Opladen.

Schneider, Herbert 1997b: Stadtentwicklungspolitik und lokale Demokratie in vier Großstädten, in: APuZ 17/ 1997: 20-29.

Schneider, Karsten 2002: Arbeitspolitik im Konzern Stadt. Zwischen der Erosion des Zusammenhalts im kommunalen Sektor und den effizienzfördernden Wirkungen organisatorischer Dezentralisierung. Baden-Baden.

Schneider, Volker 1998: Korporative Akteure, Netzwerke und Öffentliche Politik, Fernstudienkurs Nr. 3914, Hagen.

Schneider, Volker/ Tenbücken, Marc 2004: Erklärungsansätze für die Privatisierung staatlicher Infrastrukturen – ein Theorieüberblick, in: Schneider, Volker/ Tenbücken, Marc (Hg.): Der Staat auf dem Rückzug – Die Privatisierung öffentlicher Infrastrukturen, Frankfurt: 85-112.

Schneider-Wilkes, Rainer 2001: Engagement und Misserfolg in Bürgerinitiativen – Politische Lernprozesse von Berliner Verkehrsinitiativen, Berlin.

Schöber, Peter 1991: Kommunale Selbstverwaltung – Die Idee der modernen Gemeinde, Stuttgart.

Scholz, Anja 2004: Oberbürgermeisterinnen in Deutschland – Zum Erfolg weiblicher Führungspersönlichkeiten, Stuttgart.

Schridde, Henning 1997: Verfahrensinnovationen kommunaler Demokratie. Bausteine für eine Modernisierung der Kommunalpolitik, in: Heinelt 1997: 171-191.

Schröter, Eckhard/ Wollmann, Hellmut 1998: Der Staats-, Markt- und Zivilbürger und seine Muskeln in der Verwaltungsmodernisierung. Oder Vom Fliegen zum Schwergewicht?, in: Grunow/ Wollmann 1998: 145-172.

Schulenburg, Klaus 1998: Der Übergang auf die neue Gemeindeordnung, Die neue Kommunalverfassung in Nordrhein-Westfalen - Kurzbericht zu Teil II, Ergebnisse der wissenschaftlichen Begleitforschung, zugestellt vom Innenministerium NRW an die kommunalen Spitzenverbände mit Schreiben vom 28.9.98.

Schulenburg, Klaus 1999: Direktwahl und kommunalpolitische Führung – Der Übergang zur neuen Gemeindeordnung in Nordrhein-Westfalen, Basel.

Schulenburg, Klaus 2001: Die Kommunalpolitik in den Kreisen Nordrhein-Westfalens: Eine empirische Bestandsaufnahme, Stuttgart.

Schuppert, Gunnar Folke 1979: Einflußnahme auf die Verwaltung durch Bürgerbeteiligung und kollektive Interessenwahrnehmung, in: Hoffmann-Riem 1979: 279-312.

Schuppert, Gunnar Folke 1994: Die Privatisierungsdiskussion in der deutschen Staatsrechtslehre, in: Staatswissenschaften und Staatspraxis 5/ 1994: 541-564.

Schuster, Franz (Hg.) 1991: Der schwierige Abstieg vom Müllberg – Ein Leitfaden für die kommunale Abfallwirtschaft, Köln.

Schuster, Wolfgang/ Murawski, Klaus-Peter (Hg.) 2002: Die regierbare Stadt, Stuttgart.

Schwarting, Gunnar 2003: Haushaltskonsolidierung in Kommunen, Berlin.

Schwarting, Gunnar 2005: Einige Gedanken zur fiskalischen Disziplin kommunaler Gebietskörperschaften in Deutschland, in: Genser, Bernd (Hg.): Haushaltspolitik und öffentliche Verschuldung, Berlin.

Schwarz, Gudrun 2001: Bürgerbeteiligung in Lokalen-Agenda-21-Prozessen – eine Bestandsaufnahme, unveröffentlichte Diplomarbeit, Bochum.

Schwarzmann, Hans-Ulrich 1999: Gewerbe wird wieder in die Pflicht genommen, in: Städte- und Gemeinderat 2/ 1999: 6-9.

Seckinger, Mike/ Weigel, Nicole/ van Santen, Eric/ Markert, Andreas 1998: Situation und Perspektiven der Jugendhilfe – Eine empirische Zwischenbilanz, München.

Seibel, Wolfgang 1994: Funktionaler Dilettantismus. Erfolgreich scheiternde Organisationen im "Dritten Sektor" zwischen Markt und Staat, Baden-Baden.

Seibel, Wolfgang/ Benz, Arthur (Hg.) 1995: Regierungssystem und Verwaltungspolitik. Beiträge zu Ehren von Thomas Ellwein, Opladen.

Selle, Klaus 1996: Von der Bürgerbeteiligung zur Kooperation und zurück. Vermittlungsarbeit bei Aufgaben der Quartiers- und Stadtentwicklung, in: Selle, Klaus 1996: Planung und Kommunikation: 61-78.

Simon, Herbert A. 1981: Entscheidungsverhalten in Organisationen. Eine Untersuchung von Entscheidungsprozessen in Management und Verwaltung (amerikanisches Original: Administrative behavior. A Study of Decision-Making-Processes in Administrative Organizations von 1976, dritte stark erweiterte Auflage, erste Auflage 1947).

Simon, Klaus 1988: Repräsentative Demokratie in großen Städten, Melle.

Simon, Titus 2001: Wem gehört der öffentliche Raum? Gefahrenabwehrverordnungen und andere Instrumente zur Minimierung der Präsenz sozial Schwacher in den Innenstädten, Magdeburg, download: www.kags.de/assets/simon.pdf.

SRU 1990: Sondergutachten des Rates von Sachverständigen für Umweltfragen vom September 1990 „Abfallwirtschaft", Bundestagsdrucksache 11/ 8493.

SRU 1998: Umweltgutachten 1998, Stuttgart.

SRU 2000: Umweltgutachten 2000, Stuttgart.

SRU 2002: Umweltgutachten 2002, Bundestagsdrucksache 14/ 8792.

SRU 2004: Umweltgutachten 2004, Bundestagsdrucksache 15/ 3600.

Stammen, Theo 1986: Geborgenheit als anthropologisches Bedürfnis – Die politischen und kulturellen Kosten der Kommunal- und Gebietsreform, in: Stammen, Theo/ Mühleisen, Hans-Otto: Gemeinde- und Gebietsreform in Bayern – Politikwissenschaftliche Fragen und Untersuchungen 10 Jahre nach Abschluß der Reformmaßnahmen, Augsburg: 81-95.

Stargard, Hans-Joachim 1995a: Kommunalverfassungen in Deutschland – Teil I, in: Verwaltungsrundschau 4/ 1995: 118-130.

Stargard, Hans-Joachim 1995b: Kommunalverfassungen in Deutschland – Teil II, in: Verwaltungsrundschau 5/ 1995: 145-156.

Stark, Susanne 1999: Implementation der Lokalen Agenda 21 am Beispiel Energie. Eine qualitative Studie zur Umsetzung der Lokalen Agenda dargestellt an vier städtischen Fallbeispielen, Dissertation, Dortmund.

Statistisches Bundesamt 2000: Öffentliche Finanzen – Schuldenstand, aus dem Internet, http://www.statistik-bund.de/basis/d/fist/fist024.htm

Statistisches Bundesamt 2003: 11 Jahre Kinder- und Jugendhilfegesetz in Deutschland – Erzieherische Hilfen 1991 bis 2001, Wiesbaden

Statistisches Bundesamt 2004: Kindertagesbetreuung in Deutschland – Einrichtungen, Plätze, Personal und Kosten 1990 bis 2002, Wiesbaden

Stegmann, Michaela 2003: Die Direktwahl der Bürgermeister im Saarland, Malstatter Beiträge aus Gesellschaft, Wissenschaft, Politik und Kultur, Blieskastel.

Steinberg, Rudolf 2000: Symbolische Umweltpolitik unter besonderer Berücksichtigung der Beschleunigungsgesetzgebung, in: Hansjürgens, Bernd/ Lübbe-Wolf, Gertrude (Hg.): Symbolische Umweltpolitik, Frankfurt: 63-101.

Stern, Klaus 1996: Europäische Union und kommunale Selbstverwaltung, in: Nierhaus 1996: 21-44

Stöbe-Blossey, Sybille, 2001: Verbände und Sozialpolitik: Das Beispiel der Jugendhilfe, in: Zimmer, Anette/ Wessels, Bernhard (Hg.), Verbände und Demokratie in Deutschland. Opladen, 159-181

Stock, Alexander 2005: Local Modern Governance. Ansätze für ein Kommunalpolitisches Management, Stuttgart (zugleich Dissertation an der Universität Witten-Herdecke).

Stockel-Veltmann, Christoph 2001: Die Doppik hält Einzug – Münster führt das „Neue kommunale Finanzmanagement" ein, in: Städtetag 3/ 2001: 36-42

Storost, Ulrich 1979: Staat und Verfassung bei Ernst Forsthoff, Frankfurt.

Straub, Ute 2004: Jugendhilfe im Spiegel der (Lokal-) Presse, in: Sozialmagazin 4/ 2004: 30-36.

Strünck, Christoph 1997: Kontraktmanagement und kommunale Demokratie. Schnittstellenprobleme als demokratietheoretische Dimension der Verwaltungsmodernisierung, in: Heinelt 1997: 153-170.

Stucke, Niclas/ Schöneich, Michael 1998: Organisation der Stadtverwaltung und deren Reform/ Modernisierung, in: Wollmann/ Roth 1998: 411-430.

Stüber, Ernst-Otto 1998: Die Umsetzung der neuen Gemeindeordnung - praktische Erfahrungen am Beispiel Bochum, in: Andersen 1998: 67-81.

Sturm, Roland 1991: Haushaltspolitik, in: Nohlen, Dieter (Hg.): Wörterbuch Staat und Politik, München: 222-224.

Tegethoff, Hans Georg 1995: Schlankheitskur für die Jugendhilfe. Rationalisierung nach dem Modell der Kommunalen Gemeinschaftsstelle für Verwaltungsvereinfachung (KGSt), in: Neue Praxis 2/ 1995: 132-150

Thieme, Werner/ Prittwitz, G. 1981: Durchführung und Ergebnisse der kommunalen Gebietsreform, Baden-Baden.

Thränhardt, Dietrich/ Uppendahl, Herbert (Hg.) 1981: Alternativen lokaler Demokratie. Kommunalverfassung als politisches Problem, Königstein am Taunus.

Thränhardt, Dietrich 1998: Die Kommunen und die Europäische Union, in: Wollmann/ Roth 1998: 361-377.

Thumfart, Alexander 2002: Die politische Integration Ostdeutschlands, Frankfurt.

Tiemann, Dieter 1997: Alltagsdemokratie statt Partizipationsspielwiesen – Beteiligung und Verantwortung als Regelfall, in: Palentien, Christian/ Hurrelmann, Klaus (Hg.): Jugend und Politik, Neuwied: 335-363.

Timm-Arnold, Klaus-Peter 2005: Kommunale Kulturpolitik in Zeiten leerer Kassen – Eine Untersuchung in Leverkusen, unveröffentlichte Magisterarbeit, FernUniversität, Hagen

Timmermeister, Markus 1998: Entstehung und Gestaltung eines neuen Politikfeldes. Die Abfallpolitik in der Bundesrepublik Deutschland in den 90er Jahren, Diss., Download: http://archiv.ub.uni-bielefeld.de/disshabi/2000/0017/

Titus, Simon 1997: Zum Stand der Jugendhilfeplanung in der Bundesrepublik, in: AKP 6/ 1997: 47-51.

Tomerius, Stephan 1999: Zwischen Pflichtaufgabe und wirtschaftlicher Betätigung – Kommunale Abfallentsorgung in der Kreislaufwirtschaft, Deutsches Institut für Urbanistik, Berlin.

Trapp, Jan Hendrik/ Bolay, Sebastian, 2003: Privatisierung in Kommunen – eine Auswertung kommunaler Beteiligungsberichte, Berlin: Deutsches Institut für Urbanistik.

Triesch, Günter 1965: Kommunalpolitik und Parteiarbeit, in: Flechtheim, Ossip K. (Hg.): Dokumente zur parteipolitischen Entwicklung in Deutschland seit 1945, Berlin: 208-221.

Ueltzhöffer, Jörg/ Ascheberg, Carsten 1995: Engagement in der Bürgergesellschaft - Die Geislingen-Studie, Sozialministerium Baden-Württemberg, Bürgerschaftliches Engagement 3, Stuttgart.

Unger, Walter 2003: Ratsarbeit besser machen 2 - Rechtliche Aspekte. Ländervergleich der Kommunalverfassungen, Bertelsmannstiftung (Hg.), Gütersloh.

Unruh, Georg-Christoph von 1986: Demokratie und kommunale Selbstverwaltung – Betrachtungen über die Eigenart des Inhalts von Artikel 28 GG, in: Die Öffentliche Verwaltung 6/ 1986: 217-224.

Unruh, Georg-Christoph von 1989: Die kommunale Selbstverwaltung – Realität und Recht, in: APuZ 30-31/ 1989: 3-13.

Urbanek, Peter/ Schneider, Markus 1998: Konzentrations- und Internationalisierungstendenzen in der deutschen Entsorgungswirtschaft, Müll-Handbuch lfg. 10/ 1998: 1-16.

Vetter, Angelika 2002: Lokale Politik als Ressource der Demokratie in Europa? Lokale Autonomie, lokale Strukturen und die Einstellungen der Bürger zur lokalen Politik, aus der Reihe: Städte und Regionen in Europa, Band 10, Opladen.

Vetter, Angelika / Kersting, Norbert 2003: Reforming local government – Heading for efficiency and democracy; in: Kersting, Norbert / Vetter, Angelika (Hg.): Reforming Local Government in Europe, Opladen: 333-349.

Vogel, Hans-Josef/ Voigt, Michael/ Wisser, Bernd 1996: Kundenorientierung und Bürgeraktivierung als Erfolgsfaktoren der Verwaltungsmodernisierung. Das Beispiel der Stadtverwaltung Arnsberg, in: Städte und Gemeinderat 11/ 1996: 404f.

Voigt, Rüdiger 1992: Kommunalpolitik zwischen exekutiver Führerschaft und legislatorischer Programmsteuerung, in: APuZ 22-23/ 1992: 3-12.

Voigt, Rüdiger (Hg.) 1995: Der kooperative Staat. Krisenbewältigung durch Verhandlung, Baden-Baden.

Wagner, Frido 1964: Gemeindeverwaltung und Kreisverwaltung, in: AfK 1/ 1964: 237-258.

Walter, Melanie 1997: Politische Responsivität – Messungsprobleme am Beispiel kommunaler Sportpolitik, Wiesbaden.

Walter, Melanie 2002: Politische Macht und Responsivität in der Großstadt, Diss., Stuttgart, unveröffentlichtes Ms.

Walter-Rogg, Melanie / Gabriel, Oscar W. 2004 (Hg.): Parteien, Parteieliten und Mitglieder in einer Großstadt, Wiesbaden.

Warnecke, Steven 1970: Parteipolitik und politische Repräsentation, in: Soziale Welt 3/ 1970: 330-346.

Weber, Tim 1997: Direktdemokratische Prozesse auf der Kommunalebene in akteurstheoretischer Perspektive, Diplomarbeit, Marburg.

Wegener Alexander 2002: Wettbewerb gestalten. Kommunale Wettbewerbstrategien in den USA, Großbritannien und Neuseeland, Berlin.

Wegener, Alexander 2004: Benchmarking Strategien im öffentlichen Sektor. Deutschland und Großbritannien im Vergleich, in: Kuhlmann/Bogumil/Wollmann (Hrsg.) 2004:

Wehling, Hans-Georg 1986: Kommunalpolitik in der Bundesrepublik Deutschland, Berlin.

Wehling, Hans-Georg 1989: Politische Partizipation in der Kommunalpolitik, in: AfK 1/ 1989: 110-119.

Wehling, Hans-Georg 1991: ,Parteipolitisierung' von lokaler Politik und Verwaltung? Zur Rolle der Parteien in der Kommunalpolitik, in: Heinelt, Hubert/ Wollmann, Hellmut (Hg.): Brennpunkt Stadt, Basel: 149-166.

Wehling, Hans-Georg 1993: Kommunalverfassungen im Modellvergleich. Gemeindevorstand, Institutionenarrangement und Bürgerbeteiligung, in: AKP 1/ 1993: 30-33.

Wehling, Hans-Georg 1994: Kommunalpolitik in Europa, Stuttgart.

Wehling, Hans-Georg 1996: Do parties matter? in: Österreichische Zeitschrift für Politikwissenschaft 3/ 1996: 307-318.

Wehling, Hans-Georg 1999a: Besonderheiten der Demokratie auf Gemeindeebene, in: von Arnim 1999: 91-102.

Wehling, Hans-Georg 1999b: Kommunale Direktwahl zwischen Persönlichkeitswahl und Parteientscheidung, Arbeitshilfe der Konrad-Adenauer-Stiftung Nr. 4, Sankt Augustin.

Wehling, Hans-Georg 2000a: Parteien und Vereine, in: Pfizer , Theodor/ Wehling, Hans-Georg (Hg.): Kommunalpolitik in Baden-Württemberg, Stuttgart: 187-216.

Wehling, Hans-Georg 2000b: Der Bürgermeister – Rechtsstellung, Sozialprofil, Funktionen, in: Pfizer, Theodor/ Wehling, Hans-Georg (Hg.): Kommunalpolitik in Baden-Württemberg, Stuttgart: 172-186.

Wehling, Hans-Georg 2003a: Kommunalpolitik in Baden-Württemberg, in: Kost, Andreas/ Wehling, Hans-Georg (Hg.): Kommunalpolitik in deutschen Ländern – Eine Einführung, Opladen: 23-40.

Wehling, Hans-Georg 2003b: Rat und Bürgermeister in der deutschen Kommunalpolitik, in: Kost, Andreas/ Wehling, Hans-Georg (Hg.): Kommunalpolitik in deutschen Ländern – Eine Einführung, Opladen: 302-312.

Wehling, Hans-Georg/ Siefert, H. Jörg 1987: Der Bürgermeister in Baden-Württemberg. Eine Monographie, Stuttgart (2. Auflage).

Weigel, Nicole et al. 1999: Untersuchung freier Träger der Kinder- und Jugendhilfe – Anforderungen und Forschungsergebnisse, in: Weigel, Nicole et al (Hg.): Freien Trägern auf der Spur – Analysen zu Strukturen und Handlungsfeldern der Jugendhilfe, Opladen: 7-26.

Weiske, Christine / Kabisch, Sigrun / Hannemann, Christine (Hg.) 2005: Kommunikative Steuerung des Stadtumbaus - Interessengegensätze, Koalitionen und Entscheidungsstrukturen in schrumpfenden Städten, Wiesbaden.

Wiechmann, Elke/ Kißler, Leo 1997: Kommunale Verwaltungsreform - Frauenförderpolitik zwischen Integration und Isolation (Modernisierung des öffentlichen Sektors, Band 11), Berlin.

Wiedemann, Peter Michael 1993: Mediation bei umweltrelevanten Vorhaben: Entwicklungen, Aufgaben und Handlungsfelder, MUT der KFA Jülich, Arbeiten zur Risikokommunikation Heft 40, Jülich.

Wiedemann, Peter Michael/ Femers, Susanne/ Hennen, Leonhard 1991: Bürgerbeteiligung bei entsorgungswirtschaftlichen Vorhaben, Abfallwirtschaft in Forschung und Praxis Band 43, Berlin.

Wiesendahl, Elmar 2006: Mitgliederparteien am Ende? Eine Kritik der Niedergangsdiskussion, Wiesbaden.

Wildavsky, Aaron/ Hammann, Arthur 1968: Comprehensive versus incremental budgeting in the departmnet of agriculture, in: Lyden, Fermont et al. (Hg.): Planning programming budgeting, Chicago: 140-159.

Wilson, David 1999: Exploring the Limits of Public Participation in Local Government, in: A Journal of Comparative Politics 2/ 1999: 246-259.

Windhoff-Héritier, Adrienne 1983: Partizipation und Politikinhalte. Voraussetzungen und Folgen direktdemokratischer Bürgerbeteiligung im kommunalen Entscheidungsprozess, in: Gabriel 1983: 305-338.

Windhoff-Héritier, Adrienne 1987a: Policy-Analyse. Eine Einführung, Frankfurt a.M./ New York.

Windhoff-Héritier, Adrienne (Hg.) 1987b: Verwaltung und ihre Umwelt, Opladen.

Windhoff-Héritier, Adrienne 1991: Policy-orientierte Konzeptionen und Hypothesen im Licht lokaler Arbeitsmarktpolitik. Ein Kommentar, in: Heinelt/ Wollmann 1991, 281-285.

Windhoff-Héritier, Adrienne/ Gabriel, Oscar W. 1983: Politische Partizipation an der kommunalen Planung. Bürgerschaftliche Beteiligung nach dem Bundesbaugesetz und dem Städtebauförderungsgesetz, in: Gabriel 1983: 126-156.

Winkler-Haupt, Uwe 1988: Gemeindeordnung und Politikfolgen. Eine vergleichende Untersuchung in vier Mittelstädten, München

Winkler-Haupt, Uwe 1989: Die Auswirkungen unterschiedlicher kommunaler Führungsorganisationstypen auf den Policy-Output, in: Schimanke, Dieter (Hg.): Stadtdirektor oder Bürgermeister, Basel: 143-160.

Wirsching, Andreas 1996: Zwischen Leistungsexpansion und Finanzkrise. Kommunale Selbstverwaltung in der Weimarer Republik, in: Birke/ Brechtken 1996: 37-64.

Wißkirchen, Gerold 2001: Bürgermeister in Baden-Württemberg – Versuch einer Typologisierung, unveröffentlichte Magisterarbeit, Stuttgart.

Witte, Frithjof 2000: Das Flensburger Beteiligungsmodell für Jugendliche: Einblicke in die Praxis, in: Bukow, Wolf-Dietrich/ Spindler, Susanne (Hg.): Die Demokratie entdeckt ihre Kinder – Politische Partizipation durch Kinder- und Jugendforen, Opladen: 297-304.

Witte, Gertrud 1995: Abgrenzung zwischen privatisierbarem und nicht privatisierbarem Bereich, in: Sicherung des Wettbewerbs im kommunalen Bereich, FIW-Schriftreihe, Köln: 71-80.

Witte, Gertrud 2001: Rahmenbedingungen für das bürgerschaftliche Engagement in den Kommunen, in: Geschäftsstelle Internationales Jahr der Freiwilligen im Deutschen Verein für öffentliche und private Fürsorge e. V. (Hg.): Bürgerschaftliches Engagement im lokalen Raum, Frankfurt: 28-35.

Witte, Jan 1997: Unmittelbare Gemeindedemokratie in der Weimarer Republik: Verfahren und Anwendungsausmaß in den norddeutschen Ländern, Baden-Baden.

Wohlfahrt, Norbert 2003: Die Rolle von Wohlfahrts- und Jugendverbänden bei der Förderung und Unterstützung bürgerschaftlichen Engagements, in: Enquete-Kommission „Zukunft des Bürgerschaftlichen Engagements" (Hg.): Bürgerschaftliches Engagement in den Kommunen, Opladen.

Wohlfahrt, Norbert/ Zühlke, Werner 1999: Von der Gemeinde zum Konzern – Auswirkungen von Ausgliederungen und Privatisierung für die politische Steuerung auf kommunaler Ebene, Institut für Landes- und Stadtentwicklungsforschung NRW, Dortmund.

Wohlfahrt, Norbert / Zühlke, Werner 2005: Ende der kommunalen Selbstverwaltung – Zur politischen Steuerung im ‚Konzern Stadt', Hamburg.

Wohland, Andreas 2006: Kämmereien in NRW weiterhin unter Druck, in: Städte- und Gemeinderat 3/ 2006: 6-7.

Wolf, Henrike 2005: Partizipation und Lokale Agenda 21 - Ein interkommunaler Vergleich aus organisationssoziologischer Perspektive, Münster.

Wollmann, Hellmut 1990: Politik und Verwaltungsinnovationen in den Kommunen? - Eine Bilanz kommunaler Sozial und Umweltschutzpolitik, in: Ellwein, Thomas/ Hesse, Joachim Jens/ Mayntz, Renate/ Scharpf, Fritz W. (Hg.) 1990: Jahrbuch zur Staats- und Verwaltungswissenschaft, Baden-Baden, 69-112

Wollmann, Hellmut 1991: Entwicklungslinien lokaler Politikforschung - Reaktionen auf oder Antizipation von sozio-ökonomischen Entwicklungen?, in: Heinelt/ Wollmann 1991, 15-30.

Wollmann, Hellmut 1996a: Verwaltungsmodernisierung. Ausgangsbedingungen, Reformanläufe und aktuelle Modernisierungsdiskurse, in: Reichard/ Wollmann 1996: 1-49.

Wollmann, Hellmut 1996b: Institutionenbildung in Ostdeutschland: Neubau, Umbau und „schöpferische Zerstörung", in: Kasse, Max/ Eisen, Andreas/ Gabriel, Oscar/ Niedermayer, Oscar/ Wollmann, Hellmut: Politisches System. Berichte zum sozialen und politischen Wandel in Ostdeutschland, Band 3, Opladen: 43-139.

Wollmann, Hellmut 1997: „Echte Kommunalisierung" und Parlamentarisierung. Überfällige Reformen der kommunalen Politik und Verwaltungswelt, in: Heinelt 1997: 235-247.

Wollmann, Hellmut 1998a: Modernisierung von Kommunalpolitik und –verwaltung zwischen Demokratie und Betriebswirtschaft – konträr, kompatibel, komplementär?, in: Handbuch Kommunale Politik, Düsseldorf

Wollmann, Hellmut 1998b: Kommunalpolitik – zu neuen (direkt)demokratischen Ufern?, in: Wollmann/ Roth 1998: 37-49

Wollmann, Hellmut 1998c: Kommunalvertretungen: Verwaltungsorgane oder Parlamente? in: Wollmann, Hellmut/ Roth, Roland (Hg.): Kommunalpolitik – Politisches Handeln in den Gemeinden, Bonn: 50-66.

Wollmann, Hellmut 1999a: Kommunalpolitik: Mehr (direkte) Demokratie wagen, in: APuZ 24-25/ 1999: 13-22.

Wollmann, Hellmut 1999b: Politik- und Verwaltungsmodernisierung in den Kommunen: zwischen Managementlehre und Demokratiegebot, in: Die Verwaltung 3/ 1999: 345-376

Wollmann, Hellmut 1999c: Modernisierung der Kommunalverwaltung in den neuen Bundesländern. Zwischen Worten und Taten, in: LKV-Beilage I/ 1999: 7-13.

Wollmann, Hellmut 2000: Staat und Verwaltung in den 90er Jahren. Kontinuität oder Veränderungswelle?, in: Czada/ Wollmann 2000: 694-731

Wollmann, Hellmut 2001: Direkte Demokratie in den ostdeutschen Kommunen - Regelungsschub und Anwendungspraxis, in: Derlien, Hans-Ulrich (Hg.): Zehn Jahre Verwaltungsaufbau Ost – eine Evaluation, Baden-Baden, S 27-62.

Wollmann, Hellmut 2002: Verwaltung in der deutschen Vereinigung, in: König, Klaus (Hg.): Verwaltung in Deutschland, Baden-Baden.

Wollmann, Hellmut 2004: Wird der deutsche Typus kommunaler Selbstverwaltung den Druck von EU-Liberalisierung, New Public Management und Finanzkrise überleben? in: Siebel, Walter (Hg): Die europäische Stadt, Frankfurt: 359-372.

Wollmann, Hellmut/ Roth, Roland (Hg.) 1998: Kommunalpolitik. Politisches Handeln in den Gemeinden, in: Schriftenreihe der Bundeszentrale für politische Bildung Bd. 356, Bonn (2. völlig überarbeitete und aktualisierte Ausgabe)

Womack, James P./ Jones, Daniel T./ Roos, Daniel 1992: Die zweite Revolution in der Autoindustrie. Konsequenzen aus der weltweiten Studie des Massachusetts Institute of Technology, Frankfurt a. M./ New York.

Zielinski, Heinz 1997: Kommunale Selbstverwaltung im modernen Staat. Bedeutung der lokalen Politikebene im Wohlfahrtsstaat, Opladen.

Zilleßen, Horst (Hg.) 1998: Mediation – Kooperatives Konfliktmanagement in der Umweltpolitik, Opladen.

Zilleßen , Horst/ Dienel, Peter/ Strubelt, Wendelin (Hg.) 1993: Die Modernisierung der Demokratie, Opladen.

Zimmer, Annette/ Priller, Eckhard 1999: Gemeinnützige Organisationen im gesellschaftlichen Wandel, Abschlussbericht, Hans Böckler Stiftung, Münster.

Zimmer, Annette/ Priller, Eckhard 2001: Der Dritte Sektor in Deutschland: Wachstum und Wandel, in: Gegenwartskunde 1/ 2001: 121-147.

Zimmermann, Karsten 2005: Das Programm Soziale Stadt als Versuch einer lokalen Institutionenpolitik? in: Haus, Michael (Hg.): Institutionenwandel lokaler Politik in Deutschland, Wiesbaden: 156-177.

Zimmermann-Wienhues, Sigrid von 1997: Kommunale Selbstverwaltung in der Europäischen Union, Berlin.

Zinser, Claudia 2000: Erfahrungen mit Modellen gesellschaftlicher Beteiligung von Kindern und Jugendlichen in der Bundesrepublik, in: Bukow, Wolf-Dietrich/ Spindler, Susanne (Hg.): Die Demokratie entdeckt ihre Kinder – Politische Partizipation durch Kinder- und Jugendforen, Opladen: 305-325.

Zoll, Ralf 1972: Gemeinde als Alibi: Materialien zur politischen Soziologie der Gemeinde, München.

Zoll, Ralf 1974: Wertheim III – Kommunalpolitik und Machtstruktur, München.

Abbildungsverzeichnis

266

Autorenhinweise

Jörg Bogumil, geb. 1959, Prof. Dr. rer. soc., nach Studium der Sozialwissenschaften an der Ruhr-Universität Bochum, bis 1995 wissenschaftlicher Angestellter in verschiedenen Forschungsprojekten; ab 1995 wissenschaftlicher Assistent an der FernUniversität Hagen im Lehrgebiet Politikfeldanalyse und Verwaltungswissenschaft; Habilitation für Politik- und Verwaltungswissenschaft an der FernUniversität im Jahre 2001, ab 2002 Vertretungsprofessur für Verwaltungswissenschaft an der Humboldt-Universität zu Berlin, ab SS 2004 Professor für Verwaltungswissenschaft / Public Sector Reform an der Universität Konstanz, ab SS 2005 Professur für Vergleichende Stadt- und Regionalpolitik an der Ruhr-Universität Bochum.

Arbeits- und Forschungsschwerpunkte:
- Verwaltungswissenschaft, Public Sector Reform und Organisationstheorie
- Lokale Politikforschung
- Staats- und Regierungslehre
- Politikfeldanalyse

Ausgewählte Veröffentlichungen:
- Modernisierung des Staates. New Public Management und Verwaltungsreform, Opladen: Leske und Budrich (mit Frieder Naschold), 2. vollständig aktualisierte und stark erweiterte Auflage 2000 (Reihe: Grundwissen Politik, Band 22).
- Modernisierung lokaler Politik. Kommunale Entscheidungsprozesse im Spannungsfeld zwischen Parteienwettbewerb, Verhandlungszwängen und Ökonomisierung, Habilitationsschrift, Baden-Baden: Nomos 2001 (Reihe „Staatslehre und politische Verwaltung", Band 5)
- Kommunale Entscheidungsprozesse im Wandel – Theoretische und empirische Analysen, Opladen: Leske und Budrich 2002 (Reihe Stadtforschung aktuell, Band 87)
- Verwaltung und Verwaltungswissenschaft in Deutschland – Einführung in die Verwaltungswissenschaft, Wiesbaden: Verlag für Sozialwissenschaften (mit Werner Jann) 2005 (Reihe "Grundwissen Politik", Band 36)
- Bürgermeister in Deutschland. Politikwissenschaftliche Studien zu direkt gewählten Bürgermeistern, Wiesbaden: Verlag für Sozialwissenschaften (mit Hubert Heinelt) 2005 (Reihe „Stadtforschung aktuell", Band 102)

Lars Holtkamp, geb. 1969, Dr. rer. soc., nach Studium der Sozialwissenschaften an der Ruhr-Universität Bochum, seit 1999 wissenschaftlicher Angestellter an der FernUniversität Hagen im Lehrgebiet Politikfeldanalyse und Verwaltungswissenschaft, neu: Lehrgebiet Politische Regulierung und Steuerung; seit 1989 Ratsmitglied der Stadt Waltrop (NRW).

Arbeits- und Forschungsschwerpunkte:
- Lokale Politikforschung
- Partizipation
- Parteienforschung
- Politikfeldanalyse
- Verwaltungsmodernisierung

Ausgewählte Veröffentlichungen:
- Kommunale Haushaltspolitik in NRW – Haushaltslage – Konsolidierungs-potentiale - Sparstrategien, Diss., Opladen: Leske und Budrich 2000 (Reihe: „Städte und Regionen in Europa", Band 8)
- Das Reformmodell Bürgerkommune. Leistungen – Grenzen – Perspekti-ven., Berlin: edition sigma (mit Jörg Bogumil und Gudrun Schwarz) 2003 (Reihe: „Modernisierung des öffentlichen Sektors", Band 22)
- Status-Report Verwaltungsreform. Eine Zwischenbilanz nach zehn Jahren, Berlin: edition sigma (mit Jörg Bogumil et. al.) 2004 (Reihe: „Modernisie-rung des öffentlichen Sektors", Band 24)
- Kooperative Demokratie – Das politische Potential von Bürgerengagement, Frankfurt: Campus Verlag (mit Jörg Bogumil und Leo Kißler) 2006 (Reihe: „Studien zur Demokratieforschung", Band 9)

The manufacturer's authorised representative in the EU is Springer
Nature Customer Service Centre GmbH, Europaplatz 3, 69115 Heidelberg,
Germany. If you have any concerns regarding our products, please
contact ProductSafety@springernature.com

Printed and bound by CPI Group (UK) Ltd, Croydon, CR0 4YY

27/04/2026

02097610-0011